U0567266

经济区位论

张文忠　著

The Economics of Location

商务印书馆
The Commercial Press

图书在版编目（CIP）数据

经济区位论/张文忠著. —北京：商务印书馆，2022（2023.6 重印）
ISBN 978-7-100-20045-5

Ⅰ. ①经⋯ Ⅱ. ①张⋯ Ⅲ. ①区位经济学 Ⅳ. ①F061.5

中国版本图书馆 CIP 数据核字（2021）第 116927 号

权利保留，侵权必究。

经济区位论

张文忠 著

商 务 印 书 馆 出 版
（北京王府井大街 36 号邮政编码 100710）
商 务 印 书 馆 发 行
北京艺辉伊航图文有限公司印刷
ISBN 978-7-100-20045-5

2022 年 3 月第 1 版　　　开本 787×1092　1/16
2023 年 6 月北京第 2 次印刷　印张 25³/₄
定价：138.00 元

前　　言

　　"区位、区位还是区位"，这一基本原则长期左右着住房区位选择、商业和服务业等设施布局。其实，我们日常的生活、工作和居住以及企业的生产活动都离不开区位，区位是经济活动的载体，社会生活的舞台。正如奥古斯特·勒施（August Lösch）所言：找到正确的区位对于人生的成功是不可或缺的。理查德·佛罗里达（Richard Florida）在《你属于哪座城市》一书中也曾写道：选择在哪儿居住是我们生活中的关键，这一决定将影响我们的所有其他决定——事业、教育和爱情。正确的区位选择对个人和家庭获取最大效用以及企业赢得最大利益具有重要的作用。阿尔弗雷德·韦伯（Alfred Weber）甚至认为，国家和地区的兴衰与区位的变化有密不可分的关系，他在《工业区位论》中讲到："'帝国的兴盛，帝国的衰落'，这显然是区位变化的结果，我们追随着这些发展，并带着对区位重要性的强烈意识，我们预测未来积累、分布、工业国的发展与没落的趋势。"从全球、国家、区域和企业发展的历程与现实来看，大到国家的昌盛与衰落、地区的发展与衰退、企业的成长与消亡，小到家庭生活质量或个人幸福指数的高低，区位发挥着不可或缺的作用，区位不仅影响着不同经济活动的空间集聚规模和水平，企业、产业空间布局的成本和收益，也影响着区域经济社会发展的不平衡和差异，甚至也或多或少地影响着我们每个人的居住、工作和生活水平。

　　德国人文科学学者迪特里希·施万尼茨（Dietrich Schwanitz）在《欧洲：一堂丰富的人文课》一书中讲道："在真实世界中蕴含着基本的模式——基本的规则和基本形状，它们是构造现实世界的基础；而且，这些基本形状是简单的、易辨的和理性的。"各种经济活动的区位空间选择也同样，企业或个人所从事的各种经济活动在特定的区位空间进行生产、经营或集聚通常遵循一定的经济或社会规律，自觉或不自觉地按照经济和社会法则来进行区位空间选择。如企业区位选择的目标是追求成本最小或者利润最大化，遵循的是成本最小化或利润最大化区位选择原理。我们个人在选择居住区位时，通常追求效用最大化或满意度最大化原理。公共服务设施区位选择则追求福利最大化或服务效率最佳化，或者两者间的平衡。

1826 年，德国农业经济学家约翰·海因里希·冯·杜能（Johann Heinrich von Thünen）出版了《孤立国》一书，标志着区位论的产生，被后人推崇为区位论的鼻祖。杜能提出在围绕一个城市（市场）周围的平原地区，农业和林业等作物生产的空间分布理论。保罗·萨缪尔森（Paul Samuelson）盛赞他是空间经济学的"造物主"。邓恩（Dunn）在杜能的区位论基础上，建立了农业区位的一般均衡理论，并力图放宽非现实性条件假定，建立与现实相吻合的区位理论。而阿朗索（Alonso）将杜能理论中的城市由中央商务区所取代，研究随着与城市中心的距离增加，土地价格和人口密度的变化，以及企业或个人在区位决策时对土地租金与通勤成本的权衡，建立了城市内部土地利用和地价的一般均衡模型。

韦伯从费用角度来分析企业经营者的区位决定，他认为，经营者一般是选择所有费用支出总额最小的区位空间进行生产，费用最低点即为企业最佳区位点。哈罗德·霍特林（Harold Hotelling）和爱德华·张伯伦（Edward Chamberlin）等经济学家将不完全竞争理论引入区位论研究中，使区位理论由完全竞争逐步走向不完全竞争，不完全竞争最典型的一种空间竞争形式，即区位不同的生产者之间的竞争。勒施则认为，以杜能和韦伯等为代表的最小费用区位论与以霍特林等为代表的相互依存关系区位论的缺陷是忽视了需求因子。他在《经济空间秩序》一书中谈道：正确的区位选择既非单独取决于成本支出，也非单独取决于总收入，唯一的决定因素应该是收入与支出的均衡点，即纯利润最大的地点。格林哈特（Greenhut）、艾萨德（Isard）、摩西（Moses）等学者以韦伯工业区位理论为基础，运用替代原理分析区位的均衡，试图建立工业区位分析的一般区位理论。地理学者史密斯（Smith）将韦伯新古典经济区位论的成本思想引申为空间成本曲线，并将它与勒施的空间收入曲线结合起来，建立了收益空间界限理论。地理学者普雷德（Pred）把"满意人"的概念引入区位理论中，建立了更加接近现实的区位行为研究理论。克鲁格曼（Krugman）从规模报酬、运输成本和要素流动的相互作用解释地区经济的形成与演变，为经济活动进行区位空间分析提供了理论基础。

克里斯塔勒（Christaller）研究了一个地区各类中心地的分布规律和模式，认为能够提供核心商品和服务的数量及种类越多，中心地的等级就越高。在克里斯塔勒中心地理论基础上，贝利（Berry）和加纳（Ganer）对零售商业区位与中心地进行了研究，戴维斯（Davis）和比冯（Beavon）探讨了城市内部商业中心地系统理论的发展，万斯（Vance）对批发业区位论进行了系统研究，贝克曼（Beckmann）、帕尔（Parr）和戴西（Dacey）对中心地等级系统模型进行了发展，斯坦因（Stine）和施坚雅（Skinner）分析了传统集市区位，他们的理论构成了现代区位理论的重要部分。

从 20 世纪 90 年代开始，克鲁格曼关于国际贸易理论和区位理论的研究推动了空间经济学、国际经济学重新认识经济区位理论，掀起了新一轮区位论研究高潮。同时，从制度、社会学角度研究区位论也是一个重要的趋势。以克鲁格曼为代表的"新经济地理学"最大的特点是吸纳了经济区位理论关于空间集聚和运输成本的理论来研究经济空间活动，并解释地区间交易和国际贸易。新古典经济学家缪尔达尔（Myrdal）强调"循环累积因果关系"在特定区位空间的作用。与缪尔达尔强调生产效率和收入带来企业、产业在特定区位集聚，进而形成"滚雪球"效应的观点不同，卢卡斯（Lucas）和罗默（Romer）则认为，地区的发展与知识和技术的溢出有关，知识和技术的溢出可带来报酬递增，形成类似"滚雪球"效应，进而带来不同地区经济的发展。制度经济学认为，交易成本影响着企业在特定区位的集聚与分散，交易成本低，企业趋于分散，但企业组织的分离会增加外部交易和联系费用，这样企业就会在一定区位空间集聚。演化经济地理学则从劳动力、产业、企业和制度的多样化等角度分析特定产业的区位集聚，认为路径依赖、锁定效应和创新等对地区经济发展具有正向与逆向作用。

杨吾扬认为，区位论是经济地理学和空间经济学的主要基础理论，区域科学的主要渊源之一也是区位论。的确，区位理论对经济地理学、区域经济学（或空间经济学）、城市经济学的发展都起到了不可或缺的作用。经济区位论发轫于经济学，经济学的理论是区位论研究的理论基础，区位理论由完全竞争走向不完全竞争，由部分均衡发展为一般均衡，其理论和方法来源于经济学。经济地理学与区位论都研究经济活动的空间问题，但经济区位理论研究的是抽象空间，如同经济学一样，把空间假定为均质空间，在均质空间假设下，研究经济活动的空间运行机制。经济区位论抽象掉的要素通常是经济地理学所关心的因素，经济地理学强调空间的异质性，认为经济活动空间布局要充分考虑各地自然条件的差异、基础设施、交通条件和环境等现实世界中的各种因素影响。实际上，20 世纪 50 年代，地理学的计量化推动了经济地理学与区位论的研究内容和研究方法的趋同化，莫里尔（Morril）强调人文地理学研究的核心要素是：空间、空间关系、空间中的变化，即自然空间的结构如何，人们如何通过空间进行联系，人类如何在空间中组成社会等，并认为空间有五大要点：距离、接近性、集聚性、规模、位置。比较热门的空间经济学或新经济地理学的许多核心思想大多来源于经济区位论。比如集聚的思想，韦伯在《工业区位论》中论述道：一是由经营规模的扩大而产生的生产集聚，或大规模大量生产带来的利益；二是由多种企业在空间上集中产生的集聚，即由企业间协作、分工和基础设施的共同利用所带来的。之后，胡佛（Hoover）提出的三种集聚规模经济，即企业层面集聚导致的内部规模经济；地方性同一产业的不同企业集聚在一起所导致的外部规模经济，即行业内的外部经济；各种类型产业的企业集聚在一起所带来的外部规模经济。甚至克鲁格曼强调的历史偶然性对经济发展的影响，在韦伯的区位论中也有论述。我们可以看到，区位论与地理学、经济学的交叉性、融合性不断提高。

经济区位论是研究企业、消费者等区位主体对经济活动空间的选择和空间优化行为的理论。经济行为包括生产、服务、消费、贸易等，空间选择是各种经济行为活动主体按照利润和效用最大化等原则选择最合适区位的过程；空间优化就是对特定空间内各种经济活动的有序组织。不论是从地理学角度还是从经济学视角研究区位论，区位理论一般会关心以下问题：经济活动在什么样的特定区位发生？经济活动主体通常根据什么原则来选择特定的区位？什么样的区位可能出现生产活动的集聚？什么机制促进了企业或消费者在特定空间的集聚？我们如何准确判断和预测经济活动在特定区位的形成？在特定区位的生产（或生活）活动是如何合理组织？高效的空间组织对特定区位会产生怎样的作用？经济活动的区位在各种不确定因素、突发事件等扰动下，会发生怎样的变化？等等。尽管区位理论受到来自各方的批评，如理论框架建立的非现实性、空间内涵的抽象化等，但作为基础理论，对相关学科的支撑作用不可或缺。

本书在 2000 年由科学出版社出版，20 年来我一直想修订完善重新出版，但断断续续一直未能彻底完成。直到 2020 年这一特殊时期，有充裕的、完整的时间让自己沉下心来重新修订本书，终于完成了自己 20 年的夙愿。与 2000 年科学出版社版本相比较，本次商务印书馆版本新增了一些章节，删除了部分章节，并对文字和图表进行了修订。新版力图做到框架设计、内容安排等能够反映不同时期区位理论的发展特征，体现主要理论流派和核心思想的完整性与系统性，尽力避免晦涩难懂的表达，达到通俗易懂的目标。

商务印书馆版本在原版本的基础上，新增或扩充了六个章节，即第一章"区位理论的基础与发展"、第三章"区位理论的经济学基础"、第八章"服务业区位理论"、第九章"居住区位理论"、第十一章"跨国公司投资区位理论"以及第十二章"国际贸易与区位理论"。有些章节进行了重新撰写，如第四章"区位因子与区位决策"以及第十五章"区位政策"的框架和内容全部进行了重新撰写。其他章节主要是删除部分内容，新增一些新的理论和研究进展，修订了不准确、晦涩的表达等。

本书顺利完成的重要动力是我担任中国科学院大学本科生和研究生教学工作，讲授经济区位理论的过程，促使我不停地阅读相关文献，在备课的同时，不断地修改和完善原书的框架及内容。非常感谢南京师范大学刘倩倩博士，她为本书重新绘制了所有图表并校订了全书，也感谢已经毕业的博士和在读的博士生为本书校稿所做的辛勤工作。本书的顺利出版离不开商务印书馆李平总经理和李娟主任的大力支持，特别要感谢姚雯编辑斟字酌句、细致的校核与勘误工作。由于本人能力和水平有限，书中难免有一些不足和遗憾之处，敬请各位专家和读者提出宝贵意见。

张文忠

2020 年 10 月 3 日

于承泽园

目　　录

第一章　区位理论的基础与发展

区位论的基本宗旨：寻求人类活动的空间法则。

——陆大道（1991）

区位是一个古老的话题，我们日常的生活和工作、企业的生产活动都离不开区位，区位是经济活动的载体，人类社会生活的舞台。我们通常把区位看作"场所"或"地点"，经济活动在空间上的分布或选择通常也就是区位论研究的主要内容。

在现实世界中，影响经济活动区位选择或决策的因素和内容较多，不同的学科、不同的研究视角对区位研究的内容也不尽相同。对于地理学而言，区位研究的关注点是：经济活动在什么样特征的区位发生？经济活动主体（企业或消费者）选择特定区位的动机是什么？什么样的区位可能出现生产（或生活）活动的集聚，集聚的原因和背景是什么？我们如何准确判断和预测经济活动在特定区位的形成？在特定区位的生产（或生活）活动是如何合理组织的？高效的空间组织对特定区位会产生什么样的作用？经济活动的区位在各种不确定因素、突发事件等扰动下会发生怎样的变化？等等。经济学近年来受到克鲁格曼新经济地理学思想的影响，对区位问题的关注逐渐增强。经济学对区位的关注点是：生产成本最低的区位在哪里？企业如何选择能够得到最大利润的区位？报酬递增、规模经济、专业化等如何影响特定区位的发展？报酬递增和循环累积过程如何影响区位均衡？内生性和外生性因素如何作用于区位的形成与发展？区位局部均衡和一般均衡的条件是什么？等等。

本章首先就区位论的基本概念做一简单介绍，如区位主体、区位因子、区位条件、距离、集聚与分散等，为理解区位理论奠定基础；然后，从地理学和经济学的研究视角看区位论的分类及不同区位类型的研究差异；最后，从经济区位论的发展历程来看各区位流派的特点及发展方向和趋势。

第一节　区位论的基本概念

最早进行区位问题研究的学科无疑是地理学，因为经济学家长期忽视区位问题。韦伯（2010）讲到：经济学把某个地域上经济过程的分布及理论思考留给了经济地理学，但杜能是最突出的例外。杜能、韦伯等研究先驱在构建农业、工业等区位理论时，都提出了相应的概念和方法体系，基本概念的建立是理解区位理论的基础。

一、区位和区位论

1. 区位

"区位"源于德语"standort"，英文译为"location"，日文译成"立地"，中文则译作"区位"。关于区位的内涵有多种解释和理解，有的学者把它作为事物存在的场所或事物存在的位置来理解；也有学者认为区位是确定某事物活动场所的行为，从这层意义上讲，区位具有动词的性质，类似于"空间布局"一词；还有学者认为区位是某事物占据场所的状态，类似于"空间分布"一词。不管怎样解释，区位一词有场所（或空间）的含义，但又不同于通常所说的场所，它是指被某种事物占据的场所或空间。总之，区位是指人类各种行为活动的空间。

人类的各种行为活动与区位是不可分割的，如工业、农业、商业和其他产业活动都离不开区位，类似的这些经济或社会活动都占据着一定的空间，而且具有排他性。各种经济或社会活动占据的空间并非完全是自然存在的，大部分是人类经济行为在空间上的选择结果。

区位具有空间尺度性，有大小和范围之别，不同尺度下的空间适宜于不同的经济活动行为。区位本身具有价值，企业或个人占有一定的区位空间需要支付相应的费用，这也是经济区位论产生的重要背景。

2. 区位主体

区位是针对一定的人和事而言的，而从事一定经济活动的人和事就是区位主体，因此，区位主体是指与人类相关的经济和社会活动，如企业的经营活动、公共团体或机关政务活动以及个人的消费活动等。企业和消费者从事的经济或社会活动必然与特定的空间联系在一起，这也是区位论的研究主题。

3. 区位理论

研究经济和社会活动的场所及场所选择过程的理论就称为区位理论。换言之，经济区位理论是研究区位主体对经济活动空间的选择和优化行为的理论。区位理论的研究包含两个层面的内容：一是经济行为的空间选择；二是在特定空间内经济活动的优化。换言之，经济区位论是研究经济活动最优的空间理论。"最优"实际就包含着空间选择和空间优化的含义。

经济行为包括生产、服务、消费、贸易等行为活动；空间选择就是各种经济行为活动按照行为主体的目标（利润和效用最大化等）选择最合适区位空间的过程；空间优化就是对特定空间内各种经济活动的有序组织。

经济行为与空间是一种什么关系呢？可以说，所有的经济行为或多或少地都受到空间的制约，选择空间的过程本身就是一种经济行为；不仅如此，空间内部合理组合的经济行为也对空间产生了影响。

有的学者把经济区位理论称为空间（或地域）经济学，或产业布局论、产业配置论和产业区位论，尽管说法有所差异，研究方法和视角等也不完全一致，但研究内容大体相同。

二、经济区位论构建的核心概念

1. 距离

在经济区位理论研究中"距离"是一个非常重要的概念，区位论所讲的"距离"是以物理空间距离为基础，表述企业或消费者克服地区之间的障碍或空间摩擦所需要付出的运费和时间，以及两地之间的便利或通达程度，也称为经济距离。经济距离会影响商品、服务、信息等的辐射范围以及企业的生产成本和收益等。换言之，由于空间距离的障碍，各种生产要素的转移、产品的流动和商品的交易，必须克服空间距离带来的成本和时间增加才能完成。

杜能的农业区位论、韦伯的工业区位论、克里斯塔勒的中心地理论以及新经济地理学都把距离作为分析经济活动空间的主要因素。世界银行 2009 年出版的《世界发展报告：重塑世界经济地理》一书中，从密度、距离和分割三个要素剖析世界经济地理的变迁，该书认为："距离"是商品、服务、劳务、信息等到达经济聚集中心的距离，主要指生产要素的集中速度、劳动力的流动程度和物流成本的高低程度，具体体现就是交通、通信等基础设施的发展水平。因此，"距离"是经济区位理论研究的最重要基石。

2. 运输成本

不论是传统区位理论还是现代区位理论的研究都离不开运输成本的分析，运输成本可以说是建构经济区位理论框架的基础。区位论所讲的运输成本是指将原料或产品运送一定距离时企业或消费者所支付的运输费用。运输成本与距离、运输方式、场站服务等有关。一般运送距离越长运输成本就越高，但由于存在运费率远距离衰减的规律，运输成本增加不一定是直线上升；运输方式包括公路运输、铁路运输、海运、内河航运、管道和航空运输等，采用不同运输方式的运输成本也不同；运输成本通常包含场站作业成本、仓储成本、中转成本、服务成本等，这些成本的高低都会影响区位空间的选择。

新经济地理学家给运输成本赋予了更广泛的内涵，认为运输成本反映了所有的物流和贸易的障碍带来的费用增加。史普博（Spulber）将运输成本定义为四个 T。①运输成本自身（transport costs）。因为商品必须要到达它们的消费场所，尽管许多服务是不可贸易的，但各种交流仍需要面对面的接洽。②时间成本（time costs）。尽管有互联网和电话会议的选择，但分散在各地的商人以及制造商之间仍然存在沟通障碍，以至于反应比市场变化慢半拍，输送商品需要的时间也是十分宝贵的。③因距离相隔造成的商业活动的交易成本（transaction costs），包括习惯、商业行为以及政治和法律的差异。④关税和非关税成本（tariff and non-tariff costs）。如不同的环境管制标准、反倾销行为以及限制贸易和外国投资的法规（藤田昌久、蒂斯，2016）。由此可见，运输成本的内涵不断地扩大，既包括运输的直接成本，也包括无形的时间成本、交易过程产生的成本以及关税和非关税成本等。

3. 集聚与分散

集聚就是经济活动由于成本降低或收益增加而在特定区位空间的集中。从韦伯的传统区位理论到现代区位理论，几乎所有的学者都重视对集聚与分散的研究。韦伯（2010）认为，集聚就是在特定的区位集中生产所产生的"利益"可带来生产或销售成本的降低，分散与集聚正好相反，是随着取消集中生产而带来的生产成本的降低。勒施（1995）认为，经济活动的集聚是由专业化生产和大规模生产优势推动的，集聚活动的分散是由运输成本和多样化生产所带来的。新经济地理学者认为，经济活动是分散分布还是集聚分布与经济活动受到的离心力和向心力的大小有关。其中，交易成本与离心力成正向关系，交易成本较高时，经济活动在空间呈分散分布；交易成本较低时，经济活动在空间将呈集聚形态（藤田昌久、蒂斯，2016）。

4. 城市化经济与地方化经济

城市化经济是指大量不同行业的企业或消费者聚集在城市从而带来的经济收益递增。城市化经济产生的原因：一是可共享城市的基础设施和公共服务，带来企业生产成本的降低；二是由于企业间的相互邻近，可以节约运输成本；三是大城市的多样性为企业发展提供多样化人才、技术和市场需求等（雅各布斯，2005）。

地方化经济是指同一或类似产业内的不同企业在地理位置上相互接近所带来的经济收益递增。专业化经济产生的原因：一是特定区位所具有的特殊劳动力市场和技能交流，可以使企业和劳动者从中受益，带来收益递增（马歇尔，2016）；二是同行业内企业和劳动力的聚集可以促使技术、工艺、市场、组织等信息在业内的传播与扩散，给企业带来利益（马歇尔，2016）；三是特定区位对产品和服务的市场需求扩大，促进企业内部规模经济的扩大，带来收益增加。

5. 区位外部性

外部性又称外部效应，指企业或个人的区位经济行为给其他企业和个人带来效益、效用和福利的影响。区位外部性的影响方向和作用结果具有两面性，可分为正的区位外部性和负的区位外部性。那些能为社会和其他个人带来收益或能使社会和个人降低成本支出的区位布局或选择效应，称为正的区位外部性，它是对其他企业、个人或社会有利的外部性，如交通、上下水管网设施、学校和公园等设施的布局；那些能够引起企业、个人或社会成本增加或导致收益减少的区位布局，称为负的区位外部性，它是对企业、个人或社会不利的区位外部性，如污染或有害物排放大的工厂布局等。

6. 区位关联

区位关联是指不同企业区位选择具有相互依存关系，一个企业的区位选择与周边其他企业的区位相互联系，彼此互为影响。企业或消费者的区位最优取决于其他相关企业和消费者的区位选择，比如工业区位不仅与同类企业区位产生空间竞争或合作关系，也会与原料供应地、市场消费地、劳动供给地等发生关联。在不完全竞争市场下，企业的区位空间选择必须要考虑相关竞争者的市场空间占有和区位决策，才能合理选择自己最佳的区位空间。

7. 区位指向

区位指向是指由于不同经济活动对生产要素的依赖程度、需求不同，接近或选择这些生产要素富集的区位，能够带来成本的降低或收益的增加，经济活动区位倾向于特定生产要素富集的地区就是某要素指向性区位。如纺织服装业在劳动力密集的地区布局，可以降低劳动力成本，为劳动力指向性区位；高技术产业在大城市教育资源和高技术人才集中的地区布局，为技术和知识指向性区位；也有原料指向性、市场指向性和运输指向性等各种区位指向类型。

8. 区位决策

区位决策是区位主体根据自身特征权衡区位因子的作用，分析区位的现状、竞争水平和可能的变化趋势，在此基础上对经济活动的地点做出的决定。在区位决策过程中，首先要对各种备选地点进行现状分析，综合考虑各种区位因子的作用，在此基础上预测区位可能的变化趋势，决策者根据收益、效用等差异进行最终区位地点的决策。现状分析包括对各区位的现状的静态分析以及对区位间相互依存关系的区位关联分析，这些分析是区位决策不可或缺的基础依据。

三、区位的基本特征

1. 自然特性

（1）位置的唯一性

每个区位都具有地理位置的标识，且其地理位置关系决定了区位的唯一性，特定的区位只能占有唯一的地理位置，因此，不同的区位具有不同的自然地理属性。区位的位置也决定着不同区位的重要性，区位的重要性一般表现为距离的函数，随着远离中心位置，区位重要性呈现衰减规律。区位的位置也影响着其与相邻区位的空间关系和联系方式，位于核心位置的区位对周边区位的影响和联系作用要强于一般区位。

（2）空间尺度的特性

不同的区位占有不同的场所或空间，即区位本身就是一个空间，是经济活动或社会行为活动的场所，场所或空间具有的特性也是区位应具备的特征。区位的空间特性也反映了区位具有不同的范围和大小。如从宏观区位尺度看，区位内部存在着一致性、均质性的特征，经济活动在区位内按照一定规则进行空间的充填、占有；从微观区位尺度看，区位具有异质性的特征，不同区位之间存在着差异性，相邻区位之间具有互相联系、互相作用的特点。

2. 经济特性

（1）区位的经济价值

区位的经济价值与区位的空间位置、交通条件、信息和资源等密不可分，位置、交通条件可以说决定着区位的经济价值。换言之，不同位置和交通条件的区位其地价水平、赋予的经济内涵也不同。比如在城市中心地段的区位价值要高于周边地区，必须支付更高的竞标地价才能获得。由于支付了更高的地价，在区位经营活动中必须要获取超出竞标地价的收入才能正常经营。区位的经济价值除与位置和交通条件有关外，也与区位自身的稀缺性有关。特别是在城市内部，区位就是一种稀缺的资源，一定的区位只能被特定的经济活动所占有和利用，企业或个人为了获取特定区位必然要支付相应的费用，不同区位也就赋予相应的价值。

（2）区位的空间效应

由于各个区位经济活动的内容、类型和方式不同，区位间存在着资本、技术和其他要素的集聚程度的差异，由此导致区位间的经济联系和相互作用方式也不同。通常各区位间的联系或作用强度随着距离增加呈现减弱的趋势，区位要素的扩散呈现由近及远的扩散规律。

3. 社会特性

区位是经济或社会活动占有的空间，空间只有被赋予了经济社会等特性后才成为区位。因此，区位是人类经济社会活动的产物，是经济物化的空间。企业、个人不是存在于一个真空的区位中，区位应该是一个充满生机、具有不同自然和文化特征的现实空间。占有、控制区位的企业、个人或组织也给区位打上了不同的烙印或相应标识，区位是技术、资本和劳动长期投入在空间上的沉淀及改造的结果，体现出区位主体自身的特性。

4. 动态性

区位动态性主要体现在随着时间维度的变化，区位的构成要素、空间形态、结构和功能的变化。区位的主要构成要素如交通、用地、设施、人口和环境质量等，对企业区位选择起到关键影响的要素，随着时间的变化，相应的条件、规模、结构和质量将会发生不同程度的变化。区位构成要素动态变化会带来企业区位选择的成本和收益的变化，也会影响消费者的区位选择效用，比如区位环境质量的改善会带来居住区位效用的提升。随着的时间的变化，区位空间形态、结构和功能也会随之而变化，如由点状向线状、面状等形态和结构转变，由单一功能向综合功能变化等。

第二节　区位论的分类

不同学科对区位理论的研究视角不同，分类体系也各不相同。在谈到微观区位理论时，地理学和经济学所讲的内涵完全不同，地理学讲微观区位理论是指从微观尺度研究经济活动的空间选择与优化问题，而经济学则认为是从企业和消费者个体单位来分析区位活动问题。另外，不同区位主体其行为活动方式和区位选择原理也不同，本书主要从区位活动主体来进行分析。

一、区位选择与优化

正如区位论定义所言，区位论的内涵分为两个层次：一是经济活动行为的空间选择；二是特定空间内经济活动的组合或优化。前者可称为区位布局理论，后者可称为区位优化理论，这两种区位理论在研究视角、方法等方面存在一定的差异。

区位布局论是区位主体已知，从区位主体本身固有的特征出发，来分析适合该区位主体的可能空间，然后从中优选最佳区位，以获取收益或效用最大化。区位优化论正好相反，特定的区位空间已知，依据该区位空间的地理特性、经济和社会状况等，来研究区位主体的最佳组合方式和空间形态，目的同样是获取收益或效用最大化。当然，这两种区位理论并非是截然分割、毫无联系的，事实上有时两者仅仅是研究问题的出发点的差异，在研究内容上具有相似之处。

这两种区位论的关系可用图 1-1 来说明，假设存在 A、B 和 C 三个区位，并且有三种作物 I、J 和 K。纵轴表示生产量（或收益）、横轴表示条件各异的区位空间。现在如果考虑的是如何合理布局三种作物，那么，从图 1-1 可看到，I 作物在区位 A 点产量最高，当其他条件固定不变时，收益也最大；J 和 K 分别在区位 B 和 C 点达到最大。对作物 I、J 和 K 进行布局时，无疑分别选择 A、B 和 C 各区位点。从图中还可以发现，当三种作物进行空间区位选择竞争时，b 点明显成为作物 I 和 K 的分界线，而 a 和 c 则分别是作物 I 和 J 以及 J 和 K 的分界线。我们换一个分析角度，在 A、B 和 C 区位进行作物空间组合时，在 A 区位首先考虑的是 I 作物，然后是 J 作物；对 B 区位而

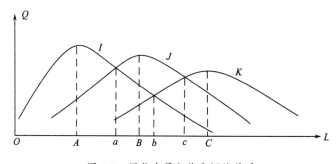

图 1-1　区位布局与优化间的关系

言，首先应选择 J 作物，然后是 I 和 K 作物；就 C 区位而言，当然是选择了 K 之后，才能选择 J 作物；而在 A 和 C 两区位，K 和 I 两作物分别都无法种植。上述的分析前者属于区位布局论，后者则属于区位优化论。当然，事例较为简单，实际上整个区位理论的空间选择或空间内的组合是较复杂的。

区位布局理论中的区位主体与区位因子、区位空间的关系用数学表达式来表示时，具有以下函数关系：

$$F(E) = Q(L_1, L_2, \cdots, L_n) \tag{1-1}$$

$$E = F(X_i) \tag{1-2}$$

区位优化正好相反：

$$F(L) = Q(E_1, E_2, \cdots, E_n) \tag{1-3}$$

$$L = F(Y_i) \tag{1-4}$$

其中：E 是区位主体；L 为区位空间；X 是区位主体布局的必要条件；Y 为区位 L 所具备的条件。（1-1）式表示区位主体与各区位的函数关系，（1-3）式表示区位空间与各区位主体的函数关系。

在图 1-2 中，纵向 1，2，3，$\cdots$，m 表示区位，横向 1，2，3，$\cdots$，n 表示区位主体。从纵向来看，即对于区位主体 j 而言，如何选择区位空间就属于区位布局论，可由 E_{ji}（$i=1$，2，3，$\cdots$，m）来表示；从横向来看，即对于区位 i 而言，如何合理地组织优化区位主体就属于区位优化论，可由 L_{ij}（$j=1$，2，3，$\cdots$，n）来表示。

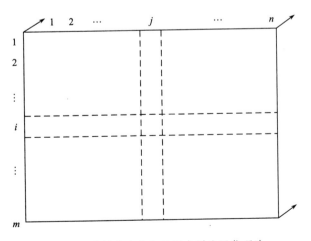

图 1-2　从区位主体和空间来划分区位理论

从上文可得出这样的结论，即对于任何一个区位主体 E_j 而言，选择什么样的区位空间属于区位布局论；对任意一个区位空间 L_i 而言，应该采用怎样的区位主体组合和选择就属于区位优化论。

二、地理学的区位分类

地理学关于区位论的分类通常是按照地理学研究的空间范围的大小来划分，比如宏观区位尺度、中观区位尺度和微观区位尺度等，但这种划分又要与研究的主体有机结合，也就是说，地理学所讲区位空间尺度不仅仅是一个空间范围或大小的概念，还与研究主体自身的特征和在空间上的活动规律有关。地理学通常从全球、国家、区域和地方尺度探讨地理事物的时间空间规律和演化机制，这种研究方法对地理区位理论的研究同样适应，不同区位空间尺度关注的区位问题、区位选择条件和机制也不同。宏观尺度区位理论主要研究国家或大区域的经济活动区位选择和空间布局等的理论及方法；中观尺度的区位理论通常研究各种经济活动在城市内的区位选择和布局的机制及方法；微观尺度的区位理论一般分析更小空间尺度，如城区、街区或社区等空间尺度范围内经济活动的区位选择规律和影响机制等。但宏观、中观和微观区位尺度区位理论是一种相对的分类体系，因为不同尺度之间存在着关联性、层级性和嵌套性等特性，很难严格地区分宏观、中观和微观尺度的大小。另外，不同尺度的定位与研究区位主体、研究方法和视角也有关系，比如，相对于零售商业的区位空间尺度，农业区位空间尺度更大。

三、经济学的区位分类

经济学所讲的微观区位和宏观区位问题与地理学不同，它不是从研究尺度范围大小来划分的，而是与研究的区位主体有关，微观经济区位论是研究单个经济单位的区位问题，如家庭、企业等，而宏观经济区位论则是从总量上分析经济区位问题。

微观经济区位论分为局部均衡区位论和一般均衡区位论。微观经济区位论的局部均衡主要是受到新古典经济学家阿尔弗雷德·马歇尔（Alfred Marshall）的影响，假定区位主体是理性人，以完全竞争市场为基础，各个地区的需求和供给是相互独立的，价格在不同地区是相同的，规模报酬不变（或递减）等，在这种前提下分析单个经济单位的最优区位决策。如韦伯按照马歇尔局部均衡分析框架提出，在一个完全竞争的经济体系中，产品价格一定条件下，企业的收益最大化就是努力实现成本最小化。微观经济区位论的一般均衡主要受到边际学派里昂·瓦尔拉斯（Léon Walras）一般均衡的思想影响，他认为完全竞争市场下，规模报酬不变（或递减）、所有商品可替代、消费需求无限的前提下，整个经济体系在均衡状态，所有消费品和生产要素的价格将有一个确定的均衡值，它们的总产出和总供给将有一个确定的均衡量。如勒施的经济区位论就属于一般区位均衡的代表。

宏观经济区位论是受凯恩斯（Keynes）宏观均衡分析方法的影响，把多区域市场需求与供给等宏观变量因素纳入区位分析中，区位主体也由单个部门、单个企业的区位决策延伸到区域总体经济结构和总量分析，区位决策的目标不仅仅是利益最大化，也包括消费者效用最大化。如俄林（Ohlin）认为，贸易理论是区位论的一部分，区位理论就是生产要素的相对价格差异论，将贸易理论和价格理论结合起来，建立了一般区位理论，他认为利息率和工资水平的区域差异是影响工业区位选择的主要因素（俄林，2004）。

四、按照区位主体分类

主要按照区位主体的类型在空间上表现出的经济景观和经济活动的目标进行分类，可分为农业、工业、中心地、商业、服务业、交通和居住等区位理论。

（1）农业区位论

农业区位论主要是研究农业生产活动的区位空间布局与农产品在特定区位空间的优化调整的理论。农业区位论是由德国农业经济学家杜能在 1826 年出版的《孤立国同农业和国民经济的关系》（以下简称《孤立国》）一书中首先提出。杜能认为，在自然、交通、技术条件相同的情况下，围绕中心城市（市场），不同地方由于离中心城市距离的远近不同，带来运输产品的运费差异，进而导致不同地方农产品纯收益（地租）的差异，纯收益（地租）成为市场距离的函数，按这种方式，形成以市场为中心，由内向外呈同心圆状的农业生产地带，即"杜能圈"。

（2）工业区位论

工业区位论主要是研究工业企业的区位选择和空间优化的理论，德国经济学家韦伯 1909 年出版的《工业区位论》提出了工业区位论的最基本理论。韦伯认为，区位因子决定工业企业生产的区位空间，运费、劳动费、集聚和分散等因子把企业吸引到生产成本最小或费用节约最大的区位空间，因此，韦伯的工业区位论也称为最小成本区位论。

（3）中心地理论

中心地理论主要研究中心地的分布规律和不同规模等级的中心地之间的空间秩序与结构。中心地理论是由德国地理学家克里斯塔勒于 1933 年提出（克里斯塔勒，1998），中心地与周围地域具有相互依赖和相互服务的关系；中心地具有等级性，随着中心地等级的提高，中心地数量会减少，但服务半径却逐渐增大，提供的货物和服务的种类也随之增加；不同等级的中心地按照市场原则、交通原则和行政原则形成一定的空间秩序与结构。

（4）商业区位论

商业区位论主要研究各种零售业、批发业等活动的区位空间选择和零售业空间的优化布局。商业活动包括零售业（大型百货店、综合超市、购物中心、专业店、专卖店、便利店和中小超市等）以及批发业（消费类和生产类）等，零售业的区位空间选择一般遵循克里斯塔勒的中心地理论，城市内部零售业空间结构受到地价支付能力的影响在空间上呈现规律性的变化。批发业既受到消费者空间分布的影响，也与生产者的区位空间分布有关，同时与区位交通条件和空间集聚性有关。

（5）服务业区位论

服务业区位论是研究服务业经济活动的区位选择、空间结构及优化布局的理论。面向居民的服务业区位选择通常遵循中心地理论，不同等级的服务业按照规模等级理论布局；面向商务公司和企业的服务业一般接近服务的企业，具有中心集聚的特征，追求面对面的交流，降低交易风险；各种非营利性公共服务设施的区位选择以效用最大化为目标，追求空间布局的公平性，满足大多数人的社会需求。

（6）交通区位论

交通区位论是研究各种交通运输方式的区位空间选择以及不同交通运输方式的空间组织和模式。交通结节点（包括车站、场站、机场、港口等点状交通节点）的区位选择主要与交通结节点的腹地、人流和物流、不同运输方式竞争等有关。交通线路包括可见的铁路、公路等以及不可见的航线等，交通线路区位选择一般受自然条件限制较大，会直接影响线路的建设成本和运营成本，通常最短距离是线路选择的基本原则。交通网络包括单一的交通方式形成的网络（如航空网络）以及两种以上交通方式形成的复合交通网络（如铁路与公路网络或铁路、公路与水运交通网络），交通网络是经济社会发展过程中逐渐形成和建立的综合交通运输方式，与经济发展水平有密切的关系。

（7）居住区位论

居住区位论是研究消费者在既定的收入预算约束下，根据交通条件、房价和居住环境等因素对自己偏好的居住空间进行决策，目标是实现效用最大化。居住区位经典的理论有伯吉斯（Burgess）的同心圆理论、霍伊特（Hoyt）的扇形理论以及阿朗索的权衡理论等。

五、区位类型与区位选择原理

韦伯在《工业区位论》中讲到：工业区位问题是经济活动的地点分布这个基本问题的一部分。在每个经济组织和技术经济演进的各个阶段中，一定存在着生产、分布、消费"在某个地方"以及"何种方式"的问题，可以认为，"在某个地方"以及"何种方式"生产、分布和消费都存在规律性（韦伯，2010）。因此，区位选择和优化要符合经济或社会活动主体本身的特性，同时要遵循经济和社会规律，如按照成本最小或利润、效用最大化原则选择区位空间。

区位可根据不同行业分为不同类型，如农业区位、工业区位、零售业区位、服务业区位、交通区位和居住区位等。工业区位又可按照工业门类分为不同的类型，如食品工业区位、化学工业区位或机械制造业区位。区位类型也可以根据生产要素利用的程度划分为劳动密集型区位、资本密集型区位、技术密集型区位、资源密集型区位等类型，也可以按照生产要素的依赖程度、需求差异分为市场指向性区位、劳动力指向性区位、交通指向性区位、资源指向性区位或环境品质指向性区位等。

区位类型及空间形态是经济和社会行为活动在空间的表现结果，多样化的经济和社会活动在空间上呈现出形态、组合方式与结构类型各异的特征及规律。如人类为了"衣"要进行工业生产，为了"食"要从事农业活动，为了"住"要进行居住建设，为了"行"要修建交通道路等，这所有的经济行为活动在空间上就表现为不同的区位类型（图1-3）。

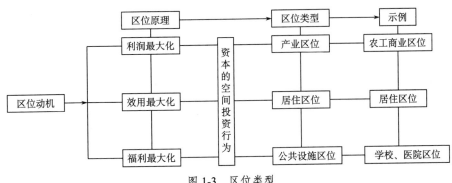

图 1-3　区 位 类 型

　　不同的区位主体对区位空间的需求不同，区位空间对区位主体的限制条件和要求也不同。比如从事农业、工业、服务业和商业等经济活动主体对区位空间规模、数量和性质等的要求是不一样的，所遵循的规则和原理也不同。如饮料工业对水质要求较高，受到运输成本和运输半径的限制，一般属于市场指向性区位；石化工业固定资产投入成本较高，需要大量的资本投入，且用地规模大，一般属于资本密集型区位；而半导体或信息产业对技术和高质量人才要求较高，属于技术密集型或技术指向性区位。

　　各种区位类型是在一定的经济或社会目标驱动下形成的，比如有的追求经济利益最大化，有的追求社会效益最佳，而有的寻求社会满意度最大等。总之，人类经济和社会活动在空间上是有规律的，自觉或不自觉地按照一定的法则来进行区位空间选择（图 1-3）。对于企业而言，企业区位选择的目标是追求成本最低或者利润最大化，即遵循的原则是成本最小化区位选择原理或利润最大化区位选择原理。对于消费者而言，如居住区位选择主要遵循追求效用最大化原理或满意度最大化区位选择原理。公共服务设施区位选择通常是追求福利最大化或为消费者提供最便捷的服务。

第三节　区位论的主要流派

　　杜能的农业区位论、韦伯的工业区位论等早期的区位理论主要受到经济学的影响较大，经济学的理论革新和发展直接影响区位理论的变化，区位理论由最小费用理论，经由相互依存理论发展到最大利润学派，都能找到经济学理论的影子。

一、最小费用区位论

1. 杜能的最小费用研究框架

　　杜能 1826 年出版《孤立国》一书，标志着区位论的产生，他被后人推崇为区位论的鼻祖。萨缪尔森盛赞他是空间经济学的"造物主"（库尔茨，2016）。杜能提出了在围绕一个城市（市场）周围的平原地区的农业和林业等作物生产的空间分布理论。杜能理论的核心是在均质的大平原上，以单一的市场和单一的运输手段为条件，在城市和乡村之间有着明确的劳动分工，在城市中生产的制成品和提供的服务被用来交换来自乡村的农产品。农产品空间经营方式取决于运输成本、产品的易腐烂性、耕作的强度等因素。随着与城市之间距离的增加，运输费用会不断增加，将会产生一种特定的经济活动布局。围绕城市形成的农产品经营方式的空间差异，产生于如何降低生产成本，生产者追求的是成本最小化行为。

在杜能的理论中，决定农业经营空间形态的因子是地租。但在一定的空间内，地租的大小与运费有关，而运费又与距离成比例。换言之，与城市（农产品市场）的距离不同，地租也不相同。因此，运费最小的区位就是地租最大的区位，也就是生产者选择的最佳区位。随着离市场距离的增加，地租也将减少，区位的比较优势也会不断降低。

对于同一种作物来说，在离市场近的区位要进行集约化经营，而在离市场较远的区位应粗放经营；对于不同作物来说，在离市场近的区位要种植能带来高额地租的作物，而在离市场较远的区位要种植地租相对低的作物。这样，以市场为中心就形成了一个呈同心圆状的农业空间经营结构，即所谓的"杜能圈"（图1-4）。杜能的区位论虽然涉及作物的收益问题，但在他的理论前提假定条件下，收益不过是一个固定的常数，而运费才是他注目所在，因此，他的理论是属于最小费用区位论。

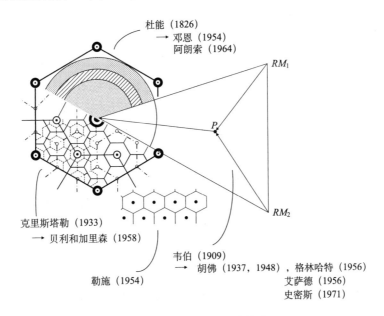

图 1-4 主要区位流派的关系

资料来源：据松原宏（2002）修改。

杜能之后，对农业区位论贡献较大的学者是德国农业经济学家特奥多尔·布林克曼（Theodore Brinkmann）（河野敏明等，1970），布林克曼在1914年以杜能的理论为基础，阐述农业生产集约度等级、农业经营制度及农业区位布局问题（Dunn，1954）。他认为影响集约度的因素有农场的交通位置、农场的自然情况、社会经济发展水平和经营者本身的特征等，集约度的高低影响农业的收益和土地利用方式。布林克曼认为，接近市场的地区，即交通位置比较好的地区，是实施集约经营的区位，相反，远离市场的地区是实施粗放经营的区位；交通位置不同造成的土地集约度的差异不仅表现在资本集约度的差异上，也表现在劳动集约度的差异上；接近市场的地区是特殊集约型作物的区位，远离市场的地区是特殊粗放型作物的区位。因此，土地利用的集约度增加不仅意味着各种作物耕作费用的增加，也意味着向集约化的作物转变。

布林克曼与杜能理论的区别是：杜能把生产费用的一部分即所谓的"谷物部分"作为距离的函数，而认为"货币部分"与距离无关，布林克曼则把所有的生产费用都作为距离的函数来研究。另外，在杜能的区位论中，各种作物的空间布局取决于距离因子决定的地租大小，而在布林克曼的理论中，各种作物的空间布局取决于节约指数（E）或地租指数（$G=EM$）。两者的相同之处是重视费用的研究，只是布林克曼把所有的费用与距离联系在了一起，但总的来看，他的理论也属于最小成本学派。

2. 韦伯的最小费用研究框架

在工业区位理论中，韦伯无疑是最小费用学派的代表。韦伯在其1909年的《工业区位论》中从费用角度来分析企业经营者的区位决定，他认为，经营者一般选择所有费用支出总额最小的区位空间进行生产，也就是说，费用最低点即为企业最佳区位点。

韦伯综合分析了工业区位形成的诸因素，认为工业区位的形成主要与运费、劳动费用和集聚（分散）三因子有关。他把运费和劳动费用作为一般地区因子，而集聚（分散）作为一般局地因子来看待。运费具有把工业企业吸引到最小运输费地点的作用，而劳动费用和集聚（分散）具有使区位发生变动的可能。在分析上他运用了"区位三角形"和"等费用线"等几何方法来研究三因子对区位形成过程的影响，可以说，韦伯对区位费用的分析至今都是区位理论研究的基石。

对于经济学家而言，韦伯提出的集聚和分散效应是关心的重点，在一定地区的企业集聚会导致正向和负向外部效应。这一理论思想对区域经济学和新经济地理学影响很大，当然，现代经济学关于正负外部性的内涵有了更进一步的扩展，比如正的外部效应包括企业之间信息交换的改进以及交通和交流成本的减少，而负的外部效应则包括土地价格升高、交通拥堵和污染等。

其实，在工业区位理论中，最早提出最小成本理论的并非韦伯，德国经济学家威廉·劳恩哈特（Wilhelm Launhardt）就曾对此进行过研究，尽管理论体系没有韦伯的完善，但关于最小成本的关键内容的研究已成雏形（刘继生等，1994）。劳恩哈特在1882 年首次提出在资源供给和产品销售约束下使运输成本最小化的企业最优区位问题及尝试性的解法。1885 年，他也讨论了假定运费与产品和原料的运输吨千米成比例，运费极小点就相当于在消费地和原料供给地产生的牵引力下的均衡点（陆大道，1991）。即消费地相当于产品重量的力作用于区位，原料供给地相当于原料重量的力作用于区位，这些相反方向作用力的均衡点就是运费极小点。另外，劳恩哈特也认为，劳动费用和工人技术熟练程度的地区差异对区位决定也有影响作用。总之，在韦伯之前关于最小费用区位论已有详细的研究，但尚未形成完整的理论体系。

韦伯的分析框架是属于完全竞争的，研究方法包括马歇尔的微观经济局部均衡分析方法、力学的方法和抽象的实证分析方法。韦伯假定所有的买方都集中在给定的消费地，所有的卖方都具有无限的市场，当价格已给定时，就单个企业而言，产品的需求与供给相比是无限的，因此，从韦伯的区位不可能派生出垄断利益，也就是说，韦伯假定了一种在区位决策中需求因子不发生作用的市场类型，即完全竞争市场。

继承了韦伯思想的其他学者也大都忽视了需求因子的作用，只是从其他方面对韦伯区位理论进行了修正，如里彻尔（Ritschl）从历史角度研究了费用与区位模型的变化，韦伯的弟子林克（Link）等试图测定工厂最小运费点的区位变化并通过劳动和集聚力的结果来说明这种变化（刘继生等，1994）。也有学者对不同投入要素费用替代进行了深入的研究，还有一些学者将工业区位从原料、劳动、市场和其他费用指向角度进行了分类，但这些研究都是在假定需求因子一定的前提下进行区位决策。

综上所述，最小费用区位理论具有以下五个特点：一是假设在某特定地点需求给定，且它对企业区位选择无影响，即不考虑需求因子的作用；二是忽视企业区位间的相互依存性，即研究的是单一企业区位的选择问题；三是利用静态的局部均衡分析方法；四是企业区位选择的动机是追求最小成本，即最小成本点就是最佳区位点；五是市场空间是一个"点"（图 1-4）。

二、区位间的相互依存关系理论

继韦伯之后，对区位理论做出重要贡献的是瑞典经济学家帕兰德（Palander，1935）和美国经济学家胡佛（Hoover，1948）。帕兰德和胡佛对市场空间的分析以及对运费理论做出了巨大贡献。总的来看，他们两位的理论与韦伯的理论既有相似之处，也有不同之处。胡佛虽然对市场空间大小与区位的关系进行了分析，但他基本的出发点是假定区位的生产者之间存在完全竞争、生产要素具有完全移动性的条件下，研究运费和生产费对区位决定的影响，正如史密斯（Smith，1971）所说，胡佛对费用因子的研究远超对需求因子的关心，因此，他的理论也属于完全竞争区位理论。

区位相互依存学派的代表人物是霍特林（Hotelling，1929）和张伯伦（2017）等经济学家。他们把不完全竞争理论引入区位论研究中，使区位理论由完全竞争逐步走向不完全竞争。不完全竞争最简单、最典型的一种形式是空间竞争，即区位不同的生产者之间的竞争。关于霍特林的理论贡献，藤田昌久、蒂斯（2016）给予高度评价："直到20世纪80年代，霍特林的重要贡献才为人所认识，人们发现他的理论用途超出了起初的地理解释的范围——通过在一个给定的市场中引入不同维度实现企业和消费者的差异化。确切地说，霍特林提出的空间分析框架可以成为处理经济、政治和社会领域经济主体异质性与多样性问题的强有力工具。"

该学派是假定生产费一定，市场不是韦伯假定的点状而是呈线状分布。企业的销售价格因区位的不同而不同，各个企业都尽力以低于竞争企业的价格向消费者销售，而销售价格与克服工厂到消费者间的距离所付出的运费高低关系密切。各个企业在选择区位时，都想尽量占有更大的市场空间，这样市场空间的位置和大小受到消费者的行为和其他企业区位决策的影响。某企业如果以低于竞争者的价格能够在某市场空间销售产品，那么该市场空间将会被该企业所垄断。综上所述，区位和市场空间之间的模型产生于需求空间的差异与企业区位间的相互竞争关系。

区位相互依存学派模型建立的条件是：①买方分布在相同的直线市场上；②买方对于卖方是没有差别的，也就是说，买方对于所有卖方和产品不存在差别对待；③卖方对于买方也是没有差别的，卖方对于所有的买方在各点都是同质的对待；④在吸引买方和生产费用上，各地都相同；⑤各个竞争者以无差别的工厂生产价格销售，即对于买方只需支付相同的单纯的工厂生产价格；⑥各个竞争者的产品能供给整个市场；⑦运费率在整个市场空间不变；⑧各个竞争者可自由地随时变动其区位；⑨确定的动机不影响区位选择；⑩各竞争者支付同样的纯粹工厂价格。

在此假定基础上，格林哈特（Greenhut，1956）归纳出下列五点结论：①分散的趋势取决于运费的高低、需求函数的弹性和边际费用，这些因素依据历史的事实决定区位竞争水平；②各个卖方都追求能够占有最大的市场空间，实际区位取决于其与竞争者之间的相互依存关系；③卖方和买方如果从地理上的竞争者中分离出来，且销售的产品是采取无差别的 FOB 价格（出厂价）的话，各个竞争者就成为空间的垄断者；④有效需求在两者选一的情况下，因运费和竞争者的区位而变化；⑤如果其他情况相同，三个或更多的企业和两个企业的区位选择情况也一样。从区位相互依存关系论的前提条件和结论可发现，该理论并未脱离完全竞争条件的框架，只是侧重于空间垄断条件下的区位决策，但已表现出向不完全竞争市场的发展。相互依存关系论所讲的市场空间由"点"发展为"线"，这无疑是该学派理论的一大突破。

综上所述，相互依存区位论具有以下五个特点：一是引入了不完全经济市场或垄断市场；二是研究的是两个或多个企业区位的选择均衡问题；三是企业区位选择的动机是占有最大的市场空间；四是区位决策取决于竞争者之间的相互依存关系；五是市场是"线"空间。

三、最大利润区位论

最大利润区位论的代表人物是克里斯塔勒和勒施。以杜能和韦伯等为代表的最小费用区位论和以霍特林等为代表的相互依存关系区位论的缺陷是忽视了需求因子。与此不同，以勒施为代表的利润最大化区位理论从需求因子出发，对区位选择进行了详细的分析，这意味着经济区位理论突破了完全竞争市场的假设，走向了不完全竞争市场。勒施在《经济空间秩序》（1995）一书中谈到，正确的区位是纯利润最大的地点，即影响区位的因子不仅包括费用因子，也包括收益因子，更确切地说，是二者的差。

杜能和韦伯等假设需求与价格一定，即把收益看作是一定的，但事实上，需求在某种程度上随着价格的变化和市场空间的大小而变化，同时也与选择的生产区位有关。勒施的区位理论以供给在市场约束下的不完全竞争市场结构为条件，以扩大市场来实现利润最大化目标，受边际经济学派瓦尔拉斯一般均衡思想的影响，开始利用一般均衡分析方法来分析区位问题。假定在各区位的生产价格不同，那么，各区位所占有的市场空间大小也不同，其总需求也将不同。总之，价格、需求和区位之间有着密切的关系。价格的变化会引起最佳区位的空间变动，这是勒施之前的区位理论学者所忽视的一个因子。但仅注重于需求而忽视供给同样是错误的，正如勒施所说，如同追求费用最低点一样，认为销售最大地点是最佳区位的想法同样是错误的，只有利润最大的地点才是最佳区位点（勒施，1995）。

最大利润区位理论与最小费用区位以及相互依存区位理论相比较，市场不是最小费用学派的"点"状市场，也不是相互依存学派的"线"状市场，而是蜂窝状的正六边形"面"状市场。勒施的区位论在垄断竞争情况下，首先着眼于确定均衡价格和销售量，即平均生产费用曲线和需求曲线的交点，再以此来确定市场空间均衡面积和形状。也就是说，在给定的经济空间内生产区位数量的极大化，使各区位得到的利润最大化，由这一条件出发来规定市场范围和形状。

勒施区位论的研究前提不是建立在完全竞争的市场条件下，而是以不完全竞争和垄断竞争为前提来寻找利润最大化的区位点。总之，以勒施为首的利润最大化区位论是比较完善和系统的区位理论。勒施的区位理论存在的缺陷主要是他对空间的费用考虑不足，尽管他认为最佳区位是取决于收入和费用两因子，但他主要考虑的是需求因子。他认为在均衡状态下能够存在的区位是指占有一定销售空间的区位，费用因子是通过制约市场空间大小的运费或有效需求最大时的集聚利益来反映。

综上所述，最大利润区位理论具有以下五个特点：一是由完全竞争经济市场走向不完全竞争市场，考虑需求对区位变动的影响；二是研究多个企业的市场区位均衡问题；三是利用一般均衡的分析方法研究区位问题；四是企业区位选择的动机是追求最大利润，即最大利润就是最佳区位点；五是市场空间是"面"状空间（表 1-1）。

表 1-1　传统区位理论的比较

区位学派	理论特点	市场形态	代表人物
最小费用学派	不考虑需求，追求费用最小，单个企业局部均衡	完全竞争，"点"状市场空间	杜能、韦伯、布林克曼
区位相互依存学派	占有最大的市场空间，两个或多个企业均衡	不完全市场竞争，"线"状市场空间	霍特林、帕兰德、胡佛
最大利润学派	追求利润最大化，多个企业的一般均衡	不完全市场竞争，"面"状市场空间	克里斯塔勒、勒施

第四节　区位理论的发展

20 世纪 40 年代，经济区位理论作为一门独立的、系统的学科已经形成，之后的区位理论基本是在上文所述新古典经济区位理论基础上的发展。20 世纪 40 年代之前，区位理论体系的形成和发展与经济学的发展密切相关，经济学理论的突破也在一定程度上带来区位理论的发展。这一阶段地理学尽管对区位理论的发展起到一定的作用，但与经济学相比其影响程度相对要弱许多。然而，20 世纪 40 年代之后，地理学对区位理论的发展和完善起到了重要的作用。

一、农业区位论的发展

在韦伯和布林克曼的农业区位论研究基础上,邓恩(Dunn,1954)和阿朗索(Alonso,1964)做出了巨大的贡献。邓恩把区位主体分为三个研究层次,即企业水平、产业水平和社会经济总体水平来分析,但他把重点放在了产业水平的分析上,最后建立了农业区位的一般均衡模型。在分析方法上由静态研究发展为动态研究,力图使自己的区位理论与现实相吻合。他的区位理论受到勒施和艾萨德的区位思想影响较大,但又不同于他们的区位理论,可以说,邓恩在现代农业区位论上的研究达到了一个新的高峰。

阿朗索的理论不仅仅局限于农业区位,他对土地经济学特别是城市地租理论的发展做出了巨大的贡献,他建立的土地利用和地价的一般均衡模型是城市经济学的理论基础之一。阿朗索将杜能的中心市场由中央商务区(CBD)所取代,随着与城市中心的距离的增加,土地租金、土地价格和人口密度都会下降,企业或个人在区位决策时会权衡土地租金与通勤成本。阿朗索的模型认为,随着远离城市中心,住房成本下降而通勤成本上升,靠近城市中心的高房价由通勤时间缩短所抵消,也称为权衡理论。

二、工业区位论的发展

在工业区位论研究上,格林哈特、艾萨德、摩西和屈恩(Kuenne)等学者以新古典工业区位理论为基础,运用替代原理分析区位均衡,对一般区位理论的发展取得了引人注目的成绩(麦卡恩,2010)。地理学者格林哈特(Greenhut,1956)的区位理论的特点是:综合古典的费用理论和企业间的相互依存关系理论并通过一些事例验证由此推导出的理论,将区位理论和垄断理论相结合并检验由此推导出的一般理论。艾萨德于1956年出版了著作《区位与空间经济》(2011),被认为是"区域科学之父"。他试图将杜能、韦伯、克里斯塔勒、勒施等人的模型整合为一个统一的研究框架,试图建立"一般区位理论"。他在区位理论古典分析框架中引入距离投入变量并论证了引入这一变量的有效性,提出了最优区位选择的一般原则。他也引入市场边界函数,把区位理论新古典分析框架中的单一生产区位分析方法扩展到多生产区位,对新古典区位论与生产经济理论进行比较与综合。艾萨德引入市场区位边界条件函数,把生产者的市场空间划分为不同部分,进而对市场边界线地域空间位移所引起的空间经济变量变动进行分析，属于宏观经济区位均衡理论。

经济学者诺斯（Nourse，1968）从微观和宏观角度，对城市体系、产业区位模型、土地利用、收入和交易的区域理论、区域经济增长及公共政策进行了研究。诺斯的经济区位理论属于区位宏观分析的动态研究范畴。

地理学者史密斯在罗斯特朗（Rawstron）的研究基础上，将韦伯新古典经济区位论的成本思想引申为空间成本曲线并将它与勒施的空间收入曲线结合起来，建立了收益空间界限理论（Smith，1971）。通过收益的空间边界分析来寻找"最佳区位""接近最佳区位"或者"次最佳区位"。史密斯的区位理论摒弃了他之前区位论的过分抽象性，将收入和费用与空间相结合，提出了收益空间界限理论并研究了在不同的条件下收益空间的变化。

三、城市与城市内部产业区位论的发展

1933 年，克里斯塔勒出版了《德国南部中心地原理》一书，研究了一个地区中各类中心地（城镇和农村）的分布规律和模式。在一个地区中，能够提供核心商品和服务的数量与种类越多，中心地的等级就越高。在一定的假设条件下，中心地与其服务的市场区域呈六边形的分布格局。中心地理论是研究城市和城市内部产业空间分布与组织的重要理论。

在克里斯塔勒中心地理论研究基础上，大量的地理学家从零售业、批发业、金融、公共服务等角度，拓展区位理论的研究内容和方法。地理学者贝利、戴维斯、加纳、比冯、万斯、贝克曼、帕尔、戴西、斯坦因和社会学家施坚雅等对中心地理论的发展做出了巨大的贡献（林上，1986）。贝利和加纳对零售业区位及中心地理论的研究，戴维斯和比冯对城市内部商业中心地系统理论的发展，万斯对批发业区位的研究，贝克曼、帕尔和戴西对中心地等级系统模型的发展，斯坦因和施坚雅对集市区位的研究，瑞典地理学家哈格斯特朗（Hagerstrand）对空间扩散等问题的研究（金安岩男、村上研二，1995），他们的理论和学说构成了现代区位理论的重要部分。

区位论在研究服务设施和居住区位上也取得了很多成绩，特别是随着第三产业比重的提高，服务设施区位研究意义也愈来愈重要。如各种服务机构（银行、咨询机构、软件公司等）和行政办公机构在大城市区位布局中的地位与日俱增，研究这类区位问题成为现代区位论的一个新趋势。

四、行为主义区位论

新古典经济区位论假定经济和社会活动的行为主体是"经济人",即人们掌握了所处环境的一切信息,并且具有能够以稳定的选择水平正确地选择所有决策的能力。受福利经济学、行为经济学的影响,区位理论开始研究在不完全信息条件下企业和消费者的区位选择效用问题。在现实中,企业和消费者所获得的信息是有限的,其区位行为决策目标与其说是利益最大化,还不如说是心理满足最大化。

在工业区位选择中,地理学者格林哈特强调个人因素在区位选择中的重要性,他认为个人行为不可能完全一致,区位因素除成本、需求、收益等经济因素外,个人成本和个人收益因素对区位的影响也很重要。地理学者普雷德(Pred,1967)把"满意人"的概念引入区位理论中,建立了更加接近现实的区位行为研究理论。他运用行为矩阵来研究区位选择,重视不完全信息和非最佳化行为对区位选择的作用。普雷德关于区位论的行为研究也被人们称为地理区位论,他的理论得到了许多经济学者和地理学者的推崇。西蒙(Simon)则认为,在有限信息条件下,区位决定行为就是有限合理性的行为,在理性合理性条件下,"经济人"会追求利润最大化。戴依(Day)和史密斯等学者对行为区位论都做出了重要贡献(杉浦芳夫,1989)。

五、结构主义区位论

20 世纪 70 年代出现的结构主义区位理论,强调了社会文化、结构、系统等因素对区位选择或区位形成过程的作用,其分析框架是从宏观及整体视角,如探讨资本主义制度体系对区位的影响,认为产业区位的变化是世界资本主义体系的副产物,企业区位并不是由企业或区域内部因素来决定的,而是由世界资本主义市场经济结构决定的。以结构主义为主的区位理论认为区位是经济结构的产物,尤其是资本主义结构的产物。梅西(Massey)是结构主义区位理论的代表人物,她特别关注社会与空间的关系,认为经济区位论把空间内涵抽象化了,经过 20 世纪 60 年代实证主义和计量革命的影响,空间变成了距离,在这个过程中,空间失去了很多内涵,特别是空间本身的特殊性。空间作用离不开社会作用,不存在纯粹空间的动因、规律和相互作用,只能说是社会动因、规律和相互作用的空间形式(苗长虹,2007)。

六、新经济地理学与区位理论

从 20 世纪 90 年代开始，主流经济学者开始关注区位问题，他们发现传统经济学在分析现代经济问题时的局限性，如经济学理论一般都忽视现实的空间，认为生产要素不需要费用，瞬间可以从一个活动空间转移到另一个活动空间，在研究国际贸易时不考虑"空间摩擦"对国家之间贸易实现的影响，也就是说，不分析运费对国际贸易的影响。经济区位论弥补了这一问题，如经济区位论认为生产要素可以自由移动，但需要运输费用；生产企业在空间上不断集聚可产生规模效益，一个城市或地区的发展与企业高度集聚产生的规模效益有关。

保罗·克鲁格曼（Paul Krugman）采用 1977 年迪克西特（Dixit）和斯蒂格利茨（Stiglitz）的"垄断竞争"理论，在 1991 年建立了核心—边缘模型，提出了立足消费者和企业区位选择的一般均衡分析方法，利用迪克西特和斯蒂格利茨模型，解决了区位理论或者传统经济地理学无法对空间经济进行一般均衡分析的难题。克鲁格曼的模型分析了规模报酬、运输成本和要素流动相互作用下地区经济的形成与演变，为经济活动进行区位空间分析提供了理论基础。

报酬递增带来的规模经济、运输费用、生产要素的不可移动性、历史发展的偶然性、路径依赖等相互作用，是新经济地理学研究经济活动的区位选择和经济发展的基本视角。新经济地理学研究经济活动的空间问题具有以下独特的思维和方法：①认为初期条件的状态对今后的发展路径具有较大的影响；②表示区域、城市和国际贸易发展与变化的运动方程式是非线性数学模式；③认为看上去混乱的经济运动，随着时间的变化可能会表现出某种秩序，即认为经济空间变化是一个自组织过程；④认为经济事物的运动规律在某个时间会出现突变现象。总之，以城市经济学者和区域经济学者为首，对现代区位论的发展起到积极的推动作用（张文忠，2003）。

第五节　区位论的发展趋势

从 20 世纪 90 年代开始，克鲁格曼关于国际贸易理论和区位理论的研究推动了空间经济学、国际经济学重新认识经济区位理论，掀起了新一轮区位论研究高潮。同时，从制度、社会学角度研究区位论也成为一个重要的趋势。

一、区位理论的空间经济学研究视角

经济学的理论和方法是经济区位论研究的基础，尤其传统区位论的形成和发展大多建立在经典经济学理论分析框架基础上，但长期以来，由于经济学过分追求理论和形式的完美，正如克鲁格曼所言："在实践中一定要尽可能少地抵制数学的应用，这一倾向使得贸易理论偏爱静态的、完全竞争的、不变利润的理论研究。"因此，主流经济学与经济区位论的研究渐行渐远。

20 世纪 90 年代，经济学界许多知名学者开始构建"新的经济学理论"，如"新经济增长理论""新国际经济理论"等，以克鲁格曼为代表的学者立足于新的视角，将以空间经济现象为研究对象的空间经济学、城市经济学和经济区位论等传统经济学科统一起来，构建了"新经济地理学"。"新经济地理学"与传统（或新古典学派）的经济学相比较，最大的特点是吸收了区位理论关于空间集聚和运输成本的理论，在此基础上该理论强调由规模经济和运费相互作用产生的内在集聚力，以及由于某些生产要素的不可移动性等带来的与集聚力相反的作用力（分散力）二者对空间经济活动的影响。在研究方法上，主要是依赖于 19 世纪 70 年代发展起来的产业组织论和非线性动力学理论，特别是迪克西特和斯蒂格利兹的垄断竞争理论等。由于克鲁格曼、藤田（Fujita）等的声望和他们所取得的大量有别于传统经济地理学与经济学的研究成果，吸引了许多经济学者和地理学者加入了新经济地理学的研究行列，并且这一学派得到了经济学界和地理学界的广泛关注。

克鲁格曼建立了核心—边缘模型，关注规模经济、报酬递增和运输成本等对经济活动空间区位的影响，分析集聚或分散对地区发展的作用。除此之外，空间经济学的循环累积因果效应、产业集群理论、本地市场效应、空间竞争理论、产业梯度转移理论、创新理论、内生增长理论等，对经济区位论的完善和发展起到了重要的借鉴作用。

二、区位理论的国际经济学研究视角

在全球化背景下，跨国公司的生产区位不仅受到本国要素禀赋、生产结构和政策的影响，也会受到产业链的国际分工、国际市场和各种贸易政策以及企业间空间距离等的影响。正如新古典贸易理论的代表俄林（2004）所言："区位论比国际贸易理论具有更广的研究范围，国际贸易理论只不过是一般区位理论的一部分。"但传统国际经济学在研究贸易和生产要素的转移时，通常忽视空间，认为在国家内部和国际间生产要素与商品的贸易，从某一个生产区位转移到另一个生产区位或贸易国家所有商品均无需支付运输成本。克鲁格曼认为，这与现实世界不相吻合，认为国际经济学必须要关注国内贸易或者生产区位的空间问题（克鲁格曼，2017）。

1990 年之后，新国际贸易理论将区位纳入贸易模型分析框架中，认为经济区位理论关心的运输成本与规模经济所带来的利益是影响一个产业在特定地区集聚并输入输出的重要因素。如果从事制造业的劳动者可以自由移动，并且他们主要向高工资的地区移动，其结果是：当运费和其他贸易费用较低，制造业部门将在一个地区不断集中；当运费和其他贸易费用超出由于集中生产所带来的报酬递增的效果，那么，集中的趋势将会减弱，可能会出现分散布局的趋势。一个国家对某种产品的国内需求增大时，按照传统的比较优势模式来分析，该产品的进口也将增大；但新贸易理论认为，当该国的国内需求规模不断增大时，由于运输费用等贸易壁垒的存在，这个国家不是进口，而是在国内组织生产，并且随着生产规模的增加，规模经济效益将会不断发挥作用，促使这个国家该产品的竞争力相应提高，进口反而会减少，而且有可能出口。也就是说，当一个国家某种产品的市场需求规模相对大时，很有可能成为该类产品的主要生产地和出口国（张文忠，2003）。

三、区位理论的发展经济学研究视角

古典发展经济学家亚当·斯密（Adam Smith）认为，劳动分工是劳动生产率和人均收入增长的最重要源泉，市场的不断扩张和资本积累会带来劳动分工的深化，进而促进劳动生产率和收入的提高，收入的提高又强化了资本积累，最终进入一个"良性循环"过程，促进国家和企业的发展。在斯密的理论基础上，新古典经济学家缪尔达尔在 1957 年提出"循环累积因果关系"原理，他认为，资本积累扩大了市场空间范围，促进了地区劳动分工的深化，随之提高了生产率和收入，这又带来了进一步的资本积累。但是，缪尔达尔同时认为，一些地区可能进入"恶性循环"，随着时间推移而变得更穷。这种"滚雪球"效应具有自我强化的作用，促进了特定产业在一定区位的集聚。克鲁格曼也表达了类似的思想，认为制造业将集中在有较大市场规模的地方，而制造业集中的地方其市场规模也较大（库姆斯，2013）。另两位诺贝尔经济学奖获得者卢卡斯和罗默认为，地区的发展与知识和技术的溢出有关，知识和技术的溢出可带来报酬递增，报酬递增带来地区经济发展，形成类似"滚雪球"效应，进而会造成各个地区之间经济发展的差异（科伊尔，2016）。

四、区位理论的制度经济学研究视角

诺贝尔经济学奖获得者阿罗（Arrow）对信息经济学的建立做出了开创性工作，他分析了不确定性、不完全或非对称性信息的作用。正如行为主义区位论强调的那样，区位选择的主体并非完全是"经济人"，信息的不完全性、非对称性和不确定性，促使区位空间的选择变得更加复杂。为了减少信息不确定性等对区位决策的影响，决策者通常会采取区位跟随效应或区位集聚等方式，通过相关产业的集聚促进彼此之间获取信息，减少区位决策风险（科伊尔，2016）。

制度对区位的作用主要体现在不同制度可以约束企业、家庭和消费者经济主体的行为，制度变迁会改变区域环境，进而对区位空间的演变产生影响。将制度引入经济区位分析框架中的地理学家有马丁（Martin）、斯科特（Scott）等。斯科特引入制度经济学关于"交易成本"理论，对"新产业空间"进行分析。斯科特认为，交易成本影响着企业集聚与分散，企业的目标是获取最大利益，当企业采取组织和空间上都分离的生产方式时，能够减少交易成本，就趋于分散；当企业组织和空间上都分离的生产方式时，增加了外部交易活动和联系费用，那么企业就会在一定区位空间集聚（安虎森、季赛卫，2014）。

五、区位理论的演化经济学研究视角

演化经济学关于路径依赖和锁定效应等概念的研究，对理解各种产业区位空间形成、产业在特定区位空间的集聚等提供了很好的分析框架。有些区位空间由于正向的路径依赖作用，企业不断集聚，带来地区的持续发展，进而又促进新的企业集聚，形成良性循环，而有的区位空间由于陷入一个消极的"锁定"状态，如传统产业的固化，发展出现停滞或衰退。如何打开区位"锁定"？演化经济学认为要进行创新，推动技术变迁（贺灿飞、黎明，2016）。创新可以提升企业竞争能力，促进产品和生产过程的多样化，一个企业或地区出现新技术，就会占据主导地位，进而推动地区经济发展。演化经济学关注劳动力、产业、企业和制度的多样化对特定产业集聚发挥的重要作用，且这些因素带来的产业区位空间聚集，会给新的产业进入带来好处。特定的区位空间一旦形成产业聚集过程，就会由产业开始通过供应商和消费者网络、研发机构、技能培训等活动来进一步优化发展区域环境，使得区位空间内的经济系统进入了良性发展阶段，良好的区域环境会不断吸引新的产业并促进地区经济的发展（安虎森、季赛卫，2014）。

六、区位理论的社会学研究视角

从社会空间不平等角度研究区位问题的学者有哈维（2014），如特殊社会群体和管理者对资源、区位的控制与占有带来资源及区位空间的垄断。哈维讲到，由于社会行动者控制了与某种活动相关的具有特殊品质的资源、商品或区位，使得希望使用这些资源和空间的人们必须支付高额的垄断地租及费用；对运输、通信网络或某种高度集中的活动（如金融中心）的区位空间，资本家会因为区位便利性而为这块土地偿付额外的费用。还有就是对土地、资源或资产直接进行交易时，通过人为控制减少现有使用，能够造成土地、资源或资产的稀缺，从而投资并获取未来价值。

曼纽尔·卡斯特（Manuel Castells）认为社会网络、社会组织和创新氛围等对区位决策具有作用。信息技术制造业中心的兴起源自一般生产要素之特殊变化的集结：资本、劳动力与原材料由某种机构性质的企业家集聚在一起，并由特殊的社会组织形式所构成。它们的原材料是由新知识组成，联系上具有策略重要性的应用领域，而其生产者是主要的创新中心，如斯坦福大学等。劳动不同于知识因素，需要的是集聚大量技术纯熟的科学家和工程师。资本来源也很特别，愿意承受投资于先驱高科技的高风险。各种社会网络有力地凝聚了创新氛围及其动态，确保观念的沟通、劳动的循环以及技术创新与事业企业主义的"异花受精"（cross-fertilization）。创新氛围是指一组生产与管理的关系，奠基于一种大体上共享的工作文化，并且以产生新知识、新工艺与新产品为工具性目标的社会组织。卡斯特认为，在信息技术产业中，空间的邻近性（proximity）是这种氛围存在的必要物质条件，而这是源于创新过程中互动的性质。他进一步强调：创新氛围是信息时代工业生产过程中创新与产生附加价值的根本源泉（卡斯特，2003）。

第二章 区位理论与相关学科的关系

> 分析工作体现出我们看到的事物风貌。不论有无任何可能动机让我们预设了想要的观点，我们看事物的方式，与我们希望看事物的方式，几乎无法区别。
>
> ——熊彼特（2018）

  1826 年，德国经济学家杜能的《孤立国》一书问世，标志着区位理论的产生，经过近两个世纪的发展，区位论已经形成比较完善的理论体系和研究方法。从研究的层次来看，不仅仅局限于单个企业和消费者的微观经济局部均衡，而且涉及产业层次以及整个国民经济的宏观经济一般区位均衡；就内容而言，由农业区位、工业区位和城市区位发展到了商业、服务业、居住及交通等第三产业区位问题。研究区位论的学科涉及地理学、经济学、管理学和行为科学等。与此相对应，区位论也分化为地理区位论、经济区位论和行为区位论等，这实际也反映了各学科在研究区位论时视角的差异。

  尽管许多学科都在研究经济活动的区位问题，但是区位理论的创始人大多为经济学者，如杜能、布林克曼、韦伯、霍特林、帕兰德、胡佛和勒施等。这不能不让我们产生一个疑问，区位论究竟是属于地理学还是属于经济学？如果说它属于经济学，可地理学对它的关注程度远远超出经济学者，特别是在近现代区位论研究中，地理学者的作用不断地提高，如克里斯塔勒创建的中心地理论，对区位论的发展做出了巨大的贡献。在他之后，地理学家格林哈特和史密斯等对区位理论的研究成果也非常引人注目。如果说它属于地理学，正如上文所述，区位论的创始人和经典理论的建立者都为经济学家。为了回答这个问题，下面就区位论与相关科学研究内容和研究方法等的异同进行系统梳理与评述。

第一节 区位论与经济学的关系

一、经济学是区位理论形成和发展的基础

人类生产和生活活动不是游离在虚无缥缈的世界中，现实空间是所有经济和社会行为活动的基础。也许正因为空间维度是所有经济社会活动的共同基础，才长期被经济学所忽视。经济学很少涉及经济行为的空间问题，大部分经济理论忽略了经济活动都有着空间维度这一显而易见的事实，或者忽视空间因素给生产、生活和消费等经济行为结果带来的影响。对此，新古典经济学代表人物马歇尔在 1890 年出版的《经济学原理》一书中曾谈到：在经济学上，许多问题最大困难的根源是时间；他进一步指出，问题的困难主要是来自市场空间的大小和时间长短的不同，比起空间影响，时间影响是更基本的因素。经济学认为空间是同质的，假定在同质的空间下，研究经济活动的运行机制。

尽管区位论的创始人、经济学家杜能对空间问题产生了浓厚的兴趣，他把空间位置差异与地租联系在一起进行了研究。不过作为经济学者，与其说他在区位论发展上做出了巨大的贡献，还不如说他在边际分析上受到经济学家的评价更引人注目。杜能之后，许多经济学家开始对区位问题产生兴趣，包括马歇尔在《经济学原理》一书中讲到的"专门工业集中于特定的地方"，对地区工业布局、劳动分工与集聚等问题进行了阐述。但区位问题并不是主流经济学关心的重点。

简单回顾一下经济学不同历史阶段关于区位或空间的论述，就会发现，从古典经济学到新古典经济学，对区位或空间的研究是零散的或碎片化的。古典经济学对位置、交通、空间只是从某一个角度去分析。如亚当·斯密 1776 年在《国富论》中谈到："良好的道路、运河或可通航河流，由于减少运输费用，使偏远地方与都市附近地方，更接近于同一水平。""交通的改善，一方面虽会使若干竞争的商品，运到旧市场来，但另一方面，对都市附近农村的农产物，却能开拓许多新市场。"斯密还讲到城市和农村的分工，为什么国家间存在贫富差距，如何增加国家财富，地租与位置的关系等等问题。但关于地方、城市、区位等问题在《国富论》里不是重点，只是在讲到分工、商品、资本、地租、贸易、税收等问题时，才或多或少涉及空间问题。斯密的经济学思想，特别是关于地租的分析对杜能影响很大，杜能曾讲过：亚当·斯密在国民经济学

上，泰尔（Theil）在科学的农学上是吾师（富田和晓，1991）。

与斯密同时代，在经济学上的贡献几乎与斯密同样伟大的经济学大师李嘉图（Ricardo），在 1817 年出版的经济学著作《政治经济学及赋税原理》一书中，对地租问题进行了分析，后人将他的地租理论称为级差地租理论。同时，李嘉图在国际贸易理论上也做出了巨大贡献，提出了有别于斯密的绝对优势理论，即比较优势理论。比较优势理论是地区间交易和国际贸易的古典理论基础。杜能的理论虽然比李嘉图的理论晚九年，但在《孤立国》发表之前，杜能强调自己未曾看到过李嘉图的著作。由此可见，李嘉图和杜能在地租理论方面是相互独立、互不影响的。经济学家穆勒（Mill）继承和发展了李嘉图的思想，在 1848 年出版了《政治经济学原理》一书，对生产和分配、国际贸易理论等进行了论述。尽管这些古典经济学大师不同程度地谈到了空间问题，但当时的经济学者对空间的分析仅仅是为了研究经济行为而涉及空间的一个侧面，其中心问题仍然是关于供给、需求、价格和贸易等经济学问题。

19 世纪 70 年代初期的经济学理论革新被称为边际革命，其中非常重要的人物之一就是杜能。杜能在《孤立国》一书中为了求得利益最大化的条件，对表示利益的函数运用微分方法来求解，他是在生产方面进行边际分析的先驱。马歇尔很崇拜杜能，他在 1890 年出版的《经济学原理》序言中讲到："在古尔诺（Cournot）和杜能的影响下，我开始对一些问题重视起来：不管是精神世界还是物质世界，我们对自然界的观察，跟增加量的关系要比跟总量的关系大一些。"

谈到边际革命时不能不提到以下三位创始人：洛桑学派的创始人里昂·瓦尔拉斯、奥地利学派卡尔·门格尔（Carl Menger）以及英国学者威廉·斯坦利·杰文斯（William Stanley Jevons）（库尔茨，2016）。门格尔作为经济学奥地利学派的代表，其桃李满天下，包括著名的经济学家庞巴维克（Bohn-Bawerk）和维塞尔（Wieser）、米塞斯（Mises）、哈耶克（Hayek）、罗宾斯（Robbins）、加里森（Garrison）、塞尔金（Selgin）等。这其中有许多经济学大师的方法和理论对区位论的发展起到了一定的借鉴作用。

边际学派三位创始人中瓦尔拉斯的研究对区位论影响最大。瓦尔拉斯运用数学方法研究了社会整体的均衡问题，他的思想对勒施的一般均衡区位理论影响最直接。边际学派把微分学应用于经济学，促进了经济学在数理科学上的发展，同时为数理经济学的建立和发展奠定了基础，特别是瓦尔拉斯的一般均衡经济学。通常把上述三者所建立和发展的边际理论称为新古典学派经济学。

使边际学派得到成熟发展的学者还应首推马歇尔，他在《经济学原理》（2016）中就供给、需求、消费、均衡、财富、企业竞争等问题进行了详细的论述，但对区位论研究具有重要影响的理论是局部均衡思想、规模经济、地方集聚、城市土地价值等内容，他的这些思想对经济区位论建立一般区位均衡分析、地方工业集聚、规模报酬递增、城市地价等经济分析提供了重要的理论基础。

企业进行生产的三大要素——土地、劳动力和资本很早就成为经济学者的研究中心，但一直是建立在以完全合理的经济行为假设的基础上来研究这三要素，这一基本思路就是"完全竞争"。完全竞争状态的存在必须满足一定的条件，即存在大量事先没有商量、并不对市场状态明显影响的买方和卖方，各商品由供给与需求均衡决定的单一价格来维持。这一均衡要成为可能，所有的买方和卖方对市场状态具有完备的知识，而且发生任何变动时，整个经济马上进行调整。像这样的理论框架在 19 世纪末和 20 世纪期间其缺陷逐渐表现出来并受到批判。如时间因素、不完备知识和垄断等因素已被认识到并加以修正及理论化，但对空间距离影响的分析几乎仍未引起人们的足够注意。

1933 年，经济学家张伯伦出版了《垄断竞争理论》，同年罗宾逊（Robinson）出版了《不完全竞争经济学》，标志着经济学由完全竞争发展为不完全竞争。但是，大多数经济学家仍然忽视空间要素对经济行为的影响。经济学者认为，只要有支付能力，不论是谁，在任何地方和任何时间，都可从市场买到自己喜欢的商品。但现实中并非如此，如果没有一定的人口规模，商场就不能布局，在所在的地区得不到供给时就必须去其他的地区购买，空间移动一定要支付交通成本或由此产生的时间机会成本。

新古典经济学者忽视经济空间的一个主要理由是假定了一切经济活动在所有的空间以同一水平发展，经济行为在空间上是同质的变化。另外，假定了资本和劳动是自动向能够得到高利润与高工资的地区移动，即资本家在费用最小的地区布局企业得到最大的利润，劳动者向高工资的地区移动以得到最大的收入。再则，忽视经济事物克服空间移动所带来的成本即运费的研究，认为生产要素不需要运输成本，在瞬间由一个空间可转移到另一个空间。

到了 19 世纪末，特别是进入 20 世纪以来，经济学关于区位问题的研究文献迅速增加，如最有代表性的劳恩哈特、韦伯、霍特林、帕兰德和胡佛等学者，他们关于区位论做了大量研究，使得区位论的研究在经济学中占有一席之地，并且取得了很大的进步，以至于国际贸易理论学者俄林在其大作《区际贸易和国际贸易》一书中曾指出："区位论比国际贸易理论具有更广的研究范围，国际贸易理论不过是一般区位理论的一部分。"他认为：土地经济学也是区位论的一部分。从此意义上讲，区位论究竟与经济学是一种怎样的关系？仅从研究者而言，无疑初期的学者都是经济学家，而且研究的内容也属于经济行为。

至今有许多学者都认为区位论是经济学的特殊部门，研究的只是空间经济问题罢了。但我们应明确，这种空间经济行为不同于一般的经济行为，它不仅取决于经济因素的作用，换言之，它不仅受经济机制和经济规律的作用，而且受到地理条件或者地理因子的影响，并且这种影响一直作用于经济行为的整个过程。这一点也正是地理学者研究经济区位的根本原因。也就是说，区位论的研究离不开地理环境的分析（表2-1）。

表 2-1　区位论与经济学和地理学的异同

	经济学	经济区位论	地理学
关键词	理性、效用、效率、供给、需求、均衡	距离、费用、利润、集聚、空间秩序	地理要素、分布、区域差异、空间结构
主要理论	重商主义、重农主义、古典经济学、新古典经济学、新兴古典经济学	最小费用、相互依存、最大利润、行为区位	空间分异理论、地带性理论、空间结构理论、人地相关理论
研究方法	数量化解析（问题简单、有逻辑、图表化），计量化分析（分析与预测），历史解析（经验和哲学来推论）	模式化（几何与数学）、计量化解析、演绎与抽象的方法	统计、描述、地图和 GIS 分析、实地调查、归纳的方法、数理分析
相似之处	区位论与经济学的研究方法一致，经济学的理论是区位论的基础；区位论与地理学具有相同的研究主体，即空间问题		
差异之处	区位论与经济学的差异是经济学很少关心空间问题，地理学强调空间的异质性，经济学认为空间是同质的；区位论与地理学的研究方法有一定差异		

二、区位论与经济学融合发展

现在我们再回顾一下区位论的发展史，就会发现区位论的鼻祖杜能和韦伯等在研究经济区位问题时，其着眼点是追求生产成本最低，换言之，他们的区位选择原理是由成本最低或者生产费用最低的经济学理论来指导。但是，从经济学角度出发，降低成本有多种方式，如采用先进技术提高劳动生产率、内部集约化生产或者从管理角度来想办法。然而，区位论所讲的降低成本是与空间相关的，如降低运输成本（与距离有关）、劳动成本（工资存在空间差异）等使整个生产成本得到节约，寻找最佳的生产区位即运输成本和劳动成本等的最低点也是新古典区位论研究的中心所在。但这一点恰恰是杜能、韦伯之前的经济学者常常忽视的问题。

杜能和韦伯的区位理论主要是从供给角度来分析，而企业追求销售量最大的区位选择，或者说从需求角度研究区位模型的内容仍未涉足。区位论学者一直对关于供给和需求相关的问题研究不充分，因为区位问题对于经济学者而言，并非是研究的核心问题。

19世纪30年代是区位论一个重要的发展时期，当时经济学正处于非常活跃的时期。在价格理论方面当时盛行的不完全竞争理论对区位论的发展影响尤其重要。如1929年霍特林（Hotelling，1929）发表了"在竞争中的安定"一文，1933年张伯伦出版了《垄断竞争理论》，同年罗宾逊出版了《不完全竞争经济学》，这些理论当然并非为区位论所著，但对区位论研究由完全竞争走向不完全竞争无疑是一大推动力量。不完全竞争最简单、最典型的一种形式是空间竞争，即在不同空间的生产者之间的竞争。深受霍特林理论影响的经济区位论学者帕兰德，本意是想把不完全竞争的概念引入区位论研究中，试图以价格为变量研究区位空间的均衡。但他是在需求一定、费用可变的条件下，分析企业间在竞争中市场空间的占有问题。因此，仍未摆脱费用最小化的束缚，这一点在胡佛的理论中也有反映。帕兰德的区位思想对俄林的贸易理论影响较大，这在俄林的大作中能够看到，而且他本人也承认得到了帕兰德的帮助。反之，帕兰德区位理论的建立与俄林的指导也分不开。另外，在霍特林和张伯伦的著作中也涉及区位问题，特别是霍特林发表的"在竞争中的安定"一文是区位论研究的必读文献，甚至是现代经济区位论研究的重要理论基础之一。

19世纪40年代，德国另一位经济学家勒施在综合分析了杜能、韦伯等区位理论基础上，认识到了传统区位论对需求忽视的缺陷，因此引入市场空间规模对区位的分析，试图将需求因子理论化。但勒施走了另一个极端，事实上忽视了供给问题。不过他引入了需求因子这一点，无疑对区位理论的发展做出了巨大的贡献。勒施的区位理论选择原理是利润最大化原则，这个课题也是经济学者一直关注的问题。正如书中反复强调的那样，经济学者是忽视空间来研究经济行为问题的，勒施的区位理论同样具有类似的倾向，尽管他研究的问题属于经济空间问题，但他所讲的空间只是一个毫无色彩的空间，也就是说，他忽视了地理空间的差异性和多样性。例如，他把"经济地域"定义为：原材料分布相同、输送平面相同、人口分布相同、消费者爱好相同、技术知识相同、生产机会相同的空间（勒施，1995），很显然，与地理学所讲的现实经济空间明显不同。也正因为此，许多经济区位论从理论框架而言，要比传统地理学理论严密、完善和系统化，但是与现实经济空间差距较大。克里斯塔勒（1998）认为：每一种经济关系和经济活动无不例外地与空间有关联性，这种关联性也是经济活动的构成元素，但这一事实仅有少数经济学家意识到了。

勒施区位论的特点是以张伯伦的垄断竞争经济理论和罗宾逊的不完全竞争经济学为基础，按照瓦尔拉斯的一般均衡理论构建了不完全竞争条件下的一般均衡区位理论，这是勒施与他之前的区位论学者在研究上的区别所在。勒施的区位理论不是说明在现实世界中经济活动的区位，而是试图研究在已知的简单化的条件下，怎样的区位模型能够满足规定均衡状态一定的诸条件。他的基本哲学是认为，在混沌的经济世界背后，存在着秩序、规律和原因。受瓦尔拉斯一般均衡经济理论的影响，勒施试图把这种思想引入空间经济分析中，建立所谓的区位一般均衡模型，他的这种研究尝试对艾萨德、邓恩等区位论学者的研究产生了重要的影响。

由上述分析可见，区位论的发展始终与经济学的发展密切相联系，确切地说，经济学的理论是区位论研究的理论基础，区位理论由完全竞争走向不完全竞争，由部分均衡发展为一般均衡，其理论依据是经济学。

在分析一个具体的企业区位选择时，无论如何也不能不分析费用（运输费、劳动费等）、利润和效用等问题，而与此相关联的其他经济学概念和内容也必然会涉及，如供给、需求、价格和均衡、边际收入递减、费用和供给曲线、市场竞争、规模经济等问题。总之，许多经济学理论对区位论研究是不可缺少的理论基础。

不过，经济学假设世界为均质空间，而区位论研究的世界与地理学相似，试图构建一个异质空间。尽管它们之间具有许多共轭部分，但差异是明显的。区位理论不是去研究这些具体的经济理论，而是应用经济学理论去研究空间问题，区位论研究的主体是经济空间，经济学是区位论研究的理论基础。

区域经济学、空间经济学、区域科学与区位理论又是怎样一种关系呢？区位理论属于区域经济学的一个研究内容，但不等同于区域经济学。从目前看到的区位论著来看，区位论的研究范围不像区域经济学那么广。实际上，区位在一定情况下可以认为是组成区域（或者地域）的一个单位，在一定的条件下两者具有共同的研究内容。也就是说，区位单位的概念不像生物学细胞等概念那样严密，它可以是一个工厂、商店或办公楼等，也可以是不同尺度的区域。

杨吾扬（1989）认为，区位论是经济地理学和空间经济学的主要基础理论，区域科学的主要渊源之一当然也是区位论了。区域科学的有些模式如投入产出、工业结构和综合体分析等同区位论关系不大，但大量的模式如空间相互作用、中心地系统、交通流网络等则均属于区位分析。

　　将区位论的空间研究思维整合到经济学研究中，对经济学无疑是一个重要的认识和研究方法的飞跃。除空间经济学、区域经济学外，从 20 世纪 90 年代开始，新国际贸易理论和新经济地理学等的发展，与区位论的发展密切相关。比如报酬递增带来的规模经济、运输费用、生产要素的不可移动性、历史发展的偶然性、路径依赖等是区位论和新经济地理学共同的研究内容。

三、经济学和区位理论具有相似的研究方法

　　正如前文所述，经济学和区位论的研究主体侧重点不同，区位论的重点在于经济空间问题，或者说经济空间的秩序问题，而经济学是研究具体的经济行为。不过，两者在研究方法上是相同的。

　　经济学的发展史虽较地理学短，但当今的经济学发展已达到了非常完善的地步，理论的系统性、完善性，研究方法的成熟性、多样性，解决问题的可操作性和适用性，为学科挣得了应有地位。经济学是以社会现象为研究对象的一门实证科学，它研究的是经济行为的机制，探讨的是经济科学的法则性（张文忠，1999a）。构成经济学的三个中心问题，即"生产什么？""如何生产？"以及"为谁生产？"决定于市场的价格体系、市场的组织、刺激诱因和报酬等因素。这一套体系、组织和结构等都依据完善的法则与模型，而这些法则或模型的产生大都建立于抽象思维研究方法的基础上。

　　1. 采用物理和数学方法追求学科研究的精致

　　经济学的发展深受经典物理学及天文学的影响，在研究方法上也紧紧跟随其足迹。马歇尔（2016）曾自豪地讲道："经济学的规律可以和潮汐的变化规律相比，但却不能和引力规律相提并论。"他认为，人类社会的复杂性和不确定性，决定了社会学科达不到自然学科的那种精密度，经济学能做的最高水平的精确性，也会带有瑕疵和缺点。当然，经济学不同于自然科学，自然科学的抽象是在实验室中，剔除干扰因素的装置和条件下，追求事物的可能状态或者各种关系。也就是说，在实验的装置和操作下，经过物理化学的手段抽象出研究问题的要素，分析其职能和影响等。因此，马歇尔认可经济学无法和精密的物理科学相比，因为它处理的是人类本质上变动无常的微妙力量。

　　马歇尔在《经济学原理》的序言部分写道："在经济问题上，纯粹的数学方法所起到的作用，相当于将一个人思想中的一部分快速、简洁、正确地记录下来，以供自己日后使用，并且使人相信他所作的结论是在有充分前提的条件下得出的。"杰文斯认为，

为了与一种受人尊敬的科学相匹配，经济学应该参照物理学来运用数学（库尔茨，2016）。瓦尔拉斯将"纯粹经济科学"理解为对从真实类型抽象而来的概念化的理想类型的分析，并且用数学方法分析了这些变量之间的相互关系。

马歇尔能在局部均衡分析这方面取得成功有很多原因，其中就包括供给和需求理论在技术化处理上的简便性。马歇尔认为，所有能在数学帮助下得以解释的事情都应该能够用语言来表达（在图表帮助下），否则就是有问题的。经济学理论可谓是通篇充满了数学方程式和推导图形，以至于使大多数人认为要学好经济学非得精通数学不可。其实不然。经济学家用抽象的推理、图形和数学工具来表述经济学道理是理论化本身的需要，这样做也有助于人们对世界的认识更深入、更准确（库尔茨，2016）。

定量分析是对所研究的经济现象的有关特征及其变化程度进行量化，对取得的数据进行统计处理，从对事物量变过程的分析中得出结论。定量分析是说明事物"如何变化的"和"变化过程与结果怎样"的方式。诺贝尔经济学奖获得者米尔顿·弗里德曼（Milton Friedman）认为，20世纪经济学的数学化变化不是一种有益的发展。虽然弗里德曼相信，精通数学对经济学和认知能力有一定帮助，但他并不同意过分强调用数学模型展示经济学理论。他谴责道，在经济学理论中，"抽象性、概括性和数学的精确性在一定程度上成为目的本身"。他仅支持一个理论有效性的评价标准：预测的能力（埃布斯泰因，2017）。

2. 抽象和演绎的方法

抽象是与具体相对应的，属于思维科学范畴，黑格尔对抽象做了如下定义："抽象是形式同一性的命题，将自身具体的东西变为单纯的形式"，他进一步指出："一般采用两种方法进行：其一，在具体的东西中舍去其多样性的一部分，只拿出一个因素；其二，舍去各种各样的规定性，将其集约为一个规定性的方法"，在此所讲的抽象主要指前者。我们把黑格尔所讲的"具体的东西"理解为是地球表面的地理的、经济的诸现象，或者可以理解为具有多种质的规定性的地点。对于一个具体地点而言，又具有"多样的东西"。比如任何一个地理空间都具有如下一些特征向量：自然条件向量 A_n、社会经济条件向量 A_s 和其他条件向量 A_r。也就是说，就一个空间 A_t 而言，应该是上述三种情况的集合 $A_t = [A_n, A_s, A_r]$。自然条件向量是由气象、土壤、地形和资源等属性构成，社会条件向量是由交通运输、人口、社会资本、产出、需求和其他人类经济活动条件及结果所构成，其他条件向量是由上述之外的制度和法规等属性所构成。"舍去其多样性的一部分，只拿出一个因素"，可理解为从多种属性中舍去其他属性的思维方法。

经济学在分析经济行为时，当然不是通过实验，而主要是依靠抽象的思维。抽象可以说是经济学中最主要的思维方法。比如，经济学最为基本的模型即单纯的价格决定模型，就是从最复杂的生产和消费的社会总体中，抽象出需求、供给和价格三个要素，由这三个要素间的相互关系推导出极为简单的价格决定关系模型。这种关系如果用前文的抽象分析思维表达的话，即：

$$P = f(D, S, R) \tag{2-1}$$

$$P_d = f(D/S, R) \tag{2-2}$$

$$P_s = f(S/D, R) \tag{2-3}$$

其中：P 为价格；D 为需求量；S 为供给量；R 为其他条件。(2-1) 式表示价格与需求、供给和其他一些条件的函数关系，在这种关系下，来考虑影响价格决定的所有因素关系。从整体的现实中，只抽象出需求 D 的 (2-2) 式以及只抽象出供给 S 的 (2-3) 式，如果把舍去的要素省略的话，那么，(2-2) 式为 $P = f(D)$，(2-3) 式为 $P = f(S)$。用这两个函数关系作图，所得到的两条曲线的交点即均衡价格，这是经济学最为基本的价格模型。

影响需求和供给本身的因子也是多样的，但同样可通过抽象的方法来进行研究。一般经济学理论在应用抽象的思维方法时，多属于高水平的抽象，即抽象因子较少，但在实证研究时，为了能与实际水平相接近，多采取低水平的抽象。当然，经济学的学派和分支也很庞杂，各有不同，如计量经济学派抽象方法用得较多，而历史学派的经济学则定性分析方法用得更多一些。

兰德雷斯、柯南德尔（2016）认为，书面语言方法一直都是经济学中最大的一项传统，人们凭借这种方法，通过运用书面语言来探究问题和发展理论。也就是说，并非经济学忽视了归纳和综合等思维方法，这里主要是想说明，抽象和演绎的方法是经济学研究经济行为法则的主要手段及其与传统地理学的研究方法所存在的差异。

区位论在研究空间事物时，常常采用抽象方法，如杜能的农业区位论只抽象出空间距离因子，来研究农业的经营活动如何随着距离的变化而变化，其他的地理要素基本被舍去不考虑。韦伯的工业区位论主要是抽象出运费（距离）和劳动费（劳动）两个因子，把其他因子作为已知条件舍去而构建了他的"工业区位纯理论"模型。韦伯（2010）认为，离开抽象的区位理论，就完全不可能分析和安排德国工业区位演变的实际材料，他讲到只有跨出抽象理论和清晰的事实调查才能建立实际理论。

"抽象什么，舍去什么"常常是研究问题的关键，当然，抽象的因素必然是对该经济事物的空间表现起决定作用的因子，舍去的一般是固定的、已知的和相对作用较小的因子。例如，对于 A 地点而言，所有的区位条件是 A_c，在此布局的特定生产部门（如农业）的区位因子用 A_f 表示时，具有如下关系：

$$A_c = [X_1, X_2, \cdots, X_m] \qquad (m=1, 2, 3, \cdots, i)$$
$$A_f = [X_1, X_2, \cdots, X_n] \qquad (n=1, 2, 3, \cdots, j)$$

在这种情况下，A_c 用 $A_t = [A_n/A_s, A_r]$ 的形式表示时，说明只抽象出了自然条件 A_n，社会经济条件及其他条件（A_s, A_r）都被舍去了。如果 A_f 与 A_c 完全一致，即 $i=j$ 时，说明所有的自然条件都是决定该农业生产区位的因子。当有些条件不是区位决定因子时，那么，$i>j$，这样，$A_c = [X_1, X_2, \cdots, X_j, X_{j+1}, \cdots, X_i]$，$X_{i+1}$ 以下的要素数量多少因经济活动的种类而不同。当然，区位论研究区位因子时，并非一概地舍去，为了与实际情况相吻合，尽量放宽被舍去的因子。如对于某区位而言，存在下列关系：

$$S_{n1} = f(X_1/X_2, X_3, \cdots, X_i)$$
$$S_{n2} = f(X_1, X_2/X_3, \cdots, X_i)$$
$$S_{n3} = f(X_1, X_2, X_3/X_4, \cdots, X_i)$$
$$\cdots\cdots$$
$$S_{ni} = f(X_1, X_2, X_3, \cdots, X_i)$$

抽象的因子由最初的一个因子 X_1，即最高的抽象水平，逐渐变为两个因子 X_1, X_2，三个因子 X_1, X_2, X_3，最终从 X_1 到 X_i 所有的因子都考虑，来综合分析区位。这种分析方法广泛地被区位论学者所应用，韦伯首先考虑的是影响工业区位的一般因素，如运输成本、劳动力成本或地租等；其次考虑的是影响工业区位的一些特殊因素，如原材料的易腐蚀性、空气的湿度等；然后是分析集聚因素；最后也考虑自然技术和社会文化等因素。现代工业区位论学者史密斯的区位模型研究也基本遵循该方法而进行（见第六章）。

3. 均衡分析思想

微观经济学与宏观经济学运用的主要分析工具是均衡分析。均衡分析就是假定经济变量中的自变量为已知的、固定不变的，以观察因变量达到均衡状态时所出现的情况以及实现均衡的条件。由于在观察过程中，外界条件不断地发生变化，均衡可能是转瞬即逝的一刻，也可能永远达不到，但在均衡分析中，我们只考察达到假想中的均衡时的情况。因为经济现象及其变化的原因是多方面的、复杂的，不能单纯用有关变量之间的均衡与不均衡来加以解释，而要结合历史、制度、社会等因素，通过非均衡分析来把握市场中不同力量的变化。

在研究具体的经济行为时，经济学可分为微观方法和宏观方法，微观方法又可分为部分均衡分析和一般均衡分析方法，而宏观方法可分为静态的研究方法和动态的研究方法。微观方法是直接分析各个消费者、生产者和企业的行为，及其在该行为过程中所包含的关系，如消费者的偏好、生产要素的组合和生产量的关系，以及生产费和利润的关系等均衡条件是否达到；此外，也包括探讨生产与消费、产出和投入之间关系的均衡问题，前者可称为部分均衡分析，后者属于一般均衡分析。

与此相同，区位论也可按此思路进行分析。区位论的微观分析主要是研究各个生产者选择生产区位行为中所包含的关系，特别是生产要素的组合和生产量的关系，以及区位条件和生产规模间的关系问题。像这样的区位分析就属于部分均衡研究层次，以韦伯的区位论为代表。但是，选择区位的行为或者区位生产者的行为是通过市场空间相互竞争的关系来表现，那么，这种区位微观分析就属于一般均衡分析，以勒施和邓恩的区位论为代表。

微观分析是追求效用最大、利润最大等个人行为模型，与此相对应的宏观分析不是直接分析每个人或企业的经济行为状态，而是把社会集团的经济行为结果作为分析对象，追求社会消费量、生产量（收入）间的相互关系。另外，分析构成社会集团要素的数个部门间的经济投入、产出关系，只有把这些关系从某种程度上作为一种持续的关系来掌握，才能看到其均衡，这也就是所谓的结构。对此如果从不同的时间来比较，可把分析这种结构的方法称为"静态"或"比较静态"的方法，如果从变动或增长的角度来看这种结构，就称为动态方法。区位的宏观分析属于区域分析，类似于区域经济学，主要应用计量的手段，如区域关联度等分析方法。总之，区位论和经济学的研究方法基本类似，只不过研究对象不同而已。

第二节　区位论与地理学的关系

地理学是一门古老的学问，19 世纪上半叶，德国学者洪堡（Humboldt）和李特尔（Ritter）将古典地理学的资料汇编记述，系统地发展成为依靠科学方法进行研究的近代地理学。19 世纪末 20 世纪初，在德国近代地理学家拉策尔（Ratzel）、赫特纳（Hettner）、法国近代地理学白兰士（Blache）、白吕纳（Brunhes）等推动下，地理学作为一门科学在科学体系中获得了应有的地位（刘卫东等，2013）。不过，传统地理学由于长期囿于记述性和描述性工作，主要分析和阐述各国及地区的地理现象与事件等，忽视了地理事物法则性的探求。

一、不同视角下相同的研究对象

地理学是一门关于空间的科学，它关注的是空间分布的现象、区域的空间范围、人们的空间行为、地球表面各个地方之间的空间关系，以及那些行为和关系后面的空间过程（格蒂斯等，2013）。传统的地理学注意的是研究地理事物的空间分布和形成原因以及自然环境与人类的关系等问题，那么，地理学与同样研究空间的区位论有何关系呢？前文已经讲过，经济学忽视空间的研究是因为空间经济问题并非经济学研究的中心问题，经济学者主要是对成本、费用、价格和生产要素等感兴趣，空间问题历来就是地理科学研究的中心，就这一点而言，区位论与地理学具有共同的研究对象。

回顾一下地理学特别是经济地理学的研究内容和方法，从中就会发现两者间的关系及着眼点的异同。

地理学在研究地理事物时，总是离不开地理条件的研究，认为地理事物都打上了地域的烙印，强调地域特色和差异性。地理学的研究成果具有直观性和可操作性。在研究地区经济问题时，往往从具体的地区条件分析入手，在剖析清楚地区"肌体"的结构和组织之后，对症下药，提出针对性的诊治措施。但是，这种分析美中不足的是很少从经济的角度来剖析，缺少技术经济评价、成本和收益分析，因此，仁者见仁、智者见智，研究者的出发点不同，开出的"药方"当然也不同。那么，衡量的标准是什么呢？其实，经济学所讲的成本、利润、效用和满意度等就是很好的测度指标。只有把这些概念正确地、恰当地引入地理学中，才能找到地理学和经济学的结合点，而区位论可以说是地理学和经济学两门学科结合产生的最佳理论。地理学者一般认为区位论过于抽象，地理条件常常被忽略或被假定是不变的，在此基础上研究经济事物的区位空间选择和组合等问题。的确，正如地理学家批评的那样，区位论研究的空间不是一个丰富多彩的空间。地理学家着重于"现实"世界中现象和过程之间的关系与相互依赖性，而任何位置或地点的特征是由这些现象和过程所决定的（美国国家研究院地学、环境与资源委员会地球科学与资源局，2002）。

地理学是一门古老的科学，从古希腊时代开始就一直存在，因此也被称为是"科学之父"。近代地理学在发展过程中，逐渐与其他科学如天文学、地质学等相互分离并独立出来，它的研究对象只是"地球表面"。地球表面也是一个庞大的系统，涉及自然、人文和社会等各个方面。地理学对这些问题的研究可分为两大部分，即系统地理学和区域地理学。系统地理学又可分为自然地理学和人文地理学。人文地理学更接近人文和社会科学，特别是属于人文地理学的经济地理学，与区位论、经济学的关系很密切。

经济地理学发轫于 14 世纪资本主义萌芽"地理大发现"的时代，为了获取新资源、新市场，欧洲学者开始调查、研究世界各地的环境、资源、交通运输、商业、城市等的分布及基本状况，于是经济地理学的前身——商业地理学产生。"经济地理学"一词最早是由俄国科学家罗蒙诺索夫（Lomonosov）1760 年在《地理考察》中提出（杨万钟，1999）。1882 年德国地理学家戈茨（Goetz）发表"经济地理学的任务"，提出经济地理学把地球空间作为人类经济活动的舞台，是一门为国民经济提供考察自然基础的专门学科。他区分了商业地理学与经济地理学，认为经济地理学具有一定的自然科学性质（杨吾扬，1992）。

经济地理学的主要倡导者德国地理学家戈茨认为经济地理学的研究对象是"地球表面的自然和民族的经济生活间的关系"，强调自然环境对人类经济生活的影响，这一观点的产生与人类的生存能力和技术水平有关，属于环境论。之后，另一位德国地理学者布鲁诺·迪特里希（Bruno Dietrich）认为自然基础与"经济人"之间是相互作用的（川岛哲朗，1986），他立足于分布论的观点，从经济区位的分布、秩序来研究经济空间等问题，属于人地相关论（川岛哲朗，1986）。总之，地理学关于环境与人类的经济生活之间的关系研究较多，注意力集中在解释经济空间形成和发展的状态，而作为能动者人选择空间的研究相对较弱，特别是从抽象的方法来研究经济空间的规律和结构相对较少。

地理学对经济空间进行分析时，首先是从自然环境入手，然后根据自然条件来说明经济空间形成、变化的原因关系。这一点恰恰是经济区位论研究的弱点，前文已经谈到，经济区位理论的模型和分析框架是构建在自然环境不存在空间差异的假定基础上，然后根据几何学和经济学的原理来抽象分析区位空间模型。在这种条件下，建立的模型往往与实际存在一定的差距，只是一般理论分析框架，或者说是地理学研究的特殊类型。因此，我们可以说，经济区位理论是地理学，更具体地说，是经济地理学的一般基础理论。区位论强调抽象性，而抽象掉的内容正是地理学所关心的问题，地理学强调地区间的差异性和多样性，这些内容对区位论而言是无法纳入一般理论分析框架和模型中的。

区位论和地理学的关系不同于与经济学的关系，前文已谈过了经济学是区位理论研究的理论基础，但两者研究的主体侧重点不同。经济地理学与区位论的研究主体大致相同，即空间问题。不过两者在研究方法上明显不同。地理学追求空间的差异性（或个性），突出地域特色，说明、解释和评价地理事物存在和发展的特征及趋势，可以说，地理学是关于个性记述的科学，特别是传统地理学表现得更为明显。强调个性也就意味着忽视共性，如果不掌握各空间之间的共性也就很难发现空间规律性和法则性。区位论虽然说是研究空间的科学，但区位论寻求的是经济要素的空间关系，即随着空间的变化经济要素的变化，如费用、收入与空间距离的关系等，往往反映出一种模型和变化趋势，从分析这样的变化模型或趋势过程中，来选择最佳区位空间或空间组合，区位论可以说属于法则命题类的科学。

从上述分析中，我们可以发现区位论关心区域空间模型或一般理论框架分析，抽象性较强，是追求空间法则性的科学。对于强调空间差异性的地理科学来说，在应用区位理论时，必须进行一般理论和模式的修正，修正的参数一般就是地理要素，也就是说，只有加入地理参数，区位模型才能接近现实。

在区位论方面做出贡献的也并非全为经济学家，中心地理论模型的创始人克里斯塔勒就是地理学家，他所建立的中心地模型对后期区位论研究具有很大的影响。如经济学家勒施的模型与克里斯塔勒的模型具有惊人的相似之处，不管其是否承认借鉴了克氏的理论和思维方式，但毕竟二者在许多方面具有相似性，或者他们在偶然的巧合中得到了相似的理论模型。克里斯塔勒的中心地模型在应用时相对要符合实际一些，数学推理比较少，可操作性较强，但模型毕竟与现实存在一定差距，因此，完全符合现实地理空间的模型很难建立。

上文分析了区位论与经济学和地理学的关系，那么，区位论究竟属于什么科学？可以说，区位论属于一门交叉科学，即属于地理学和经济学之间的交叉科学，两者的理论和方法对区位论均有指导意义，至于哪方的作用更强，这与研究者的"身份"有关，还与研究问题或者出发点等有密切的关系，但不管怎么说，侧重于任何一方都不会影响区位理论作为一门独立科学理论存在的事实。

二、地理学与区位论研究方法的异同

正如前文所述，地理学与区位理论具有共同的研究对象，即区位空间，但两者侧重点、研究的视角却存在一定的差异，主要体现在研究方法的差异。

传统的地理学属于地理事物记述性的科学，即探讨的是"哪里（Where）？""什么（What）？"和"怎么样（How）？"的问题，在研究方法上主要是以记述和描述的手法来表征地理空间的差异性。对具体问题的分析，也常常是按照归纳的思维方法来总结。在传统地理学中很难看到法则和模型等科学性与逻辑性强的理论。当然，这也与学科特性有关。地理学学科分化庞杂，且缺乏统一各学科的共同的理论基础。可以说，任何一门学科只要与空间相关联，就可称为是一门地理分支学科。当然，一方面可能表现出地理学的开放性和包容性，但是，另一方面也说明了地理学门槛较低，缺乏相应的规范和技术门槛。地理学专门用语繁多，但又没有统一的定义，如地域、地区、区域和空间等，各研究者都赋予了不同的内涵，但在许多方面又具有相似性，缺乏规范性和严谨性。学科研究对象的多样性和不统一性的问题也普遍存在，如经济地理学的研究对象因研究者不同就存在十多种之多。研究方法论也具有相对不完善性，或者说处于一种不确定的阶段。

任何一门科学，研究对象和方法论是决定其科学体系特征的主要因素，因此，正确和完善的研究方法对学科的发展具有重要的作用。一般来说，学科的方法论有一般的方法论和特殊的方法论之别。那么，地理学的方法论是什么？众所周知，20世纪前半期，地理学基本上受德国地理学家赫特纳的概念和方法所支配，"只有地志才是地理学的目的"这一主张成为整个世界地理学界的主流。美国地理学家哈特向（Hartshorne）继承并发展了赫特纳的这一观点，该学派的最大特点是重视各个地域的个性记述。

赫特纳的观点是受到 19 世纪末德国西南学派（新康德学派）哲学家如狄尔泰（Dilthey）、李凯尔特（Rickert）等的影响。该学派的哲学家把科学分为自然科学和人文科学，认为两者的本质差异在于前者是关于法则命题的科学，而后者是个性记述的科学。强调对地域个性记述的地志学派实际是新康德学派的观点在地理学界的发展。在德国西南部执教的赫特纳当然深受该学派的影响，他认为地理学属于人文科学，即属于个性记述的科学，而区域地理学是地理学的核心，强调地志学的地位。赫特纳的这种思想一直影响到现在，以至于每当人们提到地理学时，马上会认为是关于"哪里有什么"的科学，即关于不同地区地理事物的记述性科学。因此，传统地理学的基本方法论停留在个性记述上，方法是实地调查，手段主要是利用地图。

地理学认知世界的视角和方法具有其他学科无法比拟的长处，正如《重新发现地理学》一书所言，地理学通过地方、空间和尺度的透视来观察世界，从综合的视角把人类活动与自然环境、环境动态与自然系统、人类社会动态与经济、社会与政治系统联系在一起；应用图像的、语言的、数学的和认知的方法进行空间表达（美国国家研究院地学、环境与资源委员会地球科学与资源局，2002），特别是关于尺度间相关依赖性的分析方法是地理学研究区位论的特色。

区位论与地理学不同，其创始人杜能在 20 世纪初研究空间问题时，不仅采用了传统地理学的研究方法，即实地调查方法和地图的手段，而且运用了统计的方法，在归纳的基础上大胆地假设，把演绎和抽象的思维方法引入空间的研究中，探讨事物间的关系和法则，寻找空间事物的最优组合，这说明区位论从产生就属于一门探求法则和规律的学科。

当然，地理学也并非仅仅停留于记述的水平上，20 世纪 50 年代之后，许多地理学者强调地理学与自然科学具有类似性，同样是探讨空间法则性的科学。实际上，德国地理学家克里斯塔勒在 1933 年发表的《德国南部中心地原理》一书中的研究方法就不同于传统地理学的思维方法。克里斯塔勒认为：如果在经济学的理论中存在着规律，那么，在聚落地理学中也必然有其规律，这是一些具有特色的经济规律，我们称之为特殊的经济—地理规律。克里斯塔勒运用了演绎和抽象的方法研究了南德中心地的空间秩序，提出了聚落分布呈三角形、市场地域呈六边形的空间组织结构，并在此基础上分析了中心地等级规模、职能类型和人口关系，以及在三原则基础上中心地的空间体系。因此，就整体而言，传统的地理学主要是采取归纳和记述的方法，而区位理论一般是运用抽象和演绎的方法较多。

传统经济地理学对影响经济事物的分布条件也很重视，但是，传统经济地理学强调综合性的观点，经常对所有的地理条件进行分析，最后得出的结论每个条件都很重要，或者说各条件相互联系、相互作用于经济活动，或者哪一个条件作用更大一些，而很少将其抽象出来进行分析，从而建立一种空间模型。

地理学的最大特性是地域性和综合性：地域性主要是强调个性问题，即有别于其他地域的特性；综合性无疑是指涉及诸方面，或者说影响地域事物形成和演变的条件是多方面的。对于地域个性的描述历来就是地理学的长处，而综合地评述地理事物也是地理学的优点。描述和综合的思维方法无疑都是研究客观世界的重要手段，但仅停留于此很难透过现象抓住事物的客观规律性。当然，我们不能否认某些学者另辟蹊径，从事新的创新，但是就传统地理学整体而言，仍处于地理事物的个性描述和记述上。

思维的革新是科学发展的前提之一，这一点科学史已有论证。地理科学面对庞杂纷繁的地理事物，采用归纳和综合的手段固然必要，但是，抽象和演绎的思维方法也同样重要。透过地理现象掌握其空间形成和演变的规律，建立相应的模型，并模拟地理现象，追求空间法则，将是地理学创新的一个课题。

回过头来再看一下区位论，我们常常觉得区位模型与现实不吻合，这主要是因为区位模型是一种抽象的空间表现，当然不可能与现实完全吻合。但是，正如地理学强调地域性一样，区位论是在追求地域内的一致性，或者说，是追求在一定条件下的空间模型。两者研究对象尽管相同，但是研究的方法却明显不同，这也是两门学科的区别之处。

第三节 区位论与现代地理学和经济学的关系

一、现代地理学促进区位论的发展

前文已谈到传统地理学主要属于个性记述的科学，研究方法以归纳和综合分析为主。但是，20 世纪 50 年代之后，许多学者开始对这种传统的地理学进行反思和批判，认为地理学也是研究法则和命题的科学。所谓法则，是从各种现象之间抽出和发现共同的东西。个性与共性正好相反，因此，追求个性就很难得到共性和法则性。美国学者舍费尔（Shaeffer）1953 年发表"地理学的例外主义：方法论的探讨"一文，批判了哈特向的观点，即"与其他科学追求法则性相比较，地理学是例外的，方法论是独特的"（Shaeffer，1953）。实际上，区域学派所说的地域是"唯一的事例"，与其他区域不存在共性。现实中，区域间是存在共性的，但只追求区域的个性是不可能得到法则的。舍费尔突破了这一点，他主张地理学是关于空间秩序法则和命题的科学，标榜"作为空间科学的地理学"，并且把逻辑实证主义（科学哲学）哲学引入地理学，对赫特纳和哈特向的地理思想进行了批判。以 1953 年为界，地理学进入了一个新的发展阶段。

现代地理学在研究方法上开始重视演绎的方法，演绎方法就是在一定的数据和调查基础上，建立某种假说或模型并将它应用于现实。如果假说或模型与现实相矛盾，就要进行假说或模型的修改，然后再将它应用于现实，按照这个顺序反复进行的方法称为假说演绎法，这也是区位论研究的主要方法。

应用数学可以提高学科的逻辑严密性，因此，从 20 世纪 60 年代开始，把法则和命题作为地理学追求目标的地理学者开始大量应用计量方法研究地理事物，这个时期地理学界的变革也被称为"计量革命"。传统地理学缺少可测定的量的概念，因此很难验证。可测定性与实证性密切相关，在提出的某种假说中，如果包含不能测定的概念，实证是很困难的。正如新古典经济学舍去了因人而异的"价值"的概念，通过"货币"这一可测定的概念得到了很大的发展。

地理学毕竟又不同于纯粹的自然科学，假说的验证不可能通过实验来完成，但在各种条件下的模拟分析是可行的，至少在实际调查数据基础上的可能性研究还是可取的。正如克里斯塔勒所言，聚落地理学讲的规律不完全等同于自然规律，但在解释理由和重要性方面并不缺乏"正确性"，是有依据的。当然，地理学的计量化不能单纯地理解为"计量地理学"或者地理学的数学化，还应该包括实证研究。数学确实比一般的叙述要精确，具有叙述无法比拟的演绎能力，但是数学离不开文字叙述，离不开具体环境的描述。地理学者如果一味地追求数学那种形式的"美感"，必将会出现形式独立于现实而存在的可怕后果。

随着地理学计量化的发展，地理学的分析方法得到了更新。在这方面做出贡献的地理学者是以美国学者加里森为代表的，包括贝利、邦齐（Bunge）、戴西等组成的计量学派。地理学的计量化不仅局限于美国，对世界各地的地理学都产生了巨大的冲击，地理学者哈格特等（Haggett et al.，1977）对地理学的计量化就起到了很大的作用，他们从点、线、面三个侧面研究了地理空间问题，如点的模型对研究城市的空间分布、线的模型对研究城市间的接近性，面的模型对研究城市内人口密度分布等提供了定量分析的可能。他们在描述空间结构模型与秩序中强调六大要素，即运动、路径、结点、结点层次、地面和扩散（约翰斯顿，2011）。莫里尔强调人文地理学研究的核心要素是：空间、空间关系、空间中的变化—自然空间的结构如何、人们如何通过空间进行联系、人类如何在空间中组成社会等，并认为空间有五大要点：距离、可接近性、集聚性、大小规模、相对位置。莫里尔也认为区位理论提出的是"简朴的模型，它让我们着眼于人类区位的一些基本原理和因素"（约翰斯顿，2011）。瑞典地理学家哈格斯特朗对空间扩散等问题也进行了许多研究。总之，计量化无疑使地理学走向理论化、科学化和成熟化。

纵观20世纪50年代之后的地理学，大致有如下一些变化。①20世纪50年代后期以来，地理学的哲学基础由新康德学派转变为实证主义的维也纳学派。作为一门研究法则、命题性的科学得到了迅速发展。从整体而言，由记述的研究向理论、抽象的一般化方向发展，假说（演绎方法）、模型和预测得到了重视。②计量方法广泛应用于地理学，模拟和变量分析成为地理分析的一种手段。③空间关系中表现出的诸种过程及相互作用的研究受到了地理学者的重视。

20世纪60年代末期，美国出现了一股对实证主义地理学批判的潮流，而且这种潮流很快向世界各地扩散。他们认为，实证主义地理学把人作为量来看待，抹杀了人性，在这种背景下激进地理学（或马克思主义地理学）和人文主义地理学就诞生了。

马克思主义地理学的产生与20世纪60年代末美国的社会和环境问题，如黑人的公民权问题、环境问题、收入和福利的不平等问题以及女性解放等问题的出现有关。

其中，曾经是实证主义地理学代表人物的邦齐和哈维成为激进地理学的先锋，哈维 20 世纪 70 年代以后的作品以马克思主义社会科学理论为基础研究空间与自然、人之间关系的法则性非常引人注目（赤羽孝之，1989）。

与马克思主义地理学不同，人文主义地理学则强调"从主体来看空间"，其研究的课题是：展现一个"活的空间"和包含主体意义及价值的空间，对过去或想象的景观和场所复原或解读其赋予的涵义，并创造这样的空间或景观。人文主义地理学过分强调主观性，忽视约束人类行为的条件，在方法上也排斥实证主义的分析方法，多少表现出一定的神秘主义色彩，因此，也受到许多地理学者的批驳。总的来看，20 世纪 50 年代之后的地理学界呈现出百家争鸣的发展态势。

需要指出的是，20 世纪 60 年代末期兴起的行为地理学对地理学和区位论的影响具有积极的作用。经济学和区位论假定经济与社会活动的行为主体——人类是"经济人"。所谓"经济人"，是指人们掌握所处环境的一切信息，并且具有能够以稳定的选择水平正确地选择所有事物的能力。行为地理学认为，人类的行为活动通常是在不确定的状态下进行各种选择，因此，准确地说，经济与社会活动的行为主体是"概率人"。行为地理学的特点是运用知觉、认知、偏好等心理学概念和心理学分析方法来研究与说明人类的空间行为，如居住地选择和购买空间的选择等。行为地理学对区位论的行为化研究起到了推动作用，如地理学家普雷德和拉什顿（Rushton）从行为角度研究区位论的成绩非常引人注目，以至于有人称区位论的行为研究倾向为地理区位论（Pred，1967）。

现代地理学不仅在理论上百家争鸣，而且在研究方法上也是百花齐放，特别是地理信息系统（GIS）的应用，使地理学分析资料大为改观，通过 GIS 来分析地理事物成为一种新的手段。总之，现代地理学的分析方法正处于一种革新阶段，探讨的问题也逐渐变为以空间的相互作用机制和空间秩序为主，这无疑与区位论的研究主题和方法论趋于相近。

地理学特别是经济地理学吸收区位论来发展自己也成为一个方向，许多经济地理学者把区位理论作为经济地理学的一个基础理论来研究。同时，区位理论随着地理学的计量化发展，在方法上也得到了许多的更新。因此，地理学和区位理论相互取长补短，融合发展。

20 世纪 50～60 年代，计量化促进了地理学研究方法的完善，同时也使地理学的理论趋于科学化和精致化。20 世纪 60～70 年代初的行为科学在地理学和区位论中的应用，使地理学和区位论研究走上了一个新台阶。过去的区位论研究主要是基于人类经济行为的合理性上，因此，在考虑经济活动的最佳模型时，把制约条件用一次不等式来表示，然后追求目标函数最大化或最小化条件下的最优解。但是，现实的人类不是"经济人"，不可能完全掌握必要的信息，选择也常常表现为一种随机的行为。因而，"经济人"的概念更准确地应该由"满意人"的概念所代替，由此而产生的许多概念，如认知、偏好、感应和态度等，均是借助于心理学。行为因素一般都属于不确定的，通过分析决策者这种不确定的行为活动过程来研究区位选择，无疑在方法上是一大革新。20 世纪 80 年代，地理学者斯科特、施塔格（Stager）和沃克（Walker）等，对多种不同产业、不同政治制度背景的新生产模式和区域进行了大量实证研究，建立了劳动分工、生产垂直分化、企业间联系的交易成本和地理集聚的外部经济之间的理论关系，并提出了"新产业空间"的理论模式。20 世纪末和 21 世纪初，以博西玛（Boschma）、兰布伊（Lambooy）、弗伦肯（Frenken）和马丁等为代表的一些学者，在制度经济学和演化经济学基础上兴起的演化经济地理学，对经济活动有了新的解释，认为经济活动的空间集聚并非是基于企业和消费者的理性区位决策，而是地方化知识历史累积的结果，学习、路径依赖和惯例的演化是理解技术创新与区域竞争力的基础。博西玛和弗伦肯认为，演化经济地理学能够在企业的区位行为及惯例演化、产业的空间演化及网络结构与网络的空间演化、城市与区域发展及其空间系统演化等多个层面上为空间中经济演化的研究提供新的视角（苗长虹，2007；苗长虹等，2002）。

综上所述，地理学是关于空间的科学，然而，构成空间的内容可以说是非常复杂的，它涉及自然、人文、经济和社会等各个领域，地理学者的兴奋点主要侧重于下列三个方面：①在空间构成中可以直接看到的物质空间，即景观；②在空间中人类与环境相互作用的关系，即人地关系；③研究事物的空间选择及空间内的组合关系，即区位理论。事实上，三个方面并非毫无关系，它们之间相互关联、相互渗透，具有许多共同的特点和相似的研究方法，且一方的研究突破会引起另两方的革新。比如，区位论是探讨各个事物间的空间模型和规律性的学科，无疑得到的空间模型和规律性对前两者的研究具有指导意义，同时，这样的空间模型和规律性也能够使地理学科更加趋于理论化与科学化。但是，过分地追求空间模型和抽象的规律，又容易把学科引入形而上学的道路。因此，区位论研究的空间应该是地理空间，而不是数学和物理研究的抽象空间，即地表空间所见到的各种事物并非由纯粹的几何学法则所支配，而是与人类之间或者人类和环境之间的相互作用有密切的关系，这一点应该是地理学者研究区位论的立足点。

二、现代经济学与区位理论相互促进发展

以凯恩斯为代表的宏观动态分析的现代经济学思想也间接影响到区位论发展，在1936年凯恩斯出版《就业、利息和货币通论》之后的第三年，勒施的大作《经济空间秩序》（1995）也相继问世，虽然两者没有直接的关系，但经济学发展的整个潮流对勒施理论影响较大。凯恩斯经济学的一个特点是提供了如何增加收入的理论框架，他认为国民收入是可通过政策来操作的一个变量。新古典经济学认为，国民收入取决于完全就业的国民收入的水平，因此，经济政策不是操纵这一问题，而是消除市场竞争中的各种障碍。罗宾逊为首的剑桥学派对新古典学派经济学的均衡分析给予高度评价，他们把数理方法应用于李嘉图等经济学理论分析中，将比较静态分析发展为长期和动态分析，这一经济学潮流被称为后凯恩斯主义。

效用这一心理因素通过观测消费者在市场中对需求商品的组合来表示消费者的偏好，也就是说，萨缪尔森（2008）显示偏好的经济学理论是拉什顿显示空间偏好概念提出的理论根据，即区位论的行为研究的理论基础。

勒施之后的区位论学者基本上是在原有理论基础上进行发展，只不过在分析方法、手段或者理论结构上更精确和完善而已。但从20世纪50年代开始，对区位论和经济学做出巨大贡献的区域科学家艾萨德不能不提。艾萨德在1958年创立了"区域科学"。在这之前，波兰经济学家兰格（Lange）的计划经济理论中的一般均衡思想和俄国经济学家里昂惕夫（Leontief）的投入产出分析对区位论的影响也较大。如邓恩关于农业区位的一般均衡分析就受到兰格思想的影响，艾萨德的理论曾多次引用了里昂惕夫的投入产出分析方法。

艾萨德认为经济学的动态化不仅要考虑时间因素，也要考虑空间和距离对经济活动区位的影响。他和阿朗索、摩西、屈恩和邓恩等人把经济学理论运用于区位论的研究中，或者也可以说，他们利用区位理论发展了区域经济学。

艾萨德的著作《区位与空间经济》和《区域科学导论》使经济区位论愈臻完善，同时也使经济学在空间研究上迈出了长足的一步。阿朗索的《区位和土地利用》是城市经济学和区位论研究的重要文献；邓恩的《农业生产区位论》（Dunn，1954）是农业区位论研究的杰作，他发展了杜能和勒施的区位论，从一般均衡角度研究了农业区位的均衡问题。摩西把经济学的替代理论应用于区位论研究中，他认为生产从一个区位向另一个区位移动时，两个投入物的价格比的变化可产生投入物（生产要素）的替

代，把生产要素替代的思想引入区位理论，促进了工业区位论的发展，也间接影响了城市竞租地价等理论的发展。

从 20 世纪 90 年代开始，克鲁格曼运用经济地理学和区位理论的思想来研究国际贸易、地区与城市问题，在 1991 年出版了《地理和贸易》一书，他特殊的身份和名气吸引了许多地理学者与城市经济学者。克鲁格曼反对区域间和国际间交易与贸易的各种政府干预政策，因为地方政府如果为了地区间交易的平衡，对地区内的企业保护，对地区外的企业征税，将造成地区集中化减慢或停滞，同样，国家政策的介入，将阻止经济活动的发展，失去跨国境的地区集中的优点。

克鲁格曼之所以对地理学和区位理论发生了兴趣，是因为他发现了经济学在分析现代经济问题时的局限性，同时，他也看到了经济学和区位论研究的互补性与交叉性。如经济学理论一般都忽视现实的空间，认为生产要素不需要费用，可以瞬间由一个活动转移到另一个活动，同时，国家间的贸易也忽视空间位置概念，把运费作为零来看待。另外，经济学为了追求分析的严密性，一般都采用数学抵抗性最小的简单方法进行分析，如一般都在完全竞争和收入不变假定基础上分析经济行为。与此相反，经济区位论则认为生产要素可自由移动，但需要运输费用；同时，生产区位在空间上的集聚可产生规模经济，带来报酬递增。经济区位论的观点在某种程度上更接近于现实，比如，当今国际间的贸易与其说是产生于资源和生产性的赋存状态这一外在差异，还不如说是产生于规模经济（或报酬递增）基础上的专业化，即由专业化带来的竞争优势产生了国际贸易。

"区域"和"空间"一直是地理学与区位论研究的中心课题，在经济学领域以空间为对象的研究学科主要有区域经济学、城市经济学等应用经济学。以克鲁格曼（2006）为首的系列研究成果反映了在主流派经济学领域也开始积极地吸纳和接受空间的概念、研究思维与分析方法。不过，克鲁格曼的新经济地理学受到了地理学者的批判。经济地理学家马丁对新经济地理学进行了批评，他认为，新经济地理学应该称为地理经济学，地理经济学完全是错误的观念，既不新也根本就不是什么地理学，其关注的经济活动的空间集聚与经济增长趋同的动态过程，只是运用了正式的（或称数学的）主流经济学模型去再造传统的区位理论与区域科学。地理学者乔舒亚·奥尔森（Joshua Olsen）也对新经济地理学进行了批评，他认为，地理经济学重视空间是正确的，但将研究单元局限于企业、产业与经济三个在空间中发挥作用的经济单元，仍然没有完全摆脱新古典经济学的缺陷。克鲁格曼等的模型中讲到的两个区域是"模糊的区域"（张可云，2013）。

克鲁格曼（2017）也批评经济地理学家，认为经济地理学忽视市场结构问题的研究，转而痴迷于几何学，也就是痴迷于研究在一个理想化的环境中，市场范围所应具有的形状问题，或者痴迷于研究在一个假定的市场和资源条件下，各种经济活动场所的最优定位问题。

张可云（2013）认为，以克鲁格曼为代表的新经济地理学与经济地理学是从不同的角度致力于空间经济研究，新经济地理学试图分析不同集聚背后的一般机制，而经济地理学家是从地区特有的、偶发的因素角度分析不同集聚的成因。根据卡特里纳·马尔基奥尼（Caterina Marchionni）的观点，地理经济学家更注重普适性空间规律的研究，而经济地理学强调实践规律的总结，两者有一定的互补性，两者有一个共同挑战，即新经济地理学发现的一般抽象机制与经济地理学家揭示的规律是否一致。要推动空间经济研究，需要两个方面的学者协作努力。

总之，他们的研究打破了经济学、区位论和地理学之间的界线，创立了一门跨越多学科的理论体系，即区域科学。区域科学的产生对唤起经济学长期忽视空间要素的研究起到了重要作用，同时，为地理学走向科学化提供了理论基础。

第三章 区位理论的经济学基础

归纳性推理完全根据经验，从感官知觉推广到一般概念；演绎性推理（逻辑学）将某些清晰而独立的一般观点应用于特定的情况。

——兰德雷斯（2016）

经济区位理论的发展历程与经济学一脉相承，在研究方法上基本相同，更重要的是理论基础大多来源于经济学，为了更好地理解经济区位理论的核心内容，有必要简单梳理下经济区位论在构建理论框架中经常用到的一些经济学概念、理论和方法等。

第一节 区位论常用的经济学概念

经济区位论在理论框架和方法体系的建构中，除在第一章谈到的概念外，还会经常用到经济学的理性人、效应、均衡、成本、费用、利润等概念。

一、理性与理性人

（1）理性。理性通常是指人类追求自我效用最大化的行为活动。经济学一般假定人类的各种选择或行为活动都遵循自我效用的最大化，认为人类天生就是理性的动物，也就是说，经济学探讨人类行为现象是以理性人为前提假设。

（2）理性人。理性人是经济学研究中最基本的假设，是在一定条件下具有理性行为的经济活动主体，比如消费者、企业，也可以是从事任何经济活动的人。理性人的假设，是研究经济行为活动和规律的出发点。假设在完全竞争市场条件下，经济活动中个人所追求的唯一目标是自身经济利益的最大化，消费者追求效用最大化，企业则追求利润最大化。

在经济区位论研究中，企业、消费者等在区位选择中，也是建立在理性人的假定基础上，企业追求的是成本最低或利润最大化的区位，消费者追求的是效用最大化的区位。但行为区位论认为理性人的假定存在许多问题，一般行为主体更多表现为"满意人"，也就是最满意的区位是企业或个人追求的目标。

二、效用与效率

（1）效用。效用指的是我们自身因选择某种行为而得到满足的程度，它是我们经济行为活动的目的。企业或消费者选择不同的区位也会带来不同的满意度，也就是说，不同区位对企业或消费者具有不同的区位效用。

效用是一种心理感受，如何量化比较难，通常用效用函数来计算效用的变化方式和程度。效用函数是表示消费者在消费中所获取的效用与所消费的商品组合之间数量关系的函数，通常是表征消费者在消费既定商品组合中所获得的满足程度。效用最大化是每个"经济人"的目标，但在追求效用最大化过程中会受到各种约束。限制效用的因素有很多，比如收入、时间、距离和数量等。效用因时间、地点和对象发生变化。最有名的案例是当我们饥饿时，吃第一块牛排时可以获得很强的满足感，但如果接着吃第二块和第三块，就可能会感到很不舒服，这就是所谓的"边际效用递减"的概念。比如，随着远离能给我们带来舒适度的公园或绿地等公共设施，区位效用会出现递减的规律。

（2）效率。效率是测度资源被利用水平的指标，指人们在经济活动中的产出与投入之比值，或者是效益与成本之比值。效率与产出或者收益的大小成正比，与成本或投入成反比。如果想提高效率，就必须降低成本或投入，提高效益或产出。经济行为有时会产生外部性并影响效用的最大化，因此，高效率不一定会带来高效用，低效率不见得效用也低。比如，垄断企业的生产不一定效率最高，但对于企业来说，效用可能最高。

经济区位论研究中会用到效用和效率的概念。比如，我们研究居住区位时，会考虑在收入约束下，如何提高居民居住区位选择的效用；对于企业区位选择，在其他条件不变时，会考虑寻找能够实现效率最大化的区位，即效益与成本之比最大的区位点。

三、均衡

均衡是一种状态，是指价格达到使供给量等于需求量水平的状况，也就是说，均衡时生产者愿意提供的商品量恰好等于消费者愿意而且能够购买的商品量。供给与需求的交叉点就是市场的均衡点，它表示供给与需求两种力量在市场的特定时间内处于均衡的状态。

在微观经济分析中，市场均衡可以分为局部均衡和一般均衡。局部均衡是指单个市场或部分市场的供求与价格之间的关系及均衡状态。一般均衡是指一个经济社会中所有市场的供求与价格之间的关系及均衡状态。一般均衡假定各种商品的供求与价格都是相互影响的，一个市场的均衡只有在其他所有市场都达到均衡的情况下才能实现。

区位论的局部均衡分析主要来自马歇尔的理论，如韦伯的工业区位论就属于局部均衡区位论；一般均衡区位理论主要受瓦尔拉斯一般均衡理论的影响较大，如勒施的区位理论等。

四、完全竞争市场与不完全竞争市场

（1）完全竞争市场。完全竞争市场指竞争不存在任何阻碍和干扰因素的市场情况，即没有任何垄断因素的市场结构。完全竞争市场需要具备以下四个条件：一是市场上有大量的买者和卖者；二是市场上每一个企业提供的商品都是同质的；三是所有的资源具有完全的流动性；四是信息是完全的。杜能和韦伯为代表的新古典区位理论就是建立在完全竞争市场基础上的局部均衡区位论，研究的是单个企业的区位均衡问题。

（2）不完全竞争市场。竞争和垄断是市场结构的极端形式。当市场上有许多提供基本相同产品的企业时就出现了竞争；当市场上只有一家企业时就出现了垄断。但许多行业介于这两种极端之间，这些行业中的企业有竞争对手，同时又没有面临使它们成为价格接受者的激烈竞争，经济学把这种状况称为不完全竞争。

空间竞争是最典型的不完全竞争，霍特林的相互依存区位理论就是引入一维空间研究企业间相互市场占有问题，勒施的区位论也属于不完全竞争条件的区位竞争理论，新经济地理学或空间经济学构建的区位空间模型都是建立在不完全竞争市场基础上。

五、成本与利润

（1）成本。成本也叫生产成本，指生产活动中用于购买各种生产要素的支出总和。生产要素包括劳动、资本、土地、企业家才能。生产活动中所使用的生产要素的价格包括支付劳动所得到的工资、支付资本所得到的利息、支付土地所得到的地租、支付企业家才能所得到的利润。区位论对劳动、土地和交通运输成本很重视，尤其是在空间表现为规律性的运输成本分析最为详细。

成本分为总成本、平均成本、边际成本。总成本是生产某一特定产量所需要的成本总额，它包括固定成本与可变成本。平均成本是平均每个单位产品的成本，也就是用总成本除以产量，得出平均成本。平均成本包括平均固定成本和平均可变成本。

边际成本是生产最后增加一个单位产品所花费的成本，也就是说，边际成本是增加一个单位产量所引起的总成本的增加量。经济区位论对边际运输成本非常关心，边际运输成本对收益变化的影响是区位理论模型构建的基础。

机会成本是指把一种资源用于某种用途，而未用于其他更有利的用途所放弃的最大预期收益。从区位选择的角度研究机会成本时，企业选择特定的区位，而放弃可能带来收益更大区位的成本。

（2）利润。利润是指从产品的销售中得到的收益与生产这种产品所使用的生产要素的全部成本之间的差额。经济区位论认为，区位要选择在收益大于成本的空间。

（3）边际效用。边际效用指消费者在一定时间内增加一单位商品的消费所得到的满足程度（常用效用量来衡量）的增量。边际效用存在递减规律：在一定时间内，在其他商品的消费量保持不变的条件下，随着消费者对某种商品消费量的增加，消费者从该商品连续增加的每一单位消费中得到的满足程度增量即边际效用是递减的。

成本、利润和边际效用等是区位理论研究中使用频率较高的概念，涉及区位费用、区位固定成本、运输成本以及边际空间费用和收益等。

六、可变成本与不变成本

（1）可变成本。可变成本是指随着产量变动而变动的成本。可变成本是与不变成本相对应的概念，一般包括原材料、燃料和动力费用、生产工人的工资等。企业没有进行生产时，可变成本为零。产量逐渐增加时，可变成本会相应地增加，但可变成本的增加并不一定与产量的增加呈相同比例，这一过程受到边际产量递减规律的影响，开始时产量增加，生产要素组合的效率得到发挥，可变成本增加幅度变缓；最后，边际产量递减规律又会使它增加较快。区位论关注的可变成本主要是运输成本。

（2）不变成本。不变成本也称固定费用，是指企业成本总额在一定时期和一定产量范围内，不受企业产量增减变动的影响而保持不变的成本。区位论认为，不变成本是区位固定费用，不会随着空间距离的变化而有规律地变化，但不同地区固定成本有差异，同一地区内部固定成本通常假定为相同的。

七、规模经济与规模不经济

（1）规模经济。规模经济是指在给定的技术条件下，由于生产规模扩大而引起的企业产量增加或收益增加。在长期中，企业投入的各种生产要素可以同时增加，使生产规模扩大，从而得到各种益处，使同样产品的单位成本比原来生产规模较小时降低。经济区位论认为，市场规模的扩大也可以带来规模经济。

规模经济分为内部经济和外部经济。内部经济是企业在生产规模扩大时从自身内部所引起的收益增加。例如，当企业生产规模扩大时，可以实现有利于技术提高的精细分工，充分发挥管理人员的效率，使用更加先进的机器设备，对副产品进行综合利用等。

外部经济是整个行业规模和产量扩大而使得个别企业平均成本下降或收益增加。根据形成外部经济的原因，可分为技术性外部经济和金融性外部经济。技术性外部经济是指由于行业的发展，个别企业可得到修理、服务、运输、人才供给、科技情报等方面非货币因素的便利条件而引起的外部经济。金融性外部经济是指随着行业的发展，个别企业在融资等货币方面受到了影响而发生的外部经济。经济区位论更关注外部经济对区位选择的作用。

（2）规模不经济。规模不经济指企业或行业产量扩大的倍数小于由此造成的成本扩大的倍数。如果产量的扩大是由所有投入同比例扩大产生的，则规模不经济表现为规模收益递减。造成规模不经济的主要原因是随着企业规模的扩大，管理成本急剧增加，同时，企业内部信息不对称问题也会随着企业的扩展而日趋严重。

八、规模报酬

规模报酬主要是分析企业生产规模的变化所带来的产量变化间的关系。规模报酬可分为规模报酬递减、规模报酬不变和规模报酬递增三种情况。生产要素投入的增加比例与产量增加的比例相同为规模报酬不变，前者的增加大于后者的增加为规模报酬递减，前者的增加小于后者的增加为规模报酬递增。规模报酬递增原因包括劳动分工促进了生产的专业化，进而带动了劳动生产效率的提高；规模化生产带来生产要素的利用效率的提升，降低了生产成本等。规模报酬递增能够比较好地解释地区发展和产业集聚。

九、范围经济

范围经济是指企业进行两种或两种以上相关产品的生产和经营活动，要比多个企业分别生产和经营单一产品更有效，也就是说，随着企业生产和经营产品种类的增多，平均生产和经营成本会下降。范围经济存在于产品多样化的生产和经营中，多样化可以共享企业的厂房、机械等固定资产投资以及配套设施、劳动力等可分摊成本，同时，生产经营范围扩大，可以使交易成本内部化，降低总成本。从区位理论角度理解，在特定的区位企业生产多种产品或特定区位多个企业生产相关联的多种产品，所需要的成本会低于生产一种产品的成本，能够带来范围经济的区位会吸引企业集聚。

十、支付意愿与无差异曲线

（1）支付意愿。支付意愿是指消费者愿意为某种商品支付的最高价格。支付意愿可以衡量消费者对产品的认可度，如果产品的认可度越高，消费者的支付意愿越强，愿意支付的价格越高；反之，支付意愿低，愿意支付的价格也低。支付意愿从零售业区位理论角度来看，是指消费者愿意在特定商业中心地购买的意愿，或为了购买某商品或服务愿意支付的交通费用或时间成本。

（2）无差异曲线。无差异曲线是指带给消费者相同满足程度的消费组合的一条曲线。它表示消费者在一定偏好、一定技术条件和一定资源条件下选择商品时，对不同组合商品的满足程度是没有区别的。从消费行为区位理论角度来看，消费者选择不同等级商业中心地与选择距离中心地的远近的组合存在空间偏好无差别曲线，即选择远距离的高等级中心地消费与选择近距离的低等级中心地具有相似的效用。

第二节　古典经济学对区位论的影响

古典经济学的创立是经济学的一个重要里程碑，现代自由经济学的观点在古典经济学中均可找到其理论基础。古典经济学家主要是对 18、19 世纪英国和法国经济学家的泛称。古典经济学的思想承袭了重农学派的自由放任学说，但它不仅仅专注于农业活动，还强调任何形式的生产活动对经济都是有益的。除斯密的"看不见的手"等重要理论外，影响较为突出的理论还有萨依（Say）法则，即"供给自创需求"，李嘉图的地租理论，穆勒的"有效需求说"，功利主义创始人边沁（Bentham）关于个人效应问题的研究（张昱谦，2014）。

一、亚当·斯密的劳动分工理论

斯密是古典经济学的代表人物，1776 年完成的《国富论》系统地将经济学问题分为几个重要的领域，包括资本、地租、劳动、贸易、租税和利息等。斯密的"看不见的手"是我们最为熟知的理论。他认为：每个人都力图应用他的资本，来使其生产品能得到最大的价值。一般地说，他并不企图增进公共福利，也不知道他所增进的公共福利为多少。他所追求的仅仅是他个人的安乐，仅仅是他个人的利益。在这样做时，有一只"看不见的手"引导他去促进一个目标，而这个目标绝对不是他所追求的东西。由于追求他自己的利益，他经常促进了社会利益，其效果要比他真正想促进社会利益时所得到的效果要大。斯密理论告诉我们，在一定制度前提下，个人对利益的追求会促进而不是伤害大众利益；每个人追求自身利益最大化的过程不需要有人来管理，有一只"看不见的手"在进行调控，经济运行并由此而自动达到最佳状态。因此，他认为应该保护个人财产，政府不应该对经济进行干扰。斯密的经济学思想对 18 世纪后期经济学家的辈出起到了重要的作用。如法国古典经济学家萨依深受斯密的"小政府""自由经济"影响，提出了"供给自创需求"的萨依法则（张昱谦，2014）。萨依认为，市场在自由竞争、不受政府干扰的情况下，供给的一方自己会思考提供适当数量的产品，甚至提供更好的产品和服务参与竞争，这些供给自然而然会找到它本身的需求。

对经济区位理论建构而言，斯密的分工理论更为重要。斯密（2016）认为，"分工出现之后，劳动生产力得到了最大的增进，运用劳动时的熟练程度、技巧和判断力也得以加强。"他认为劳动分工的优点：一是劳动者掌握了劳动技巧，其所能完成的工作量也势必增加；二是由于节省了转换工作而损失的一些时间，由此得到的利益会比我们想象的要大得多；三是适当地使用机械，可简化和节省劳动。也就是说，劳动分工促进了专业化的发展，提升了劳动力的工作技能和生产效率，进而从专业化中获得收益，而劳动力被机器所代替，促进了生产过程的机械化。区位论在研究地区分工和地区专业化时离不开斯密的分工理论。

斯密认为，市场的大小决定着分工的程度，一般城市的劳动分工高于农业地区，劳动分工最先在一个国家的企业和区域的内部出现，然后再到它们相互之间，最终会扩展到国家之间。市场的不断扩张和资本积累带来了劳动分工的深化，进而实现了更高的生产率，并且使得更高的利润率和收入更为普遍，这又进一步导致了更高的资本积累，如此不断往复，最终形成一个"良性循环"的动态趋势，分工与积累循环的思想也是新经济地理学的重要理论基础。

斯密还提出了绝对优势理论，他认为自由贸易会引起国际分工，国际分工的基础是有利的自然禀赋或后天的有利生产条件。它们都可以使一国在生产上和对外贸易方面处于比其他国家绝对有利的地位。如果各国都按照各自有利的生产条件进行分工和交换，将会使各国的资源、劳动力和资本得到最有效的利用，将会大大提高劳动生产率并增加物质财富。

斯密也谈到城市对农村的作用因距离城市的远近而不同，离城市近的农村，生产物消耗的运费较少，在其他条件相同的情况下，城市对其剩余生产物的需求量就会比距离城市较远的农村多，如果商人以高价买进这些生产物，又以低廉的价格卖出，无疑会给离城市较近的农村带来更多好处。这一思想对杜能的区位理论建立具有重要的影响。

二、李嘉图的地租理论

李嘉图是仅次于古典经济学开山鼻祖斯密的一位重量级人物，他不是科班出身的经济学家，27 岁时偶然的机会看了斯密的《国富论》，对经济学产生了浓厚的兴趣。他的研究不仅在许多方面补充和发展了斯密的理论，也形成了自己的学术体系，最著名的著作是《政治经济学及赋税原理》。李嘉图更为重要的是学以致用，他将自己从滑铁卢战役中得到的财富用于购买土地，以至于成为英格兰最富有的地主和经济学家。

李嘉图对经济区位论最直接的影响是他提出的级差地租理论和比较优势理论。李嘉图认为：地租实际上反映了大自然是如何"吝啬"的。他解释道，假如最优质量和最佳位置的土地是无限供给的，地租将不会存在。因为如果只利用土壤肥沃、区位便利的土地，那样成本最小化的生产者能够在任何水平上满足社会对于农产品的需求。但是，现实是质量好的土地供给并不充分，而且当生产扩张到一定点的时候变得更为稀缺，为了满足需求不得不开垦和耕种相对差的土地，这必将导致单位生产成本的提高，或者由于更高强度地耕种质量最好的土地，也会造成单位成本的上升。结果是土地的回报会广泛或大量地下降，最终导致了更高的地租。

李嘉图级差地租的核心思想：高质量的土地是有限性，土地肥沃程度和区位存在差异，另外，由于人口增加不得不耕种次等土地，这些因素影响着土地的产出，最终导致土地与土地之间有租金上的差异。李嘉图提出级差地租理论并指出土地租金是根据谷物在市场上的价格收取的，土地租金并不会影响谷物价格。李嘉图的级差地租理论对农业区位发展具有重要的贡献。

比较优势理论是李嘉图在《政治经济学及赋税原理》一书中提出的。他认为，按照斯密的"绝对优势"理论，如果一国在所有产品的生产上都具有绝对优势，而另一国在所有产品的生产上都具有绝对劣势，就不会有贸易发生，但事实绝非如此。他解释说，在所有产品上都具有绝对优势的一国，相对而言，总有一种产品是优势最大的；在所有产品上都具有绝对劣势的另一国，比较起来总有一种产品是劣势最小的。按照李嘉图的"两利相权取其重，两弊相权取其轻"的原则，有绝对优势的一国生产并出口优势最大的产品，绝对劣势的一国生产并出口劣势最小的产品，两国在相对成本差异的基础上一样能产生贸易并获取利益。他主张以各国生产成本的相对差异为基础进行国际专业化分工，并通过自由贸易获得利益。基于比较优势基础上的李嘉图国际贸易理论，对国际贸易与区位选择具有重要的指导意义。

第三节　新古典经济学对区位论的作用

新古典经济学重视经济行为的数理分析、社会福利最大化研究、历史分析等，边际概念的应用是新古典经济学的最大特点，因此，新古典经济学也被称为一场"边际革命"。最早进行边际研究的学者是农业区位理论创始人杜能，他在1826年出版的《孤立国》中，最先提出了边际生产率的概念。他试图通过对相邻土地地块进行不同方式的种植，来比较不同地块的产出结果。之后，洛桑学派的创始人瓦尔拉斯、奥地利学派门格尔和英国学者杰文斯将数理分析方法应用于经济学领域，研究了边际效用和一般均衡等，开辟了经济学研究的新领域和方法（张昱谦，2014）。

一、边际分析与区位理论

19 世纪最后 30 年中发生的"边际主义革命"致使古典经济学地位下降，转向边际分析，最有影响的边际主义学者包括了杰文斯、门格尔和瓦尔拉斯。

瓦尔拉斯曾在瑞士洛桑学院任教，1874 年出版了《纯粹政治经济学纲要》一书，他对经济学领域产生了重要的长期影响。经济学一般均衡理论的起点被认为是从瓦尔拉斯开始的。瓦尔拉斯认为，对于所有商品而言，边际效用与商品价格的商相等，消费者的效应就最大化了；在均衡状态中，崭新的一单位商品的价格与净收入之比在所有的商品之间都是相同的。他将商品生产要素、消费者预算限制、物价、货币供给等诸多因素，利用方程式求解，瓦尔拉斯一般均衡模型由四个方程组来表示，即商品需求方程、要素需求方程、企业供给方程和要素供给方程。他也被称为"数量经济学"的开创者。

瓦尔拉斯的一般均衡理论后来由帕累托（Pareto）、萨缪尔森、阿罗、麦肯齐（McKenzie）等人加以改进和发展。经济学家利用集合论、拓扑学等数学方法证明，一般均衡体系存在均衡解，而且这种均衡可以处于稳定状态并同时满足经济效率的要求。但是，想要求出瓦尔拉斯方程的解，需要很严格的假设条件：任何企业都不存在规模报酬递增；任何消费者提供的原始生产要素都不能大于它的初始存量；消费者的欲望是无限的，并且其效用函数都是连续的；等等（库尔茨，2016）。

在勒施的经济区位论和邓恩的农业区位论中，可以看到瓦尔拉斯均衡模型在区位空间均衡中的应用，一般均衡的研究方法也促进区位论研究由韦伯为代表的局部均衡走向勒施为代表的一般区位均衡。

门格尔 1871 年出版了《经济学原理》，边际效用价值理论成为他在经济学上最大贡献之一。门格尔的价值论借助效用的概念，没有使用数字，而是选择制表，且用最寻常的事例来解释边际效用递减和边际效用平衡过程，他奠定了主观价值论的基础。在效用的计算上面，门格尔认为每单位都与边际单位具有相同效用，所以，他便把最后一单位的边际效用乘以单位数，门格尔将交换价值等同于总效用。门格尔还强调不确定性的影响，他认为：所有的经济行为都在时间域中发生，因为没有人知道未来的情景，所以，不确定性是普遍存在的。期望会影响现在的决策并延伸到价格和数量。

杰文斯批评古典经济学派的价值理论，认为商品的价值并不是由生产它所需的劳动数量，而是由它的"效用的最终程度"决定的，即"边际效用"所决定的。他认为，基于边际效用的原理，需求决定了产出的构成。在均衡状态中，商品的供给与商品的需求相等，而商品供给是通过劳动力的消耗来实现的。

在瓦尔拉斯、门格尔和杰文斯三位各自独立建立的边际分析基础上，马歇尔进行了综合集成（库尔茨，2016），将边际分析用生动的文字叙述，来表达供需关系、边际效用、生产要素等问题。在边际分析时，边际学派都假定经济行为活动的主体是"经济人"，人类是追求最优化的经济动物。对于企业而言，以成本最小化或利润最大化为目标，对于消费者或家庭而言，效用最大化无疑是最重要的追求。边际分析通常也认为生产端和消费端是基本相同的，如果在给定的一块土地上使用的劳动力越来越多，那么，每一增量的单位劳动力所带来的产出的增加会更小，直到这一增量逐渐趋向于零。这就是说，当这块土地上使用的劳动力越来越多的时候，其边际生产率会下降。在消费领域边际分析也认为，如果一个"经济人"消费的商品数量越来越多，那么，其总效用将会上升而边际效用会下降，增加的每一份商品消费所带来的效用增量会变小，直到这一增量变为零。

边际分析的这些思想直接影响着经济区位论的发展，关于边际收入递减和边际效用递减的思想在区位研究中会反复出现，因此，边际分析对研究经济区位论是不可或缺的理论和方法。

二、局部均衡和地方工业集聚与区位理论

马歇尔在新古典经济学上的地位如同斯密对古典经济学做出的贡献一样引人注目。马歇尔1890年出版的《经济学原理》是最有影响的经济学著作，他把经济学定义为研究财富及人类欲望关系的一门应用科学，其目的是消除贫困和增进福利。马歇尔首创"静态局部均衡理论"，用供需求曲线表达了繁杂的数学证明，用供给和需求关系科学塑造了经济学的精髓思想。

马歇尔的"局部均衡"方法，就是在所有其他商品和生产性服务的价格给定与不变的假设条件下来研究单个市场。他假定：①需求和供给曲线是相互独立的；②只允许价格和数量的较小变化；③某些变化所引起的调整必须局限于受到观察的这一市场，

而不能显著地影响到其他市场的状况。在这种条件下，供给和需求的关系就简单化了。边际效用的大小决定需求价格的高低；随着欲望满足程度的增加，边际效用渐减，边际需求也下降。以价格来衡量效用的大小，边际效用就变成了边际需求价格，出售的商品数量越大，售价越小；需求的数量随价格的下跌而增大，随价格的上涨而减少；把需求价格的决定和边际效用的分析联系在一起。马歇尔借助货币来解决主观评价的效用无法衡量的问题。

熊彼特（2018）评价马歇尔理论最大的特点是结构的简洁性，他同时认为，马歇尔基本上建造了一个"分析机器"，一种普遍适用于揭示真理的机器。

马歇尔的局部均衡分析得到了以韦伯为主的最小成本区位学派的应用，他关于规模经济、外部效用和地方经济的分析，对区位论的发展影响深远。他认为，企业内部规模经济只适用于一个企业，而不适用于产业整体，但企业外部规模经济同时适用于产业中的所有企业。也就是说，产业作为整体都会从更大的产出水平中获得利益。规模经济内部化会导致出现垄断，主要是因为企业能够以相对低于竞争者的成本优势生产出更多的产品，就能够使它将其他企业排挤出市场。

马歇尔关于地方工业集聚的论述对区位论研究也具有重要的价值。他认为：影响工业地区分布的原因很多，最主要的是自然条件，比如气候条件、土壤肥力、矿产资源的分布以及交通的便利程度等。他在讲到矿产资源对工业分布影响时，强调矿产相对丰富或者燃料充足的地区就会分布着金属工业。他也认为，一些偶然的因素导致工业在某个城市繁荣起来，克鲁格曼的中心—边缘模式中吸纳了这一观点。马歇尔（2016）也认为技术对工业集聚的作用很大，他认为："技能提供了广阔的市场，地方性工业能从中得到很多好处。"尤其是工人间相互在技术上的模仿和潜移默化的学习，对地方工业集聚具有重要的作用。他讲到："一种工业选定了一个地方作为生产基地时，短时期内是不会更换的。所以从事这一行业的邻近地方的技术工人能够得到较大的利益。行业的秘密不再是秘密，小孩子在潜移默化中就能学到很多东西。"

马歇尔（2016）也重视交通对地方工业集聚的影响，他认为："当交通工具价格下降，新的方式能够方便地进行远距离的思想交流时，影响工业分布的因素就会出现新的变化。"他进一步讲到费用和关税对工业集聚的作用，认为："如果运输费用和关税降低，会使一个地方更多地从远处购买它所需要的产品，这样，特殊的工业就会聚集在特殊的地方。"

从区位理论角度来看，马歇尔（2016）认为工业在特定地区集聚的主要原因包括：一是知识和技术的溢出，企业相互接近使得信息交流更加密切，即："行业的秘密不再是秘密，小孩子在潜移默化中就能学到很多东西"；二是广阔的市场为技术拥有者和使用者提供了舞台，缄默知识和技术的共享进一步促进企业的集聚；三是多样性，马歇尔（2016）认为，一个工业城市能够不断地发展，很多是因为地方性工业的利益和对职业需求多样化的利益同时存在，能够提供多样化的技术工人，可减少企业获取技术工人的成本；四是企业间相互联系形成的前后向联系，企业集聚在一起生产，可形成若干专业化的供应商，进行分工合作。

三、帕累托的资源分配最优与区位理论

帕累托继承和发展了洛桑学派瓦尔拉斯一般均衡的研究方法，提出在收入分配既定条件下，为了达到最大的社会福利，生产资料的配置所必须达到的状态，即帕累托最优，资源分配最优开启了福利经济学的研究。帕累托的理论对公共服务设施区位理论具有指导意义。

边沁所讲的"绝大多数人的最大幸福"与马歇尔所说的社会成员需求的"最大化满足"是长久以来困扰着经济学家的一个问题。在边际效用和边际生产率的基础上，经济学家尝试用新的理论架构分析这一问题。埃奇沃思（Edgeworth）对这一问题进行了"确切"的表达。埃奇沃思认为消费者并不能决定一种商品集合比另一种商品集合的效用是不是更大以及这种效用具体会大多少。他认为，更平等的收入分配将会提升整个社会的福利水平：富人收入的边际效用较低，而穷人的边际效用较高，偏向后者的再分配会提升总的效用。埃奇沃思最先引入"无差异曲线"的概念，它代表了对个人而言，有着相等效用水平的所有两种商品数量的各种组合。为了保持消费者的效用水平不变，用一种商品 X 来替代另一种商品 Y 会变得越来越贵，这就是商品 X 与商品 Y 之间边际替代率递减的规律（库尔茨，2016）。区位理论所讲的空间偏好无差别曲线也是来自埃奇沃思的"无差异曲线"的概念。

帕累托认为，尽管人们能够指出一组商品是优于（或劣于）另一组商品，但不能说出优于（或劣于）多少。效用也不能在不同个体之间进行比较和加总。从这种观点来看，不管是收入的边际效用下降的概念，还是一个社会整体的集体效用的概念，都毫无意义。

帕累托的商品需求理论是其一般均衡理论和福利理论的构建基础。一般均衡理论是从三组数据、给定条件及自变量开始：①"经济人"的给定偏好；②生产各种商品给定的技术可行性；③给定的经济生产要素的初始禀赋和"经济人"的产权。帕累托呈现的是，考虑到特定的限制性假设，特别是生产技术和偏好，所有市场均衡都存在

一个帕累托最优，这也被称为"福利经济学第一原理"。帕累托指出，通过在不同主体之间再分配初始禀赋，可以导致任何（可行的）均衡以及与之对应的任何（可行的）帕累托均衡，这也就是"福利经济学第二基本原理"。

帕累托还发现了个人收入分配的一个重要事实，即个人和家庭进行收入分配时，与收入的来源（工资、利润、租金和利息等）无关，这就是所谓的"帕累托原则"。20%的人口会获得80%的收入，而这20%人口中的20%又会获得这其中80%的收入。以此类推，收入分配是极不均衡的。这也是区域差距的重要理论基础。

我们简单地总结一下，会发现在理性的"经济人"假定下，每个人会对针对自己的效用进行合理的权衡，分析确定各项活动的最优组合，实现自己欲望满足的最大化。

四、不完全竞争理论与区位理论

上文讲到了霍特林和张伯伦关于不完全竞争理论对经济区位论的发展意义重大，尤其是霍特林，本书第六章还会详细讲述他的区位思想，他是相互依存学派的代表。其实，直到现在，霍特林的理论还得到新经济地理学家和区域经济学家的推崇。

斯拉法（Sraffa）1926年在"竞争条件下的回报法则"一文中讲到（库尔茨，2016），被广泛认可的完全竞争假设在实证上是不成立的。他认为企业在很多不同维度上存在差异，包括产品质量、包装、服务和区位，实际上，这些企业热衷于通过在这些维度上的工作，将它们自己与其竞争者进行差异化。利用这种方式，它们谋求得到一些垄断地位。

霍特林关注空间的差异，企业在空间上的区位差异是获取或失去竞争能力的重要因素。霍特林考虑了经济活动的空间维度对企业在竞争中的垄断作用，他强调，与消费者在空间上更为紧密地联系在一起，将为企业带来更有利的竞争地位。当产品差异很小，消费者均匀分布在线性市场上，比如一条相对独立的街道，且消费者的消费倾向一致，对产品需求的价格弹性为零，消费者都采取就近购买的原则，两家相互竞争的商店在区位选择时，将会在线性市场即街道的中间相互比邻布局。这种最小产品差异化的市场竞争方式被称为"霍特林法则"。但如果改变这些假设，就会看到这样的结果：企业将会有较强的动机来差异化它们的产品，同时，为了减少它们遭受的竞争压力而与其他企业保持或远或近的距离。

在经济学家张伯伦1933年出版的《垄断竞争理论》一书中，他假定市场中的企业不会创造完全相同的产品，而是生产很接近的替代品。因此，它们在一定程度上是垄断者。至于垄断的程度则取决于对其产品的需求在面对价格变化时的反应有多强烈，即企业的需求曲线平缓与陡峭，取决于产品需求对价格的反应状态。企业遵循的是垄断情况下的利润最大化法则（边际收益=边际成本）。通过产品差异化，它们试图增加其市场力量。1933 年，经济学家罗宾逊出版了《不完全竞争经济学》一书，他着重研究了价格歧视。能在几个分离的市场上销售产品的垄断企业将会制定不同的售价，在这些市场上的每一种价格都会遵循垄断企业利润最大化的法则。在给定市场上相对于价格的变化，需求变动更缺乏弹性，企业在此处制定的价格就越高。

关于霍特林的区位思想，本书工业区位论一章还会详细介绍，他的理论把不完全竞争的思想引入区位分析中，因此，受到了新经济地理学或空间经济学者的高度评价。

五、创新理论与区位理论

熊彼特是创新理论的鼻祖。他在 1912 年出版的《经济发展理论》一书中写道："创新是资本主义社会经济历史中突出的事实。"他认为，创新就是建立一种新的生产函数，对生产要素和生产条件实施"新组合"，即开发新产品或产品新特征，改进生产方式，开拓新的市场，控制新的原材料或半成品的供应来源，以及对企业和整个产业进行新的组织。

经济竞争意味着对抗，在对抗中只有从事创新或至少进行模仿的企业能够成功地在市场经济中生存和发展。新知识往往以新的商品、新的生产方式、新的商业组织的形式存在，并冲击和淘汰旧知识，这就是熊彼特所说的"创造性毁灭"的过程。技术变迁不停地革新整个经济系统，创造新的商品、新的企业和新的职业，并且淘汰掉旧的职业，促进整个社会的变革。

熊彼特认为，创新的主体是企业家，企业家不会满足于既定环境，也不会在给定的条件下对自己进行安排，他的目标实际上是克服这些条件和障碍，为经济活动增加新的维度。熊彼特对发明、创新和模仿进行了区分。他认为必须经得起市场考验并能获得经济份额的发明才具有经济意义。并不是所有代表新知识的事物都是具有经济价值的。他认为，创新会引起其他企业的模仿，模仿就会打破市场垄断，刺激了大规模的投资，进而促进经济繁荣，当创新扩展到相当多的企业之后，盈利机会趋于消失，经济开始衰退，这时期待新的创新行为出现。他认为，整个经济体系将在繁荣、衰退、萧条和复苏四个阶段构成的周期性运动过程中前进。

　　熊彼特的思想对研究区位中的集聚和新产业区的形成具有重要的意义。比如地区间的邻近可以促进知识共享，有利于互动性的学习和模仿创新。

六、凯恩斯的理论对区位研究的影响

　　凯恩斯 1936 年出版了《就业、利息及货币通论》，凯恩斯主义的理论体系以解决就业问题为中心，而就业理论的逻辑起点是有效需求原理。所谓有效需求，是指商品的总供给价格和总需求价格达到均衡时的总需求。当总需求价格大于总供给价格时，社会对商品的需求超过商品的供给，资本家就会增雇工人，扩大生产；反之，总需求价格小于总供给价格时，就会出现供过于求的状况，资本家或者被迫降价出售商品，或者让一部分商品滞销，因无法实现其最低利润而裁减雇员，收缩生产。因此，就业量取决于总供给与总需求的均衡点，由于在短期内，生产成本和正常利润波动不大，因而资本家愿意供给的产量不会有很大变动，总供给基本是稳定的。这样，就业量实际上取决于总需求，与总供给相均衡的总需求就是有效需求。与新古典主义奉行的自由市场不同，凯恩斯理论强调政府干预，扩大有效需求来增加就业。

　　受凯恩斯的理论特别是收益递增的影响，缪尔达尔提出了"循环累积因果关系"原理，在解释地区集聚发展和区域增长方面得到了广泛的应用。他认为，资本积累增加了市场的范围，带来了劳动分工的深化，随之提高了生产率和收入，特别是利润水平，这又带来了进一步的资本积累，如此等等。但是，这种循环累积因果效应也可能产生相反的作用，即贫穷的国家可能进入一个"恶性循环"，随着时间推移而变得更穷。区域经济学者赫希曼（Hirschman）认为，落后地区可以通过"扩散效应"或"涓滴效应"从发达地区的增长中获得收益，包括技术传播或者出口产品到发达地区市场（派克等，2011）。尽管欠发达地区或偏远地区具有廉价劳动力等优势，但这种优势很可能会被发达地区或核心地区更强大的集聚经济效应及其产生的对生产要素的向心吸引力所抵消。这种资本和劳动力被从落后地区吸引而流向发达地区的"反冲"效应可能会进一步加大地区间的差距。

　　凯恩斯理论中还有一个对区位研究非常重要的理论，即边际消费倾向递减规律。他认为：在收入减少的时候，消费也随之减少，但减少程度要低。富人的边际消费倾向通常低于穷人的边际消费倾向。因此，在商业区位选择时，针对不同人群，商业规模和区位布局要有所差别。

第四节 新兴古典经济学对区位论发展的作用

20世纪70年代新古典经济学派受哈耶克新自由主义的影响，企图重振斯密精神，反对过多的政府干预。卢卡斯从实际政策方面批评政府干预无效，提出理性预期学说；科斯（Coase）将微观经济学与社会学等学科相结合，探讨了制度和交易成本等。新兴古典经济学最大的特点是自由放任和理性预期。

一、交易成本理论与区位理论

科斯是新制度经济学的创始人，他提出了交易成本理论。奥利弗·威廉姆森（Oliver Williamson）1975年出版的《市场与阶层》一书就建立在科斯理论基础上，他假定市场和阶层组织是协调经济交易的可替代机制。经济史学家道格拉斯·诺思（Douglass North）在研究经济发展时也非常关注制度变迁的作用。

"科斯定理"是在"社会成本问题"这篇论文中正式出现的。定理表明：若交易费用为零，无论权利如何界定，都可通过市场交易达到资源的最佳配置。"科斯第二定理"认为，在交易费用为正的情况下，不同的权利边界会带来不同效率的资源配置。这也说明，在存在交易费用的情况下，合法权利的初始界定会对经济制度运行的效率产生影响（张云亭，2013）。

威廉姆森发展了科斯的"交易成本"学说，指出：交易是货物或服务在两个技术上可分离的单位之间的转移，这一转移如采取市场的交易方式，就是专业化过程；如采用企业内交易方式，就是一体化过程，两种交易成本高低决定了企业是实行专业化生产或是一体化生产。

斯科特（Scott，1983、1986）将这一概念应用于经济地理学，加上空间距离这一因素，认为单位交易成本低的项目会在大城市之外具有廉价劳动力的地方以企业分厂的形式组织生产，单位交易成本高的项目则会在大城市或经济中心以市场交易的方式购买。这是由于经济中心的企业集中，交通运输等的交易成本随距离的缩短而减小。斯科特由此引申出由于这些生产条件的制约，高技术及专业化等的生产活动会向大城市集中，低技术的生产会向大城市以外的廉价劳动力的地方扩散。斯科特认为，企业为了获得最大效益，往往采取组织上和空间上都分离的生产方式，即向外扩散的趋向；

另外，由于组织上、空间上都分离的生产方式，外部交易活动增加，联系费用上升，因此，企业在一定空间范围内集聚。

由于交易成本泛指所有为促成交易发生而形成的成本，因此，很难进行明确的界定与列举，不同的交易往往涉及不同种类的交易成本。总体而言，简单的分类可将交易成本分为以下几项（威廉姆森、温特，2007）：搜寻成本——商品信息与交易对象信息的搜集；信息成本——取得交易对象信息与和交易对象进行信息交换所需的成本；议价成本——针对契约、价格、品质讨价还价的成本；决策成本——进行相关决策与签订契约所需的内部成本；监督成本——监督交易对象是否依照契约内容进行交易的成本，例如追踪产品、监督、验货等；违约成本——违约时所需付出的事后成本。

交易不确定性指交易过程中各种风险的发生机率。由于人类有限理性的限制，使得面对未来的情况时，人们无法完全事先预测，加上交易过程中买卖双方常发生交易信息不对称的情形，交易双方继而透过契约来保障自身的利益。因此，交易不确定性的升高会伴随着监督成本、议价成本的提升，使交易成本增加。

二、路径依赖与区位理论

演化经济学最早由凡勃伦（Veblen）在他 1898 年的经典论文"经济学为什么不是一门演化的科学"中提出，但演化经济学思想的真正形成应归功于纳尔逊（Nelson）和温特（Winter），纳尔逊和温特 1982 年合作出版的经典著作《经济变迁的演化理论》是演化经济学形成的重要标志。演化经济学假设人具有有限理性，信息是连续分散的，它把经济的演化过程看成是一个自行选择的学习过程，注重对惯例搜寻和选择环境的考察，侧重分析结构不确定性对经济活动的影响。演化经济学认为经济活动的演化是非线性的、远离均衡状态，拥有多种选择的方向，但惯例控制、复制和模仿影响着经济演化的路径与范围。

阿瑟（Arthur，1994）认为，路径依赖是指经济系统一旦进入某一路径，则因惯性的力量不断进行自我强化，使得该系统锁定在这一特定路径上。其基本理论以代理人有限理性理论为基本起点，反对新古典经济学假设和均衡分析方法，坚持历史的重要性，从时间和空间两个维度来解释在具体时空背景下的经济变迁规律。

马丁（Martin，1996）认为，路径依赖或锁定效应的一个显著特征就是"区位依赖性"。技术和知识在经济发展中起到极其重要的作用，而知识的生产、扩散和使用具有很强的根植性特征，而且某一地区的制度性安排有助于技术的开发、应用和扩散，技术路径依赖性和制度路径依赖性共同作用导致区域间发展的差异（博西玛、马丁，2016）。路径依赖既是一种状态，也是一种过程，主要指系统演化依赖于其历史上形成的发展路径。区域内新路径的出现，与区域经济历史发展过程中的技术、知识以及能力有关，当某一区域中，某种技术一旦成为主导，则会产生一定的正外部性，使其进入路径领域模式。随后的发展，可能进入两种状态：一是按原有路径发展，异质性不断减弱，专业性不断增强，组织结构和惯常组织程序逐渐僵化，从而出现停滞和衰退；二是通过不断的内生转换，累积和整合，使得技术能够进行创新变异，以便进入新的增长路径（苗长虹，2007）。

路径依赖的主要来源一般与当地的自然资源禀赋、历史基础、专业化、学习效应、规模收益递增、网络和区位特有的制度等有关。阿瑟认为，由于正向的集聚效应，经济发展中存在路径依赖，第一个在该区域中设立的企业，其区位决策唯一取决于地理偏好，第二个这样做的企业已经开始考虑如果它选择落脚在第一个企业附近所能期望得到的集聚收益（科伊尔，2016）。一个区域可能被"锁定"，也就是说，它可能选择一个在短期有吸引力而在长期较差的路径。它可能逐渐失去其竞争优势，因为随着集聚过程的推进，负的外部效应可能超过正的外部效应。

三、内生增长与区位理论

卢卡斯和罗默的内生增长模型，其共同点是都强调"溢出"，即知识和技术的溢出对其他人的作用。他们将索洛模型中人力资本投入的增长和技术的改进由外生要素转变为内生要素，分析知识和技术对增长的作用，但卢卡斯（Lucas，1988）侧重于人力资本，罗默（Romer，1986）则更关心技术创新。

卢卡斯对基本的索洛模型进行了改造，模型中明确包含了人力资本。他认为，人力资本积累（人力资本增值）是经济得以持续增长的决定性因素和产业发展的真正源泉。在他提出的生产函数中，以实物资本、总人力资本、平均人力资本为自变量，前两个变量的边际报酬递减，而平均人力资本会向前两个变量溢出。个人对自身的人力资本投资的动机取决于其他人的决策。人力资本内生化将经济增长理论向前推进了一大步。

罗默（1986）在《收益递增经济增长模型》中提出了自己的内生经济增长模型，他认为知识和技术研发是经济增长的源泉。罗默的模型较为系统地分析了知识与技术对经济增长的作用，他突出了研究与开发对经济增长的贡献是有其实际价值的。罗默把经济体中知识的累积、物质资本、人力资本一起放进了生产函数。另外还有一个单独的与知识有关的生产函数，它取决于每个企业对知识累积的贡献以及外部性，也就是经济中整体的知识累积。资本和劳动力的报酬是递减的，但知识不是。事实上，知识的报酬是递增的；同样地，知识可以被反复使用而不会用尽，某些知识可以成为后续知识的基础。

如果强调了人力资本，人力资源投入越多，人力资本积累中知识溢出就越多；如果强调了创新，那么市场越大，研发投资的回报就越高，溢出也越多。不管哪种情况，都存在一个连锁反应，即与经济规模相关的良性循环，一开始慢慢积累，随后开始快速增长。

从区位理论的角度思考，卢卡斯和罗默的内生增长模型所说的知识溢出主要是由于企业之间距离的相互接近，易于分享和交换知识和技术时，彼此获得好处，这也是一些产业在特定区位集聚的重要原因。同时，人力资本的溢出由于人和人之间距离的接近会被放大，形成循环累积，进而进一步促进特定产业的集聚。

四、产业组织与新贸易理论

克鲁格曼的产业组织与新贸易理论摒弃了以往新古典经济学研究中的假设，如所有企业都完全一致，生产中的规模报酬不变，市场处于完全竞争状态，以及没有企业可以定一个比成本高的价格，所有的企业都只能在保持经营的同时获取最小的利润。这些假设之所以存在，是为了让模型更容易理解和变化。1976年迪克西特和斯蒂格利茨引入了一套全新的技术方法，他们发现了一种大家易于接受和理解的方法来介绍"垄断竞争"。每个企业生产差异化的产品，因为这些微小的差异而产生了一定的垄断力。规模报酬也在上升，并不是保持不变，因为大部分行业的企业都有一定的固定成本，固定成本意味着规模经济的存在，生产的产品越多，平均成本就越低。克鲁格曼进一步把这类模型应用于国际贸易和产业区位选择上（Krugman，1991、1996）。

克鲁格曼构建的"中心—边缘"模型，分析一个国家内部产业集聚的形成原因。在这个模型中，中心地区主要是制造业生产区，外围是农产品生产区。假设制造业生产具有规模报酬递增特点，而农产品生产是规模报酬不变的，那么随着时间的推移，制造业生产活动将会趋于空间集聚。在资源不可流动的假设下，生产总会聚集在最大的市场，从而使运输成本最小并取得报酬递增。"中心—边缘"模型的形成也重视历史影响的作用，认为经济体系是一个渐进的过程，在初始状态时，一个国家的地理区位可能具有某种优势，它对另一地区的特定企业具有一定的吸引力，进而吸引相关企业生产区位的调整，在某一个地区形成地理集中。

新经济地理学研究区域、城市发展、国际贸易的最基本的立足点，一是报酬递增和运输费用作用下的产业前向关联效果及后向关联效果带来的集聚力，二是不可移动的生产要素带来的分散力，这一对相反作用力的相互关系是研究区域、城市发展、国际贸易形成和发展的内在动力机制。

第四章　区位因子与区位决策

> 寻找一般的区位理论就是把貌似混乱的生产的地区分布纳入理论规则中。
>
> ——韦伯（2010）

在区位决策过程中，影响区位主体决策的因子可能是费用起决定作用，也可能是收入起关键作用，或两者（利润）同时起作用，也有可能与经济因子关系不大，如一些非经济因子在起作用，像地理条件、决策者行为、政策甚至文化制度等。在这些因子或条件的作用下，区位选择的原则通常是追求利润最大化、效用最大化、满意度最大化或者收益的稳定性等。

第一节　地理条件与区位选择

地理条件是人类生存和生产活动的重要基础，影响人类生产、生活的区位选择，对人类经济社会活动的区位空间行为有重要影响。区位条件与地理条件相似，是与特定的地点或场所紧密相关，即属于特定的地点或场所独有的特性。任何一个地点（或场所）都赋予各种各样自然的或经济的属性，地点或场所不同其属性或特性也不会相同。从区位理论角度研究特定地点或场所拥有的属性或特性就是区位条件。区位条件离不开区位主体，区位条件是针对区位主体而言的。也就是说，区位条件是与特定区位主体（钢铁厂、学校、农场和商店等）联系在一起的地点（或场所）所具有的各种属性或特性（西冈久雄，1986）。比如，对于造船厂的区位条件而言，临近港湾、海岸等条件是最基本的、最重要的区位条件；对于炼铁厂来说，距原料（铁矿石、煤炭）产地的远近、交通方式利用的可能性、原料和产品的运输以及动力和用水等条件就相对重要；而学校和商店的区位条件都要求人口相对集中的地区，但前者对安静的环境要求更高，后者则对交通的便捷性要求较强。

区位论在研究地理条件时，主要是侧重于对区位选择起作用的因素。如对于工业区位选择而言，至少要考虑以下条件的作用，即用地（包括土地的面积、价格、地基等），用水（水量、水质、价格、稳定性等），原料（质、量、价格），劳动力（数量和受教育程度），市场（市场容量和潜力），交通（水陆、空路和港口），通信，气候，灾害以及生活环境等等；农业区位的选择则需要考虑光热与温度条件、土壤条件、劳动力条件、交通及市场等区位条件（西冈久雄，1993）。

有些区位选择完全是地理条件作用的结果，如受地理条件限制较大的农业区位布局，不论生产技术发展水平多么高，其区位布局都不能完全脱离地理条件的限制。地理条件作为客观的环境因素，在农业社会和工业化前期对区位选择具有决定性的作用。农业、采掘业和以农产品为加工对象的轻工业，都会根据自然条件以及自然资源的赋存状况选择区位和发展模式。随着技术、交通等经济社会条件的进步，地理条件对于区位选择的影响力度逐渐弱化。

地理条件对区位的影响主要表现在以下三个方面：①自然条件好坏和资源的数量与质量，自然条件对生产、生活的区位空间适宜性，以及资源、能源对特定区位生产活动的保障能力；②自然条件（资源）的空间分布和要素的组合状况；③在一定的技术经济前提下，自然条件（资源）的利用和开发潜力。

一、自然条件与区位选择

自然条件包括地貌和地形、气候、土壤等条件。自然条件对农业区位选择的影响最直接，作用程度也最强，甚至限制着大尺度农业的区位空间布局。如香蕉、菠萝等经济作物只能在温度、湿度和降水比较高的热带及亚热带种植。自然条件对工业、商业、居住等的影响有的是直接的，有的是间接的。比如坡度、地质条件的稳定性等对大多数经济活动的区位选择影响较大，不仅会限制区位的选择，也会增加或减少区位的不变成本。

气候条件是最基本的自然条件因素，包括太阳辐射、日照、热量、降水等。不同的气候条件下适宜生长的农作物也不同。气候条件对宏观尺度的农业区位选择主要体现在农作物的大区域的经营类型和种植方式的差异，比如南方大多以水田为主，多为一年两熟或三熟，北方以旱作为主，多为一年一熟。气候对中微观尺度的农业区位选择影响相对较小。

地形和地质条件对农业区位的影响也较大，对其他区位类型影响相对较小。地形条件包括高度、坡度、坡向等。地形起伏较小的平原地区适宜发展耕作业。低山丘陵地区适宜林果类的种植，山地一般不适宜农业生产，但适宜林业或水果的种植。地形条件会增加或减少工业、居住等区位的投入成本，也会改变和调整交通区位的走向与布局。地质条件对工业、商业、交通和居住的区位选择的影响也较大，比如地质断裂带、地质灾害、地面沉降、地基岩石构成等会影响各种经济活动的具体区位选择，也会造成区位成本的上升或下降等。如钢铁、石化等产业区位布局要求地势平坦，地基的承压力和稳定性要好，在沿海或地基松软的地方布局，就要求通过地质工程建设，提高厂址的地基承压力。

土壤条件包括土壤肥力、酸碱度、土质疏松度、土层厚度等因素，农作物的生长和产出受到局地土壤条件的影响，进而影响农作物的经营和区位布局。李嘉图的土地肥沃度级差地租和位置级差地租以及杜能圈的形成都与土壤条件有关。它作为区位条件，不仅影响大尺度的农业区位经营方式，也影响由于技术、资源和人力投入带来的土壤肥沃度的改变，使得不同区位单位面积土地的产出不同，形成微观农业区位的差异。但土壤条件对其他区位类型的选择几乎不产生任何影响。

随着技术进步，自然条件对区位的影响也越来越弱，比如新设施、新装备、新产品、新工艺、新技术利用降低了自然条件对农业区位的限制性。设施农业改变了气候和土壤条件对农作物的影响，新品种的培育突破了作物种植线的限制，比如东北地区大量优质水稻的种植。隧道和桥涵等技术改变了地形和地质条件对交通线路区位的走向与布局的制约。地质工程技术也在改变传统的工业区位技术评价。

二、自然资源与区位选择

1. 土地资源对区位选择的影响

土地资源作为经济活动区位选择的一个影响因素，主要是由其自然特性及自身所处的空间位置决定的。土地的自然特性决定了土地利用的可能性，包括空间位置、土地的形态、土地的地表物质构成以及与其他自然环境要素的相互关系等。土地所处的经济区位差异，反映出土地的利用价值不同。

土地资源对经济活动的区位选择主要体现在三个方面。①土地是自然的产物，是一种资源，因此也是生产要素。正如马歇尔所讲，土地是大自然无偿赠与人类的，以陆地、水、空间、光热等形式存在的物质和能量。农业生产活动离不开土地资源的利用，土地的自然特性包括土地的质量差异、结构和功能差异都会影响农业区位的选择。土地的生产要素属性决定投入的量和质量不同，带来的收益也有差异，土地利用和经营方式的差异会影响土地的收益。②土地具有空间属性，也就是说，每块土地具有固定的位置和不可移动性。各种经济活动的区位空间选择就是对特定位置土地的利用，如工业、交通、商业、居住等的区位选择就是对不同空间的土地的有效利用。土地的空间不可移动性决定经济活动区位选择的难以更替性和区位生产要素移动需要支付必要的运输成本。而位置的唯一性和不可移动性又决定了不同区位空间土地价值的差异。③土地的有限性。土地的有限性决定了土地的稀缺性和利用的竞争性，一种区位类型的占用会影响其他区位类型的利用，不同经济活动由于土地空间的有限性，增加了彼此间的空间竞争。

2. 水资源对区位选择的影响

水资源包括赋存于自然界的地表水（河川径流、湖泊水、沼泽水）、地下水、降水和海洋水等。水是人类和动、植物的生命源泉，是农业、工业、服务业和运输业生产不可或缺的资源，也是无法替代的重要资源。

水资源的数量、质量、空间分布和开发利用条件等对区位选择影响较大。比如，我国水资源总量大，但人均占有量较低，空间分布呈由东南向西北递减的趋势，这种格局也影响着我国农业区位宏观尺度上的布局以及农业区位的经营方式，如水田和旱地。降水较丰富地区农业生产的水资源主要来自大气降水和河湖水，农业生产受到水资源的限制相对较少，而西北干旱地区的绿洲农业是建立在永久性冰川积雪融水补给与地下水的补给上发展起来的，水资源成为农业生产的核心制约因素。

在工业生产中，有的工业耗水量大，有的耗水量小。耗水量大的工业如钢铁、化工等重化工业，区位选择要充分考虑水资源的供给，包括水资源的供给量和水价等；饮料和啤酒等工业也属于耗水型工业，且对水质有较高的要求。

水运是重要的交通运输方式，水运与河流、湖泊、海洋等关系更为密切，由此可见，河流、湖泊的通航能力、港口的建设条件决定着水运的区位选择。

3. 矿产资源对区位选择的影响

矿产资源是地球在漫长的地质发展过程中形成的非再生性资源，这也决定了利用的有限性。资源对区位选择的影响主要体现在以下四个方面：①资源的储量和空间分布；②资源的位置和组合状况；③资源的品位和开采的技术条件；④资源的可移动性。

自然资源开采活动必须分布在资源所在地，且一旦开采出来，由于每种商品都具有独特性，从而决定了其被利用的方式。另外，资源开采需要巨额的资金投入以及基础设施和物流设施的支持，因此，政府的作用对资源经济影响较大（寇等，2012）。

矿产资源的储量决定着资源可能利用的年限，资源储量丰富的地区极容易吸引资源开采企业的发展，尤其是大量消耗资源和能源的产业，在区位选择中需要接近资源和能源供应地。比如我国煤炭资源丰富的山西、内蒙古就是大型煤炭企业集中的地区。资源的空间分布也影响着资源型企业的空间布局，比如能源工业、冶金工业与煤炭、铁矿石的分布有密切的关系，包钢、鞍钢、攀钢等都是在利用当地资源基础上发展起来的。高耗能的产业如电解铝、铁合金、多晶硅等生产企业的区位也多选择在能源和资源富集地区。

资源的位置决定了矿产资源开发利用的条件、先后顺序，在交通条件便利、接近市场或经济发展水平高的地区，资源的开发利用水平要高于相对偏僻和落后的地区。一个地区的资源组合状况对地区资源开发利用的方向、利用的时序具有一定的影响，资源组合较好的地区一般优先开发并综合发展，如铁矿和煤炭资源组合较好的地区适合于发展钢铁工业。资源的品位决定了资源的利用率和开发价值，开发利用的技术条件决定了资源开采的成本和综合利用的程度。

矿产资源作为非再生性资源，在全球范围或区域尺度分布极其不均衡，这种不均衡性决定了资源的全球和区域间分工、资源产品的全球流动和资源企业区位的空间差异。但矿产资源具有可移动性，由于交通技术和运输方式的改善，区域间资源的流动性会加大，矿产资源对资源利用企业的区位选择制约性也在降低。随着交通运输条件和技术的提高，资源的运输成本逐渐降低，远距离获取资源和原料成为可能。交通的便利程度与资源的结合为企业区位选择开辟了新的途径，矿产资源、原材料集散地就成为资源型加工企业区位选择的最佳空间（张文忠，2009）。

随着资源和能源利用技术的提升以及产业结构的调整，资源型产业在经济发展中的地位逐渐下降。可替代性新材料和可再生能源的发展，其经济活动区位选择对传统资源能源的依赖程度不断减弱。但作为国家与地区战略性保障的资源和能源，其储量和空间分布等仍然对经济活动的区位具有重要的影响作用。

总之，自然条件和矿产资源在农业社会与工业化前期对经济活动区位选择具有决定性的作用。特别是农业、采掘业和以农产品为加工对象的轻工业，都会根据自然条件以及资源的赋存状况选择区位和发展模式，进而影响原材料工业和某些制造业空间布局。由于技术、交通等经济社会条件的进步，自然条件对于经济活动区位的影响力逐渐弱化。在同样的自然条件和资源状况下，农业可以借助技术进步而实现发展模式和区位空间的微调，而某些工业则可能摆脱自然条件和资源的束缚，在更广的区位空间进行布局（张文忠，2009）。

三、地理位置条件与区位选择

地理位置对不同尺度的区位选择均具有重要的作用，地理位置对经济活动区位选择主要是通过交通条件和相对于其他区位，包括市场、资源等的空间距离来反映。格蒂斯等（2013）认为，相对位置表示的是空间上的相互联系和相互依存，并且可以具有社会（邻里品格）和经济（闲置地估价）涵义。

地理位置对城市、产业形成、发展或兴衰不能说起绝对的作用，但是它确实发挥着不可或缺的影响力。在工业革命初期，接近自然资源丰富的地区，城市很快就会发展起来，如英国的一些老工业城市大多是在19世纪中期形成和发展起来的。随着技术的发展，运输成本下降，地理位置对城市发展的制约在减弱，但它以另外一种方式呈现出来，如交通的便利性、市场的接近性、人才和技术的可获得性等，来影响城市的发展和壮大。

世界经济中心的转移、大城市的形成和发展都与地理位置特别是经济地理位置有密切的关系。在15世纪之前，地中海是世界贸易和航运的中心，接近地中海的威尼斯、佛罗伦萨和罗马就成为世界城市；16世纪开始，世界贸易由地中海转向北大西洋东岸，位于北大西洋航线的英国、荷兰等国家的城市快速发展；从19世纪下半叶开始，世界贸易和航运中心由北大西洋东岸向西岸转移，美国东北部的波士顿和纽约等城市迅速成长起来；从20世纪70年代开始，世纪贸易和航运中心由"一极化"向"多极化"转变，世界经济联系更加多元化和密切化，世界城市也不限于一个地区，形成了欧洲的伦敦和巴黎、美国的纽约、日本的东京等世界城市。在这个过程中，经济地理位置起到了重要的作用。

地理位置对经济活动区位选择的作用，其背后隐含着交通条件和运输方式的革新与改善以及由此带来的成本的变化。位置便利程度影响着运输费用和时间成本，便利的交通枢纽可以降低运输费用和交易时间成本。位置便利程度也影响着不同区位经济活动的不确定性，良好的地理位置可以降低服务和贸易的不确定性。

地理位置从现在来看，更多反映了一个城市的经济联系和基础设施的连通性，因此，从此意义上讲，地理位置也影响着城市间经济社会的流动性、经济发展的基础和韧性。

第二节　区位因子与区位选择

产业区位论，如农业和工业区位论，其区位选择的动机一般是追求利润最大化原则，而公共服务设施类区位选择的动机通常是追求效用最大、满意度最大或福利最大化等原则。利润、费用、收入、效用和满意度等并非在各区位都是相同的，也就是说，因地区不同所得到的期望值也不同，决策者追求的是最佳期望值的区位。

一、区位因子的作用

区位因子和区位条件具有类似性，但两者的内涵不同。区位条件具有特定的地点或场所独有的特性，如自然、经济或社会特征，这些与地点或场所相关的要素用成本、利润等表达就成为区位因子。因此，地理学所讲的地理条件（或区位条件）在区位论研究中，可以用费用（成本）、收益（利润）等来表示，也可以用人们的满意度等来表示（江泽让尔等，1973）。比如，位置或交通条件便利的地理条件，可以通过运输成本降低带来生产成本的节约来表达；人口劳动力资源丰富，可以用劳动力成本低来表示；清新安逸的自然环境，可以用人们的心理满意度提高来表述。

地区的差异性对于区位选择而言，可用费用、利润、效用和满意度等来表示。因此，区位因子分析应该从探讨制约区位选择的费用、利润、效用和满意度等视角出发，分析区位因子对区位决策的作用。

1. 成本与区位选择

从成本角度来研究区位选择是区位论研究的传统思维，也是最基本的研究方法。工业区位论鼻祖韦伯的理论中心是追求成本最低点，他把成本归纳为三种，即运输成本、劳动力成本、集聚和分散所带来的成本变化，三者结合的最低成本点就是最佳区位点。

韦伯之后的区位论学者对成本从各个方面进行了研究，使其更加趋于理论化和系统化。如美国区域科学创始人艾萨德（2011）把费用分为三种类型：第一种是以运费为主随距离的变化而有规律变化的一些因子，这些成本在各个场所以系统的且可预测的方式变化，对此问题可以说胡佛的运费理论分析是最完善的；第二种成本由劳动力、能源、水、税收、保险和利息等与投入相关的各种成本，以及气候、地形、社会和政治环境等属于地理性的成本，相对比较固定，不表现出随距离呈现规律性的变化；第三种是能够产生集聚和分散经济的各种要素，它们与地理位置毫无关系，其中与聚集经济有关的经济活动包括规模经济、地方化经济和城市化经济，与分散有关的经济活动包括生产规模过大导致的不经济，城市空间拥挤带来的不经济，以及城市规模过大使得农产品生产空间过远而带来的粮食供应成本的增加等。不难看出，艾萨德关于成本的分类基本是与韦伯的理论相同，仅仅是更具体化一些而已。

区位决策的动机之一是追求利润最大化，当商品的价格相对固定时，利润取决于生产投入的总成本，企业为了得到最大利润必须使总成本降到最低，也就是说，总成本最低点就是最佳区位点。下面就影响区位选择的各种成本因子进行分析。

2. 运输成本

经济活动区位受到空间和时间的制约较大，一般可分为两大类型。一种是受空间本身有限性的制约，即能够利用的空间范围在水平上和垂直上的限制。尽管随着科学技术的发展被限定的空间会扩大，但空间的有限性是不会变化的。空间的有限性造成区位间的相互竞争。比如，城市中心区几乎是所有企业家都想选择的区位空间，但是空间的有限性必然会带来企业间的竞争，哪个企业能够支付高额的地价哪个企业就能占有中心区。另一种是受空间移动的制约，即人和物在空间上的移动，不论是水平移动还是垂直移动都必需一种力，就经济区位论来说，在空间上移动必须克服空间的摩擦、抵抗或者说距离上的摩擦，为此一定要付出费用、时间或劳动力等。这种空间移动的制约强烈地作用于各种经济活动区位选择。

杜能、韦伯和克里斯塔勒等区位理论大都是以这种空间移动的制约性为基础来构建区位理论体系，即克服空间距离的存在是区位理论构建的前提。如杜能理论以农场和产品消费地之间的距离为变量，研究农业经营的空间形态；韦伯理论是以工厂和原料供给地、产品消费地间的距离为变量，寻找运输费用最低点的区位；克里斯塔勒是以中心地和消费者居住地间的距离为变量，研究不同中心地的规模、等级和空间秩序。这些区位理论基本上是把克服空间距离的摩擦或抵抗所需求的费用作为一个重要的区位因子来分析。

胡佛（Hoover，1948）认为，运费主要由线路运行费和站场费两大部分组成。线路运行费与运输距离相关，站场费则一般与运输距离无关，仅同装卸、站场设施以及管理维护费有关。供给地与消费地的空间距离一般很难改变，但连接供给地与消费地的交通方式可以不同。运输方式不同，运费也随之不同。运费与运输定价制度有关，定价制度一般有距离比例定价、区段定价、远距离递减定价和均一定价。运输成本与运输方式也有关系，公路运输场站费用小、线路运输成本高，适合于短距离门对门的运输；铁路运输场站成本高、线路运输成本中等，长距离运输成本相对较低；水运线路运输成本低、场站成本高，水运是长途运输成本廉价的运输方式，特别是集装箱技术的发展进一步提高了货物装卸效率、降低了港口运营成本等场站费用。

艾萨德（2011）强调运输成本对区位决策的作用，甚至认为经济区位存在的必要性就在于研究运输成本。他认为，成本和价格在空间中的变化具有某些规律性，这些规律性是因为运输成本是距离的某种函数。运输成本可以由距离费用来表示，也可以用时间成本来反映。关于运输成本对区位的作用在以下各章中都有不同程度的论述。企业对运输成本降低导致的区位细微差异更加敏感，不同区位之间的细微差异也会带来经济活动空间分布的不均衡性。

克鲁格曼的新经济地理学把空间因素以冰山交易成本的形式引入空间经济分析，萨缪尔森提出：进行贸易的商品，由于处于不同的地理空间，在运输的过程中就会如冰块一样部分"融化"掉，融化掉的部分就代表了商品空间上的影响而产生的成本。冰山交易成本（iceberg transport cost）可由下式来计算（安虎森、陈晓佳，2018）。

$$T(d) = e^{-\tau d}$$

其中：τ 为冰山成本的衰减系数；d 为公路（铁路）运输距离，距离越长意味着运输产品的成本越高，与此相反，距离越近，所支付运输成本就越少，克鲁格曼运输成本研究更加精细化了。

运输成本与交通条件技术进步和革新有关。随着交通运输条件的改善，经济活动空间的区位选择范围增大。经济活动对运输快捷性、高效性的要求提高，使得主要交通干线成为区位选择的热点。交通运输方式的改变也会对经济活动的区位选择产生较大的影响，如高速公路、高速铁路、现代化的空港和海港等为经济活动的区位空间选择提供了更加广阔的范围。

3. 土地成本

在空间上，土地费用表现出明显不同的空间差异，如发达地区和落后地区、城市和农村、大城市和小城市、城市近郊和远郊、城市中心区和周围地区。李嘉图认为，地租反映了大自然的"吝啬"，假如最优质和最佳位置的土地是无限供给的，地租将不会存在，由于品质和位置最佳的土地供给并不充分，当生产扩张到一定点的时候变得更为稀缺，为了满足需求而要去开垦那些并不太好的土地，就导致了更高的单位生产成本。

任何一类区位主体的区位选择都离不开一定的空间，经济社会活动要占有一定空间，就必须支付相应的费用。土地费用的高低就成为影响区位选择的一个重要因子，或者也可以说，区位主体能够支付土地费用的能力是区位空间竞争的主要决定因素，支付能力强的区位主体就占据条件好的区位，相反，则占据相对较差的区位。

杜能认为，土地的地租由不同位置的土地产出减去把农产品运输到中心城市的运输成本决定。阿朗索（Alonso，1964）在杜能的农业区位理论基础上，建立单中心城市模型，分析了城市内部土地利用的空间结构，很好地解释了区位主体由于地租支付能力的差异，不同行业的地租由城市中心区向外递减的曲线存在差异，进而在空间上形成由中心区向外依次为零售业、住宅、工业和农业等的分布格局。

对于一些区位占地比较大的企业和产业，土地成本对其区位选择的影响就更大，如重化工业一般占地都比较大，因此，其区位不可能选择大城市的中心部。但对于一些占地面积很小的高技术产业，其区位选择受到土地成本的影响就相对要小，区位选择相对自由。土地成本在空间上的变化具有一定的规律性，如对一个城市而言，土地成本一般由中心区向周围呈递减的趋势。

4. 劳动成本

劳动力数量和质量是保障经济活动持续发展的一个重要因素。劳动力在地域空间的数量差异对经济活动的区位决策会影响明显，如劳动密集型产业的区位大多选择在劳动力富集的地区布局。劳动力的质量表现为劳动力对生产工艺和技术的掌握以及劳动力自身的知识技能与创新能力，由此可见，劳动力不仅是一个参与经济活动的生产要素，还是影响产业优化升级的重要人力资本。现代制造业和高技术企业以智能化、信息化等为特点，对劳动力的数量要求在下降，但对高素质的劳动力需求在增加。因此，集聚大量高质量劳动力的区位空间就成为现代制造业和高技术企业区位决策的重要因素。金融、咨询、设计、文化创意等生产性服务业对劳动力的质量也有很高的要求，大城市是高素质劳动力最为集中的地区，因而高技术产业和生产性服务业都选择发达的大城市。

韦伯在构建其工业区位论的研究框架时，把劳动力成本作为影响工业布局的重要因素之一。韦伯指出，工业区位的选择首先会考虑使运输成本最小的区位，若某些产业的劳动成本指数较高（如纺织业），则靠近劳动力集聚地带来的成本降低会高于运费的增加，那么，工业区位会向劳动力成本低的区域转移（韦伯，2010）。就劳动密集型产业而言，劳动力成本在总的生产成本中所占的比重较高，因而劳动力成本是影响这类产业区位选择的重要因素。对于高技术产业和生产性服务业，虽然劳动力成本较高，但其在总成本中的比重较小，并且这些产业的单位劳动力的产出也较高，因而劳动成本的影响作用较小，而劳动力的质量对这类产业的区位选择更重要。

艾萨德（2011）认为，劳动成本不同于运输成本，属于地理性的成本，相对比较固定，不表现出随距离呈现规律性的变化。廉价劳动力点一般会以一种无法预料的方式出现在任何给定的参照点周围。

劳动成本在空间也具有差异，但劳动成本在空间上的变化不具有规律性，属于地区性的特征，同一地区劳动成本变化不大。从这一点也可看出，劳动成本是将区位吸引到特定地区的因子，但在同一地区内，产业和企业活动的区位具体选择在哪里，劳动成本的作用则相对较弱。

5. 其他成本

对区位选择具有影响作用的费用，除了上述几种费用外，还有原料和燃料费用、用电和用水费用以及保存和管理费用等。这些费用有的与地区有关，有的与地区无关，但尽管如此，它们在获得的难易程度上存在着一定的差异。水、电成本虽然在企业生产中的比重很小，但却是一个重要的制约因素。如一些地区由于水电、土地等成本上升，产业的持续发展和生产规模的扩张受到一定程度的制约，就会导致一些企业开始向用电、用水成本低且供电有充分保障的区位转移。

综上所述，与空间相关的费用可称为区位费用，而与空间的变化关系不大，即是在任何区位空间生产都必须投入的费用，这部分费用可称为基本费用。区位费用是为了克服空间的摩擦或抵抗所必须付出的成本，包括运输的终端成本及超出地区平均支付成本的费用。如为了将劳动力吸引到某特定空间所支付的超出最低工资的费用，再如为了企业在某特定空间布局所必须付出的超过平均地价的费用等。总之，与空间相关的费用都可称为区位费用。

任何企业或产业的区位选择都必须投入相应的基本费用和区位费用，这两种费用占总费用的比例是可计算的。这两者的关系如图 4-1 所示，所有投入的基本费用（或总基本费用）按定义理解在特定的空间是一定的，那么，费用最低的区位就是总区位费用最小的区位。因此，在研究经济活动的区位选择时，必须对各种投入的影响进行评价，研究所有区位费用在各空间的变化，同时也要了解企业或产业投入的总基本费用占总费用的比例。如果总基本费用占总费用的比例远远大于区位费用，那么，企业或产业的区位选择比较自由，一般与经营者的行为或区域政策有关。如果区位费用占总费用的比例高于总基本费用，那么，区位选择就遵循区位成本最小化原则。

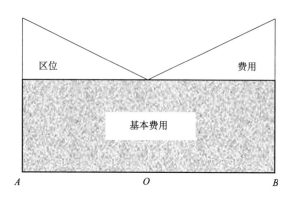

图 4-1 基本费用和区位费用

在区位费用中对总费用的变化影响较大的因子是运输成本，而且运输成本的空间变化是所有区位论形成的基础。这主要是因为运输成本在空间上的变化表现出一定的规律性，而其他区位费用属于地区性费用，规律性不强，因而从理论上较难归纳，但这类区位费用相对固定。

二、收益、效用与区位选择

经济活动在不同的区位空间带来的收益和效用不同，那么，影响收益和效用的区位因子有哪些？它们是如何影响不同区位空间的收益和效用的？对企业、家庭和个人区位决策的作用机制有哪些特征？一般收益与市场需求有关，如市场规模、潜力等。另外，规模经济和集聚也能带来收益的增加，如规模报酬递增、集聚和企业集群式发展等。区位空间效用则与社会福利和消费者满意度等有关。

1. 市场需求与区位选择

任何经济活动都离不开市场，市场空间的大小和发展潜力直接影响着企业的盈利水平。企业占有当地市场空间的大小与产品的市场价格、区域人口规模、居民收入和消费水平有关。对于外部市场而言，企业还必须支付产品的运输成本，因此，与外部市场的空间距离就是一个重要的因素。能够获得更大市场空间的区位无疑是最佳的区位。从此意义上讲，在产品价格一定的前提下，企业的区位多选择在人口密集、收入水平高和消费支出能力高的地区。

1954 年，地理学家哈里斯（Harris）提出了市场潜力的概念（丁小燕等，2015），市场潜力是某一地区对产品和服务的潜在需求,由地区自身的市场规模和外部的市场规模共同决定。其中,外部市场规模取决于地理距离的远近,可以使用距离作为权重进行计算,距离越近,对外部市场占有的规模就越小。哈里斯发现,美国制造业带是具有较高市场潜力的地区,因为这里是人口密集和产品生产集中地区。在制造业工业带内的区位有着比全国其他地区更好的市场可进入性,而且生产的集中是一个自我强化的过程,企业选择那些具有良好市场可进入性的地区生产,而市场可进入性好的地区往往是许多企业区位选择的地方,形成一个良性循环。

克鲁格曼在哈里斯的研究基础上,考虑地区工资水平对市场潜力的影响。也就是说,市场潜力不仅与购买力有关,也与地区工资水平有关。藤田昌久在克鲁格曼新经济地理学理论基础上,将消费支出纳入模型化中,既考虑了潜在的购买需求,也考虑了市场空间的竞争。

从收入、消费能力和人口密度等视角来看市场潜力主要是与地区或城市的经济发展水平有关,经济发达地区或大城市的市场潜力大,市场类型和结构也多样,因此,适合于各种业态的区位选择。市场潜力也与居民的消费偏好有关,如不同的消费者对产品的特殊喜好和对产品的质量、品种的偏好,也会对特殊类型的企业区位选择产生一定的影响。

市场空间竞争状态也对企业的区位具有影响。对垄断市场而言,企业可以获得最大的利润,但对其他企业区位选择产生排他性,不利于消费者的多样化选择;市场竞争过度或市场饱和,会导致部分企业的退出或者生产规模的减小。这两种竞争环境都不利于企业选择相关区位。

另外,除客观的市场空间所带来的需要变化外,企业自身的价格、品牌、商品种类和质量等也对市场空间的占有发挥着决定性的作用。

2. 规模经济与区位选择

规模经济会带来收益的增加,在特定的区位企业经济规模扩大,可带来费用的降低和收入的增加,不同的企业在特定区位通过分工、共享技术等也可以带来收入的增加。

规模经济分为内部经济和外部经济。内部经济是企业在生产规模扩大时从自身内部所引起的收益增加;外部经济是整个行业规模和产量扩大而使得个别企业平均成本下降或收益增加。

古典经济学代表人物斯密(2016)认为,分工可以带来收入的增加。他认为,财富的增长源于分工和专业化的发展,分工和专业化促进了劳动生产力的提高,带来财富的增加。经济活动在地区内或地区间加强产业分工可以获得收入增加。

　　马歇尔（2016）认为，外部规模经济可以促进收入的增加，任何一种商品总生产量增加，具有代表性的普通企业的规模就会扩大，相应地，会增加它的内部经济。外部经济会随着总生产量的增加而增加，因此，就能够花费更少的劳动和投入来生产商品，出现报酬递增的趋势。他也认为，同一行业的企业在一定区位空间集聚可以带来报酬递增。其原因是，集聚可以使分散的企业加强分工，提高效率，也有利于企业间获得信息、知识和技术，还可以减少工人和雇主的风险。

　　罗默（Romer，1986）则构建了知识外溢型收益递增模型。罗默认为，特殊的知识和专业化的人力资本是经济增长的主要因素，知识和人力资本不仅能使自身形成递增收益，而且能使资本和劳动等要素也产生递增收益，从而整个经济的规模收益递增，进而增加收入。卢卡斯（Lucas，1988）认为人力资本的外溢可以带来收益递增，个人的人力资本投入不仅会影响自己的生产力，也会产生外部效应，影响所有生产要素的生产力。也就是说，由所有劳动者的个人人力资本积累产生的外部效应可带来收益的递增。

　　舒尔茨（Schultz）认为，可以带来收益递增的因素包括劳动分工、专业化、技术进步、人力资本的积累、培训和教育、知识的获得、知识的外溢、经济思想和知识、经济制度、经济组织、恢复经济均衡等。但舒尔茨更重视专业化和投资专业人力资本重要性，认为收入主要是由人力资本的投入获得的递增报酬带来的（库尔茨，2016）。

　　克鲁格曼认为，规模经济和交通成本的相互影响是一个国家内部产业集聚的形成原因。他假设工业生产具有收益递增的特点，而农业生产的规模报酬不变，随着时间的推移，工业生产活动将趋向于空间集聚，在资源不可流动的假设下，生产总是聚集在最大的市场，使得运输成本最小并获得收益递增。

　　阿瑟（Arthur，1994）认为，收益递增源于路径依赖和正反馈，即在一个正反馈机制体系下，一旦外部偶然发生的事情被体系采纳，第一个企业区位选择可能取决于地理偏好，第二个类似的企业区位决策已经开始考虑在第一个企业附近所能期望得到的规模递增收益，进而会沿着既定的路径自我强化并不断发展。

　　由此可见，在特定区位产业分工，可提高生产效率，带来规模经济，进而可以促进收入的增加；相关产业在一定的区位空间聚集也可以带来规模经济；增加一个地区的人力资本和技术投入，同样可以带来规模报酬递增；较低的运输成本会促进企业集聚，可获取收益递增。总之，能够带来规模经济的地区，可以带来报酬递增，这些区位将会受到企业的关注。

3. 集聚与区位选择

经济活动在特定的区位空间聚集可以促进企业间的需求增加，增强产业内的分工，提高企业和产业的收益。在空间上，能够带来企业集聚的地方或者能够形成集群的地方，会带来收益增加。

马歇尔（2016）认为，在决定企业所能利用的外部经济的程度上，一个企业的位置起着巨大的作用。如果企业附近交通便利，或者附近富有居民变得更多，致使某地区的位置价值有所提高，那么，工业环境的变动就会最大限度地影响到生产成本的改变。他强调了交通便利的地方会提升区位的价值，进而影响生产成本和收益的变化。

胡佛（1990）曾在马歇尔的基础上明确区分了三种集聚规模经济：第一种是企业层面集聚导致的内部规模经济，这种规模经济与区位关系不大；第二种是地方性同一产业的不同企业集聚在一起所导致的外部规模经济，其实，这就是马歇尔所说的外部规模经济，生产性质相近的企业在地理上的靠近和集中所带来的外部经济，也就是行业内的外部经济；第三种是城市层面各种类型产业的企业集聚在一起所带来的外部规模经济，也就是雅各布斯（Jacobs）特别强调的城市内部行业间的外部经济。

迪肯（2007）将胡佛第二种和第三种基础上形成的集群分为两种类型，即一般化集群和专业化集群。他认为，两种集群都基于外部性的概念，即当一个地点的经济活动相互关联时产生的正向"溢出"，无论是直接的（通过特定的交易）还是间接的，他们也都基于这样的思想，即由于空间邻近提供的益处，整体（集群）大于部分之和。他认为一般化集群反映了人类活动倾向于集聚以形成城市，这种溢出传统上被称为城市化经济。经济活动的一般化集群为共享一整套服务成本提供了基础。大城市中较大规模的整体需求会促进各种各样的基础设施以及经济社会和文化设施的出现与增长，如果消费者在空间上是分散的，则难以提供这些设施。很明显，城市越大，可提供设施的多样性也就越大，相反也是一样。专业化集群反映了相同或相近产业中的公司倾向于集聚在相同的地点，构成所谓的产业区或产业空间，这种益处被称为本地化经济。专业化集群的基础来自特定生产网络中发挥不同但相关功能的企业的空间邻近。

克鲁格曼（2017）也认为：经济活动最突出的地理特征就是集聚。生产活动在地理上的集聚，清晰地表明了某种收益递增所具有的普遍性影响。

第三节　其他因子与区位选择

一、技术与创新

伴随着现代经济活动对技术依赖程度的加大，技术与知识已经成为影响经济活动区位选择的最重要因素之一。技术进步已成为经济发展方式和转型的主要动力，也是经济增长的关键因素。

新技术方法、技术手段以及新生产工具、新管理方式等的出现，一方面可以使新的经济活动成为可能，另一方面可以改变经济活动中的生产要素组合，因此具有改变区位选择成本或效率的可能性。信息技术的发展能够降低企业成本，改变社会生活方式，进一步影响经济活动区位选择。

信息技术可以使海量数据及时传输到任何信息基础设施连接的地方，企业可以通过信息传输技术轻易地将市场拓展到信息基础设施通达的地方，使市场范围几乎没有空间边界。信息技术基础设施的空间分布将影响企业区位选择。信息技术基础设施好、信息化水平高的地方往往成为优势区位。互联网与传统产业业态的融合催生了新业态，如电子商务、互联网金融、智慧交通等，极大地丰富了经济活动的内容。"互联网+"也改变了传统业态的区位，促使经济活动更加倾向于选择信息基础设施健全、智力资源密集的地区。

技术与知识创新的集中成为经济活动集聚的主要力量，对技术或知识密集型产业的区位起决定作用。技术交流和知识共享（溢出效应）会带来产业的区位集聚，如产业集群或高技术园区。

信息技术、知识和技能等正在改变区位决策，接近原料产地和港口等传统区位要素的重要性在下降，而人口集聚区内人们所掌握的技术、技能地位不断增强，智慧和知识成为企业区位选择与财富集聚的重要因素。

二、制度与文化

制度、法规并不直接影响经济活动的区位选择，而是通过影响其他要素间接地发挥作用。制度和法规完善、规范程度越高的地区，对劳动力、资本、市场等生产要素的有效配置能力就越强，从而可以高效地利用生产要素促进地区经济的发展。制度的创新和法规的完善，有助于弥补某些地区在自然资源、劳动力等方面的不足，极大地提高该地区对经济活动的吸引力。如经济特区和保税区，就是利用制度改革推动了地区经济的发展。

社会文化通常是指某个地区经历一定的时间所形成的独特的习俗、传统和行为方式，既体现在该地区有形的物质上，还反映在该地区居民的理念和行为等方面。史密斯（1998）认为，文化在空间经济过程中始终是一种活跃的力量。这样就进一步引出一个论点：在区位论中设想的、由竞争性市场力量制约的这种经济本身，乃是具有历史和空间的特殊性，近年来已经有了重大变化的特定文化的表现。不同的文化会对特定地区创新产生一定的影响，进而影响该地区的经济活动。如纽约是美国流行文化的主要发生地，因而成为传媒业、广告业、影视戏剧业等产业的集聚地区，体现出社会文化对现代服务业的集聚和促进作用。

中国不同地区有着不同的文化习俗和传统，因而居民观念和行为也出现了区域性的差异。如温州地区具有经商意识的历史和传统，这种社会文化就促进了当地企业家在全国范围内进行商业贸易活动，极大地推动了本地商贸业的发展。本地居民在社会文化上具有相似性，有助于加强相互间的协作和交流，从而构成一个复杂的本地社会关系网，这种社会根植性会吸引具有相同文化背景的资本、人才的集聚，进而对本地产业的发展产生巨大的推动作用；同时，产业在区位选择时也会考虑文化相似性这一因素，从而倾向于在同一个地区布局。

三、决策者行为

影响经济活动区位选择的一个重要因素是决策者。作为决策者，企业家的空间行为对企业的发展战略和区位选择具有很强的影响作用。企业家在进行决策时会考虑各种经济社会因素，但是，企业家自身的偏好和决策能力也会对企业的发展和布局产生重要的影响。对于区位决策者来说，他并不一定完全理性地对已掌握的信息进行分析，而会结合自身的主观偏好，对区位决策进行适当的微调。最大利润区位也许没有他喜欢的娱乐设施和交际场所，如高尔夫球场等，在这种情况下，区位决策者有可能选择接近最佳区位且又能够满足自己行为的空间。在信息化社会，决策者获得信息的机会具有均等性，区位选择的主要影响因素还是市场、资本、劳动力等客观条件，但决策者的能力和个人偏好对区位决策的影响不容忽视。

四、区位政策

政策对经济活动区位选择的影响主要通过直接的指令性政策或间接的诱导性政策发挥作用。政府可通过改善区位条件、增加区位补助金和区位限制条件等手段，吸引、诱导或改变个人或企业的区位投资。区位政策从区位论的角度来看，可达到降低生产费用，包括固定费用和区位费用，同时扩大收入空间的效果，最终使利润空间边界范围发生变化。

为实现特定的经济发展目标，政府往往通过规划和对特定地区的基础设施投入，税收优惠、财政补贴等经济政策的实施，以及率先投入、提高当地期待收入等手段，促进经济活动向政府鼓励的地区发展，引导经济活动的空间布局。在一些拥有特殊政策环境的区域，企业发展受到的限制可能大大减弱，土地、税收等各种成本费用也相对较低，还有可能得到更多的融资机会、吸引更多的人力资源以及知识技术的进步，这些优势都使得特定的区位具有明显的吸引力，从而成为企业集聚的中心。

第四节　区位决策过程

区位决策是个人、企业或团体对经济或社会活动的区位进行选择的行为，其结果或多或少地表现为在一定地区资本投入的沉淀，而其效果只能在区位决策后才能反映出来。因此，区位决策必须建立在预测的基础上，即必须从既存的经验事实中选择重要的或基本是左右区位效用、利益、满足或价值等最大化发挥的区位因子。

一、区位因子与区位决策

区位因子是指那些对区位决策起决定作用的因子，但这些因子有的与地点（或场所）相关，有的毫无关系，如个人的行为、政策和法规等与地点（或场所）无关。不同的地点（或场所）和区位主体具有不同的区位条件，区位条件对区位决策起作用的因子称为区位因子，一般都以费用（或成本）和收益表现出来。

区位因子影响着区位决策的整个过程。区位决策的依据或区位因子如何左右区位决策呢？区位决策正确与否主要取决于区位决策效果，也就是说，是否带来经济利益、效用、个人（或社会）满意度及社会价值等。这一切又取决于区位因子，即如何降低费用（或成本）、扩大销售、增加利润以及保持最大的稳定性或得到最大的满意度等。能够满足或符合上述条件的区位选择就是最佳区位。区位决策效果具有滞后性，一旦形成很难进行更改。因此，事先必须进行预测或进行多方案的优选。选择和预测区位的理论依据是各种区位原理，进行实地调查的项目或内容主要是区位条件或地理条件。对这些条件进行综合经济评价与评估、测定其对区位决策可能带来的效果，是区位因子研究的重要组成部分。这部分内容也可称为区位因子的经济分析，除此之外，区位决策还取决于经营者的行为偏好、国家政策、法规和公共福利等因子的作用，这部分内容可称为非经济因子分析。总之，区位条件是通过区位因子作用于区位决策，区位决策正确与否取决于区位因子分析、评估和预测的正确程度。

二、区位决策过程分析

区位决策过程是一个复杂的经济和社会行为过程，它与企业的历史、类型、企业的现状、资金、竞争者、经济环境和经营者的能力等有关。但是，一般来说，区位决策分为如下三个阶段。

1. 市场分析阶段

市场分析是企业区位决策的基础，通过了解不同市场空间对特定产品或服务的需求量和变化趋势，选择不同的区位空间，企业可能占有的市场空间容量，不同地区居民的购买力和消费水平，不同地区对产品的消费偏好等。

企业市场分析阶段主要了解的内容包括：①不同地区的市场容量分析，根据不同地区的经济发展水平、人口密度、购买力和消费倾向等分析判断各地区的市场总量和需求，为企业区位决策提供宏观决策背景；②企业区位选择可能带来的市场规模和市场潜力，包括产品的可能销售范围和服务半径及销售量（销售额）等，直接影响企业区位决策的收益；③同类企业的区位分布状况、经营水平、产品种类及所占有的市场容量等，企业的竞争状态和进入的可能性；④相关企业的集聚状态，追求外部性的企业会追随相关企业集聚发展。

这部分内容属于市场空间和商圈调查范畴，但这是企业区位决策的重要依据，只有搞清了不同区位空间投资可能占有的市场、市场潜力、竞争状态和潜在收益等，才能明确企业的投资区位、规模和发展方向。

2. 地区选择阶段

在第一阶段基本可以把握在不同地区企业区位决策可能占有的市场空间和收益状况，第二阶段即在此基础上选择具体的地区，分析哪些地区能够带来最大效益或最大满意度，哪些地区市场环境更适合企业的发展，哪些地区企业间竞争更强，哪些地区能够带来集聚效应，哪些地区自然条件、资源状况、交通条件、劳动力数量和质量等条件组合最好，哪些地区基础设施、商业环境等企业发展配套条件最佳，哪些地区具有有利于企业发展的政策、税收、法律和工会组织，等等。通过对不同地区企业区位选择的宏观条件、优劣势和发展潜力等的比选，决定企业区位选择的具体地区，最终选择的地区可能是唯一的，也可能是几个地区的比选，为下一步具体区位地点的决策提供区位选择方案。

3. 地点决定阶段

指企业区位在特定空间内的具体区位点的决定，决定企业的最终区位。其选择的标准就是区位论的基本原则，如利润最大化、费用最小化或最满意化等。具体企业区位点的决策一般会考虑以下内容：①交通便利程度；②用地条件，如地基、用地规模、拓展性和地价；③周边的配套设施，如水电管网等基础设施的完备程度；④邻近企业的竞争或互补性。与第二阶段同样，要进行不同区位点的成本、收益、效用等比选，最终选择最满意的区位点。

整个区位决策过程中，以企业区位选择的目标为中心，分析、评估和判断不同阶段下可能的预选区位，通过成本、收益分析，遴选最满意的区位点，整个过程最大限度地体现优中选优的原则。

上述分析的是一般的区位决策过程，因区位主体不同其决策阶段和重点比选的内容也会存在差异。比如，在第一阶段可能以收入因子为主，在第二阶段可能以收入和运输成本为基准，而在第三个阶段也许所有的因子都可能成为研究的内容。

第五章　农业区位理论

杜能模型的主要原理具有一般性，杜能也可以说是边际分析的开创者。

——萨缪尔森（库尔茨，2016）

杜能在 1826 年出版了《孤立国》一书，标志着区位论的产生，他被后人推崇为区位论的鼻祖。杜能也是边际研究的第一人，他在经济学方面的贡献甚至超过了其在区位论方面的影响。之后，布林克曼、邓恩、艾萨德等学者在杜能理论基础上进行了完善，促进了农业区位论走向一般均衡。

第一节　杜能区位理论及应用

一、杜能农业区位理论的基本思想

1. 杜能农业区位论产生的背景

杜能的《孤立国》一书，不仅作为农学和经济学的经典著作广为人知，而且作为古典经济区位理论也极为重要。为了理解杜能的研究目的和意义，有必要回顾一下当时德国的社会和经济情况。

杜能著《孤立国》一书的时代可以说是农业企业化发展的时期。在工业上，普鲁士由于导入了机械工业生产而早已进入近代资本主义社会，但是，在农业上没有像工业生产那样的技术性革命，仅仅在改变传统的农法上进行了尝试，不过追求合理的新农法已成为时代的需求。杜能就是在这种状态下，探索如何能够带来最大收益的农业经营方式和农业的空间配置原理。杜能的区位理论提出的直接意图是从区域角度对农业经营的空间原理进行研究，证明德国农学家泰尔倡导的轮作式农法的缺陷（张文忠、刘继生，1992）。

2. 杜能区位理论的核心

（1）《孤立国》的前提条件

杜能关于《孤立国》的前提条件和农业组织的空间配置问题是这样论述的："在肥沃的平原中央存在一个大城市，在平原上没有可行舟的河流和运河，平原由完全相同的土壤构成，到处都适宜于耕作。离城市最远的平原是未开垦的荒地，在此与其他国家相分开；在平原上再无其他城市，因此，工业用品完全由该城市供给，并且，城市的食品由围绕城市的平原来供给。"他进一步谈到，"在此的问题是，基于这种关系下农业表现出怎样的形态？农业最合理经营时，离城市距离的多少给农业带来怎样的影响？"换言之，就是说"（为了从土地得到最大的纯收益，）农场的经营随着离城市的距离增加必须怎样变化的问题"（杜能，1997）。

综上所述，杜能的"孤立国"给定以下假定条件：①肥沃的平原中央只有一个城市；②不存在可用于航运的河流，马车是唯一的交通工具；③土地条件一样，任何地点都可以耕作且收成相同；④距离城市80千米之外是荒野，与其他地区隔绝；⑤人工产品供应只来源于中央城市，城市的食物供给只来源于周围平原；⑥矿山和食盐矿都在城市附近。但是，最为重要的是，企业经营的农作物是以合理的（收益最大化为目标）农业生产为前提。

（2）杜能的研究方法

杜能的研究方法是抽象法，他采用这一方法的原因是："为了从土地获得最大的纯收益，随着与城市距离的增减，经营方式应该发生怎样的变化？从经验来看，支配这种状况的法则不能直接地抽象出来，因为实际上存在着土壤之差、肥力之差和河流的影响。以经营合理性为前提，来研究与城市距离的不同农业经营问题时，这些因素将综合地表现出来。为了避免市场因子的作用与其他作用的混合，必须假定在全部是均一的，而且生产力是相同的土壤平原中存在一个无可行舟的都市。……只有研究的因子具有量的增加，其他因素都是假定不变的"（杜能，1997）。

杜能的研究不考虑所有自然条件的影响，在均质、假想的空间中存在一个大城市，其周围的农业空间组合方式只与城市的距离有关。他的基本研究思维是属于抽象和演绎的方法，但具体的研究又属于实证方法。因此可以说，杜能《孤立国》的研究基础是具体的，来自于实践，思维方法是属于抽象和演绎方法，认识的规律是普遍性的。

（3）农业区位空间组织的形成原理

根据上面的假设条件，农产品的生产活动是追求地租最大化，运费率因作物不同而不同，运费与距离和重量呈比例，由此，杜能给出的一般地租公式如下：

$$R=PQ-CQ-KtQ=(P-C-Kt)Q$$

式中：R 为地租；P 为农产品的市场价格；C 为农产品的生产费；Q 为农产品的生产量（等同于销售量）；K 为与城市（市场）的距离；t 为农产品的运费率。

地租 R 对同样的作物而言，随着与城市（市场）距离增加运费增多而减少。当地租为 0 时，即使耕作技术可能，经济上也不合理，0 地租点是某种作物的耕作极限点。在市场中心（运费为 0）的地租和耕作极限连接的曲线被称为地租曲线。每一种作物都有一条地租曲线，其斜率大小由运费率所决定，不容易运输的农作物一般斜率较大，相反则较小。杜能对所有农业生产方式的土地利用进行计算，得出各种方式的地租曲线的高度以及斜率（图 5-1）。由于农产品的生产活动是以追求地租最大的合理活动，因此，理性的农场主会选择地租最大的农作物进行生产，进而形成农业土地利用的杜能圈结构。

为什么会出现杜能圈？杜能所讲的农业生产组织的同心圆结构建立的理论依据又是什么？我们可以简单地归纳为农业生产活动主要受到运输成本的作用，而运输成本与城市的距离有关，也就是地租随着远离城市而递减，进而决定了农作物或产品的空间生产格局。①把农产品运送到城市的费用随着离城市的距离变化而存在空间差异；②农产品的产地价格（市场价格－运费＝产地价格）存在着地区差异；③各种农业组织获得的地租（产地价格－生产费＝地租）因与城市的距离而变化；④获得地租的农业生产因与城市的距离不同而不同，即合理的农业空间组织结构，是以城市为中心呈同心圆结构（图 5-2）。

杜能圈形成的一个重要因子是农产品的运费。土地的纯收益即地租主要取决于农场到城市的运输成本。在一定的市场价格条件下，农业生产活动获得的地租会在远离城市的一定位置变为 0，但是在这种情况下，如果采取其他的农业经营方式，也可能得到地租。比如，谷草式的地租为 0 时，如果放弃离农场远的耕地，只耕种附近的耕地，这样可节省肥料和作物的运输成本，即使采用谷草式也能获得地租。

杜能认为，在城市附近应种植不便于运输的作物，如重量大、易烂或保鲜度要求高的产品；随着离城市距离的增加，应种植在产品价格中运费占比小的作物。这样围绕城市出现下列规律的农业组织形态，即圈层结构。如图 5-1 所示，以城市为中心向外依次形成了自由式农业→林业→轮作式农业→谷草式农业→三圃式农业→畜牧业等同心圆式结构，即杜能圈。①第一圈，自由式农业圈。主要种植或生产易腐难运的作物或产品，如新鲜的蔬菜、不便运输的果品（如草莓等）以及易腐产品（如鲜奶等）

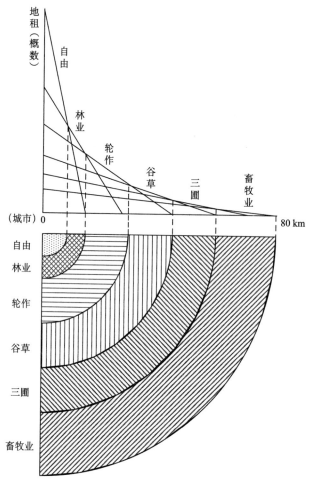

图 5-1   杜能圈形成机制

资料来源：协田武光（1983）。

等。圈层的大小取决于城市人口规模。②第二圈，林业圈。生产供给城市用的薪材、建筑用材、木炭等，由于重量和体积均较大，从经济性角度考虑要在城市附近种植。③第三圈，轮作式农业圈。没有休闲地，在所有耕地上种植农作物，以谷物麦类和马铃薯、豌豆等的轮作为主要特色。杜能提出每一块地的六区轮作（马铃薯、大麦、苜蓿、黑麦、豌豆、燕麦），其中耕地的 50%种植谷物。④第四圈，谷草式农业圈。为谷物（麦类）、牧草、休耕轮作地带。杜能提出每一块地的七区轮作。同第三圈不同的是总有一区为休闲地，七区轮作为第一区黑麦，第二区大麦，第三区燕麦，第四至六区为牧草，而第七区为荒芜休闲地。全耕地的 43%为谷物种植面积。⑤第五圈，三圃式

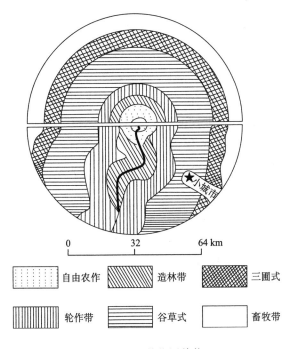

0　　　　　　32　　　　　　64 km

	自由农作		造林带		三圃式
	轮作带		谷草式		畜牧带

图 5-2　杜能圈结构

资料来源：根据杜能（1997）以及张文忠（2000）改绘。

农业圈。这一圈是距离城市最远、也最粗放的谷作农业圈。三圃式农业将农户近处的每一块地分为三区（黑麦、大麦、休闲）进行三区轮作，即三圃式轮作制。远离农户的地方为永久牧场。本圈内全部耕地仅有 24% 的土地种植谷物。⑥第六圈，畜牧业圈。是杜能圈的最外圈，生产谷麦作物仅用于自给，而生产牧草用于养畜，以畜产品如黄油、奶酪等供应城市市场。本圈层大致位于至城市距离 51～80 千米处。在畜牧业圈外，地租为 0，是无人利用的荒地（图 5-2）。

二、杜能区位理论的意义

杜能的农业区位论对地理学的意义主要是解释农业空间分异和农业生产空间结构的形成机制，将地理学关注的空间距离作为经济活动空间分异的主因子进行分析，提出了农业圈层空间结构。对经济学的贡献主要是提出了生产最后一单位农产品的成本，销售最后一单位农产品带来的收益增加，即经济学所讲的边际分析。对经济区位论的贡献主要体现在提出了抽象的研究方法并最早进行区位理论的体系化研究。

1. 地理意义

杜能作为经济学者从空间角度对经济事物进行了研究，不论在研究内容上还是在方法上，都对地理学具有借鉴意义，具体包括以下五个方面：①自然条件假设相同，但农业生产还会产生空间分异；②在同一自然条件下产生农业空间分异的关键因素是市场和生产区位间的距离；③农业空间的分异主要是指农业生产经营方式的变化，各种农业经营方式在空间上呈同心圆状结构；④在地区上不存在绝对优势的农业经营方式，但存在地区的相对有利性，也就是说，先进的经营方式在一定的条件下实施，开始时要优越于其他农法，这也是杜能反对泰尔思想的根据；⑤在靠近市场的地区种植单位面积收益大的农作物较为合理，按照这一理论布局的农业空间组合从农业地区整体来看，收益应该最大。如果从宏观空间尺度来看，会发现农业的地带性与杜能圈具有一定的吻合性，因此，杜能圈对研究农业的地带性问题也具有借鉴意义。

2. 经济学意义

杜能在经济学上的影响更大，萨缪尔森盛赞他是空间经济学的"造物主"（库尔茨，2016）。杜能关于农产品边际增加的研究为新古典经济学构建边际分析提供了基础。杜能在土地利用和劳动工资等方面的研究也得到了经济学的高度认可，正如萨缪尔森所讲：杜能解释了工业革命以前德国环绕城市形成的农业土地利用形式。在经济活动完全细分的条件下，杜能的理论已经被证明是研究土地利用的有效工具。事实上，杜能模型的主要原理具有一般性，杜能也可以说是边际分析的开创者（藤田昌久、蒂斯，2016）。

3. 经济区位论意义

杜能的《孤立国》不只是停留在农业区位论上，也提出了城市和工业区位问题。例如，他认为："为了获得最大的国民收入，各城市按其大小和相互间的距离合理布局在一国之中，"并且认为，"满足这一原则的城市区位应该是能使工厂以最低廉的成本生产，产品以最低廉的价格到达消费者手中。"杜能还提出下列问题："地方城市相互间的大小和距离与地方人口的疏密有怎样的关系？""什么理由促使人口向大城市集中？什么类型的工厂会自然地向首都布局？"像这些问题，对中心地理论和工业区位论的建立，都起到了重要的作用。正如克里斯塔勒所说的那样："经济学者和地理学者如果想要解决地理学与经济学的诸课题的话，无论如何也要不断地追溯杜能的经典大作《孤立国》。"总的来看，杜能的理论对后来的区位论研究具有下列意义：一是理论思维方法，即抽象的孤立法；二是杜能首次将空间摩擦对人类经济活动的影响加以理论化和体系化，这一理论体系和研究方法被推广到了其他的研究领域，即他的研究不仅停留于农业的土地利用上，也对城市土地利用的研究具有重要的指导意义。

总之，杜能《孤立国》的理论和方法对地理学、经济学及区位论的发展具有重要的贡献。经济学家穆勒曾高度评价杜能是在经济科学和社会科学中确立了空间思维的第一人。

三、杜能区位理论的应用

应用杜能区位理论研究实际问题的事例有很多，总体来看大致可分为三个空间尺度的研究，即以农户或农村聚落为中心的微观空间尺度的杜能圈，以城市（市场）为中心的中观空间尺度的杜能圈，以及以整个国家或大的地区为研究对象的宏观空间尺度的杜能圈。

1. 微观空间尺度的杜能圈

以农户和农村聚落为中心的农业经营结构，在地域上表现出杜能圈层分布的研究成果较多，如日本地理学者青鹿四朗（1980）调查了武藏野台地的农户在 20 世纪 20 年代末期农地的利用形态，发现与农户住宅的距离不同呈现出明显的变化。离农户住宅近的农地主要作为家畜饲养、高等作物栽培和观赏植物栽培而利用，稍远一些的农地作为蔬菜、水稻和小麦类的栽培而利用，距住宅最远的地方主要是松树林。这种地域分异的原因是基于管理的难易和工作程序的繁简，即工作程序复杂和较难管理的农业类型在住宅附近饲养与栽培，程序简单粗放的农业在较远的地方生产。实际上从每单位面积的劳动投入来看，在离住宅近的地方栽培作物的劳动投入要多，在远的地方就相对要少。

关于以农村聚落为中心的杜能圈研究案例就更多，如上野福田研究日本山村聚落时发现，随着远离聚落，土地利用呈现如下的变化：蔬菜→谷物→草地→杂木林（薪炭采伐地）→放牧地等。由集约的土地利用向粗放的土地利用转变，山村比平原村受距离的制约要更大（坂本英夫，1990），因此，圈层结构比较明显。像上述事例产生的农业地域分异，不是由将农产品运到市场的运费大小所决定，而是由农户或农村聚落在不同距离的农地对农业的投入（肥料、农机具）或在农地收获的产品在空间上移动所需要的时间、费用和劳动力的大小所决定。总之，合理的经济行为是使这些费用或时间最小化。

2. 中观空间尺度的杜能圈

该空间尺度的杜能圈研究是以城市（市场）为中心，是真正的杜能圈。但由于完全符合《孤立国》条件的地域在现实中很难找到，因此，严密地符合杜能圈的研究案例较少，但类似杜能圈的研究成果中外事例都很多。如我国学者华熙成（1982）对上海市郊区农业进行了研究，认为存在四个环状圈层，类似于杜能圈层结构。另外，贺锡萍、王秀清（1991）将单位农产值所包含的各种农产品实物量的组合作为指标对京津石三角区农业的圈层结构进行了研究，认为以北京市为市场中心存在着四个圈层结构：第一圈是以蔬菜、牛奶、鲜蛋为主要农产品，肉类也占一部分，范围以朝阳、海淀、丰台和石景山为主；第二圈是以果、菜、粮为主，蛋、奶、肉次之，范围是以郊县为主，如通州、昌平等；第三圈是以果、蛋、粮、棉、油为主，范围是以平谷和密云等为主；第四圈是以棉、谷、肉为主，粮食次之，范围是以河北省各县为主。从整体来看，大致体现了杜能圈层结构。另外，从各圈层的集约度来看，也基本是由中心向外逐渐降低。但是，由于地理条件的非均一性，与杜能圈层存在一定的差距，这也说明理论模式和实际并非能够完全相一致。

从不同农业经营组织的集约度来看，单位面积的总收入、经营的集约度和人均收入随着与市中心的距离接近而不断增加。特别是温室栽培集约度达到了最高，这样就形成以大城市（市场）为中心的杜能圈结构。随着交通技术的进步，距离的制约作用不断减少，明显的杜能圈层结构很难看到。

3. 宏观空间尺度的杜能圈

宏观空间尺度的杜能圈研究一般以整个国家或大区位为研究对象，如日本学者市南文一研究了全日本 1960～1975 年每 5 年的农业土地生产水平（每单位面积的农业粗生产额）的空间分布。他认为，1960～1975 年农业土地生产水平高的地区为太平洋大城市的周围地区、濑户内海沿岸和专业化部门高的地区，而生产水平比较低的地区主要分布在山间地域或远离大城市的地域。总之，如果不考虑地形、气候等自然条件对土地生产水平的影响，那么，明显以东京和大阪两大城市为中心而呈杜能圈层分布（坂本英夫等，1985）。另外，像南美的乌拉圭，除蒙得维的亚外，再无其他大城市，自然条件又比较均一，因此，农业经营的空间结构相对符合杜能圈模型。乌拉圭的农业基本分为四种类型，即园艺输送农业、酪农、谷物农业和牧业，这四种类型的农业集约度依次降低。以首都蒙得维的亚为中心，向外分别为园艺输送农业→酪农→谷物农业→牧业四个地域类型。当然，与杜能理论完全相符合的地域分异也很难找到，但基本的思路对研究具体的农业地域分异和组织结构意义较大。

第二节 农业区位的发展理论

在杜能的农业区位论基础上进行完善和发展的学者有德国农业经济学家布林克曼、美国学者邓恩等。布林克曼强调农业生产集约度与区位的关系,认为越接近市场的区位农业集约度越高,集约度提高意味着生产费用的增加,农作物会由粗放向集约转变。邓恩(Dunn,1954)则在杜能理论基础上试图建立一般均衡的农业区位论。

一、利润最大化与农业区位

农业经营空间组合在按照自然条件进行调整时,经营者的动机是获得利润,即纯收入。而这一问题必将涉及经济因子,如生产要素的投入价格和产品价格,以及生产过程中的成本等因子对区位选择的作用。杜能理论认为,决定土地利用的主要因子是地租,能够支付最高地租的土地利用形态给土地标上了最高价格,因而它排斥了其他土地利用。邓恩(Dunn,1954)把生产单一生产物的地租用距离函数表示为:

$$R=E(p-a)-Efk \tag{5-1}$$

式中:R 为每单位面积土地的地租;k 为距离;E 为每单位面积的收获量;p 为每单位该生产物的市场价格;a 为每单位该生产物的生产费;f 为各农作物每单位重量、距离的运费,即运费率。

在(5-1)式中,R 是从属变量,k 是独立变量,其他为常数或参数。在这一前提下,地租和距离两变量间的关系可用一次函数来表示。如果用图表示这种函数关系的话,其斜率为 $-Ef$,截距为 $E(p-a)$,地租消失的距离为 $k=(p-a)/f$(图5-3)。

决定农业生产区位的因子是利润最大化,也可以说是地租最大化。地租最大化是以固定的市场价格为前提,也就是说,倾斜的收入曲线(这种情况下是指边际地租线)是在一定的市场价格基础上画出来的,是空间抵抗的结果。当农作物只有一种时,倾斜的地租线也就是边际地租线,横轴可以认为是边际成本线(图5-3)。经济纯收益最大的解是边际地租和边际成本相同时,即 $k=(p-a)/f$ 处。

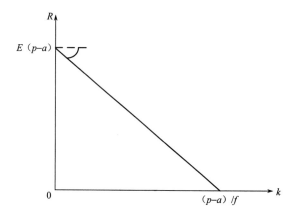

图 5-3　地租函数

资料来源：邓恩（Dunn，1954）。

当有两种农作物的情况下，最大地租又是怎样的呢？首先研究一下作物 *I* 的地租最大化问题（图 5-4）。作物 *I* 的边际地租可用 *AB* 线表示，而作物 *J* 在相同的地域以 *CD* 边际地租进行生产。在接近市场的附近，作物 *I* 在各地域每单位面积的地租增加额比作物 *J* 的地租增加额要大，因此，作物 *I* 在市场附近生产。在同一地域，作物 *J* 地租产出的可能性就表示土地的替代利用性，这种替代利用性对于作物 *I* 而言，可看作是一种机会成本。这样，*CD* 线对于作物 *I* 而言，就成为一种新的制约条件。对于作物 *I* 来说，在空间上边际地租、边际成本都成为距离的函数，这两者相等点（*E* 点）就是

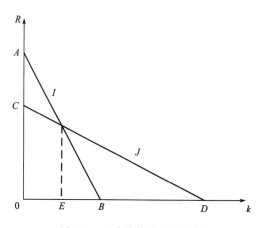

图 5-4　两种作物的区位选择

资料来源：邓恩（Dunn，1954）。

地租最大点，该点也成为作物 I 生产扩展的边界。对于作物 J，市场发展到 CD 线与 AB 线相等处，AB 线在此就成为作物 J 的边际成本，E 点是作物 J 的内侧生产界线，其外侧生产界线与单一生产物的均衡情况相同。因此，作物 J 在远离市场的区位生产较为有利。

　　上述分析了一种和两种作物的最大利润化问题，下面就多种作物的均衡情况进行分析。I_1，I_2，$\cdots$，I_n 表示不同的农作物，各作物的边际地租函数分别为 R_1，R_2，$\cdots$，R_n。现假设图 5-5 中的 I_3 表示任意的作物 I_r，该作物如果向市场方向扩大生产，那么，仅限于比其最有竞争的替代作物有利的情况下，也就是说，只能扩大到与 I_2 的地租相同点的距离，即 k_{r1} 处，这样作物 I_r 的内侧界线就得以确定。同时，其外侧界线是边际地租和其边际机会成本（I_4）相等点的距离，即在 k_{r0} 处，作物 I_r 的生产区位空间就可以确定。运用经济学理论分析农作物在空间选择的均衡问题，简单地说，对于任何一个空间，如果存在 n 种作物的空间竞争的话，那么，所有作物彼此之间都具有一种替代关系，哪种作物的竞争力强就会取代其他的作物，而在其生产空间的边界以下就会出现另一种取代它的作物。

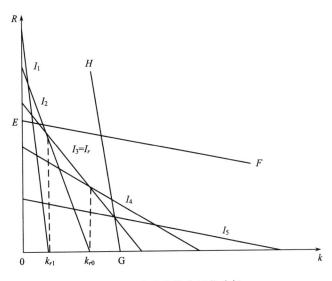

图 5-5　多种作物的区位选择

资料来源：邓恩（Dunn，1954）。

二、农业区位空间一般均衡

在前文讲到，只生产一种作物的情况下，当商品的价格一定，那么，作物的生产半径为 $(p-a)/f$，总耕种面积为 $\pi\{(p-a)/f\}^2$，向市场供给的商品总量为 $E\pi\{(p-a)/f\}^2$。图 5-6 表述了价格与区位空间的均衡过程。当考虑到影响空间均衡的需求因子时，价格就为一变量，在这一条件下，均衡将会如何形成？一般随着价格（P）上涨，会带来最大收益空间界线 $(p-a)/f$ 及生产空间向外扩大，即供给的增加。这样就可以按照价格与供给的关系确定向右上倾斜的商品供给曲线，同时与此相对应，也可确定生产空间的区位范围。如果将确定了的供给曲线与在中心市场向右下倾斜的需求曲线相对应的话，就能产生出一均衡价格，这样，价格和空间区位便达到均衡（图 5-6）。

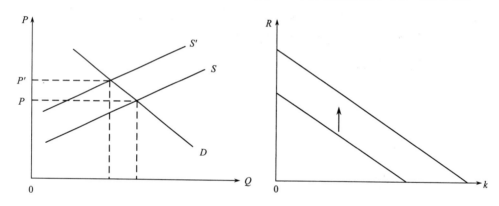

图 5-6　价格与区位均衡过程

资料来源：邓恩（Dunn，1954）。

其实，多种作物情况下的市场均衡与上述单一作物的生产情况也相同。如图 5-7 所示，假设 AB 线表示任意一作物 I_r，那么，作物 r 的总面积可表示为：

$$A=\pi\left(k_{r0}^2-k_{ri}^2\right)$$

这时，总面积不是圆，而是一环形空间。在价格给定时，向市场供给的总量为 $E\pi\left(k_{r0}^2-k_{ri}^2\right)$。如果价格上升，带来最大利润的空间也向外扩大，与此相对应的生产和供给空间也将会扩大，即 $p\rightarrow p_r$，边界地租线的斜率（$-Ef$）不变，截距增大为 $E(p_r-a)$，边际地租线向上平移，这时也就可确定向右上倾斜的供给曲线，如果与作物 r 向右下倾斜的市场需求相对应的话，均衡价格就可以确定。

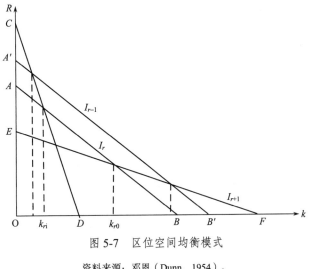

图 5-7 区位空间均衡模式

资料来源：邓恩（Dunn, 1954）。

一般而言，作物 r 的价格上升，两界线（k_{ri} 和 k_{r0}）的间隔就会扩大，而 I_{r-1} 和 I_{r+1} 作物的生产空间（因供给）与此相对应就会缩小。I_r 的内侧界线与 I_{r-1} 的外侧界线相同，I_r 的外侧界线与 I_{r+1} 的内侧界线相同。但是如果 I_{r-1} 和 I_{r+1} 的供给在 p_r 上升之前价格是均衡的话，那么，现在的均衡就被打破。这时对两种作物的需求要比在过去价格下的供给相对要大，因此，这些作物的价格也会上升。与 AB 线移动相同，CD 和 EF 线也会垂直向上移动，两作物再次达到均衡之前，I_{r-1} 和 I_{r+1} 作物的供给量要增加，这时 k_{ri} 和 k_{r0} 的位置也会发生变化，最终 I_r 的生产被限制。

总之，任意作物生产的空间配置，其供给不仅取决于自身的均衡价格，同时也受到其他所有作物生产的均衡价格的作用。因此，不存在解释任意某一作物生产空间均衡的简单方法，必须同时决定所有农作物生产的区位配置，其方法是联立方程式。

就宏观区位均衡而言，要达到经济均衡必须满足下列两个条件：一是在经济社会中所有个人和所有产业，在均衡价格基础上，确定各自的极大化地位，即所有的个人和产业把价格看作是从相互作用中独立出来的特定的参数；二是均衡价格是由各商品的需求与供给相一致这一条件来决定。条件一是通过各消费者追求效用最大化来实现，消费者的收入和商品的价格如果给定的话，那么，消费者的需求就被决定。其均衡过程见下式：

$$D_1 = F_1(Y_1, Y_2, \cdots, Y_s, P_1, P_2, \cdots, P_n)$$

$$\cdots\cdots \tag{5-2}$$

$$D_n = F_1(Y_1, Y_2, \cdots, Y_s, P_1, P_2, \cdots, P_n)$$

式中：Y_1，Y_2，…，Y_s 表示在该经济系统中 s 人的个人收入；D_1，D_2，…，D_n 和 P_1，P_2，…，P_n 表示可能生产 n 个商品的总体需求和价格。这个方程式表明，各商品的需求是消费者收入和所有商品价格的函数。

下面再分析一下生产要素的价格与供给的关系。首先要明确我们研究的是价格与空间均衡的问题，因此与一般经济学的分析是不同的。生产问题不是对应于边际收入曲线去调整产出量，而是由边际地租线来调整生产空间区位。这样，地租不是作为产出量的函数，而是作为市场距离的函数。关于产业的均衡过程，前文已进行了论述，各个产业其边际地租等于边际成本前，向两个方向（即向市场的求心型和由市场向外的离心型）扩大，在追求地租最大化过程中，产业的空间边界线 k_{ri} 和 k_{r0} 就被确定。也就是说，某产业的边际地租和制约该产业向两侧扩大的其他产业边际地租函数就被确定，后两个产业边际地租函数作为制约该产业的机会成本而存在。如果认为是需求和可变的市场价格在对产业产生作用的话，那么，各个 k_{ri} 和 k_{r0} 是由全产业的边际地租函数来决定，因此，均衡过程由下式来表示：

$$k_{10}= \psi_1 (E_1, a_1, f_1, p_1; E_2, a_2, f_2, p_2, \cdots, E_n, a_n, f_n, p_n)$$

$$\cdots\cdots \tag{5-3}$$

$$k_{n0}= \psi_1 (E_1, a_1, f_1, p_1; E_2, a_2, f_2, p_2; E_n, a_n, f_n, p_n)$$

式中：E，a，f 都为常数。

如果空间边界线确定了的话，那么，作物的供给也就能够确定。表达式如下：

$$S_1=E_1\pi (k_{10}^2-k_{1i}^2)$$

$$\cdots\cdots \tag{5-4}$$

$$S_n=E_n\pi (k_{n0}^2-k_{ni}^2)$$

市场最终达到均衡时，供给和需求相等，即：

$$D_1=S_1, \ D_2=S_2, \ \cdots, \ D_n=S_n \tag{5-5}$$

但是，上述这一农业空间经济的均衡是有一定条件的，邓恩认为必须要满足下列条件：①研究的问题只是农业商品；②方程式中个人收入 Y_1，Y_2，…，Y_n 假定是已知常数；③假定土地以外的所有要素完全可流动和可分割；④农作物的产量在任何地区都是一定的，因此，资源在哪里都不变；⑤各种生产要素的供给对于生产而言均是充分的且以一定的价格能买到；⑥运费率在时间和空间上是一定的；⑦假定各产业围绕单一市场而配置；⑧运输网络相同。

如上假定，如果商品的价格和生产及消费的各商品量给定的话，那么，生产的空间区位配置也就可以通过上述表达式得到确定。邓恩的一般均衡类似勒施的空间均衡，其经济学基础是瓦尔拉斯的一般均衡思想。

三、市场空间竞争与农业区位

前文研究的只是作物能够形成圈层条件下的空间均衡问题，事实上，作物在空间区位竞争上不一定都能够形成圈层。有些作物在空间竞争中处于绝对有利的地位，而有些作物在竞争中因处于不利的地位而被其他作物排斥于空间之外，另外一些作物则可能形成上文所述的圈层结构。那么，在市场空间竞争中，作物在怎样的条件下会处于绝对有利的地位或绝对不利的地位？或者说，作物间的相互竞争在空间区位上如何表现出来？实际上，这个问题是农业区位空间达到均衡前的竞争过程。

上文在研究地租函数中，是以两种作物间的相互竞争为研究对象，现假定在作物相互竞争的空间中存在 n 种作物，假设存在一个基准作物为 A，与基准作物 A 相竞争的作物为 X，根据邓恩的地租函数，我们分析一下作物 A 和 X 的竞争情况。

作物	截距	地租消失的距离
基准作物（A）	$E(p-a)$	$(p-a)/f$
参照作物（X）	$E_i(p_i-a_i)$	$(p_i-a_i)/f_i$

（且 $i=1, 2, \cdots, n-1$）

$n-1$ 个参照作物（X）与基准作物（A）进行比较研究，可得到四种类型，即：

（1）内圈型

$$E(p-a) < E_i(p_i-a_i)$$
$$(p-a)/f > (p_i-a_i)/f_i \qquad (k>k_i)$$

（2）外圈型

$$E(p-a) > E_i(p_i-a_i)$$
$$(p-a)/f < (p_i-a_i)/f_i \qquad (k<k_i)$$

（3）绝对有利型

$$E(p-a) < E_i(p_i-a_i)$$
$$(p-a)/f < (p_i-a_i)/f_i \qquad (k<k_i)$$

（4）绝对不利型

$$E(p-a) > E_i(p_i-a_i)$$

$$(p-a)\ /f>(p_i-a_i)\ /f_i \qquad (k>k_i)$$

上述四种类型的作物空间竞争如用图 5-8 表示，就更易理解。从图 5-8 可看到 a 和 b 两种类型满足了圈层形成的条件，与基准作物 A 分别形成了圈层（此时 s 为基准作物）。但 a 相对于基准作物形成了内圈，而基准作物构成了外圈；b 相对于基准作物正好与 a 情况相反，基准作物在内圈，b 构成了圈层的外圈。c 和 d 都没有满足圈层形成的条件，c 相对于基准作物是绝对有利的作物，而 d 相对于基准作物是处于绝对不利的作物。c 的市场竞争力最强，而 d 最弱，因此，c 在哪里都处于有利的地位，但在市场附近地租达到了最大，一般像这样的作物在市场的附近优先被种植。如蔬菜和水果与其他农作物相比就属于 c 类，一般都在城市的附近种植。d 在哪里栽培都处于不利的地位，因此，当其他作物全部种植完了，才能考虑它，不过必须在地租没有消失的情况下在远离市场的圈层种植。当考虑到自然条件和耕作方式时更是如此。

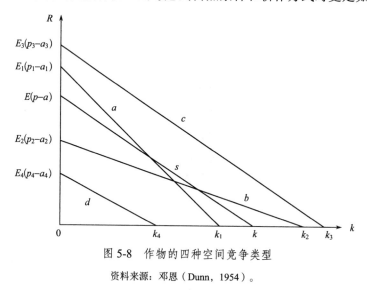

图 5-8　作物的四种空间竞争类型

资料来源：邓恩（Dunn，1954）。

从地租的大小来看作物的竞争力，可发现与市场距离的远近不同，各种类型的竞争力表现也不同（图 5-9）。在 $k_0\sim k_1$ 的空间范围内，作物的竞争力大小顺序为：$c>a>s>b>d$；在 $k_1\sim k_2$ 范围内作物的竞争力大小顺序为：$c>s>a>b>d$，与前者相比较，作物 a 和作物 s 的竞争力发生了逆转；在 $k_2\sim k_3$ 的范围内作物的竞争力大小顺序为：$c>s>b>a$，此时 d 的地租已消失；而在 k_3 距离之外，a 的地租消失，其他作物的竞争力大小顺序为：$c>b>s$。上述作物空间竞争力的研究仍是以地租函数为基础，这种研究方法适用于各种空间层次问题的探讨。

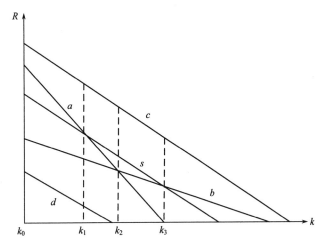

图 5-9　各圈层内的竞争关系

资料来源：邓恩（Dunn, 1954）。

如果研究所有作物的空间竞争的话，那么，每种作物都具有一个地租函数式，对于 n 种作物的竞争来说，就应该有 n 个地租函数式，即：

$$R_n=E_n（p_n-a_n）-E_nf_{nk} \qquad （n=1, 2, \cdots, n）$$

如果研究作物地域间的竞争的话，就 m 个地域而言，n 种作物就会有 $n×m$ 个地租函数，即：

$$R_{nm}=E_{nm}（p_{nm}-a_{nm}）-E_{nm}f_{nm}k_m \qquad （n=1, 2, \cdots, n；m=1, 2, \cdots, m）$$

上述两种情况是以单一市场条件下的竞争为前提，如果存在多个市场的话，那么就变得更复杂。比如对于任意的作物（n）在任意的产地（m）存在着 i 个销售市场，那么作物产地的地租函数为：

$$R_{nmi}=E_{nm}（p_{nmi}-a_{nm}）-E_{nm}f_nk_{mi}$$

$$（n=1, 2, \cdots, n；m=1, 2, \cdots, m；i=1, 2, \cdots, i）$$

在这种情况下地租函数为 $n×m×i$ 个，该地租函数即考虑了地域因素，同时也考虑了市场因素，不仅仅局限于不同作物间的竞争。因此，通过比较地租 R_{nmi} 的大小，可以了解在什么地域（m）、种植什么作物（n）、在哪个市场（i）销售竞争力更强这一问题。如对于作物 n 在哪个地域（m）种植的话，具有更强竞争力，或者对于地域 m 种植哪种作物（n）相对更有利。以该地租函数为基准，既包括了作物的选择，也包括了地域选择，同时包括了市场选择问题。当然，在研究实际问题时，考虑的因子也许会更多。

上述的市场空间竞争也适用于同种作物因集约度不同所表现出的空间竞争,当然,这种情况只限于集约耕作和粗放耕作之间的界线不是渐变的转变。另外,也适用于多种作物的组合体或某种经营组织,同样在这种情况下,作为经营组织间的界线也不是连续的过渡。不过,这时的地租大小不是取决于某种作物,而是以组合体或经营组织的整体利润(地租)为基准。

对于地租函数的研究,如果是从如何提高作物的竞争力出发的话,那属于农业经济学范畴。经济区位论研究这一问题,主要从生产成本的角度出发,最终归结为区位因子的差异上,即区位因子的差异造成生产成本的不同。其实这一问题的提出,意味着杜能假设条件的解除,向现实的接近,关于这一问题将在下文作具体的论述。

第三节　与现实相接近的农业区位理论

前文讲了在诸多假设条件下建立的比较理想的一般均衡区位理论。比如我们了解的杜能"孤立国"理论,把自然条件看作是均一的,交通条件假定为是同一的,而销售市场只存在一个,等等,像这样的理想空间在现实中很难找到。这就是说,理论和现实之间必然存在一定的偏差。如果把地形、气候、土壤和水分等自然条件、交通条件、技术装备、市场条件以及价格水平与收入等因子考虑在内,那么,区位理论将发生怎样的变化?这是本节要回答的问题。

一、自然条件对农业区位的影响

地理学者对自然条件与区位间的关系研究最为透彻。实际上,经济空间的形成和发展深深地打上了自然条件作用的烙印,因此,在研究区位的空间选择问题时不能不考虑自然条件的作用。自然条件对区位的影响可把它们转变为经济因子来考虑,如自然条件的差异会带来成本和收益的差异。

对于农业区位论而言,自然条件如气候、地形和土壤等条件的差异会造成土地生产力与经营方式的差异。各种不同的土地生产力会影响到农业的产量和生产成本,而产量和生产成本的差异会带来地租的差异。农业的空间区位配置因为主要取决于地租的大小,这样自然条件的空间差异就会间接地影响到土地利用的空间形态。

在生产力高的土地上，所有的作物都能带来更高的收益。如果产量（E）发生了变化，那么，地租函数将会发生怎样的变化？在不同的自然条件下，当投入相同时，种植相同的作物，在自然条件相对优越的地区产量一定会高于其他地区。但从图 5-10 来看，作物的耕作距离即地租消失的距离（$p-a$）/f 没有发生变化，产量的变化只影响到纯收益的截距 $E(p-a)$ 的变化。这就是说，自然条件（或土地生产力）的差异会带来产量的差异，而产量的差异所造成的地租差异会随着远离市场而逐渐减小，直到消失。其原因是，纯收益 $E(p-a)$ 在增加的同时，运费 Efk 也在增加。因此，在不同自然条件下，作物的空间区位竞争在市场附近最为激烈。

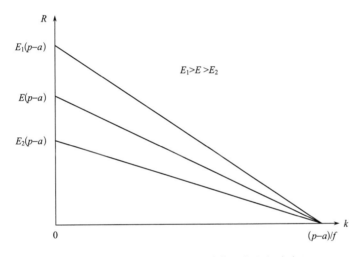

图 5-10　自然条件的差异与作物区位空间竞争

资料来源：邓恩（Dunn，1954）。

自然条件（或土地生产力）的差异不仅会引起作物收入的不同，而且会带来生产成本的差异。如在平原、丘陵和山地种植同样的作物，为了得到相同的收入，生产成本一定不相同。即使在同一种地形条件下，由于各区位的土壤状况不同，会带来土地肥沃度的差异，这种差异同样也会影响到生产成本的变化。

当作物的产量和价格不变时，生产成本的涨落对地租函数将会有怎样的影响？从图 5-11 可看到，生产成本的变化不仅会影响到纯收入截距的变化，而且会影响到地租消失距离的变化。

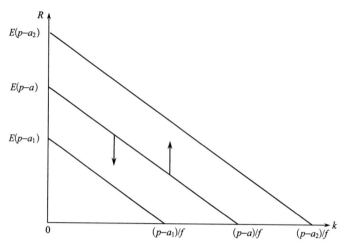

图 5-11　生产成本的差异与作物区位空间竞争

资料来源：邓恩（Dunn，1954）。

当其他条件不变时，地租函数呈上下平行移动。在自然条件好的地区，在得到相同收入的情况下，所付出的成本要少，这样不仅得到的地租高，而且生产区位空间也会扩大。自然条件的地区差异引起土地生产力的空间分异，完全可以按照单位土地生产力的大小表示在地图上，这可以说是地理学的长处。但是由于地理条件在空间上不一定是呈规则性的变化，因此，土地生产力的空间分布也不一定是有规律的变化，这样最终影响到土地利用模型的非规则化，即与理想的农业区位空间模型出现差异。一般生产力高的土地所有的作物都能得到更多的收入，从市场竞争理论来看，这样的区位是作物竞争最为激烈的空间。当生产力水平一定时，能够带来最大收入的作物，是代表了由经济距离的作用而确立的最高边际地租曲线；而带来相对低收入的作物，其代表的是相对低的边际地租曲线。结果土地生产力的差异对区位的影响，通过像前文所论述的空间均衡过程那样，造成作物空间界线的变化，即土地生产力高的地区作物空间界线扩张，而生产力低的地区作物的空间界线收缩，这样区位模型的规则性就被破坏了。

图 5-12 表述了由于自然条件的差异带来单位面积土地的投入费用和地租不同，当农产品的价格一定时，在中心部分由于自然条件最佳，投入的费用较低，地租相对也高。在地租为 0 的范围内是农业生产的获利空间，超出该空间，由于气候等自然条件的影响，投入费用超过产品的价格，就无法获得利益（Dicken and Lloyd，1972）。

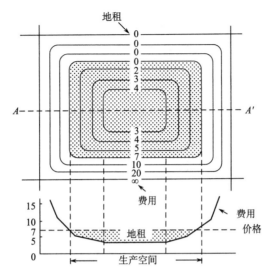

图 5-12 土地生产能力转化为单位费用和地租

资料来源：迪肯和劳埃德（Dicken and Lloyd, 1972）。

地理条件的空间差异转换为土地生产力的差异过程，必须依据大量的实际工作和经验事实为基础，才能更准确地把握实际情况。关于这方面的研究，地理学者做了大量的工作，如土地利用的等级划分和经济评价就可以说是研究这一问题必不可少的工作。这一点是经济学者研究的弱点，特别是将该结果通过地图表现出来，对于经济学者而言，就更难做到了。如果将这种通过经济化的地图与边界地租曲线相结合分析，再对得到的新的边际地租进行比较研究，最终按照新的地租大小进行作物区位配置，那么，这样的空间区位选择在经济上一定是合理的。

现实世界是非常复杂的，仅仅用土地生产力来表示自然条件对农业区位选择的作用，肯定存在一些问题。比如自然条件如何量化为经济因子，这也有人为因素的影响，因研究者或所占有的资料情况不同而得出不同的结果。但通过长期的、大量的实践和经验总结，完全可以掌握在不同的自然条件下土地的生产力。因此，这种方法可以适用于区位的空间选择，也只有通过这样的思维才能把地理学和经济学相沟通起来。

二、交通条件对农业区位的作用

区位论把空间距离作为影响区位主体空间选择的主要因子来研究，但其前提是假设运输方式相同，且地域是均质的。在此前提条件下，农业区位的空间结构呈同心圆状，但是如果运输方式不同，或者随着交通设施的改善，区位空间结构将会变得复杂化。

1. 交通运输方式多样化对区位的影响

在杜能时代，单一的运输方式的假设是可以理解的，因为当时主要的交通工具是马车，但是在交通工具和设施飞速发展的今天，这种假设很显然是不能成立的。现代的交通运输方式大致可分为公路运输、铁路运输、海运和航空运输等，运输方式不同会带来运费率（f）的差异，即每单位重量每千米的运费不同。图 5-13 表示不同运输方式条件下运输同一货物因运费率不同所表现出的运费差异。一般海运的运费率最低，然后依次为铁路运输、公路运输和航空运输等。运输方式的差异对区位选择的作用，其实可以将其转换为运费率对区位的影响。运费率如何影响农业区位的空间布局呢？重新研究一下邓恩地租函数式中地租（R）与运费率（f）的关系就可明白，运费率的变化对于纯收益的大小没有影响，只对地租消失的距离有影响（图 5-14），也就是说，运费率的大小会影响到作物的区位空间范围。当运费率增大，作物的区位空间就会缩小，反之，作物的区位空间就会扩大。因此，作物在区位空间竞争中，还取决于生产物以怎样的运输方式运到市场。即使是同样的作物，如果经营者所采用的运输方式不同，在区位空间竞争中表现出的竞争力也不相同。在前文市场区位空间竞争中所建立的地租函数模型，没有考虑交通方式的多样性，如果把该因子考虑在内的话，地租函数模型将更加复杂。对于任意作物（n）在任意的产地（m）布局，如果以运输方式（j）将生产物运输到任意的市场（i），那么，地租函数为：

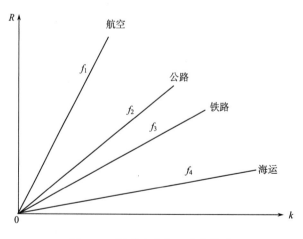

图 5-13   运费方式与运费的关系

资料来源：邓恩（Dunn，1954）。

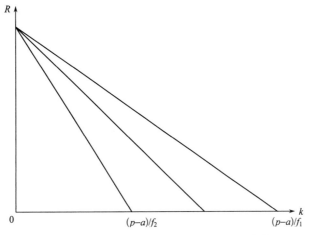

图 5-14　运费率的差异与作物的区位空间竞争

资料来源：邓恩（Dunn，1954）。

$$R_{nmij} = E_{nm}(p_{nmi} - a_{nm}) - E_{nm}f_{nj}k_{mj}$$

（n=1，2，…，n；m=1，2，…，m；i=1，2，…，i；j=1，2，…，j）

现在地租函数将是 $n \cdot m \cdot i \cdot j$ 个，也就是说，作物空间区位竞争力不仅决定于作物本身以及产地和销售地，还取决于将作物由产地运输到市场所采取的运输方式。

2. 运输方式的改善和远距离运输运费衰减与区位选择

一般一个地区的交通优越与否主要表现在交通运输方式是否多样化，且交通工具和设施是否发达及先进等方面，这两者对区位选择的影响可以通过运费率来体现。关于前者上文已论述过，下面就交通运输工具的变革对区位的影响进行分析。交通运输工具和设施的革新会带来运输时间距离的缩短或运输空间距离的扩大。对于农业区位来说，使远离市场的地域提供农产品成为可能。如北京市居民的蔬菜和水果供应地遍及整个华北地区与山东等，与此相应，在边远的地方也形成了许多农业产地。剔除其他因素，只看交通因素的作用，交通运输工具的革新会带来运费率的降低，运费率降低导致地租消失距离扩大，从而使区位竞争空间扩大成为可能。另外，从时间角度来研究，交通运输工具和设施的革新会缩短时间距离。前文已讲过，对于与市场相同距离的产地，即使种植同样的作物，也因采取不同的交通工具其空间区位竞争力不同。如果把空间距离（k）用时间距离（t）来代替，而运费率（f）用每小时每单位重量的费用来表示，那么地租函数为：

$$R = E(p-a) - Eft$$

交通运输工具和设施的革新会带来时间距离的缩短，即 t 将变小，当其他因子不变时，地租就会增大，从而地域作物的区位竞争力增强。

三、多个市场存在下的农业区位空间竞争

杜能、布林克曼和勒施都是把农产品的销售市场假定为只存在一个的前提下分析区位的空间配置。但是，对于一个农业经营者来说，现实中存在的所有市场均可成为自己产品的销售地，如果把农业经营者作为一个"经济人"来看待，那么，任何一个经营者都会选择对自己最有利的市场来销售产品。

在现实中不仅只存在一个市场，而且所有市场并非是孤立的，即不是每个市场都拥有各自独立的供给空间，或者说，每个供给空间并非只为一个固定的市场服务。对于农业经营者而言，他们是指向所有的市场进行生产，这样必然会出现市场供给空间的重叠，进而出现围绕市场与产地间的竞争，并影响到土地利用空间结构的重组。

现在，假设在某地区存在两个市场 A 和 B，且两个市场大小相同，这样对于两个市场之间的作物 n 来说，有两个市场可供其销售。在这一条件下，该地区的农业空间结构已不是同心圆状了，而是在外侧呈椭圆状（图 5-15）。作物相对于市场其空间区位竞争的均衡界线是当 $R_{m1}=R_{m2}$ 时，确定的 k 值，即 $k_{m1}=k_{m2}$ 处。如果两个市场大小不同，假设市场 $A>B$，这时相对于市场空间区位竞争均衡的界线就变得复杂化，如图 5-16 所示。实际上，邻近小市场的地区呈楔状镶嵌于大市场的环状供给空间中。在这种情况下，土地利用的空间模式的基本形态（同心圆状）被破坏，但区位空间结构的配置序列并未被完全破坏，仍然如前文所述的那样，按照边际地租函数间的相互关系来决定，不过这种相互间的关系变得更加复杂化。对于指向市场 B 的土地利用空间，在市场 A 正常供给地区的一部分空间内可产生出更有利的地租，因此，市场 A 的部分供给空间将被市场 B 所夺取。当只有一个市场 A 的情况下，市场的供给与需求是均衡的，那么现在这一均衡就被破坏了，供给小于需求，最终将导致指向市场 A 的农产品的价格上涨或者扩大供给空间以弥补正常供给空间的损失部分。因此，市场 A 为了与市场 B 竞争，其供给空间将会不断地向其他方向扩张，同样，市场 B 也会如此。总之，对于面向市场 B（或者 A）的供给空间内的任一作物，其生产或需求等条件如果发生变化，不仅带来该供给空间作物地域结构的变化，也会影响面向市场 A（或者 B）的供给空间作物地域结构的变化。

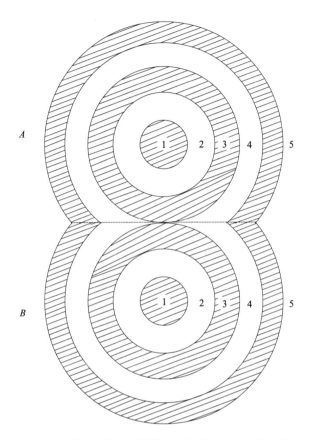

图 5-15　市场规模相同的情况下作物的区位空间竞争

资料来源：邓恩（Dunn，1954）。

当一个地域存在多个市场时，会导致出现供给空间的相互重叠，造成土地利用模式更加复杂化，特别在市场密集的地域，一般外侧圈层所种植的作物由于地租相对较低，因此没有其形成的空间，常常被排斥于地域之外。对于内侧圈层而言，是以各个市场为中心，而对于外侧圈层来说，是以整个市场集合体为中心，但其空间均衡仍离不开前文所论述的单一市场条件下的基本均衡思路。

四、需求和供给的变化与区位选择

在上述问题中，虽然谈到了市场对区位的影响，但主要是侧重于多个市场存在的情况下对区位空间结构的作用。如果需求和供给发生了变化，区位空间将如何变化？下文就对此进行探讨。

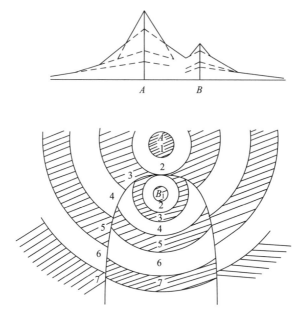

图 5-16　市场规模不同的情况下作物的区位空间竞争

资料来源：根据邓恩（Dunn，1954）、张文忠（2000）改绘。

1. 需求变化对区位的影响

对于农产品而言，带来其需求变化的因素不外乎人口的增加（或减少）及居民收入的增加（减少）。一个地方如果人口（或收入）增加，就会带来农产品需求量的增加，两者是呈正相关的。当其他条件不变时，需求增加会造成农产品的价格上升，如图 5-17 所示，价格上升会影响作物的粗收益即 $E(p-a)$ 的变化，同时会影响地租消失的距离 $(p-a)/f$ 的变化，新的均衡条件下地租函数线是与旧的地租函数线平行上移所至。这样由于边际地租函数平行上移，使得整个供给圈的直径扩大，各种作物的供给圈层的范围也相应扩大，即在边远的地区由于作物价格的上升，也会获得地租，并且通过该地区的作物收获量来弥补需求的短缺。

人口的增减，一方面是由于自然人口的增减造成，如出生人口和死亡人口的变动；另一方面是由于地区间的人口流动所带来的。当人口由一个地区流向其他地区时，会带来人口流出地区市场需求的减少，当其他条件不变时，价格会降低，最终造成供给空间的收缩。而对于人口流入地区，市场需求将会变强，相应地，供给空间也会扩大。其实这一问题的研究也不仅限于农业区位，对于工业、零售业区位也同样适用。总之，我们研究人口的地区移动不仅仅注重于这种现象的探讨，而且也应分析其带来的经济影响，特别是对于区位变化的作用。

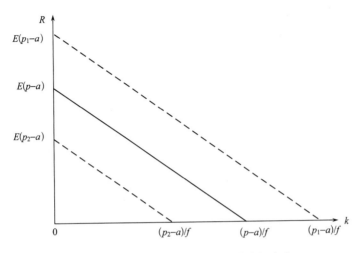

图 5-17　需求的变化与作物的区位空间竞争

资料来源：邓恩（Dunn，1954）。

　　另外，即使人口的数量不发生变化，只是居民的消费倾向发生变化，如过去喜欢吃面食，现在喜欢吃大米，这样也会引起作物种类间需求结构的变化，同样也意味着作物供给空间的变化。这种供给空间的变化不只是一种作物区位空间的扩大，同时，必然也会带来其他作物区位空间的缩小，是属于作物空间结构的内部调整。

　　带来需求变化的另一个因素是居民收入的变化。一般地，居民收入的增加会引起需求的增加，当然，这也意味着供给空间的扩大。但农产品的需求与收入的关系不同于其他产品，是不成比例的。其消费的收入弹性相对较低，即收入增加时，农产品的消费量增加不大，也就是说，收入增加对农产品的总需求增加较少。不过各种农产品的消费收入弹性并不一致，一般新鲜蔬菜和水果的弹性较大，而粮食作物相对较低。因此，随着收入的增加，蔬菜和水果的供给空间会扩大，粮食作物的生产空间扩大相对较小，而且会被挤压到离市场更远的地区。

2. 供给变化对区位的影响

　　供给是与生产相关的，也就是说，生产的条件变化是引起供给变化的直接因素。供给对区位的影响主要取决于生产的各种条件的变化对区位的影响。如农业生产技术的提高和劳动生产率的提高等都会带来农业生产量的增加，从而扩大市场的供给量。

　　农业生产技术的提高会带来单位面积生产量（E）的增加或单位重量生产物的生产

费用（a）的降低，或者两者同时发生。关于生产量（E）和生产费用（a）变化对区位的作用前文已讲过，总之，两者任意一方发生或两者同时发生都会带来土地单位面积的地租增加，这样会使边际地租曲线发生变化，进而使生产空间扩大。但是，有一问题我们必须考虑，那就是，生产技术的改善带来生产成本的降低，使生产空间扩大而超过过去的生产边界线在经济上成为可能，同时，这也意味着供给量的增加。然而，增加的供给与过去市场价格下的有效需求不相吻合，当需求一定时，价格必然会下降。价格下降，如前文所述，会带来边际地租函数的下移，即生产空间的缩小。这样，成本的变化和价格的变化对区位的影响正好相反。但是，当农产品的需求弹性不是 0 时，最终的均衡一定会比以前的供给空间大。另外，生产技术的进步带来产量的增加，如前文所述，最终使生产空间扩大，但事实上并非完全如此，如果该产品的需求弹性很小，那么对该农产品的总需求在比较小的生产半径内生产就有满足的可能，这样，各生产圈层有向中心市场缩小的可能。一般价格弹性大的生产物比小的生产物在生产空间扩大上表现得较强。

上文所讲的技术进步是假定对所有的作物给予相同的作用，但事实上，技术的进步并非能给所有的作物都带来相同的利益，即可能对某种作物带来的利益大于其他的作物。这样，由于技术进步带来的经济利益的差异会影响到作物间的区位空间配置，带来经济利益大的作物将进一步扩大生产空间。

总之，供给对区位的作用主要取决于生产因素的作用，而生产因素中最为重要的因子是技术因子。另外，劳动力的增减对生产量和生产费用也有一定的作用，其最终的效果与技术因子具有类似性。

第六章　工业区位理论

> 区位和空间集聚的一般理论涵盖了展布在空间中的所有经济活动，它关注投入和产出的地理分布以及价格和成本的地理变化。
>
> ——艾萨德（2011）

1909 年，德国经济学家韦伯出版了《工业区位论》一书，标志着理论化和系统化的工业区位的产生。工业区位论由最小成本理论到关注市场空间竞争的区位相互依存学派，发展到重视市场的价格、需求和区位之间的关系，即最大利润学派，以及艾萨德等学者试图构建一般区位均衡理论，推动了工业区位理论的不断完善。

第一节　韦伯的最小费用区位论

从费用角度分析工业区位问题并体系化的学者是韦伯，但关于这一问题最早进行研究的却是劳恩哈特。劳恩哈特是德国著名的经济学者，他在 1885 年发表的"国民经济学的数学基础"一文，通过数学方法来研究经济现象，受到后人的高度评价。同时，他对区位问题也抱有浓厚的兴趣，所著"工业设备的最佳区位决定"一文成为古典区位精华文献之一（杨吾扬、梁进社，1997）。劳恩哈特区位思想的特点是运用几何学和物理学方法来研究运输指向问题，他对运费与区位的关系进行了开创性的研究，成为不朽的工业区位文献。不过，对工业区位进行理论化和系统化研究的学者是韦伯。

一、韦伯理论建立的基本框架

1. 基本概念

（1）区位因子

韦伯（2010）认为："所谓区位因子，就是经济活动在某特定地点或者一般在某特定类型的地点进行时，能得到的利益。"他进一步解释说：所谓的"利益"就是"费用"的节约，从工业区位角度而言，就是说在这个特定的场所生产特定的生产物比在其他场所有可能节省的费用。韦伯把区位因子分为一般区位因子和特殊区位因子，前者是指与所有的工业区位选择有关的因子，如运费、劳动费和地租等；后者指仅与特定的工业区位选择有关的因子，如原料的易腐性，在生产过程中对空气的湿度以及对水的依赖度等。

（2）地区因子

所有的区位因子按照其作用的方式可分为地区因子和集聚（分散）因子。地区因子是使工业指向于特定地点的区位因子，如受到运费的影响，工业的个别生产就会被吸引到特定的地点，像这样的作用可称为地区区位因子。地区因子是形成工业区位基本框架的重要因子。

（3）集聚（分散）因子

集聚因子是促使企业为降低生产或销售成本而集中在特定场所的因子（如企业的协助、相关设施的共享）。分散因子是促使企业为了避免企业集中带来不利影响而分散布局的因子（如地价上升、交通拥挤）。集聚与分散因子起到使其他因子所决定工业区位格局发生变形的作用。

2. 理论前提假设

为了使理论研究简单化，韦伯首先进行了前提条件假定。

（1）工业原料供给地的地理分布是已知的。

（2）工业产品的消费地和规模是已知的。

（3）工业劳动力的供给地也是已知的，劳动费用一定，且供给量是无限的。

3. 区位决策的三个阶段

韦伯在构建工业区位理论时，首先从一般区位因子中确定地区因子，因为地区因子是决定区位的主要因子。在确定方法上韦伯采用了演绎的方法。

首先，他把工业产品从生产到销售过程中主要的生产成本整理为如下四种：①场所的土地和固定资本的购买成本；②加工原料和动力原料的购买成本；③加工过程中所需要的劳动成本；④产品的运输成本。

其次，他把上述因子归纳为以下三个一般性区位因子：①原料（加工原料、动力原料）成本；②劳动成本；③运输成本。

他认为，原料成本的地区差异可转换为运输成本的差异，这样一般性地区区位因子可以只考虑运输成本和劳动成本两个因子。

在上述假定条件下，韦伯采用抽象的方法，分三个阶段来构建工业区位理论。

第一阶段，主要是运输成本指向阶段。假定除运输成本外，其他成本不存在地区差异，只考察运输成本因子对工业区位的作用，构建最基本的工业区位框架。

第二阶段，是在运输成本指向基础上的劳动成本指向阶段。这一阶段将劳动成本作为地区因子进行研究，考察第一阶段由运输成本形成的最佳区位在劳动成本作用下可能的变形，即研究运输成本和劳动成本同时作用所形成的最小费用区位。

第三阶段，分析集聚（分散）因子对最小成本区位形成的作用过程。集聚（分散）因子使生产集中于某地点（或者分散到其他地点）而产生的利益，集聚（分散）因子是引起了工业区位第二次变形的因子。

这种分阶段的理论构建思维是韦伯区位论的一大特色。在第一阶段韦伯仅仅提出运输成本指向问题，其理由是寻找区位空间配置的规律性，而决定这种规律性的主要因子则是克服空间距离所需要的成本，即运输成本。

二、运输费用指向论

1. 原料指数与区位指向

只将运输成本作为地区因子研究时，在原料产地和消费地给定的情况下，区位如何决定的问题是韦伯运费指向理论要解决的基本问题，解决的途径是寻找运输成本最低点。决定运输成本大小的因子是运送货物的重量和运送距离，除此之外的因子，如运输方式、运送货物的性质等，韦伯认为都可换算成重量或者距离的关系。

韦伯把工业生产中所需要的原料分为两种类型：一般原料和局地原料。一般原料是指到处都存在的原料，如空气及一定性质的水。局地原料是指在特定的场所才能获得的原料，如铁矿石和煤炭等。这种特定性是指受当时的自然条件、技术条件和经济条件的制约。

一般原料和局地原料是一对相对的概念，因观察的空间范围不同会发生变化。如某种原料对于一个国家的特定地区而言，是一般原料，但就世界范围而言，则可能是局地原料。

一般原料对工业区位影响极小，因此，在研究中通常只考虑局地原料。按照局地原料转化为产品过程中重量的变化，可分为纯粹原料和减重原料。纯粹原料是指在转化为产品过程中，重量没有损耗而完全转化成产品的原料。减重原料是指在生产过程中，损耗掉一部分或全部重量的原料，如炼铁原料铁矿石和燃料煤炭。

另外，生产的产品不同，所需要的原料组合也不同。生产每单位产品，在原料的投入中，如果减重原料所占的比例很高，那么，因重量的损失，生产区位选择在原料地就可以节约运输成本。韦伯把相对于产品重量，局地原料重量所占的比例称为原料指数。在区位图形中移动的总重量是产品和局地原料两者重量的和，每单位产品的总重量命名为区位重量（locational weight）。

$$原料指数（M）＝局地原料重量/产品重量$$

区位重量（SG）＝（局地原料重量＋产品重量）/产品重量＝原料指数＋1

从上述分析可得出下列一般的区位法则：

（1）如果原料指数小于1，区位重量小于2，局地原料重量小于产品重量，在产品消费地布局比在原料地布局运输成本节约要大，即当$M<1$、$SG<2$时，属于消费地指向性区位，如啤酒工业、面包工业等；

（2）如果原料指数大于1，即当$M>1$、$SG>2$时，属于原料指向性区位，如水泥工业、乳酪工业等；

（3）纯粹原料的原料指数为1，即当$M=1$、$SG=2$时，属于自由指向性区位，在原料地、消费地以及两者之间的任何一点生产，其运输成本都相同，如精密仪器工业等。

当只使用一种纯原料时，区位在原料地和消费地连接线上可以自由布局。当使用一种减重原料时，区位将被决定于原料地。当使用一般原料和一种减重原料时，区位取决于两种原料的比例关系。

韦伯还进一步研究了在复杂条件下的区位理论，如原料地与消费地存在几种情况下区位图形的变化。同时，他为了使理论接近现实，还探讨了实际的运输成本制度和运输方式的差异问题。

2. 运费最小点

通过原料指数可判断区位指向，但不能明确区位的均衡点。为此，韦伯运用几何学的原理进行了分析和论述，但该方法与劳恩哈特的重量三角形和区位圆的研究方法类似。下面介绍一下区位均衡点的解析几何的求法。

在图 6-1 中，A_1，A_2 和 A_3 为区位三角形的三个顶点，假设 P 点为运费最小点，其坐标为 (X, Y)。A_1，A_2 和 A_3 三点的坐标已知，P 与三点间的距离分别为 r_1，r_2 和 r_3，原料和产品的重量为 a_1，a_2 和 a_3。如果运输成本与距离、重量成比例，那么，总运输量可由下式来表示：

$$K = a_1 r_1 + a_2 r_2 + a_3 r_3 \tag{6-1}$$

$r_i = \sqrt{(X - x_i)^2 + (Y - y_i)^2}$，将其代入（6-1）式，可得到：

$$K = a_1\sqrt{(X - x_1)^2 + (Y - y_1)^2} + a_2\sqrt{(X - x_2)^2 + (Y - y_2)^2} + a_3\sqrt{(X - x_3)^2 + (Y - y_3)^2} \tag{6-2}$$

在极小点，上式函数的微分商在所有的方向都为 0，即对于所有的方向 S，$\mathrm{d}K/\mathrm{d}s = 0$。因为（6-1）式可由 $K = f(X, Y)$ 来表示，因此，求 K 最小化时，只要求出 X，Y 的值，即（6-3）式的偏微分等于 0 的解即可。

$$\frac{\partial K}{\partial X} = a_1\frac{X - x_1}{\sqrt{(X - x_1)^2 + (Y - y_1)^2}} + a_2\frac{X - x_2}{\sqrt{(X - x_2)^2 + (Y - y_2)^2}} + a_3\frac{X - x_3}{\sqrt{(X - x_3)^2 + (Y - y_3)^2}} = 0$$

$$\frac{\partial K}{\partial Y} = a_1\frac{Y - y_1}{\sqrt{(X - x_1)^2 + (Y - y_1)^2}} + a_2\frac{Y - y_2}{\sqrt{(X - x_2)^2 + (Y - y_2)^2}} + a_3\frac{Y - y_3}{\sqrt{(X - x_3)^2 + (Y - y_3)^2}} = 0$$

$$\tag{6-3}$$

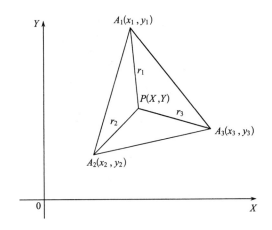

图 6-1 韦伯最佳区位的解析几何求法

资料来源：江泽让尔等（1973）。

之后，区位论学者对此进行了更为简单的表述，当市场空间区位、原材料和人口区位已知，且只有一个区位可以进行生产时，每个企业的目标是降低生产和运输组合成本。当生产成本与区位无关时，最佳区位就是投入与产出的运输成本（TC）最小化，即：

$$TC = \min \sum_{i=1}^{3} m_i t_i d_i$$

式中：M_i 表述产品 i 的重量（吨），t_i 表述产品 i 每吨·千米的运输成本，d_i 表述产品 i 的运输距离（千米），i 表示要运输的产品（约万诺维奇，2012）。这种表达方式更容易理解韦伯的最小费用的计算。

3. 综合等费用线与区位选择

综合等费用是总运费增加额相等点的连线。最小运费原理是韦伯工业区位论框架的核心，可以用综合等费用线来表示（图 6-2）。假设存在一个单一市场 N 和单一原料地 M，运输 1 个单位重量的原料，每千米需要 1 个单位货币，运输 1 个单位的产品需要 1/2 单位的货币，运输成本每增加 1 个单位的货币，可以用以 N，M 为中心的同心圆状的费用线来表示，这些同心圆状的线就为等费用线，即以运输成本最小点为中心，运输成本增加额相同点的连线。综合等费用线是由市场地 N 和原料地 M 为中心，运输

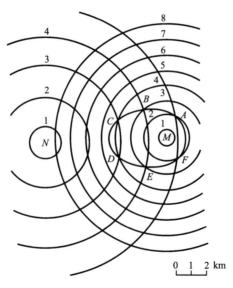

图 6-2　韦伯综合等费用线与区位选择

资料来源：贝尔（Bale，1983）。

成本增加额总和相等点的连线，即图中 A，B，C，D，E，F 各点的连线，各点的总运输成本增加额为 7 个单位货币。例如，A 点是由从原料地 M 的 2 个单位货币与从市场 N 的 5 个单位货币的等费用线的交点。我们可以发现，在综合等费用线的内侧，所有区位点的总运输成本都低于外侧区位点，企业在选择运费最小区位点时，会选择在综合等费用线的内侧。

三、劳动费指向论

运输成本随着空间距离的变化，表现出一定的空间规律性，而劳动成本属于地区性因子，在空间上不像运输成本那样具有明显的空间变化规律。正如前文所述，劳动成本是改变运输成本形成的区位模型的因子。

劳动成本不是指工资的绝对额，而是指每单位重量产品的工资部分。它不仅反映了工资水平，同时也体现了劳动能力的差距，劳动成本主要反映了地区间的差异性。

韦伯劳动成本指向论的思路是：区位选择在运输成本最小点还是在劳动成本低廉地区，主要取决于两种成本的节约程度。换言之，企业在低廉劳动成本地区布局带来的劳动成本节约额比由最小运费点移动到该地区产生的运输成本增加额大时，那么，劳动成本指向就占主导地位。对此，韦伯用临界等费用线进行了分析。如图 6-3 中，

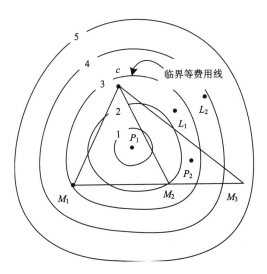

图 6-3　劳动指向与最小费用区位

资料来源：史密斯（Smith，1971）。

等费用线是从运费最小点（P_1）移动而产生的运输成本增加额相同点的连线，以 P_1 为中心可划出无数条线，在这些等费用线中，与低廉劳动供给地 L 的劳动成本节约额相等的那条等费用线称为临界等费用线。现在我们分析一下，企业的区位是选择在运费最小地点 P_1，还是劳动费用低廉的 L_1、L_2 点呢？如果企业在 L_1、L_2 布局，产品每单位劳动成本的节约为 3 个单位；如果企业区位选择在 L_1，由于 L_1 在临界等费用线的内侧，运输成本会超过 2 个单位，不到 3 个单位，但会带来 3 个单位的劳动成本节约，这样总生产费用会减少，因此，生产区位会选择在劳动成本最小点 L_1；但 L_2 在临界等费用线的外侧，劳动成本的节约额比运输成本的增加额大，生产区位会选择在运费最小地点 P_1（Smith，1971）。

韦伯为了判断工业是否为劳动费用指向性区位，提出了"劳动费指数"的概念，即用每单位重量产品的平均劳动费来表述。如果劳动费用指数大，从最小运费区位向廉价劳动费区位偏离的可能性就大；否则，这种可能性就小。但韦伯也认为，劳动费用指数只是判断劳动费指向的可能性的大小，而不是决定因素。因为尽管某种产品的劳动费用指数高，但如果该产品生产所需要的区位重量非常大，也不会偏离运费最小区位。为此，他又提出"劳动系数"的概念，即每单位区位重量的劳动成本，来表示劳动成本的吸引力。

劳动系数＝劳动费/区位重量

劳动系数大，表示远离运费最小区位的距离就大；劳动系数小则表示运费最小区位的指向强。也可以进一步说，劳动系数越高，工业就会更倾向于向少数劳动指向区位集中。

劳动费指向受到现实中各种各样条件的影响，韦伯把这些条件称为环境条件。在环境条件中，人口密度和运费率对劳动费指向的作用较大，人口密度低的地区劳动力分布也稀疏，人口密度高的地区劳动力的空间分布密度也高。克服空间（运费最小点）偏离的距离与人口密度相关，人口密度越高的地区能克服的距离也越短，具有区位偏离的条件。人口密度低的地区劳动费相差小，人口密度高的地区劳动费相差大。因此，人口稀疏的地区工业区位倾向于运费指向；人口稠密的地域则倾向于劳动费指向。

另外，如果运费率低，劳动费节约率低的劳动供给地和偏远的劳动供给地的吸引力将发生作用。也就是说，劳动供给地吸引的工业部门会增加，最佳条件的劳动供给地的吸引力范围会扩大，使更多的工业集中在这个特定的劳动供给地。

综上所述，决定劳动费指向有两个条件：一是基于特定工业性质的条件，该条件是通过劳动费指数和劳动系数来判断；二是人口密度和运费率等环境条件。韦伯同时论述了技术进步与区位指向的关系，认为运输工具的改善会降低运费率，劳动费供给地的指向将变强，而机械化会带来劳动生产率的提高，降低劳动系数，导致在劳动供给地布局的工业会因运费的作用转向消费地。因此，技术的进步会产生两种相反的倾向。

四、工业集聚论

集聚因子就是一定规模的生产集中在某一地点所产生的"利益"，可以带来生产或销售成本的降低。与此相反，分散因子是随着消除这种集中而带来的生产成本的降低。

集聚因子的作用分为两种形态：一是由经营规模的扩大而产生的生产集聚，即一个企业由于大规模生产经营带来的利益；二是由多种企业在空间上集中产生的集聚，这种集聚利益是由企业间的协作、分工和基础设施的共同利用所带来的。

集聚可分为纯粹集聚和偶然集聚两种类型。纯粹集聚是集聚因子的必然归属结果，即由技术性和经济性的集聚利益产生的集聚，也称为技术性集聚。偶然集聚是纯粹集聚之外的集聚，如运费指向和劳动费指向的结果带来的工业集中。

分散因子的作用是集聚结果所产生的，可以说是集聚的反作用，这种反作用的方式和强度与集聚的程度有关。其作用主要是消除由于集聚带来的地价上升从而造成的一般间接费、原料保管费和劳动费等的上升。

韦伯进一步研究了集聚利益对运费指向或劳动费指向区位的影响，认为集聚带来的节约额比运费（或劳动费）指向带来的成本节约额大时，便产生集聚。图 6-4 表示有五个工厂 A，B，C，D，E 各自在区位三角形中布局，假设有三个工厂 C，D，E 在同一地点布局，可以享受到由集聚带来的成本节约，且每单位产品的生产成本节约为 2 个单位，为了获取集聚带来的利益，生产区位由最小运费点转移到该地点时，增加的运输成本不能超过 2 个单位。图 6-4 的圆圈线是五个工厂的 2 个单位的等费用线，在 C、D、E 三个工厂等费用相交叉的阴影部分，对每个工厂而言，运输成本增加额都小于 2 个单位，如果三个工厂的生产区位选择在该区域就会获得由集聚带来的利益（Smith，1971）。

为了判断集聚的可能性，韦伯提出了加工系数（单位区位重量的加工价值）的概念，该系数高的工业，集聚的可能性也大，相反，集聚的可能性就小。

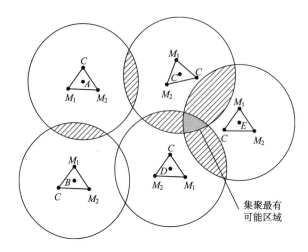

图 6-4　集聚与最小费用区位

资料来源：史密斯（Smith，1971）。

五、韦伯区位论的应用

1. 运费指向论的应用

按照韦伯的原料指数可将现实中的工业分为如下三种类型。

（1）原料指数大于 1 的工业，如钢铁业、水泥业、造纸业、面粉业、葡萄酒酿造业、制糖业和乳制品业等。下面以水泥业和乳制品业的区位布局为例进行分析。

水泥业。假设生产 1 吨水泥需要石灰石 1.33 吨、煤炭 0.43 吨、黏土 0.35 吨。当所有的原料都为一般原料时，那么，原料指数为 2.11。因此，区位选择在原料产地特别是在使用量大的石灰石产地，运输成本最低。现实中大型水泥厂几乎都是在接近石灰石产地布局。

乳制品业。以牛奶为原料生产黄油和奶酪的工厂是典型的原料指向性工业。一般生产 1 吨黄油和 1 吨奶酪大约分别需要 20 吨和 10 吨牛奶，而作为原料的牛奶都属于一般原料，因此，黄油和奶酪的原料指数都极高。从理论上讲，奶酪工厂和黄油工厂的区位具有如下关系，即原料指数相对大的黄油工厂将会比奶酪工厂在更远离市场的地点布局。

（2）原料指数等于 1 的工业，如啤酒酿造业、饮料制造业和酱油制造业等。下面以啤酒酿造业为例就这类工业的区位进行分析。生产 1 吨啤酒一般需要主要原料水 10

吨、大麦和啤酒花 0.03 吨。需要水较多是因为除啤酒酿造用水外，啤酒瓶的清洗和冷却也需要大量的水。啤酒酿造用水对水质有较高的要求，但水为一般原料，而大麦和啤酒花则属于局地原料。这样，啤酒酿造业的原料指数为 0.035，是典型的消费指向性工业。现实中啤酒厂几乎都布局于城市或其周边，即消费者集中的地区。

（3）原料指数大致等于 1 的工业，如石油炼化、机械器材和医疗器械制造业等。石油炼化是将原油精制后生产汽油、轻油和重油等石油产品的工业。石油化学工业是以石油精制得到石脑油为原料生产乙烯和丙烯等石油化学产品，然后再以此为原料生产聚乙烯和聚氯乙烯等合成树脂、合成纤维及合成橡胶等石油化学工业。这些工业的主要原料是原油或者其精制产品。原油是局地原料，从原料到产品其重量几乎不发生变化，接近于纯粹原料，因此，可将石油炼化工业和石油化学工业的原料指数看作 1。理论上讲，其生产区位是自由型。实际上，从世界石油化学工业的布局来看，既有在原油产地（波斯湾、墨西哥湾和大庆等）布局的，也有在消费地大城市（上海、南京、横滨、纽约等）布局的。

2. 劳动费指向论的应用

韦伯测定了当时德国机械、金属和运输机械工业的劳动费指向程度，测定方法是计算在劳动地布局的工业占德国整体工业的比例。结果发现：贵金属工业占 62%，金属工业占 43%，精密器械和光学器械工业占 43%，机械制造业占 24%，汽车制造业占 24%，电器机械工业占 11%，航空机械制造业为 0。根据这一结果大致可以了解不同制造业的劳动费指向趋势。

劳动费用指数和劳动系数大的纺织业与精密机械行业的区位是典型的劳动费指向性产业。纺织业及其他一些劳动密集型企业的区位选择基本是由大城市向周边和农村地区转移，其原因是在大城市劳动费用高，而都市周边和农村地区却有大量的廉价劳动力。但远离消费地（大城市）的工业布局会造成与最小运费点和工业聚集地的区位偏离，带来运费增加或不能享受集聚带来的利益增加。因此，一般向都市周边和农村地区分散的工业大多是劳动系数高或者对集聚（规模经济）利益要求不高，靠单纯劳动可进行生产的行业。

3. 工业集聚论的应用

工业由分散走向集聚，再由集聚趋于分散，已成为工业区位空间运动的一个规律。在这个过程中，有的属于偶然集聚，即因运费指向或劳动费指向导致在原料供给地或消费地的集聚，也有的属于纯粹集聚，即为了得到同种行业的集聚利益，而在已形成的区位空间内集聚（如消费地等）。

六、韦伯区位理论的总结及其意义

1. 韦伯区位理论的总结

如上所述，韦伯将工业区位的布局分为三个阶段进行分析，即运输费指向、劳动费指向和集聚阶段。运费是距离的函数，表现出明显的空间变化规律性。劳动费与空间有关，与人口的空间分布密度有关，但不像运费那样在空间上随着距离的变化具有明显的规律性。集聚是一个复合因子，不能归纳为单一的费用，空间表现性不太强。因此，从上述意义来讲，韦伯的区位论是由空间规则性、空间不规则性和空间不确性三个因子作用而形成的。

工业首先按照原料指数的大小分为在原料供给地布局型、消费地布局型和中间布局型，但对于在生产成本中劳动费用占比大的工业布局来说，未必就表现出运费指向，因此，必须分析劳动费的地区差异。当在廉价劳动费用地区布局所得到的劳动费用节约额比由此造成运费的增加额大时，就出现了第四种工业布局类型，即劳动供给地布局型。当集聚影响工业区位时，因为偶然集聚是运费指向或劳动费用指向的结果带来的，所以偶然集聚的结果会促进原料供给地和消费地或劳动供给地布局型区位的发展。纯粹集聚是集聚因子的结果产生的，集聚地不固定，如果集聚带来的节约额大于运费（或劳动费）指向产生的费用节约额，那么，集聚点就成为最小费用区位点。

2. 韦伯区位理论的意义

如同农业区位论鼻祖杜能一样，韦伯是第一个系统地建立了工业区位理论体系的经济学者。他的区位理论是经济区位论的重要基石之一，不仅是理论研究的经典著作，同时对现实工业布局仍然具有重要的指导价值。

综上所述，韦伯区位理论具有以下特色：①韦伯首次将抽象和演绎的方法运用于工业区位研究中，建立了工业区位理论体系，为他之后的区位论学者提供了研究工业区位的方法论和理论基础；②韦伯区位论的最大特点或贡献之一是最小费用区位原则，即费用最小点就是最佳区位点，他之后的许多学者的理论仍然脱离不开这一经典法则的左右，仅仅是在他的理论基础上的修补而已；③韦伯的理论不仅限于工业布局，对其他产业布局也具有指导意义，特别是他的指向理论已超越了原意，发展成为经济区位布局的一般理论。

当然，韦伯理论也有一定的局限性，对此我们应该以历史和发展的眼光来看待，同时要以新的理论加以充实。比如，当今世界由于技术和交通运输的发展，带来了原料使用量和劳动费以及运费大幅度削减，本来属于原料地和劳动供给地指向的区位类型，现在已变为消费地指向区位类型，特别是一些高技术工业布局受地区影响极小，工业区位的选择范围很广。在这种条件下，工业区位出现了新的指向型，如临空型、临海型和高智能型等区位类型。这些类型的工业区位不能直接地套用韦伯的理论，但换一个角度还是可以说明和解释的，至少也可提供一种思维方法。

第二节　区位的相互依存理论

继韦伯之后，对区位做出重要贡献的是瑞典经济学家帕兰德（Palander，1935）和美国经济学家胡佛（Hoover，1948）。帕兰德和胡佛的论著都用相当的篇幅批驳了韦伯区位理论的抽象性与非现实性，但非常遗憾的是，他们的理论最终又回到了韦伯理论的基点，即费用探讨上。当然，不能否认他们对市场空间的精辟分析和对运费理论的巨大贡献。

帕兰德和胡佛的理论与韦伯的理论有相似之处，都假定需求一定，追求费用最小。不过他们详细研究了市场空间与区位的关系，分析了市场空间界线的划分等问题，就这点而言，又不同于传统的最小费用理论，表现出向区位相互依存学派的发展。因此，帕兰德和胡佛的理论也是区位相互依存学派理论的一部分。

区位相互依存学派的代表人物是费特（Fetter）、霍特林和张伯伦等经济学家。他们把不完全竞争理论引入区位理论研究中，使经济区位理论由完全竞争逐步走向不完全竞争。不完全竞争最简单、最典型的一种形式就是空间竞争，即处于不同区位的不同生产者之间的竞争。相互依存学派的理论对勒施的利润最大化区位论影响较大。

一、帕兰德的区位理论

帕兰德于 1935 年完成学位论文《区位理论研究》，在他的论著中，用相当的笔墨对以前的区位论进行了介绍和评述，在此基础上提出了自己的区位理论。20 世纪 30 年代，对区位理论而言是一个重要的发展时期，因为当时经济学正处于一个非常活跃的时期。在价格理论方面盛行的不完全竞争理论对区位理论的发展影响尤其重要。其中，1929 年霍特林发表了"在竞争中的安定"一文，1933 年张伯伦出版了《垄断竞争理论》一书，同年罗宾逊出版了《不完全竞争经济学》，这些理论对区位理论由完全竞争走向不完全竞争无疑是一大推动力量。

在帕兰德的著作中，以一定的篇幅论述了霍特林的理论，帕兰德的本意是想把不完全竞争的概念引入区位理论研究中，试图以价格为变量研究区位空间的均衡。但他是在需求一定、费用可变的条件下，分析企业间在空间竞争中市场空间的占有问题，因此，仍未摆脱费用最小化的思想。不过他对费用的分析远远超过韦伯，尤其是在运费分析上，提出了远距离运输成本衰减的思想，无疑是对区位理论做出的一大贡献。

1. 区位与市场空间

帕兰德在构建自己的区位理论时重点研究了以下两个问题：一是在原料价格、地点以及市场位置已知的条件下，生产区位选择在哪里？二是在生产区位、竞争条件、工厂费用和运费率已知的情况下，价格如何影响企业的产品销售空间范围？关于市场空间大小如何决定的问题，帕兰德通过自己设计的直线市场这一简单模型进行了说明，他研究在直线市场上只有两个生产同样产品的企业，其市场空间界线如何划定的问题。

非常让人吃惊的是，他引用了1885年劳恩哈特"国民经济学的数学基础"一文中的理论，圆满地解决了这一问题，这也进一步说明劳恩哈特在区位论研究中的地位。劳恩哈特假定在相距 l 的两点 A 和 B 围绕市场空间展开竞争，消费者购买产品所要支付的费用是产地价格加上从产地到消费地的运费。每吨千米的运费即运费率分别为 f_A 和 f_B。对于消费者来说，尽量在购买费和运费最小的地点完成购买；对于各生产者而言，通常首先在自己的周边销售商品。A，B 两点的空间分界线是在从任何一方生产者购买商品其价格都相同的地点。这种无差别的地点要满足以下条件：

$$P_A + f_A \sqrt{x^2 + y^2} = P_B + f_B \sqrt{(l-x)^2 + y^2} \tag{6-4}$$

帕兰德将由 A 和 B 两地的购买费相等的所有几何学点的轨迹称为竞争力线。在某地的价格如果等于生产地价格加上运送到消费地的运费，那么，该地方价格（运费与距离呈比例时）将随着与生产地距离的增加，在所有的方向都会同样增加。用几何学来说，地方价格的高低呈漏斗状，漏斗的最下端就是生产地。所有竞争地的地方价格都呈漏斗状。在这些漏斗相交的地点，价格与购入地无关，都相等。这样，等竞争线可看作是两个漏斗相交叉部分在平面上的投影线（图6-5）。

在上述理论基础上，帕兰德进一步研究了生产地价格与运费相对变化情况下市场空间的界线问题（图6-6）。

（1）当两个竞争地具有相同的出厂价和相同的运费率，即 $P_A=P_B$，$f_A=f_B$ 时，等竞争力线的方程为：

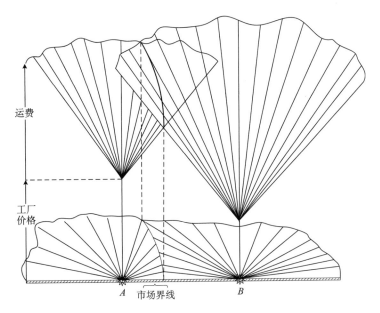

图 6-5　帕兰德的市场空间分割

资料来源：帕兰德（Palander, 1935）。

$$\sqrt{x^2 + y^2} = \sqrt{(l-x)^2 + y^2} \tag{6-5}$$

即 $x=l/2$。这样，两竞争地的市场空间由一直线所分割，该直线正好位于两竞争地的市场空间的中间。

（2）当两竞争地的出厂价相同（$P_A=P_B$），运费率（$f_A/f_B=k$，$k>1$）不同时，等竞争力线的方程为：

$$\left(x - \frac{k^2 - l}{k^2 - 1}\right)^2 + y^2 = \frac{k^2 l^2}{(k^2 - 1)^2} \tag{6-6}$$

在这种情况下，等竞争力线为一个圆，该圆中包含了高运费率企业的市场空间。其中心在距一个企业 $k^2 l/(k^2-1)$ 处，半径是 $kl/(k^2-1)$。

（3）两竞争地的运费率相同（$f_A=f_B$）时，下式成立，即：

$$P_A + f\sqrt{x^2 + y^2} = P_B + f\sqrt{(l-x)^2 + y^2} \tag{6-7}$$

如果 B 地的出厂价比 A 地高，当 $w=(P_A-P_B)/f$ 时，等竞争力线的方程为：

$$\sqrt{x^2 + y^2} - w = f\sqrt{(l-x)^2 + y^2} \tag{6-8}$$

上式可变为：

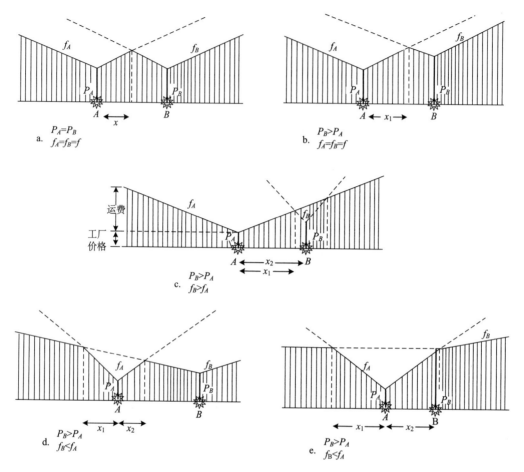

图 6-6　市场空间竞争

资料来源：帕兰德（Palander，1935）。

$$\frac{(x-l/2)^2}{w^2/4} - \frac{y^2}{(l^2-w^2)/4} = 1 \qquad (6\text{-}9)$$

此时，等竞争力线为双曲线的一个分支。其中心坐标为（$l/2$，0），即为连接 A 和 B 线的中点。双曲线与该直线在距 A 点（$l/2+w/2$）的距离处相交，运费在此最小。w 越小，越接近于第一种情况，双曲线也将趋于直线。

（4）当 $l=0$，即 A 和 B 一致时，表示在同一供给地产品间的竞争。运费高的产品价格与竞争产品相同或更高时，将会被从市场空间中驱逐出去。但是，如果高价产品的运费低廉（即 $P_A > P_B$，$f_B < f_A$）时，等竞争力线的方程为：

$$P_A+f_A\sqrt{x^2+y^2}\ =P_B+f_B\sqrt{(l-x)^2+y^2} \tag{6-10}$$

上式亦可变为：

$$x^2+y^2=\left(\frac{P_B-P_A}{f_A-f_B}\right)^2 \tag{6-11}$$

在这种情况下，等竞争力线是以 $(P_B-P_A)/(f_A-f_B)$ 为半径的圆，内侧为价格低的产品的市场空间，而价格高的产品可能在距生产地 $(P_B-P_A)/(f_A-f_B)$ 以外的地方销售。

（5）在等竞争力线的最初方程式中，如果假设 $y=0$，那么，价格高低与市场空间大小的问题只限定于连接 A 与 B 的直线上。帕兰德认为在这种情况下的实际意义为：当两个竞争地在一条铁路或其他运输手段的沿线上时，在任何条件下，价格是依赖于连接 A，B 直线上的 A 和 B 点间的距离。在这种情况下，能够看到上文所述的两竞争地的价格漏斗断面图。

将 $y=0$ 代入等竞争力线方程：

$$P_A+f_A\sqrt{x^2}\ =P_B\pm f_B\sqrt{(l-x)^2}$$

即：

$$P_A+f_Ax=P_B\pm f_B(l-x) \tag{6-12}$$

图 6-6 表示两个竞争地的价格漏斗相交得到的五种类型。第一种情况表示两竞争地的价格和单位距离的运费相同，因而市场空间的界线在 A 和 B 中间（图 6-6a）。

$$x=l/2$$

第二种情况表示运费率相同，但区位 B 的出厂价高于区位 A，因此，在两个竞争地间 A 将占有更大的市场空间，当 B 的价格太高时，其产品有可能会被从市场空间中驱逐出去图 6-6b。市场空间界线在距生产价格相对低的区位 A 为：

$$x=\frac{f\,l+P_B+P_A}{2f} \tag{6-13}$$

第三种情况表示区位 B 的出厂价和单位距离的运费都比 A 高，但仍可占有较小的市场空间（图 6-6c）。

$$x_2-x_1=\frac{f_Bl-P_B+P_A}{f_B-f_A}-\frac{f_Bl+P_B-P_A}{f_B+f_A}=\frac{2(f_Bl-P_B+P_A)\,f_B}{f_A{}^2-f_B{}^2} \tag{6-14}$$

第四种情况是区位 A 比 B 生产价格低，但运费率比 B 高，这时尽管 A 占有一定的市场空间，但在其左侧的市场空间也被区位 A 所占有（图 6-6d）。

$$x_2-x_1=\frac{f_Bl+P_B-P_A}{f_B+f_A}-\frac{f_Bl+P_B-P_A}{f_B-f_A}=\frac{2f_A(f_Bl+P_B-P_A)}{f_A{}^2-f_B{}^2} \tag{6-15}$$

最后一种情况与第四种情况相似，区位 B 的生产价格太高，以至于在自己周围的市场都被 A 占有，但由于其运费率极低，能占有右侧一定距离外的市场空间（图 6-6e）。

$$x_2-x_1=\frac{P_B-P_A-f_Bl}{f_A-f_B}-\frac{P_B-P_A+f_Bl}{f_A-f_B}=\frac{2(P_B-P_A)}{f_A-f_B} \tag{6-16}$$

生产者占有的市场空间大小将会影响其获得的利润。在每单位产品的生产费和利润给定时，如果销售量与市场空间的大小有关，那么总利润是生产地与产品销售市场间距离的函数。任意一个生产者的销售空间或利润将会受到其竞争者的区位决策或其他行为的影响，由此可见，帕兰德已经考虑了企业间的相互依存关系。

2. 运费与区位理论

帕兰德在分析了企业市场空间竞争的基础上，研究的目光转向在原料价格和分布地以及市场给定时，生产区位选择在哪里的问题。这也是韦伯关注的问题，但他对这一问题的研究超越了韦伯，尤其是对运费理论的贡献更加引人注目。

帕兰德为了说明运费对区位的影响，采用了韦伯的等费用线的分析方法。但他不仅使用等费用线和等交付价格线，还提出了等距离线（从某一地点开始距离相同的点的连线）、等时间线（从某一地点开始运送时间相同点的连线）、等商品费用线（某商品所需要的费用相同地点的连线）和等运送费线（特定商品的运费相同地点的连线）等概念。

帕兰德从点、线和面的角度分析了运费，他认为运输平面是内部所有的地点按照一定的运输手段结合而成的空间，运输线是地点群的连线，运输点是运输线上铁路站或各运输手段的连接点。

帕兰德对运费率与等费用线间的关系也有浓厚的兴趣。他在假定运费是运送距离的函数的前提下，认为运费有两种形式，即与距离呈比例变化的运费和远距离递减的运费。

前者是指运费的增加与距离呈均等增加；后者是指随着距离的增加，单位距离的运费在递减（图 6-7）。在这两种形式下，等运费线的表现形态也不相同。前者的等运费线是围绕给定的某一点呈一定间隔的同心圆状变化；后者随着距离的增加，单位距离的费用在递减，因此，等运费线的间隔会变得越来越宽（图 6-7）。

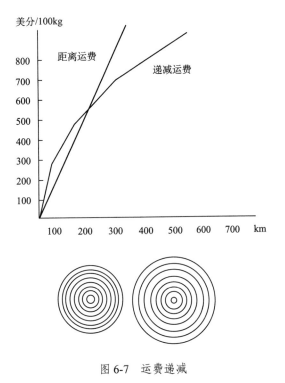

图 6-7　运费递减

资料来源：帕兰德（Palander, 1935）。

为了进一步说明该问题，他研究了原料地和消费地分别只有一个的简单模型。他认为，当运费率均等时，总运费在上述两地点（原料地和消费地）的连线上到处都相同；当运费率可变时，总运费在原料供给地和市场比其两地点中间的任意区位都低。如果存在第三个地点，与劳恩哈特和韦伯使用的区位三角形类似（图 6-8a）；运费从各地点随着距离的均等增加时，在三组等运送费线处划出的等费用线表示在三角形的内部存在运费极小点（图 6-8b）；当运费率为可变运费率时，在顶点的区位更具有吸引力（图 6-8c）。

从上述分析可得出如下结论，按照帕兰德的理论在区位三角形内部能够找到运费极小点的情况比韦伯理论所述的情况要少得多。也就是说，在现实世界中运费率一般是可变的，那么，最佳区位选择在原料地或者市场的可能性更大。等费用线的分析方法也适用于多种原料供给地或不同运输手段情况下复杂情况的研究。

帕兰德也认为，在区位选择时，运费最小地点当然是最佳的生产地，可是随着生产地的选择，其他所有的费用也在发生变化。因此，生产地的区位就不能只从运费最有利的角度考虑。最佳的生产地应该是生产的所有费用的总和最小。

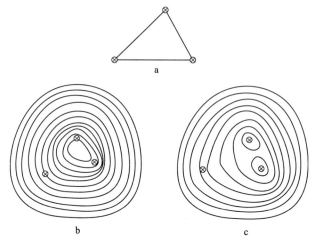

图 6-8　帕兰德的区位三角形模式

资料来源：帕兰德（Palander，1935）。

二、胡佛的区位理论

胡佛在研究了制鞋和制革工业的基础上，于 1937 年完成了名著《区位理论与制鞋、制革工业》一书，之后又在 1948 年出版了更为全面的理论著作《经济活动的区位》。胡佛最初的理论受到帕兰德的区位思想影响较大。

1. 区位与市场空间

胡佛（Hoover，1948）的理论是在生产者（或消费者）之间存在着完全竞争、生产要素具有完全的可移动性的假定条件下，研究运费和生产费对区位的影响。最初他分析的是在资源分布地已知的条件下，各采掘工业的生产区位如何影响其市场空间。胡佛理论中所说的交付价格（产品最终价格）与帕兰德相同，是采掘费加上运费之和，该值可以用从生产地向外呈放射状且交付价格相同地点的连线即等交付价格线来表示。消费者如帕兰德分析的那样，是从最低交付价格的供给地购买产品。这样，两个生产者的市场空间界线就是以两个供给地为中心的交付价格相同地点的连线。

当采掘费一定时，运费成为影响价格的唯一变量。他认为采掘工业的特点是随着市场空间的扩大，平均费用也伴随着生产的增加而上升，其对市场空间界线的影响如图 6-9 所示。在该图中费用或价格由纵轴表示，距离由横轴表示。矿产的采掘地为 X；A，B 和 C 表示在同一方向市场空间可能的终点。供给空间为 XA 时，生产费由纵轴上

的距离 X_a 表示，aa' 表示随着远离采掘地 X 点，运费的增加情况。胡佛称其为运费斜线，该线是等交付价格线图的断面图。如果市场扩大到 B 点，那么，采掘费为 X_b，这时新的运费斜线（bb'）也同时产生。扩大到 C 点也会有同样的影响。a'、b' 和 c' 等类似的点成为市场空间的终点，这些点的连线胡佛命名为边界线（margin line），即市场终点的交付价格的连接线。如果画出同样矿物 Y 的供给地的边界线，那么，两者的交点就是两市场空间的界线。在交点上交付价格从 X 或者 Y 运送都相同。但在别的地点，一侧的供给比另一侧将以便宜的价格提供产品。

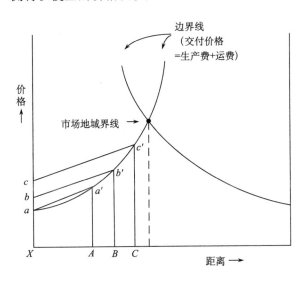

图 6-9　两个生产者的市场地域界线

资料来源：胡佛（Hoover，1948）。

　　上述分析的是关于采掘业的情况，对于制造业产品的市场空间形成，只要对上述理论进行修改便可使用。制造业随着产出量的增加，如果生产费减少，那么，即使消费地不断地远离生产地，边界线也会呈下降的趋势。这主要是由于规模经济带来了市场空间扩大，带来了产出量的增加。但是，当达到报酬递减点时，边界线转为上升。

　　胡佛就边界线的倾斜与工业区位的关系进行了分析。他认为边界线在离开采掘点之后，以极大的角度上升时，说明其他的生产者容易在交付价格相对高的供给空间的中间地区布局。这也说明不同的生产者数会增加，但各自的供给空间将要缩小。规模经济产生的报酬递增或远距离运费递减带来了产出量的增加，会使得独立的生产者数减少，生产者的市场空间扩大。胡佛还研究了消费者分布和需求弹性与边界线的倾斜关系。

2. 生产费、集聚经济与区位理论

（1）生产费与市场空间

胡佛的费用理论受韦伯的理论影响较大。他认为，当生产费不存在差异时，最佳区位就是最小运费点。当然，这一点可能是原料供给地，也可能是市场，或者是这两者中间的任意一点。最小运费区位可通过围绕给定的原料供给地和市场画出一组等交付价格线，然后在此基础上找到等总费用线（等费用线）。

如果市场已知（图 6-10），只存在两个原料生产地，那么等费用线的最内侧（主原料产地 M_1）就成为最小运费点，生产区位也就决定于此。

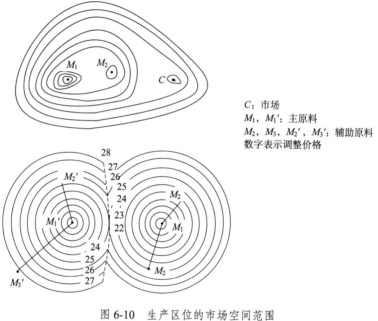

C: 市场
M_1, M_1': 主原料
M_2, M_3, M_2', M_3': 辅助原料
数字表示调整价格

图 6-10　生产区位的市场空间范围

资料来源: 胡佛（Hoover, 1948）。

如果原料产地已知，原料指向工业的两个地点为 M_1 和 M_1'，那么意味着等费用线同时也等于产品交付价格。M_1 和 M_1' 的生产费如果相等，只要 M_1 的运费便宜，其市场空间就会扩大；如果运费相等，M_1 的生产费低廉的话，也会扩大市场空间。

当生产费存在地区差异时，较低生产费地点的市场空间就会扩大；当该地点可以向运费最小点的市场供给产品时，那么在生产费最低点布局比在运费最小点布局更有利。

比如，原料 M_1 和 M_2 的运费指数极大，生产区位就会只受运费的影响，在这种情况下，通常是在原料产地（M_1 或 M_1'）布局。在生产过程中也可能使用原料指数比较小的两个原料产地（M_2 和 M_2'）。由于只考虑运费的影响，原料产地 M_1 和 M_1' 将把整个市场空间分割。但是，如果地点 F 的生产费比 M_1 或者 M_1' 低，对某产品存在一个不论从 M_1（或 M_1'）还是从 F 都以相同的交付价格（生产费加上运费），那么在 M_1（或 M_1'）点布局的运费节约与在 F 点布局的生产费节约正好相等（图 6-11）。这样运费最小点 M_1 或 M_1' 与生产费最低点 F 的市场空间界线就可划分开。

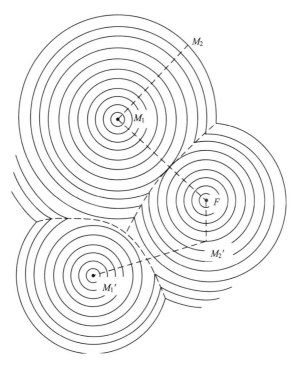

图 6-11　胡佛的等费用模式

资料来源：胡佛（Hoover，1948）。

（2）规模经济与市场空间

胡佛同时研究了规模经济与市场空间的关系。他认为所谓的规模经济就是意味着生产费用因市场空间的规模而不同。比如在图 6-12 中，生产地 A 的市场空间到 L 时，在 A 点的生产费用 AC 表示，在 L 点的价格用 LQ（CQ 为运费的倾斜线）表示。如果市场空间扩大到 M 和 N 时，A 点的生产费为 AR 和 AT，在 M 和 N 点的价格为 MS 和 NU（RS 和 TU 分别为运费的倾斜线）。Q，S 和 U 等为在市场空间末端的交付价格，即边界线。可见，随着市场空间的扩大，由于规模经济带来了生产费的降低；但在一定地区生产过度集聚就会出现规模不经济，生产费将再次上升。胡佛把边界线与运费线相切的点作为地区规模经济与规模不经济的分界点。从生产费的角度而言，该点是市场的最佳规模。

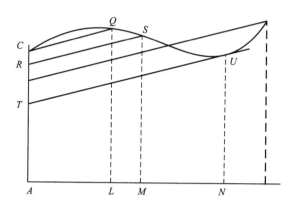

图 6-12 规模经济与市场空间

资料来源：胡佛（Hoover，1948）。

如果同时考虑生产地 A 和 B 的边界线，当 A 的边界线如图 6-13 那样，把 BD 在 D 的下方切断时，表示生产地 A 将生产地 B 从市场中驱逐出去；当两生产地的边界线相交，如图 6-14 那样，表示市场被生产地 A 和 B 分割。当一方的运费率低时，它的市场空间将会扩大。

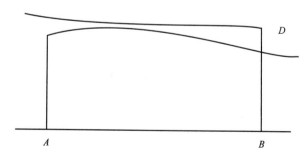

图 6-13 市场空间的垄断

资料来源：胡佛（Hoover，1948）。

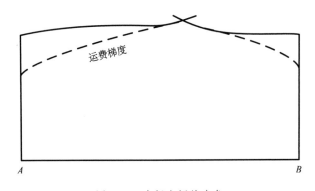

图 6-14 市场空间的竞争

资料来源：胡佛（Hoover，1948）。

关于集聚的形成胡佛也进行了分析，他认为集聚主要有三种方式。①规模经济：对单一企业而言，是随着其内部生产规模扩大到某一点才能形成的。②地方化经济：对某一地区某一行业内的所有企业而言，是随着该地区该行业的总产出的扩大形成的。③城市化经济：对某一地区所有行业的所有企业而言，是随着地区经济总量（人口、收入、产出或财富）的扩大而形成的。胡佛关于集聚的三种形成方式至今都是关于集聚经济研究的重要依据。

胡佛和帕兰德具有相似的看法，对韦伯强调的在区位三角形内部存在最小运费点也提出疑义。他认为，即使假定运费率不变，在三角形顶点之外的场所存在最小运费点的可能性也很小。原料供给地或市场比其他顶点具有更大的吸引力，如果考虑到运费存在远距离衰减，在顶点之外的其他地点布局的机会就更少。

三、霍特林的相互依存区位分析

相互依存区位论主要是研究在不完全竞争条件下均衡状态的形成过程，探讨在直线市场条件下存在两个竞争企业时区位与市场空间的关系。最初对此进行研究的经济学者是费特，他主要研究了企业在尽可能将自己支配的市场空间扩大的竞争条件下，如何影响市场空间的形态（江泽让尔，1967）。他的思想在 20 世纪 30 年代主要区位理论学者的著作中都有所体现，但对区位论学者影响最大的是同时代的霍特林。

霍特林为代表的相互依存区位理论假定生产费一定，市场不是韦伯的点状市场，而是在空间中分布的市场（但在理论研究中，假定为"线状"市场）。企业的交付价格因区位不同而不同，各个企业都尽力以低于竞争企业的价格向消费者销售，而交付价格与克服企业与消费者间的距离所支付的运费有关。各个企业在选择区位时，都想尽量占有更大的市场空间，这样市场空间的大小受到消费者的行为和其他企业的区位决策的影响。某企业如果以低于竞争者的价格能够在某市场空间销售产品，那么，该市场就会被该企业所垄断。该学派认为区位和市场空间的关系取决于需求空间的差异及企业区位间的相互作用关系。

霍特林假定相互竞争的两个冰淇淋销售商在向沿海岸线均等分布的消费者供给相同的产品冰淇淋，每个消费者每单位时间内购买一个冰淇淋。在这种情况下，他得出的结论是，两个销售商将在海岸的中央位置集中布局，分别占有市场的一半。

霍特林的结论是产生在以下假定前提下：①消费者在空间上均等分布；②产品需求是无限的且是非弹性的；③生产成本在所有的区位都均等；④产品的运费率在所有的区位都相等；⑤生产者按照工厂生产价格销售，从工厂到消费者的运费由消费者支付。在这种条件下，如果只有一个企业 A 时，在任何区位布局都能占有所有市场空间。第二个企业 B 的区位选择同样是自由的，但他考虑到与 A 的竞争，在市场中央尽量靠近 A 的地点布局是最有利的。这样企业 A 和 B 分别向市场的左半侧和右半侧供给（图 6-15）。如果 B 在其他的地点布局（图 6-15b），正如两条交付价格线表示的那样，B 在市场的

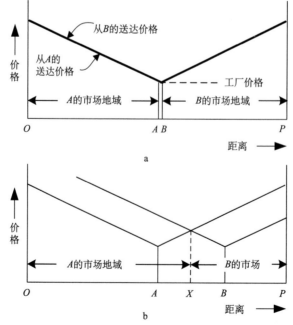

图 6-15　无限非弹性需求条件下的市场竞争

资料来源：史密斯（Smith，1971）。

右侧比在市场的中央布局交付价格要低。但需求是无限的且是非弹性的，买方不论在怎样的价格下都会购买。因此，像这样的区位选择对 B 来说没有任何利益，而且离开 A 的区位选择意味着 A 将会通过竞争占有 A 和 B 之间的部分市场。总之，尽量接近 A 并且在市场中央布局是 B 支配一半市场的唯一区位选择，这样两个企业能垄断支配属于自己的市场。霍特林认为，在上述情况下，如果有第三个企业加入，其区位也应该是接近 A 和 B，但不是两者之间，如果还有其他企业加入时同样如此。

经济学者张伯伦认为，有第三个竞争者时，A 和 B 将在 1/4 的地点布局，C 在这两者之间的某地布局，并且随着企业数量的增加，将会出现两个企业一组沿直线呈分散分布的趋势。这就是说，在需求无限且非弹性的条件下，生产区位向市场中央集聚，即霍特林的理论推演是不可信的。

如果需求是弹性的，即价格对销售量有影响时，那么，在交付价格最高的市场末端，降低交付价格非常重要。在这种情况下，两个企业将在直线市场的 1/4 处布局（图 6-16），其原因是这样可使运费最小，从而达到消费量最大，各企业都能得到一半市场。这种区位选择的运费节约（阴影部分）与在中央布局的运费节约（斜线部分）相比较要更多，并且比其他可能的区位选择也更有利（图 6-16）。

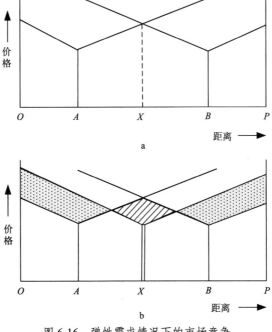

图 6-16　弹性需求情况下的市场竞争

资料来源：史密斯（Smith，1971）。

帕兰德和胡佛的理论与区位相互依存学派都研究市场空间，但他们强调的重点和假定条件不同。帕兰德和胡佛的研究是在区位给定条件下，探讨企业的市场空间大小和形状；区位相互依存学派则强调需求对区位的影响，对市场空间的大小和形状的兴趣不大。区位相互依存学派如同韦伯忽视了市场空间问题一样，他们完全忽视了费用指向性理论。

第三节   利润最大化区位理论

以韦伯为代表的最小费用区位论，在假定需求一定，且对企业区位选择不产生影响，即不考虑需求因子的条件下，认为单一企业区位的选择动机是追求费用最小。以霍特林为代表的区位相互依存学派，在假定的线状市场上存在着相互竞争的企业，认为能够占有更大的市场空间（销售量）的区位就是最佳区位。以勒施为代表的利润最大化区位理论则从需求出发，认为最佳区位不是费用最小点也不是收入最大点，而是收入和费用的差最大即利润最大的区位。

韦伯假定需求和价格已给定，即把收入看作是一定的，但事实上，需求随着价格的变化和市场空间大小的不同而变化，同时也与选择的生产区位有关。如果各生产区位的生产价格不同，那么，各生产区位所占有的市场空间大小也不同，即总需求不同，总需求的差异会带来收入的不同，最终导致最佳区位的空间变动。总之，价格、需求和区位之间有着密切的关系。

在勒施之前，虽然帕兰德、胡佛和霍特林等学者都重视市场空间的研究，但帕兰德和胡佛是假定区位已知，研究在完全竞争条件下市场空间的大小和分割情况，而不是研究需求对区位选择的影响。相互依存学派尽管研究市场空间的垄断对区位选择的作用，但也把需求假定为无限的且是非弹性的，这就是说，价格的变化对需求不产生影响。后期的研究者虽然对这一条件作了修改，但是与前期的学者同样忽视了费用的研究。因此，正如勒施所说的那样："如同追求费用最低点一样，认为销售最大的地点是最佳区位的想法同样是错误的，只有利润最大的地点才是最佳区位点。"

勒施在《经济空间秩序》一书中讲到，杜能和韦伯的区位论是将现实中的许多条件抽象之后建立的非常单纯的区位模型，是以完全竞争为前提，研究个别经济区位的部分均衡区位论。在部分均衡论中给定和假定的条件包括需求、原料与市场的区位。在这之前的研究，已解决了基于部分均衡论上的区位问题，下一个要研究的问题是在一般均衡论基础上的区位理论。从经济学角度探讨区位的相互关系，寻找对区位有利因素的同时，也必须考察其反作用。总之，我们必须研究一般的原理。这样，区位体系的均衡像过去那样简单的模式已不可能说明了。由此可见，勒施在传统区位论的基础上，将自己的研究视点转移到新的研究领域，从不完全竞争角度研究一般均衡区位理论，这就是勒施与他之前的区位论学者在研究视点上的区别所在。

勒施的区位论不是说明在现实世界中经济活动的区位，而是试图研究在已知的简单化的条件下，怎样的区位模型能够满足规定的均衡状态的诸多条件。他的基本哲学认为，在混沌的经济世界背后，存在着秩序、规律和原因。关于理论与现实的关系，在勒施的《经济空间秩序》一书中，他曾讲过："必须要区别现实的区位问题和合理的区位问题，两者不一定一致……如果认为存在的东西一定合理，否则就不存在，那么，这个结论是很危险的。经济学者的真正义务不是说明我们的悲惨现实，而是去改造它。最佳的区位问题比现实的区位决定远远有价值。"

勒施受经济学家瓦尔拉斯的经济均衡理论影响，试图将这种思想引入空间经济分析中，而建立所谓的区位一般均衡模型，他的这种研究方法对前文提到的农业区位论学者邓恩的研究也具有一定的影响。

勒施认为区位的均衡取决于两个基本因素：对于个别经济而言，是追求利润最大化；就经济整体来说，是独立经济单位数最大化。他认为后者是来自外部竞争的作用，前者是内部经营努力的结果。也就是说，个别经济单位如企业生产者会把自己的生产区位选择在能够得到最大利润的地点，而消费者将自己的消费空间选择在价格最便宜的区位点。但就整个经济而言，通常存在许多的竞争者，当新的竞争者加入市场时，各经济单位所占有的空间会缩小到自己的利益消失点，这样，经济整体内部存在两个力的作用：一是对空间的获取；另一是其他经济单位对空间的再夺取，各方的动机都是追求利润的最大化。勒施认为区位是由这两个力的均衡点所决定的，区位间这种相互依存性带来的均衡，可通过区位一般方程式体系来表示。另外，他提出了对于独立生产者、消费者或农业和工业都适应的一般均衡的条件，以工业为例建立了一组方程式。

勒施的第一个条件是，对于个别单位的区位必须尽可能是有利的。企业在整个地区和自己的市场圈内部选择能够得到最大利润的区位，农业生产者以同样的目的决定自己土地购买场所及在农场内建筑物的位置，消费者以同样的原理选择居住地。从这一条件不难看出，实际上，勒施把农业区位问题同样看作一个点，即在最大利润的驱使下，选择最佳的土地或农场内建筑物的最佳位置，这与杜能的区位理论不同。第二个条件是，独立经济单位数尽可能最大，即区位数应尽可能达到将整个空间全部利用。第三个条件是，所有的经济活动都不能得到超额利润。后两个条件只有在自由竞争市场下才能成立，如果在垄断经济条件下很显然不能成立。第四个条件是，购买圈、生产圈和销售圈尽可能小。第五个条件是，在经济圈的边界上同时属于相邻的两个区位是没有差别的，即边界线是无差别线。对应于各条件勒施都建立了相应的方程式，从数学角度进行了精确的论证，但方程式的解很难得出，因而意义不大。

　　勒施是第一个从整个区位相互关系的抽象角度来研究完全一般均衡的学者，其思路是非常出色并值得借鉴的。对此勒施曾谈到："在我们的推论中具有重要意义的不是存在着未知数和同等数量的方程式，也不是说明像经济学的其他分支那样，区位相互间在某种条件下均衡也有可能成立的事实，重要的是想明确在这种条件下的内容。"

　　勒施最大利润区位论的空间均衡形成过程是这样的：只有一个农场主时，当他生产的啤酒超出了自己的需要之外，其剩余部分将用来销售，其销售市场空间是一个圆。但是，当其他农场主也加入啤酒生产时，由于竞争销售空间会缩小，最终整个空间将会由圆变为六边形。六边形既具有最接近于圆的优点，也具有比三角形和正方形等其他多边形运送距离短的特点，因此，需求可达到最大化。这一点克里斯塔勒在其名著《德国南部中心地原理》一书中曾论述过，他认为，六边形每单位面积的需求最大，并且由中心到市场空间内的所有地点的距离总和最小。

　　按照勒施的理论，区位空间达到均衡时，最佳的空间模型是正六边形。但在现实中，区位空间模型呈六边形的情况很少。即使表现出六边形的空间模型，也以商业和城市区位为主，而工业区位一般不具有这一特征。这并非是说勒施的理论存在问题，而是工业与商业、城市与农业在本身性质上存在差异。工业区位不像商业和城市区位那样，其销售和服务空间以本身依托的地域为主，而是超越地域，其销售范围相对较广。另外，依托的地域也不同于商业或城市，存在着区位之间的相互竞争，工业的竞争一般是超地域的竞争，在其依托的地域由于各自生产的东西未必相同，因而各区位之间不一定是一种竞争关系，也可能是一种互补关系。这就是说，工业区位不存在像商业或城市区位那样，其区位主体之间有一定的类似性和职能等级的差异性。

　　勒施对经济区位论的贡献还体现在他对集聚的分析上。他认为城市的形成与企业在特定区位的集聚有关，集聚类型包括：一是大型联合企业在特定区位的发展带来的集聚；二是同类企业由于外部性、位置和供应利益、内部竞争等在特定区位的集聚；三是不同类型企业以相关关系为条件形成的集聚，如基础设施共享等；四是偶然集聚，这一点韦伯的工业区位曾经论述过，克鲁格曼在他的理论分析框架中也继承了这一点。

最大利润区位论与费用最小化区位论、区位相互依存学派的理论相比较，市场不是韦伯学派的"点"状市场，也不是霍特林相互依存学派的"线"形市场，而是蜂窝状的正六边形"面"状市场。勒施的区位论在垄断竞争情况下，首先着眼于确定均衡价格和销售量，即平均生产费用曲线和需求曲线的交点，其次通过它来确定市场空间均衡时的面积和形状。也就是说，在给定的经济空间内，随着生产区位数量的极大化，使各区位得到的利润极大化，由这一条件出发来规定市场范围和形状。勒施研究的前提不是建立在完全竞争的市场条件下，而是以不完全竞争和垄断竞争为前提来寻找利润极大化的区位点。总之，以勒施为首的利润极大化区位论是比较完善和系统的区位理论。当然，正如许多学者批判的那样，也存在一些问题，如区位理论建立的条件的非现实性，即假定原料、人口分布和交通条件相同以及消费者的嗜好、技术知识水平相同等。在区位论研究中，抽象的研究方法是必要的，其实所有区位论研究者的模型的建立都不可能完全从现实出发，都必须进行一定的地域条件假设。勒施的区位论存在的缺陷主要是他对空间的费用差考虑不足，尽管他认为最佳区位点是由收入和费用两个因子所决定，但他主要考虑的是需求因子。他认为，在均衡状态下，能够存在的区位是指占有一定销售空间的区位，费用因子是通过制约市场空间大小的运费或有效需求最大时的集聚利益来反映。因此，格林哈特对勒施的理论进行评价时说，勒施虽然强调最大收入与最小费用的差即利润最大化是最佳区位，但他对费用因子几乎没有考虑。

关于勒施区位理论的具体内容将在城市区位论一章中介绍。勒施之后该学派的研究者将竞争者间区位决策的不确定性、竞争者间垄断和竞争的关系等引进了区位理论中，使该学派研究日臻完善。

第四节　工业区位论的发展理论

勒施之后的区位论学者基本是在韦伯、帕兰德、胡佛、霍特林和勒施等的区位理论基础上进行修改和发展，其中对区位论发展做出重要贡献的学者有格林哈特（Greenhut，1956）、艾萨德（Isard，1968）、诺斯（Nourse，1968）和史密斯（1971）等。

一、艾萨德对区位指向理论的发展

区位指向理论一直是工业区位论学者研究的主要课题。从劳恩哈特的运费分析，发展到韦伯的费用体系研究，以及在此基础上，帕兰德和胡佛对运费及其他生产费用研究的进一步升华，都体现了费用指向对工业区位选择的重要性。胡佛曾讲到，区位指向理论和市场空间理论是区位理论的重要组成部分。区域科学创始人艾萨德对运费指向理论的研究也引人注目。

1. 运费指向理论

艾萨德对运费指向理论是通过"替代原理"（substitution principle）进行研究。该原理最初是安德里亚斯·普兰德尔（Andreas Predohl）为了将区位论和一般经济理论相统一而引入区位论研究中的（艾萨德，2011），摩西关于生产要素投入替代与生产区位关系做了大量的工作（麦卡恩，2010）。其实，勒施也曾谈到替代原理对区位分析的可能性，但遗憾的是他没有进行具体的研究。

艾萨德区位指向理论的特点是运用替代原理分析区位均衡。为了分析经济空间关系，他提出了"输送投入"（transport input）的概念。所谓输送投入，是指单位重量移动每单位距离的必要投入。他认为输送投入与资本、土地、劳动投入及企业经营者能力等生产要素具有类似性，所有这一切都是按照利润最大化原理投入，但输送投入意味着空间变量的增加，运费是其投入的价格。

艾萨德在研究区位均衡过程时，首先研究了生产活动对消费中心地、运费、原料价格、劳动和其他要素及产品不产生影响，以及其他生产者也不会进行报复手段情况下的简单空间区位模型。他假定购买企业产品的全部消费者都集中于 C 点，进行生产不可缺少的唯一原料为 M_1，如果有必要使用其他的生产要素，也把它作为"一般原料"，即对区位不产生影响。在这种条件下，如果 M_1 点的原料如同矿物资源一样，是不可移动的，那么，生产活动必然在 M_1 点进行，即韦伯所说的"原料指向区位"。但是，如果 M_1 点的原料是可移动的，且 C 和 M_1 之间有连接的交通线路时，那么，区位均衡点将在 C 和 M_1 之间的"区位线"（locational line）上（图 6-17）。

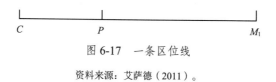

图 6-17   一条区位线

资料来源：艾萨德（2011）。

为了进一步说明这个问题，他使用了"转换函数"（transformation function）或"转换线"（transformation line）。该函数的含义是某工厂在 P 点布局时，以一定的输送投入 M_1 点把原料运到 P 点，这时距离变量为 M_1P。为了把产品运输到 C 点，同样要进行 CP 距离的输送投入。如果企业从 P 点沿 CM_1 线可左右移动，很显然 M_1P 和 CP 的值同时发生变化，距离变量的替代同时是运输投入的替代，表示这种替代关系的函数就称为转换函数。图 6-17 中 M_1P 和 CP 两个距离变量的变化关系用图 6-18 表示时，可得到一条斜率为 –1 的转换线。在此基础上，艾萨德进一步分析了随着原料地和消费地的增加，区位三角形、区位四边形和区位多边形的情况。

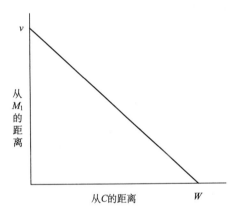

图 6-18　线性情形下一条转换线

资料来源：艾萨德（2011）。

区位三角形的情况是在上述的简单模型中，如果使用可移动的第二种原料时，消费地 C 和原料 M_1，M_2 作出的区位模型图。在区位三角形的情况下，可能会出现下列三种转换线（图 6-19）。

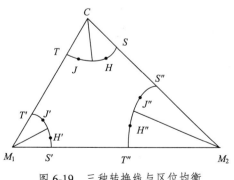

图 6-19　三种转换线与区位均衡

（1）从 M_1 点的距离变量一定，表示 C 和 M_2 间距离变量替代关系的转换线（$T'J'H'S'$）。

（2）从 M_2 点的距离变量一定，表示 C 和 M_1 间距离变量替代关系的转换线（$T''J''H''S''$）。

（3）从 C 点的距离变量一定，表示 M_1 和 M_2 间距离变量替代关系的转换线（$TJHS$）。

因原理相同，下面只分析第三种情况，即寻找距消费地 C 一定距离处的最佳区位。最佳区位不是一个点而是包含在区位三角形中的一条弧线。在坐标系中，把它作为转换曲线，可表示从 M_1 和 M_2 的距离变量替代关系（图 6-20）。但是，该转换曲线是在具有均一费用的运输工具，从所有地点向所有方向呈放射的假定条件下形成的，在现实中，潜在的区位均衡点是有限的。现假定 T，J，H 和 S 四点为可能选择的区位点，那么，转换曲线将变为连接各点的折线（图 6-21）。

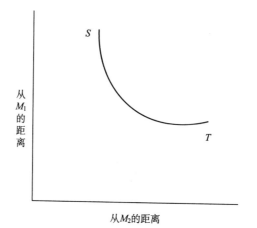

图 6-20　均一费用条件下的变换线

资料来源：艾萨德（2011）。

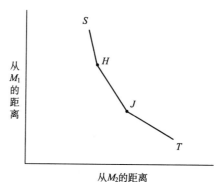

图 6-21　变换线的变形

资料来源：艾萨德（2011）。

为了从 S, H, J 和 T 四点中选择区位均衡点，有必要画出等支出线（equal outlay line）DB，FE 和 LG 等（图 6-22）。等支出线表示在给定的总运费支出下，与 M_1 和 M_2 各种距离的组合。

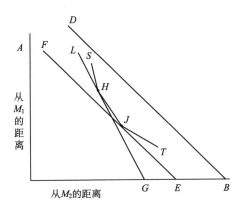

图 6-22　等支出线与区位均衡

资料来源：艾萨德（2011）。

从 M_1 和 M_2 以同一运费各运送 1 吨原料时，等支出线的斜率为 -1，由 DB，FE 表示。如果 M_1 的运费率比 M_2 的运费率低，像 LG 线那样，斜率就会比 -1 大；相反，则比 -1 小。等支出线越接近原点，从 M_1 和 M_2 到最佳区位的总运费的支出就越少。因此，在图 6-22 中，FE 线比 DB 线的总运费支出要低。变换线与最低的等支出线 FE 的交点 J，就是运费最低点。这一点也就是艾萨德运费指向理论的"部分均衡点"。所谓"部分"是因为这一点是相对于与 C 点的距离一定，且只考虑了 M_1 和 M_2 间的变换线。对于区位三角形还存在其他两个部分均衡点，只有这三个部分均衡点一致的点才是完全的区位均衡点。

2. 劳动力费用指向论

在韦伯的区位论中，劳动力费用指向取决于由运费最小点移到劳动力费用最小点带来的运费增加额与劳动费节约额之间的关系。在艾萨德的模型中，这两种费用通过替代理论可用图 6-23 来表示。图 6-23 的横轴表示运费支出，纵轴表示劳动力费用支出，各地点可对应于劳动力支出额和运费支出额。F，G，E，H 表示生产每吨产品劳动力支出为 20.00 美元，J 是劳动力支出比较低的地点，只需 16.00 美元。M，N，R 是更低廉的劳动力支出点。从运费支出来看，F 是最低点，即运费指向均衡点。"支出替代线"(outlay substitution line)*FJLMNR* 表示运费与劳动力支出之间的替代关系。两费用的综合费用即等支出线 *TU*，*CD* 线分别为 56.00 美元和 50.00 美元，那么，距原点近的等支出线上的 *J* 点就是均衡点，它表示一个廉价的劳动力地点区位，而不是最低运输成本地点 *F*，*J* 为从运费最小点的可能偏离点。

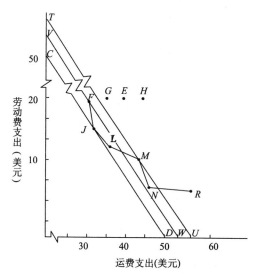

图 6-23　劳动力费用与区位均衡

资料来源：艾萨德（2011）。

3. 集聚论

艾萨德也使用了与韦伯相同的临界等费用线来说明企业区位的集聚问题。运费指向企业在 P_1，P_2，P_3 三区位点布局，如果它们距离较远处于分离状态，临界等费用线不相交（图 6-24），相互之间就不会发生集聚。如果区位间相互接近，临界等费用线相交，就会发生集聚（图 6-24 的斜线部分）。这时企业家会如何选择自己的区位？是选择最佳运输地的区位，还是把区位移到三个企业更接近的集聚中心？集聚能带来经济利益，但正如图 6-23 所反映的那样，同时也必须支付由运费最低点转移带来的运输成本增加。不过集聚中心仍然是一个潜在的最佳区位点。当由运费最低点向集聚中心移动，运费的增加额能够由集聚利益或其他生产费用的节约替代时，集聚就可成立。

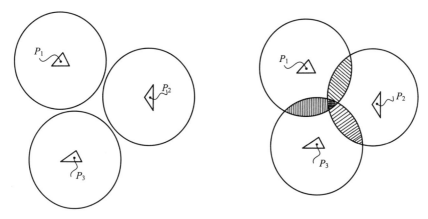

图 6-24 区位集聚

资料来源：艾萨德（2011）。

关于集聚的类型，艾萨德在总结胡佛关于集聚（分散）的论述基础上，认为有三种方式：①大规模生产带来的集聚经济；②地区专业化带来的集聚经济；③城市化使城市内部的运输工具、煤气、水道和道路等设施的高度利用，并且由于工厂间的相互密切关系使费用降低带来的规模经济。当集聚程度不断强化时，其反作用分散将发挥作用。分散是由于生活费、劳动费、原料费、运费和地价等上升带来的不经济造成的。

二、格林哈特对区位相互依存学派的发展

格林哈特（Greenhut，1956）在区位理论和空间经济学上做出了巨大的贡献。格林哈特区位理论的特色是综合了古典费用理论和企业间的相互依存理论，并通过一些事例验证推导出理论的必要性，将区位理论和垄断理论相结合，他的基本思想是将最小费用区位和相互依存区位理论统一起来。

格林哈特对需求因子和影响区位的企业间相互依存的作用进行了详细的论述。他研究了需求无限且非弹性时，两个生产者将尽量集中于市场中心即霍特林的理论，并提出了相反的观点。他认为，如果需求是弹性的，生产者属于一个垄断者的条件下，所有的生产者可能在消费地进行。原因是由于运费造成的价格增加使得需求减少，因而应该在消费地生产。如图 6-25 所示，生产者 A 和 B 将在距直线市场 OO' 两端 1/4 的地点布局。AP 和 BP' 是纯工厂价格，OY 和 $O'Y'$ 是加上运费的最高价，PY 和 PM 两线是 A 的交付价格，$P'Y'$ 和 $P'M$ 是 B 的交付价格。交付价格的斜率取决于运费率的大小。

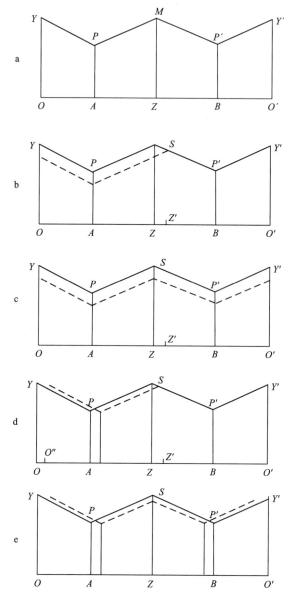

图 6-25　区位的相互依存和市场地域

资料来源：格林哈特（Greenhut，1956）。

即使两个生产者分别属于不同的垄断者，彼此是相互竞争关系，那么在上文所述的 1/4 处布局的有利性也不会改变。如果 A 降低价格，他就可能扩大相互竞争的市场空间范围，但这时 B 也会采取同样的手段降低价格，因此，A 扩大的市场空间只是暂时的，最终会恢复以前的市场均衡（图6-25）。

如果 A 将自己的区位向 B 接近时，他可从 B 夺取一部分市场，但由此带来的有利性将会被丧失的背后空间所抵消。B 如果也向中心移动，A 将丧失从 B 夺取的市场空间。这时两者如果要补偿丧失的背后市场空间而降低价格，那么，会再次引起对方的报复。因此，企业在价格和区位上越是竞争，价格就变得越低，彼此区位就越接近。相反，如果企业在价格和区位上是非竞争的、垄断的，那么区位选择就相互分散。同时，对企业产品的需求越是弹性的，生产也越趋于分散。不过，分散的趋势依赖于运费率的高低和边际费用的特性。到消费者的运费越高越趋于分散，边际费用如果是递减的，也将趋于分散。另外，企业的数量越多分散力也越强。格林哈特还比较了垄断的两种形态，即组织化的垄断和非组织化的垄断，他认为，企业在市场上，自由竞争的非组织化垄断比由于基本点价格方式和与此类似的方式引起的过渡地区集中的组织化垄断容易出现分散，即组织化的垄断不能促进空间的有效分布。

格林哈特（Greenhut，1956）不仅详细论述了需求因子对区位和市场空间的影响，而且对其他区位因子的分析也非常透彻，这也是格林哈特对区位论做出的另一大贡献。他把区位因子分为运费、加工费、需求因子、费用减少因子和收入增大因子等。他认为特定的因子对特定的工业是重要的，对别的工业是不重要的。一般对区位选择某一个因子是最主要的，当在这个主因子决定下，区位选择仍有几种可能时，次要因子才开始起作用。

格林哈特认为，运费是工厂区位工具箱中的一个主要决定因子，应该将它与其他因子区别对待。如果运费占总费用的比例很大，企业家就会考虑降低运费。但只有在下列两种情况下，区位才表现出原料指向，即原料易损伤时和原料的运费比最终产品的运费大很多时。除此之外，接近市场的区位选择是最有利的。

对于加工费，格林哈特主要研究了劳动力成本、资本和税租。他认为这些因子在运费或需求因子不要求原料指向和市场指向时，对区位影响较大。

格林哈特在分析了运费、加工费和需求因子的基础上，还分析了费用减少因子和收入增加因子的影响。所谓费用减少因子是指集聚或分散产生的某种利益，如某种企业与其相同的行业在都市内部布局可得到一定外部经济效应；收入增加因子是指对销售产生影响的集聚和分散的各种作用力。不仅如此，他对个人的费用减少和个人的收入增大因素进行了区别，这两者一般是指个人通过人际关系得到的利益。他认为对区位选择的影响也许纯粹属于个人的考虑，满意度最大化的区位通常会取代利润最大化区位。从这一点看，格林哈特的区位论已表现出行为区位论的特点。

总之，在格林哈特的区位理论中，区位因子包括以下内容：①费用因子（运输、劳动力成本和加工费用）；②需求因子（企业的相互依存或企图垄断特定的市场部分）；③费用减少因子；④收入增加因子；⑤个人费用减少因子；⑥个人收入增加因子；⑦纯粹个人考虑的因子；等等。

三、诺斯的费用和利润指向的统一

美国经济学者诺斯（Nourse，1968）从微观和宏观角度，对城市体系、产业区位模型、土地利用、收入和贸易理论、地区经济发展及公共政策进行了研究，他试图将费用指向和利润指向理论相统一。

1. 费用指向与区位选择

费用最小化取决于投入因子的组合，经济学者把投入与产出的关系称为生产函数，它表示在一定的时间单位内，为了得到一定的产出，资源的可能组合关系。特定的投入组合是受各投入物的相对价格的影响，不过投入物的价格在特定的空间是固定的，这样企业通过区位选择的变化来谋求降低购买土地、劳动力和原料等的费用，因此，企业为了寻找一定产出的最小费用，必须考虑在各个区位的最小费用的组合。

图 6-26 表示投入的组合与产出的关系，假设在生产过程只需要两种生产要素的投入，纵轴表示一定重量的原料，横轴表示一定时间单位内的劳动力。如果原料和劳动

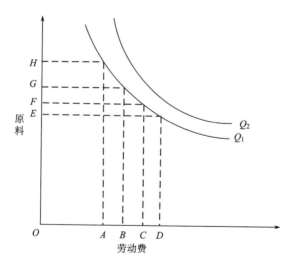

图 6-26　原料和劳动力的组合与产出

资料来源：诺斯（Nourse，1968）。

力可相互替代，而产出相同（这一点在艾萨德的劳动费指向理论中已讲过），如图 6-26 所示，曲线 Q_1 表示带来特定产出的原料和劳动力的所有组合。该曲线称为等量线，比如 OA 人时的劳动力和 OH 吨的原料组合、与 OB 人时的劳动力和 OG 吨的原料组合带来的产出是相等的。当然，劳动力和原料两者不可完全替代，到达一定程度后再进行替代就会变得非常困难。

最小费用的组合受单位重量的原料价格和单位时间每人的劳动力价格所左右。假设在 A 区位，每单位人时的劳动力价格是 2 元，每吨原料的价格是 1 元，这样 1 000 元可购买 1 000 吨的原料或者可雇用 500 单位人时的劳动力，或者 800 吨的原料和 100 人时的劳动力，或者可购买总费用为 1 000 元的原料和劳动力的其他组合方式。

图 6-27 的直线 XY 表示价格给定时，一定的金额可购买的原料和劳动力的组合，为等费用线。OY 表示所有资金能够买到的原料总量，OX 表示所有资金能雇用到的劳动力数量。现在假设在 B 区位单位时间每人的劳动力价格较高，比如，每单位人时的劳动力价格为 2.5 元，如果每吨的原料价格不变，那么，1 000 元在 B 区位买到 800 吨的原料后，只能再雇用 80 人时的劳动力数量，这时在 A 区位表示原料和劳动组合的等费用线用 XY 表示的话，那么在 B 区位则变为 YZ（图 6-27）。纵轴的截距因原料在 A，

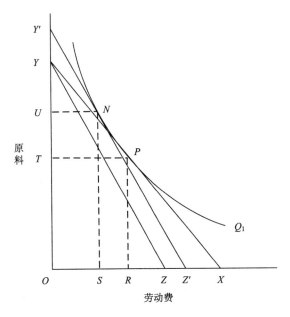

图 6-27 投入要素组合与区位的关系

资料来源：诺斯（Nourse，1968）。

B 两区位点的价格相同而没有变化，横轴的截距却由 OX 缩小到了 OZ。如果把等费用线平行移动的话，那么，投入的相对价格不变，仅仅是总支出额发生变化。由 YZ 平移到 Y'Z'时，总支出要增加，但相对价格不变。XY 和 YZ 是表示在相同总支出下价格组合不同的等费用线，Y'Z'比 YZ 的总支出大，因此，Y'Z'也比 XY 的总支出大。在 A 区位 XY 所表示的支出与在 B 区位 XY 所表示的支出能得到的最大产出量相同均为 Q_1，但在 A 区位点总支出最小即费用最小。从投入的组合来看，在 A 区位点 XY 所表示的投入组合中，只有 P 点的组合即 OR 的人时劳动力和 OT 吨的原料组合才能带来最大的产出量 Q_1，同样在 B 区位点也只有在 N 点的组合才能带来最大的产出量，但投入的总费用比 A 区位高。

上文分析了投入的组合与最小费用的关系及最小费用区位点的问题，下面就经济规模与费用的关系作一论述。图 6-28 表示投入的价格给定，在 A 区位点劳动力和原料的费用最小组合关系，A 到 F 各点表示产出分别为由 Q_1 到 Q_6 各产出率的费用最小组合。这样产出为某一水平时的费用是由与等量线相接的等费用线的大小来决定。

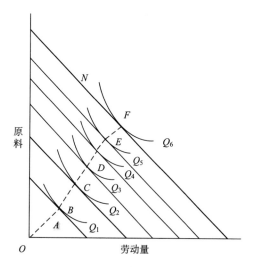

图 6-28　规模经济与费用

资料来源：诺斯（Nourse，1968）。

图 6-29 表示各种产出的总费用是由给定的产出量的总费用曲线的高度来反映，如产出量为 Q_3 时的总费用为 Q_3C。OF 曲线表示可选择的所有产出率对应的总费用，也可理解为是长期总费用曲线。总费用除以产出量为平均费用，OE 表示生产 OQ_5 产出量的平均费用。在图 6-29 中，OE 的斜率是由 Q_5E 与 OQ_5 的比来表示，OE 的斜率表

示生产 OQ_5 所需要的平均费用。图中原点和费用曲线上点的连线的斜率在到达 Q_5 时，变化比较平缓，当超过 OE 时斜率急增。也就是说，在产量到达 OQ_5 之前，随着产出率的增加，平均费用在降低。产出量上升到 OQ_5 时平均费用最低，当超过 OQ_5 时，平均费用开始增加。也就是说，企业生产在一定规模时达到了规模经济效益，平均费用也变得最小；当超过规模经济时，长期总费用增加，出现规模不经济。因此，就一个区位而言，经营主体的规模要适当为好。

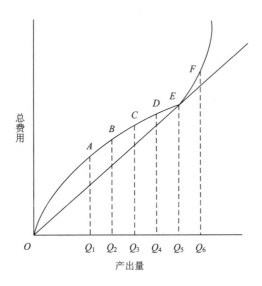

图 6-29　规模经济与规模不经济

资料来源：诺斯（Nourse，1968）。

2. 收入指向与区位选择

对收入的研究区位论不同于经济学，区位论不是研究具体的经济行为，如企业如何引进设备提高劳动生产率、降低生产成本，或者如何进行合理的管理和经营等问题。如同研究费用一样，区位论的着眼点在于和空间相关的收入增减问题。比如，同样的商品在不同的地区存在不同的价格差，对任何一个企业来说，都想在价格高的地区选择区位或者销售产品。

收入（R）是指单位商品的价格（P）乘以总销售量（q），总销售量与消费者的数量（C）和各消费者的购买量（a）有关，而消费者的购买量又取决于消费者的收入（i）、嗜好、其他商品的价格（P'）、该商品的价格（P）以及消费者和销售地间的距离（d）等，即：

$$R=Pq\left[C,\ a\ (i,\ P',\ P,\ d)\right]$$

前文讲过经济学忽视空间的移动费用即运费的分析，实际上不论是企业把商品送到消费者手中，还是消费者去生产者那里购买商品，都要支付运费。在这一前提条件下，我们再来分析需求和价格的关系。在一定的时期，消费者的需求量取决于商品的价格，也就是说，价格越低，需求量就越高。图 6-30 表示需求量和价格的关系。需求曲线假定是一直线，由 XY 来表示，当价格是 OP 时，消费者一天的购买量是 OQ 单位；价格是 OR 时，消费者一天的需求量是 OS 单位。消费者如果距销售区位较远的话，那么，在给定的价格下购买量会减少。比如当价格为 OP 时，消费者接近生产者，那么，他一天的购买量是 OQ 单位；但当消费者距生产者为 K 距离时，他以同样的价格 OP 购买，只能购买 OU 单位。对于消费者而言，此时的价格已不是 OP 了，而是 OP 加上运费，即 OP+Kf，消费者的需求量是 OU 单位。这样对于远离生产区位的消费者而言就不公平了，于是，他们就不会购买该企业的商品。对于企业而言，为了能够维持现有的消费者，便会由企业来负担这笔费用，那么，实际上企业销售商品时的价格仍为 OP，消费者的购买量为 OQ 单位。

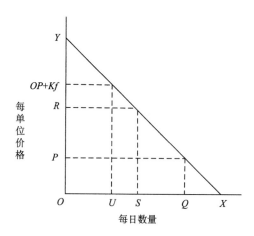

图 6-30　需求与价格间的关系

资料来源：诺斯（Nourse，1968）。

上文分析的是生产者把商品直接销售到消费者手中的情况，或者说分析的是在地区中消费者呈分散分布的情况。现在我们假设生产者把商品集中于一点，即在某中心市场进行销售，这时商品的市场价格 P 是一定的，对于任何一个企业来说都必须按这一价格进行销售。但各个企业的纯价格，即市场价格减去各企业把自己的商品运到市场中心的运费是不同的。对于每个企业来说，生产量不论多少，纯价格是不变的，因此，收入与产出率呈比例增加。图 6-31 中的直线 *OR* 表示在某一区位 *A* 点纯收入与产量的变化关系，如果生产区位向别的区位移动，比如比 *A* 区位更进一步靠近市场，或更远离市场，那么，表示生产者纯收入的直线也会向上方或者向下方移动。比如更接近市场的生产区位，把商品运送到市场所需要的运费较少，纯价格就相对较高，表示纯收入的直线将向上移到 *OS* 处；相反，离市场远的生产区位运费则相对较高，因此，纯价格就低，表示纯收入的直线将向下移到 *OV* 处。因此，从利润指向来看，合理的区位应该是尽量接近市场。

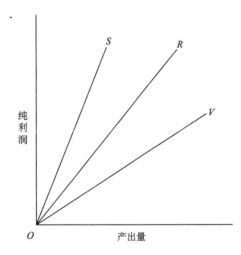

图 6-31　产量的变化与区位选择

资料来源：诺斯（Nourse，1968）。

当考虑到消费者的空间分布时，这种关系将会变得更加复杂。首先，假定消费者在空间呈均等分布，且消费者的嗜好和收入相同的前提条件下，各消费者需求的商品量与商品的出厂价格及生产区位距消费者的距离有关（图 6-30）。当工厂价格为 *OP* 时，消费者支付的价格为 *OP+Kf*，当 *OP+Kf* = *OY* 时，需求量为零。这时，生产者的总需求量就是勒施所讲的需求圆锥体的体积乘以人口密度，该乘积再乘以价格就为总收入。

现假定消费者的空间分布不是均等的，在中心地 *O* 的周围相对集中，随着远离中心地 *O* 消费者的分布密度也降低，这一假定比较与现实相接近。对于在中心地 *O* 布局的生产者而言，需求圆锥与勒施所讲的相同，但总需求量不同。各区位的总需求量等于各消费者的需求量乘以该区位的消费者数量。所有区位需求量的合计就对应于一定价格条件下的总需求量。

如果生产者在远离中心地 O 点的地方布局，那么，尽管各价格的需求圆锥体相同，但总需求量在减少。图 6-32 是一横断面图，中心地 O 是人口集中的中心，曲线 DEF 表示在各区位人口的分布密度。三角形 ABC 是在中心地 O 布局的生产者的需求圆锥体的横断面。比如，直线 AB 的高度表示在 OA 直线上各区位每人的需求量。对于企业来说，在一定的价格条件下，需求量等于每个人的需求量乘以市场范围内各区位的人口数。

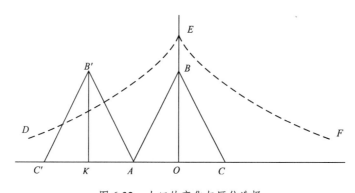

图 6-32　人口的变化与区位选择

资料来源：诺斯（Nourse，1968）。

下面分析一下远离中心地 O 点生产区位 K 的情况，这时需求圆锥体移到了 $AB'C'$，在同样的出厂价格下，需求圆锥体与 ABC 相同，且每人的需求量也是相同的。但在 K 的市场范围内各区位的人口密度要比在 O 的市场范围内各区位的人口密度低，这样，总需求量即使在同样的价格下，也要比在 O 点的市场需求量小。K 区位的企业为了能够也达到在 O 中心地那样的需求量，必须降低价格扩大市场范围，但这也就意味着各产出率对应的总收入在减少。即如同图 6-32 所示那样，K 区位的总收入曲线与在 O 中心地时的总收入曲线相比较向下移动一些。

综上所述，当人口均匀分布且没有边界线时，收入与区位的变动无关；当人口不是均匀分布时，收入会随着远离市场中心区位而减少。这就是产业布局指向消费中心地的理论依据。

当投入的价格、规模和收入存在地区存在差异时，区位选择又将是怎样的呢？诺斯采用摩西的方法进行了研究。在原料地（M）和市场中心（C）两者间，原料和劳动的价格存在地区差距，即原料价格在 M 比 C 便宜，而劳动的价格在 C 低廉。

图 6-33 表示在原料地两种投入产生的等生产量和等费用线的关系，图 6-34 表示在市场中心的同样关系。

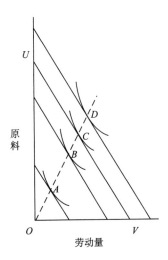

图 6-33　在原料地（M）等生产量与等费用的关系

资料来源：诺斯（Nourse，1968）。

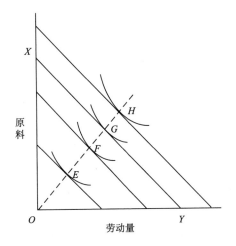

图 6-34　在市场中心（C）等生产量与等费用的关系

资料来源：诺斯（Nourse，1968）。

　　等费用线在 M 和 C 不同（倾斜程度），原料在 M 等费用为 OU，在 C 等费用为 OX；劳动在 M 为 OV，在 C 为 OY。两图可综合为图 6-35，UV，XY 是 M 和 C 的等支出线。综合等支出线 UZ 和 ZY，与 XZ 和 ZV 相比较，以同一支出可得到更多的等产出量，因此，要使用等支出线 UZY。产出量从 300 到 500，因为是与原料地等费用线相接，因此，费用最小途径为 ABC。但达到 500 时，与市场的等费用线相接，DE 是最小费用途径。有时综合等费用线与等生产量曲线的交点是两个，这种情况表示在 M 和 C 以同样的费用可得到同样的产出。

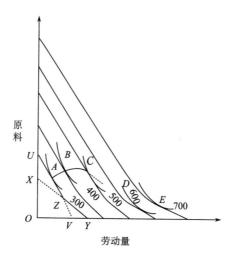

图 6-35　综合等生产量与等费用线

资料来源：诺斯（Nourse，1968）。

　　以上是从费用指向角度来研究区位选择问题，如果从利润指向的角度来分析，情况又如何呢？

　　在图 6-36 中，TR_p 表示在市场区位的总收入曲线，TR_m 表示远离市场的原料地区位的总收入曲线。TC_p 为市场区位的总费用，TC_m 为原料地区位的总费用曲线。产出规模在 500 以下时，$TC_p > TC_m$；超出 500 时，$TC_p < TC_m$。在原料地纯利润的最大值为 $TR_m - TC_m$，即 AB 为最大值，此点的产出量是 350。在市场地 $TR_p - TC_p$ 的最大值是 CD。由于 AB < CD，因此，该产业属于市场指向区位。可见，从利润指向来分析，只有收入和费用的差最大的区位才有被选择的可能。

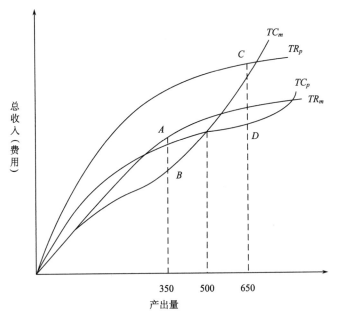

图 6-36　收入的差异与区位选择

资料来源：诺斯（Nourse，1968）。

四、史密斯的利益空间边界

在工业区位论研究中，韦伯引入了空间费用曲线，勒施导入了空间收入曲线，如果将这两条曲线相结合，能够画出收益的空间边界，通过收益的空间边界分析可找到"最佳区位""接近最佳区位"或者"次最佳区位"。这一理论是由英国地理学者罗斯特朗和史密斯提出的（王缉慈，1994）。

史密斯（Smith，1971）与其他区位论学者一样，首先分析了影响区位选择的因子。他认为区位因子主要有四种：一是在生产过程中与投入有关的因子，如土地、资本、原料、动力、劳动力、税收；二是市场因子，即供给和需求；三是运输成本；四是其他因子，包括集聚和外部经济、公共政策和计划、历史的偶然和个人的行为优选等。

1. 空间费用曲线和空间收入曲线

史密斯（Smith，1971）区位论的基本原理是："能够得到最大利润的区位是总收入超过总费用金额最大的地点。"他的这一原理是通过空间费用曲线和空间收入曲线来反映的。

对于选择区位的企业生产者来说，费用和收入的空间相互作用是非常重要的，因此，就费用和收入的空间相互作用对区位的影响进行分析。为了更好地说明，先假设一方保持一定，研究另一方的变化对区位的作用。图 6-37a 表示需求量一定且价格（p）不变时费用的空间变化。空间任意一点每生产一单位的平均费用是由从地点 O 向左右两侧上升的直线 AC 表示。该直线就称为空间费用曲线（space cost curve），单位费用极小点用 O 表示，M_a 和 M_b 表示平均费用和价格正好相等的区位。在价格超过平均费用的区位（M_a 和 M_b 之间），p 和 AC 间的垂直距离表示生产各单位的平均利润。如果将上述的平均费用和平均收入用总费用和总收入表示，总收入（TR）和总费用（TC）间的垂直距离表示总利润，O 点表示最佳区位，追求利润最大化的企业将会在此布局。图 6-37b 与图 6-37a 正好相反，即费用一定时空间收入曲线（space revenue curve）在空间上的变化，O 点是每生产一单位的平均利润最大的区位，M_a 和 M_b 为空间收入损益分界点。同上，费用和收入可用总费用和总收入表示，总利润最大点为 O，M_a 和 M_b 表示利润的可能性边界。

现实中费用和需求因区位不同而变化，如图 6-37c 所示，费用随着远离 A 点而增加，收入随着远离 B 点而减少。A 点的生产费用最低，B 点的收入最大，M_a 和 M_b 之间表示能够获得利润，但在区位 A 空间收入和空间费用曲线的垂直距离比区位 B 大，即 A''—A' 之间的距离大于 B''—B' 之间的距离，因此，A 是最佳区位。

总之，总收入和总费用的空间变化能够形成利润极大的最佳区位，与此同时，也可形成空间收益边界，即超过此边界就不可能获得利润。但是，在空间边界内，如果不是追求利润最大，企业可自由布局。这一点非常重要，为区位论研究向行为区位论发展提供了依据，即摆脱传统假设的经济合理性成为可能。

史密斯认为，空间的费用和收入也能够反映出工业区位模型的形态，费用曲线或收入曲线的倾斜程度越大（即费用或收入的空间变化大），工业越集中；相反，则表现出分散的倾向。

2. 可变费用模型

史密斯在建立可变费用模型时，首先做了如下五个假定。

（1）企业的生产是为了获得利润（不一定是极大利润），以此为目的来选择自己的区位，因此，企业一般重视费用和利润的空间变化的可能性。

（2）企业选择产业的自由不受限制，另外，一个新企业的区位选择也许对现行投入费用产生影响，除此之外不受其他企业区位的影响。

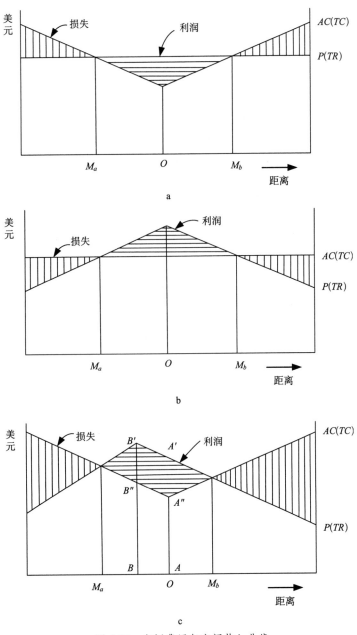

图 6-37 空间费用与空间收入曲线

资料来源：史密斯（Smith, 1971）。

（3）各种投入的供给地是固定的，而且供给是无限的。这样任何一个企业都能以与别的企业同样的基本费用进行必要的投入。各种投入具有移动性，即基本费用再加上离开供给地每单位距离的费用（区位费用）。

（4）需求在空间上是一定的。所有企业与区位无关，进行等量生产，且以均一的固定价格销售，不存在对市场的垄断，也不考虑竞争上的复杂区位战略。

（5）上述条件反映的是一定时间内的情况，因此，价格和投入费用不变化。原料、劳动和其他内容不存在新的供给地，另外，技术也不发生变化。

史密斯为了提出该模型的原始模型，还增加了以下六个附加条件。

（1）企业家具有相同的经营能力。

（2）任何区位或企业都得不到补贴或者其他有利以及不利的公共政策的影响。

（3）不存在集聚利益。

（4）不存在生产要素间的替代。

（5）产出量一定，因而也不存在规模经济。

（6）偶然或纯个人的考虑因素不影响区位选择。

在此基础上，史密斯建立了原始可变费用模型。他对基本费用和区位费用分别进行了如下的表述。

I（1，…，i，…，n）是投入 1，…，i，…，n 的供给地或最小基本费用点的某一个市场。

B（1，…，i，…，n）是每投入一个单位的基本费用。

L（1，…，i，…，n）表示远离供给地每单位距离每单位投入的区位费用函数。

Q（1，…，i，…，n）表示一定产出量的必要的投入量（即投入系数）。

J（1，…，i，…，n）是可能的工厂区位。

这样，对于任何一个区位（j），其总费用为：

$$TC_j = \sum_{j=1}^{n} Q_i(B_i + L_i d_{ij})$$

式中的 d_{ij} 是投入 i 的供给地与区位 j 之间的距离。因此，最小费用区位就是上式的极小值，或者利润极大值的区位，即：

$$TR_j - TC_j = \max$$

式中 TR_j 是指在区位 j 的总收入。该模型由于总收入在空间上保持一定，因此，最小总费用区位就可带来最大利润。

利润可能性的空间边界为下式成立时，两空间曲线交点的轨迹：

$$TR_j = TC_j$$

不过，因为 TR 是一定的，所以，TC 的值也是一定的。

必须指出，上述模型是建立在对于任何投入只存在一个最佳供给地，或者说只存在一个最小基本费用点的假设基础上。这很显然是一种非现实的空间，为此，史密斯研究了在各种投入的基本费用和区位费用不同时，空间费用曲线和空间收入曲线的变化，以及最佳区位和收入的空间限界的变动。

史密斯在建立了原始的可变费用模型后，又进一步研究了在取消上述几个附加条件下，可变费用模型的变化情况。

例如，他分析了因企业家经营手段的不同而造成的区位模型变化（图 6-38）。假如企业家的经营能力和水平高，总费用就会降低，否则就上升。如图 6-38 所示，AC 曲线表示所有企业的平均空间费用曲线，而 ACS 曲线表示经营手段和能力高的企业的空间费用曲线，ACT 曲线是经营手段和能力差的企业。可见，经营手段和能力高的企业获得利润的空间范围要比其他同行企业的范围大，因此，优秀企业家不仅在最佳区位能够获得较大的利润，而且区位空间选择范围也较大。

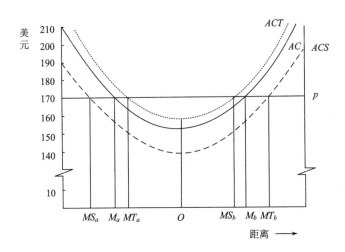

图 6-38　企业家的经营能力与区位模型变化

资料来源：史密斯（Smith，1971）。

再如因政府的区位补贴或高额税收等区位政策造成的区位变化（图 6-39）。一般，国家为了开发落后地区或为了某种政治需要，对在某些指定地区布局的企业给予各种优惠条件以吸引企业的投资；同时也有相反的情况，即为了限制在某地区进一步发展工业而制定一些区位投资限制政策，来减少工业的集聚。结果出现本来亏损的区位却能够盈利，而应该盈利的区位却出现亏损的现象。如图 6-39 中的 *EF*，本应该是亏损区位，却也能得到利润，而 *GH* 本来利润最高，但如果在此布局必然出现亏损。

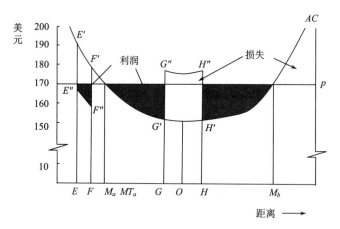

图 6-39　政府的政策与区位模型变化

资料来源：史密斯（Smith，1971）。

　　除上述两种变形外，史密斯还研究了外部经济、投入间的替代以及生产规模和个人因素等作用于原始模型而出现的变形情况。他认为，投入间的替代可使某投入供给地对最佳区位的位置影响力增强，也可能扩大区域空间的限界，因此，对于不追求极大利润的企业家来说，区位选择的自由有增大的倾向。关于生产规模与区位的关系他是这样总结的：如果产出量是一个变数，最佳区位在能够得到最大利润的最佳产出量点；在最佳规模可能得到利润的空间限界要比以最佳之外的规模生产的企业大，因此，区位选择的范围也大。最佳规模能够带来最佳区位，并且企业能生存的生产限界同时是区位选择的限界。

第七章　商业区位理论

市场是一个能提供"自律价格"的系统，而价格正是一种机制，将各种个体选择或决策联系在一起。

——贝利（2006）

商业是重要的经济活动类型，对城市和地区经济发展具有重要的意义。传统商业包括零售业、批发业、集市等业态，零售业和批发业企业在空间上都具有集聚布局的特点，集聚类型既存在同种行业或同一业态的集聚，也包括不同行业和异种业态的集聚。零售业区位选择受到消费者的影响更大，基本遵循中心地原理，而批发业通常不直接面向具体的消费者，受到生产企业区位影响更大。集市类似于中心地，主要是按照中心地原理进行布局。总体而言，商业活动的区位与商品消费者的空间分布、收入和消费行为等有关，也受到商品生产者的区位分布、商品价格、交通条件等的影响。

第一节　零售业区位论

中心地原理与城市地域结构理论对商业布局、商业中心的选择具有直接的作用，中心地理论完全适用于零售业区位选择。

一、决定零售业区位选择的因子

区位主体的性质不同，决定了区位选择的因子也不相同。商业不同于直接从事物质生产的部分，属于流通领域，既与生产者有关，也与消费者密不可分，这种属性决定了它的区位选择与前面讲的农业和工业的区位选择不同。

就零售业而言，决定其区位选择的因子大致包括如下几个方面：一是市场，在此所说的市场是指消费者的集合，如消费者的数量、收入、人口构成和生活方式等；二是空间的接近性，一般指相互间的距离和联系的便利程度；三是竞争，即在市场空间中同行业竞争者的数量以及发展水平等。在这些因子中，有的只对某种区位起决定作用，但有些零售业的区位选择是这些因子综合作用的结果。

1. 市场

研究零售业的区位决策必须从市场入手，市场空间的大小、地区贫富差距和消费者构成等对零售业的区位选择与规模具有直接的影响作用。零售区位与其他产业区位相比其最大的特点是消费者指向，与人口的分布密度关系较大。人口密度大的地区零售业相对发达空间布局密集，规模也较大。如人口高度密集的大城市与中小城市和农村相比较，零售区位的数量和规模明显不同。

中心地理论创始人克里斯塔勒在其《德国南部中心地原理》一书中提到一个重要的概念，即"产品和服务的供给或服务范围"。该"范围"包含一个内侧界限，也称下限界限（inner range of a good），一个外侧界限，也称上限界限（outer range of a good），其涵义是指消费者购买某商品和享受某种服务要克服的空间距离。内侧界限尤其重要，它表示某零售业或某服务业布局必须具有的最小限度消费者的范围，也就是说，只有拥有一定的市场空间才能获得正常利润。

外侧界限表示某商品或服务的最大销售或服务范围。超过此界限，消费者克服空间距离的作用，所要负担的空间距离和时间费用不允许，将放弃在该零售中心地购买而选择其他较近的中心地购买。因此，外侧界限对某中心地来说是商品或服务的销售或服务的绝对界限（absolte grenze），其供给半径是理想的到达范围或理想的市场空间范围。

类似于克里斯塔勒的内侧界限，美国地理学者贝利和帕尔（Berry and Parr，1988）提出了门槛人口的概念，其涵义是维持一个企业能够得到正常利润的最低限度的人口。在此基础上，他进一步研究了商业中心地的等级与市场空间的面积和被服务人口间的关系，他认为中心地的等级越高，市场空间面积就越大，维持企业得到正常利润所需要的最低人口即门槛人口也高。

零售业的区位分布与克里斯塔勒的内侧界限或贝利的门槛人口的大小有密切的关系，一般内侧界限小的零售业与需求者的分布空间相对应，呈分散状分布；内侧界限大的零售业，等级也相对高，布局数量有限，为了尽量扩大外侧界限（商业或服务到达范围的下限），一般在交通的主要节点布局。

关于人口密度与中心性商品的消费和中心地的关系，克里斯塔勒做过精辟论述。他认为，在人口密度低的地区，中心地职能数量少，且不能形成高级中心地，在人口密度高的地区中心地发达。也就是说，中心地的形成和发展与该地区对中心性商品的需求量有关。但需求量不仅取决于人口密度，也与地区居民的收入有关。

1967 年，贝利在实地调查的基础上，发现在同一等级的中心地内，人口密度低的地区不具备人口密度高的地区的某些中心性职能。也就是说，人口密度高的某些中心职能对人口密度低的地区而言，只能在相对等级高的中心地找到，从实际上论证了克氏理论的正确性。

1972 年，拉什顿通过模式图说明了人口密度与中心职能区位的基本关系。在人口密度高的地区只需要吸引比较小范围的顾客就能达到门槛人口值；相反，在人口密度低的地区如果不从更广范围吸引顾客，就不能达到门槛人口值（林上，1991）。

在市场空间中，与人口规模同样重要的因子是消费者的收入。收入的差异主要表现在市场空间的总购买力和收入等级间产生的购买模式的差异上。这种差异产生的结果是对零售区位的类型、数量和规模要求不同。前文已谈到，中心地理论重视人口规模与区位数量和等级的关系，而忽视收入的差异所带来的区位模型的变形。市场空间的规模（需求）是人口和收入的函数，或者说是该地区总收入（家庭数×每个家庭的平均收入）的函数。因此，前文的人口密度如果换为地区总收入的空间差距更能说明问题。

一般高收入的市场空间与低收入的市场空间相比较，平均每个家庭消费量大，而且消费的档次也高，因此，对零售区位的数量和类型要求也不同。如高级购物中心一般指向高收入地区，而一般的商店则指向低收入地区。这一特点在西方发达国家表现尤其明显，因为在发达国家城市内部的空间分异在一定程度上也反映了收入的差异。总之，零售区位的分布不仅与人口的分布呈比例，且与总收入的地区分布相一致。另外，消费者的构成如民族、种族和宗教等也影响着零售区位的选择。

2. 空间距离

消费者克服空间距离的作用所要付出的空间费用或时间费用，是决定消费者选择零售区位的一个重要因子。一般随着与购物中心地距离的增加，在该中心地购买的消费者会剧减，特别是消费者日常生活用品，表现得更加明显。消费者数量减少意味着零售企业的需求减少，这种关系可用图 7-1 的空间需求曲线来表示。图 7-1a 表示通常经济学所讲的需求曲线，图 7-1b 表示随着距离的增加交通费的变化。对于消费者来说，从自己的居住地到零售区位间的往返交通费用需要自己来支付，这样消费者实际的购买价格是零售区位的价格加上交通费（图 7-1c）。价格上升总购买量就减少，因此，通过价格的作用可画出空间需求曲线（图 7-1d）。该曲线表示消费者的购买量随着与零售区位距离的增加在减少，当该距离增加到一定程度时，因交通费太大，购买量就变为零，此时的距离就是克里斯塔勒所说的商品的销售范围或外侧界限。

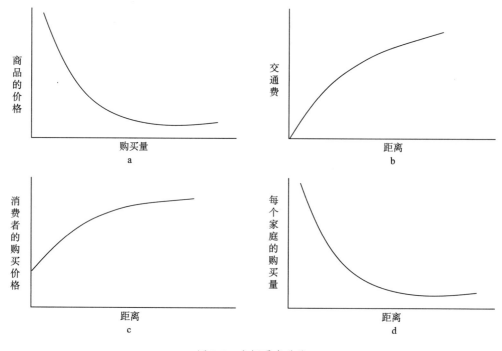

图 7-1　空间需求曲线

需求空间曲线的变化在一定程度上可反映城市内部零售区位空间的结构。如果需求空间曲线变化平缓，即距离费用完全可忽略，说明所有的购物在一个非常大的零售中心进行，表示零售区位具有极强的中心集中性；相反，如果需求空间曲线变化很急，表示市场空间是由许多小型的商店群组成，零售区位趋于分散。

3. 交通条件

交通条件对零售区位的作用可通过交通费用的变化来表示。一般交通条件好的市场空间，消费者购物所需要的时间会缩短，空间费用会降低；可以拓展零售业商品的销售空间范围，扩大零售业区位的规模等级。因此，在重要的交通枢纽中心常能形成大型的商业中心。

随着私人汽车的普及，对零售业区位的停车设施的要求提高，能否便利接近停车场以及停车场设施可进入性等因素，成为影响零售业微观区位选择的重要因子，是否拥有大型停车场成为零售业区位的吸引力的重要指标。

4. 竞争

零售企业的区位选择与其在同一地区经营同种类型的零售企业数量和竞争能力有密切的关系。关于区位空间竞争的理论，在第六章的区位相互依存理论中做过介绍，即当需求无限且非弹性的条件下，在直线市场上只存在两个企业时，霍特林认为这两个企业应该在中心相互接近布局；张伯伦认为当需求是弹性时，两者将分散布局。克里斯塔勒和勒施则提出了六边形的模型，邻近的企业将在与位于六边形中心的企业呈等距离布局。德尔维托格鲁（Devletoglou，1971）认为如果消费者呈均等分布，经营同一类型的两个企业的空间均衡是趋于分散的。竞争者之间是集中还是分散，这与企业的经营内容和市场的特性等有关。斯科特（Scott，1970）认为，宝石店的布局趋势是分散大于集中，但餐饮店通过竞争有利产品的标准化，接近竞争者的布局较明显。因此，对于新开业的企业来说，必须要分析竞争者的数量、可能占有市场的比率和魅力度，在此基础上，进一步研究与竞争者间的区位空间关系是集聚布局还是分散布局。

区位间的空间竞争，如果是属于同业种间的竞争，可能会出现两种趋势：一种是相互排斥趋于分散；另一种是在竞争中产生联合，即由于外部规模经济而形成各种专业化的商业中心。在现实中，后一种相对更多。如果是属于不同业种的竞争，由于彼此间存在互补关系，对于多目的购买行为的消费者是最佳的购物空间选择。因此，集聚趋势比分散趋势更明显。

二、零售业区位模型

1. 霍特林的商业区位模型

上一章介绍了霍特林引入空间竞争的分析思想，构建了相互依存的区位理论，其内容主要是研究商业企业的空间布局问题。

霍特林假设居民沿道路呈线状分布，每个消费者按照就近购物的原则购买一定单位的商品。如果只有 1 个商店，它的区位选择是自由点。当有 2 个商店时，A 和 B 都想占有更大的市场空间，那么，A 和 B 如何选择自己的区位呢？在最初阶段，假设 A 和 B 的区位空间如图 7-2a 所示。商店 A 想扩大自己的市场空间，它会尽量与 B 接近，占有商店 B 左侧的空间（图 7-2b），这时商店 B 也会采取相应的报复措施，会跳到商店 A 的左侧布局，以获得商店 A 的消费者（图 7-2c），通过类似的竞争，在达到均衡时，商店 A、B 最后在中心地区相互接近布局，均等分割市场空间（图 7-2d）。

如果第 3 个商店加入，那么，它会选择邻近 A、B 附近布局（图 7-2e），第 4 个商店加入竞争时，会两个一组在 1/4 处布局（图 7-2f）。

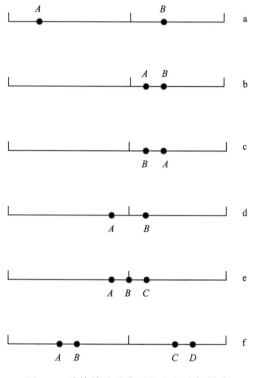

图 7-2　霍特林的零售区位空间选择模式

2. 奎恩的中心区位模型

奎恩（Quinn）认为，零售业包括服务业在内，其区位空间选择应遵守如下四种中心区位原则（林上，1991）。

（1）消费者呈线状分布时，不管该分布是等间隔还是非等间隔的，商业区位在中央 M 点布局最有利。原因是在这一点总交通费用最小（图 7-3）。

（2）大致同等规模的人口或聚落从 A 到 G 呈二维的面状分布时，商业区位在 G 点布局。因为在中央 G 点，对所有聚落而言交通费用最小，因此是最有利的区位点。

（3）人口沿交叉的交通线以任意单位距离分布时，从交叉点 M 到所有点的交通距离总计最小，因此，M 点是最有利的区位。

（4）在集汇的交通网的各线路上，人口呈任意分布时，集汇点 M 是商业区位的最佳选择，因为从这一点到所有各点的总费用最小。

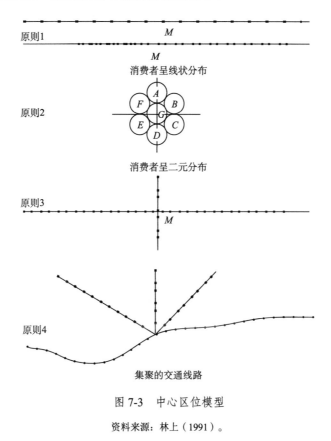

图 7-3　中心区位模型

资料来源：林上（1991）。

　　奎恩的中心区位模型仅考虑交通费用的作用，正如前文所述，决定零售区位选择的因子除运费外，还有其他因子。在现实中，人口和聚落的分布也并非只有这四种简单形态，人口和交通的空间分布与组合的不同对商业区位模型的影响也不同。奎恩的区位模型只适合于分析城市形成初期或发展水平较低地区的商业布局。不过可从这四个原则中归纳出更为一般化的原则，即交通节点指向，这是零售区位布局的基本原则之一。

3. 商业空间结构模型

（1）商业空间类型划分

　　在地理学中，关于商业活动空间研究较多的是城市地理学和经济地理学，城市地理学主要从城市内部土地利用的角度，分析商业用地的变化以及与其他城市土地利用的关系；经济地理学则侧重于分析零售业、服务业等第三产业在城市内部是按照怎样的原则进行合理地空间区位选择。当然，两者之间有许多相互重叠的研究部分。

商业活动的空间模型大致可分为两大类型：①商业活动的空间分布和职能结构模型；②商业活动的区位模型。前者侧重于从空间角度研究商业集聚的形态和职能，后者是以中心地理论和地价理论等为基础研究商业活动的区位模型。

最早进行商业空间类型研究的学者是普拉德福特（Proudfood），他在 1937 年研究了美国的商业空间，将商业空间划分为五种类型，即中心商业区、外围商业区、主要商业街、近邻商业街和孤立商店群。他的划分主要侧重于商业活动的位置条件而非分布特征。另一位美国学者迈耶（Mayer）在 1942 年同样以美国的城市为对象进行了商业空间类型划分，但他侧重于商业活动的规模和形态研究。总之，两者的共同特点是以商业空间的物理形态特征为主要指标，主观性较强。

贝利 1963 年以芝加哥为例运用多变量分析法研究了商业空间类型（林上，1991）。他把商业空间分为三大类型：第一种类型是在中心部存在一个核心的商业设施，以此为中心商业职能呈同心圆分布，按照商业集聚的规模进一步可分为 CBD、区域中心地、社区中心地和近邻中心地；第二种类型是沿道路和街道呈带状分布的商业空间，根据其位置和规模差异，又将它分为传统的购物街、沿主要干线分布的商业空间、在郊区形成新的带状商业空间和高速公路指向的商业活动集聚地区；第三种类型是追求相似商业活动集聚利益和接触利益在某一地点集中而形成的专业化地区。按照区位集聚的零售业和服务业的种类，分为汽车街、印刷区、娱乐区、输入品市场、家具区和医疗中心等。专业化地区与前两种类型并非是无关独立存在的，有些类型在区域中心地或沿干线分布的地区也能找到。同样，在传统的购物街能看到的零售业在近邻中心地分布着，总之，三者的类型划分具有相对性。

当然，贝利的商业空间类型分析并不能代表所有国家和城市的商业空间类型，由于每个国家或城市的发展水平、历史特征和其他因素的影响，上述几种类型不一定在所有的城市都存在和包括所有的商业空间类型。戴维斯在 1972 年研究了英国城市商业空间类型，发现贝利所说的中心模型和带状模型在英国没有明确的区别，历史上形成的核心，随着汽车的普及重叠着带状模型。另外，他认为中心性商业空间在英国存在五个等级，但随着汽车的普及化，等级数有减少的趋势。专业化商业地区尽管存在，但也不像美国那样明显。

（2）商业中心地内部结构

关于中心商业区的结构，霍伍德（Horwood）和博伊斯（Boyce）提出的中心—边缘模式（图 7-4）最有代表性。他们认为，中心商业区结构模型由两部分组成，即核心部（core）和边缘部（frame）。核心部具有土地高度利用、空间垂直发展、白天人口集中和特殊职能布局等特征。与其他商业空间不同，中心商业区的核心部除商业职能外，也是各种办公机构、金融和行政机关的聚集地。围绕核心部的边缘部土地面积相对广，土地利用密度也不高，该空间的最大特征是出现了职能的地区分化。如图 7-4 所示，分布着轻工业、交通中心、具备仓库的批发业、汽车销售和修理业、服务业以及住宅等，各自不仅相互联系，而且每一个部分与核心部和城市内部的其他地区以及别的城市有着职能上的联系。核心—边缘模式不仅在地理学界，而且在城市规划和区域政策等领域也被广泛地应用，类似的空间结构不仅在美国城市中存在，在欧洲一些城市也能看到，该模式具有一般性。

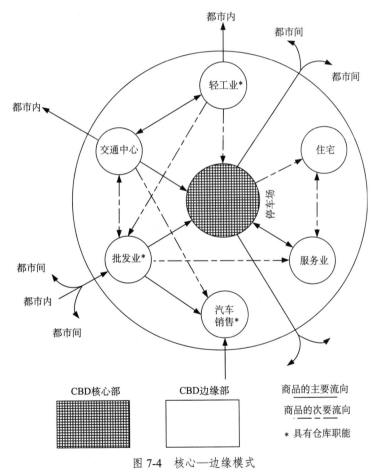

图 7-4 核心—边缘模式

资料来源：根据丹尼尔和霍普金森（Daniel and Hopkinson，1981）、张文忠（2000）改绘。

　　1972 年，戴维斯在总结了贝利等人的研究成果基础上，提出了更一般的中心商业地区空间融合模型（图 7-5）。

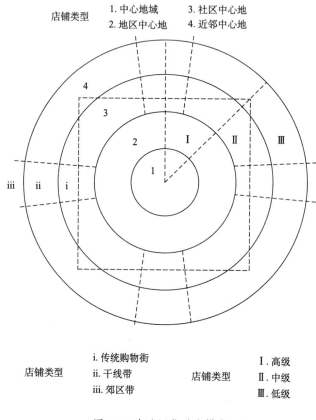

图 7-5　商业区位融合模式

资料来源：根据戴维斯（Davies，1972）、张文忠（2000）改绘。

　　戴维斯模式的基本思路是，在中心商业地区的核心部，首先以核为中心各职能呈同心圆布局，在此基础上重叠着沿交通线呈带状分布的商业区，但这些零售区是按照等级职能的高低由内侧向外依次布局。在同心圆和带状相互重叠的模型上，再叠加上特殊专业化职能地区，就形成一个空间融合模式。该模型反映了即使业态相同，但等级不同，最终选择的区位空间也不同。戴维斯还进一步分析了城市内部商业空间的三种类型与城市聚落类型的划分、城市土地利用类型和中心地模型的类似性（表 7-1）。

表 7-1　商业、聚落、土地利用和中心地模型的比较

城市内部商业空间类型	城市聚落类型	城市土地利用类型	中心地区位
中心	中心地聚落	同心圆	中心地模型
带状	交通聚落	扇形	
专门化地区	专门职能聚落	多核型	

资料来源：林上（1991）。

城市聚落类型划分是指哈里斯（Harris）及乌尔曼（Ullman）提出的中心职能城市、交通职能城市以及特殊职能城市三类。中心职能城市类型与城市内部商业中心地在布局的区位因子上具有类似性；在物资的转换地或不同交通设施的连结地发展起来的交通城市和沿交通线展开的带状商业地区，在交通需求和交通指向上具有相似性；以特殊资源为基础发展起来的城市与在城市内部特殊职能集聚的商业空间也具有共同性。

在城市土地利用模型中，伯吉斯的同心圆模型与以核心商业设施为中心呈同心圆分布的商业中心地的空间结构相一致。霍伊特的扇形模型与带状商业空间在强调交通线的作用上具有类似性。哈里斯及乌尔曼的多核心模式与专业化的商业地区具有可比性。

这说明，用来解释中心职能集聚区位点的等级系统的中心地理论，可完全应用于城市内部商业中心地的研究。但是，城市间与城市内部层级的中心地不包括带状商业地区和专业化地区两种形式。除此之外，城市间层级的所有理论都可应用于城市内部层级的中心地研究。

4. 地价模型

中心地理论认为，在均质的平原上，存在一个从市场任何一个方向接近性都相等的中心地，在中心地内企业追求利润最大化区位。可见，中心地理论将市场空间内的差异性抽象化了。但对于某一特定区位，零售业是通过竞争来获得的，能够支付最高地价的零售业最终将占有这一特定区位。

地价是土地价值的反映，是指用来购买土地的效用或为预期经济收益所付出的代价。企业愿意支付的价格，取决于土地预期可能获得的利润，地价的高低与土地的区位条件有关。交通便捷性、空间的关联性和周边环境的满意度是影响土地购买者支付土地价格的重要因子。一般地说，市中心是全市交通网络的枢纽，具有最佳的交通便捷性和可达性；同时，空间的关联性也最好，因而地价也最高。随着离市中心距离的增加，通达性和关联性逐渐减弱，地价也随之降低。但是，在远离市中心的某些地段，

由于环境的综合满意度提高，地价也有上升的可能性（黑田彰三，1996）。

不同的经济活动对地价的支付能力不同，也就是说，区位主体不同，在区位空间上所得到的预期利润也不同。城市土地利用空间结构实际就是不同的经济活动因取得的利润大小不同，在区位空间上竞争组合的结果。

最早对区位主体与区位空间的关系进行研究的是杜能，他分析了能够支付不同地租的农业经济活动在空间上的配置关系。许多经济学家和地理学家把他的区位理论应用于城市内部经济活动的空间分析，如格蒂斯等应用杜能的区位分析思想研究了城市内部商业空间的布局，指出零售业的销售量随着离开最高地价区位距离的增加而呈现递减的趋势。从格蒂斯等的研究可得出这样的结论：对于追求收入最大化的零售企业而言，最高地价区位是最佳的选择。但是，这种选择也意味着必须支付高额的地价，会造成费用的增加。因此，不同类型的零售业所能支付的地价能力，才是决定其区位选择的重要因子。如珠宝店比家具店能够支付更高的地价，因此，它倾向于在交通便捷、人流量大的区位，而家具店则趋于地价相对便宜的区位。这样不同类型的零售业都可形成各自的地价曲线，如杜能区位理论所讲的作物一样，随着远离中心，各种零售业的地价下降曲线和倾斜度表示零售业产出与费用的变化程度（图7-6）。

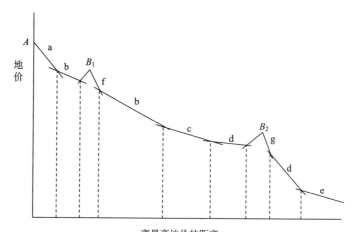

离最高地价的距离

a. 高级商品店；b. 妇女服装店；c. 珠宝店；
d. 家具店；e. 食品店；f. 鞋店；g. 男装店；
A. 最高地价点；B_1. 街角；B_2. 街角

图 7-6　地价与零售业的关系

资料来源：斯科特（Scott，1970）。

图 7-6 反映了由城市中心向外某个方向地价的变化与零售业类型的关系。首先在最大交通流量的区位布局综合性购物中心，它的地价倾斜线相对较陡；其次是倾斜度较缓和的妇女服装店、珠宝店、家具店和食品店，鞋店则在街角布局，它比妇女服装店能够支付更高的地价；在较远的街角布局着男装店，它比家具店能支付较高的地价。

图 7-6 的地价倾斜线除去街角的土地外，以垂直轴为中心旋转可得到类似于杜能圈的地价空间分布图。但这种模型也同时意味着从核心到周围，交通和其他因子一致的非现实性的存在。另外，现实中零售区位呈线状分布的情况也较多，特别是小城市。

加纳在 1966 年研究了零售区位的等级职能与地价的关系，他认为零售区位的等级职能越高，支付地价的能力也越高，区位选择将倾向于高地价的城市中心区；相反，则选择地价较低的周边地区（林上，1991）。他把这种关系用杜能的理论进行了说明（图 7-7），指出市场区位条件最佳、地价最高的空间将会被能够支付这种地价能力的高级职能零售业所占据，低级职能的零售业由于地价支付能力有限，将逐渐被排斥到市场空间的边缘地区。这样从市场空间的中心到边缘，按照地价的高低依次分布着地区级购物中心（regional shopping centers）、社区级购物中心（community shopping centers）和近邻购物中心（neighbor shopping centers）。他研究了芝加哥市的商业区分布，发现在主要交叉路口的核心区布局着百货商店、服装鞋帽店和珠宝首饰店等，随着距离的增加，家庭用具、面包店和餐馆的分布明显增加，而在边缘地区主要分布着五金、杂货、肉类、饮料和洗衣店等。

在商业中心地空间结构的形成和发展过程中，地价起到了重要的作用，零售业区位的空间竞争主要体现在企业的地价支付能力的竞争上。为了吸引更多的消费者，一般零售企业的区位选择在交通的交叉路口。在经济发展的初期，中心性职能比较低，所以首先在交通的交叉路口布局的是一些最低等级的近邻商业中心地，如图 7-8a 所示。随着经济发展水平的提高，社区级的职能将会出现，并与近邻级商业职能展开竞争。由于社区级商业职能的地价支付能力比近邻级商业职能的支付能力强，因此，社区级商业职能将取代近邻级商业职能的地位，在中心地区布局，而近邻级商业职能将会被排斥于周边地区，最终形成商业空间的二元结构。以类似的交替现象地区级商业职能也同样产生并在中心地区布局，最终形成三元结构。但该模型实际暗示了中心地区用地空间较广阔的假定。在现实中，由于中心地区的土地面积有限，只能向高层发展扩大空间的有效利用率。当然，该模型简洁明了地反映了中心职能（点的布局）和土地利用（面的结构）的关系。商业空间的布局仅仅用单一地价模型分析有其局限性，要考虑各种现实条件并通过与其他模型结合进行分析才能更接近现实。

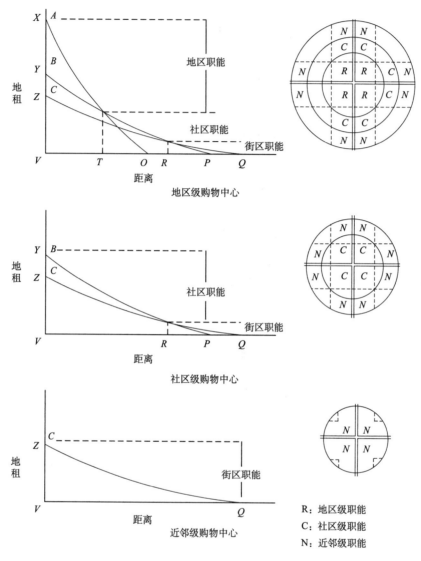

图 7-7　地价与中心地等级关系

资料来源：根据林上（1986）、张文忠（2000）改绘。

5. 商业中心地区位模型

（1）商业中心地的四边形模型

中心地理论原本是研究城市间各中心地的职能、等级和空间关系的理论，该理论也可应用到城市内部的商业中心地研究中。但与城市间的中心地相比较，城市内部的商业中心地的职能分散倾向相对强。另外，不确定的消费行为是左右商业中心地的一

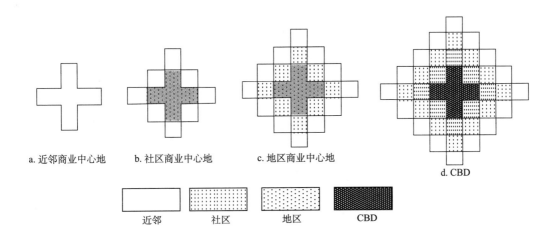

a. 近邻商业中心地　　　b. 社区商业中心地　　　c. 地区商业中心地

d. CBD

| 近邻 | 社区 | 地区 | CBD |

图 7-8　商业中心地内部发展模型

资料来源：根据林上（1986）、张文忠（2000）改绘。

个重要因子，这一特点使得人们对中心地理论是否能够很好地解释和说明城市内部的商业中心地产生了怀疑。比冯主张中心地理论如果能应用到城市内部的中心地研究中，那也不是克里斯塔勒的理论，而应该是勒施的中心地理论。在这一理念基础上，他对勒施理论进行了修改和发展，使理论能适用于一般的城市内部商业中心地的研究。

在比冯之前，卡瑞（Kurry）、加纳和贝利就商业中心地的等级性做过研究。卡瑞认为，勒施的理论关于空间界限太模糊，另外，在大城市内部中心职能过分集中。他自己建立的模型的特点是从时间角度来研究消费者和供给者的行为，把购买频率和购买量、商品的存量和销售周转数作为模型建立的基础，并且强调交通的方向性和其作用的重要性，他的理论更接近于现实的城市空间。卡瑞认为左右对称的城市空间，具有所有职能的中心地将在城市中心区布局，随着向周边地区发展，中心地的职能数会不断减少。对于非对称的城市空间，高级中心地不在中央集中，呈点状或线状分布。

卡瑞强调城市内交通路线的作用，因此，他的模型是以城市空间的交通路线呈四边形格子状发展为前提建立的。在现实中，城市内不论是在欧美还是在亚洲呈近四边形格子的交通网的城市比较多，特别是一些古老的城市，如我国的西安和北京等城市交通网络都呈接近于四边形的格子状分布。

加纳在 1966 年以芝加哥市为对象进行了商业地区研究，他提出的商业中心地模型也是以正方形格子状的交通路线为前提，发现除中心商业地 CBD 外，其他的中心地都在交通线路的交叉点有规律地分布。他进一步用克里斯塔勒的交通原则 $K=4$ 的系统对芝加哥市的商业中心地模型进行了说明。但加纳模型中没有明确地表示出各商业中心地的市场空间。日本学者林上认为，如果假定消费者在最近的中心地进行有等级的购买，那么，地区中心地的市场空间是社区中心地的 2 倍，社区中心地的市场空间是近邻中心地的 3 倍（图 7-9）。这就是说，加纳的模型不是 $K_1=4$，$K_2=4$，而是 $K_1=3$，$K_2=2$。图 7-9 是林上修改后的加纳模型，加纳的原始模型中不包括中心商业地 CBD。

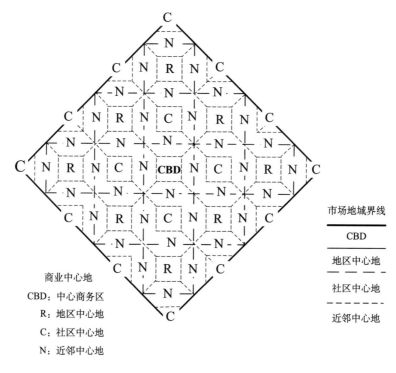

图 7-9　加纳的修改模型

资料来源：根据林上（1986）、张文忠（2000）改绘。

　　中心地的四边形模型建立的思路如上所述，主要是因为现实中的城市交通呈四边形格子状发展的情况较多，更与实际相一致。四边形状的中心地区位模型与六边形的中心地区位模型的差别在于：市场空间是正方形，商业中心地配置呈正方形格子状，即中心地位于正方形格子的交点上。这样的点是商品或服务消费者的居住点，同时也是商业中心职能布局的潜在区位。

　　中心地的四边形模型与克里斯塔勒的六边形模型有许多相似之处，四边形的中心地系统可以用克氏的理论来说明。在克氏中心地系统中，连续等级间的市场空间面积比一定，即属于同一系统的中心地 K 值一定。对于四边形的中心地系统而言，K 值最小的中心地系统是 $K=2$。在该系统中，一般等级 i 中心地位于等级 $i+1$ 中心地的市场空间边界线的交叉点上（图 7-10）。交叉点数为 4 个，位于这些点上的等级 i 中心地被相邻的 4 个高级中心地所分割。因此，等级 $i+1$ 中心地支配着等级 i 中心地的个数 s 为：$s=1/4 \times 4=1$。

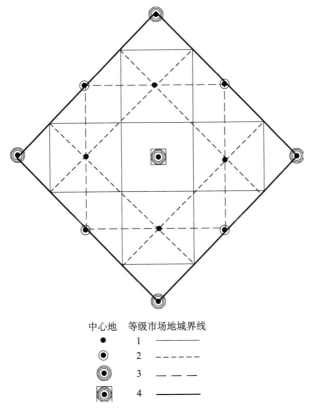

中心地	等级	市场地域界线
●	1	——————
◉	2	-------
◎	3	— — —
▣	4	——————

图 7-10　$K=2$ 的四边形模型

资料来源：贝利（2006）。

在等级 $i+1$ 中心地的市场空间中，还完全包含着一个等级 i 中心地的市场空间，这样，在 $i+1$ 中心地的市场空间中，共包含着 $K=s+1=2$ 个 i 等级的市场空间。$K=2$ 的四边形中心地系统的特征是：在相同的面积下，该系统除最低等级的中心地外，中心地数比其他的系统多。换言之，该系统是更接近消费者居住地的区位布局。

仅次于 $K=2$ 的系统是 $K=4$。如图 7-11 所示，在等级 $i+1$ 中心地的市场空间边界线上和交叉点上，分别配置着等级 i 中心地 4 个，被相邻的 4 个和 2 个高级中心地分别分割后，等级 $i+1$ 中心地支配着等级 i 中心地的个数 s 为：$s=1/4 \times 4 + 1/2 \times 4 = 3$。再加上完全被 $i+1$ 中心地的市场空间包含的 1 个等级 i 的中心地市场空间，那么，在 $i+1$ 市场空间中共包含着 $K=s+1=4$ 个 i 等级的市场空间。该系统的最大特点是：在通过最高等级的中心地引平行于市场空间界线的直线，在这两条直线上布局着理论上存在的所有等级的中心地。如果把这两条直线看作是通过市中心的交通干线，那么，在交通干线上拥有所有等级和类型的商业中心地。可见，$K=4$ 的系统与克氏的交通原则下的中心地系统相类似。

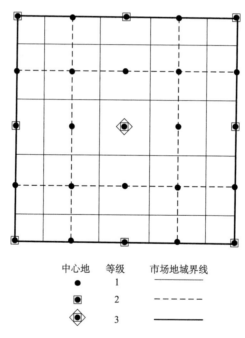

图 7-11　$K=4$ 的四边形模型

资料来源：贝利（2006）。

　　$K=5$ 的系统如图 7-12 所示，在等级 $i+1$ 中心地的市场空间中，完全包含了等级 i 中心地，但市场空间只包含被分割的部分。从等级 i 中心地完全被包含的角度看，类似于克氏的六边形市场系统的行政原则，但在等级 $i+1$ 中心地的市场空间中，等级 i 中心地的市场空间没有被完全包含，又不同于完全包含的六边形市场系统。因此，$K=5$ 的系统从市场空间的等级构成看，很难说是完全的行政原则系统。

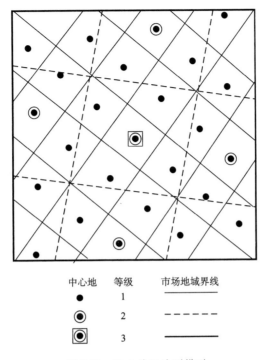

中心地　　等级　　市场地域界线

●　　　　　1　　　────────

◉　　　　　2　　　‑‑‑‑‑‑‑‑

▣　　　　　3　　　━━━━━━

图 7-12　*K*=5 的四边形模型

资料来源：根据林上（1986）、张文忠（2000）改绘。

在 *K*=9 的系统中，如图 7-13 所示那样，等级 *i* 中心地和其市场空间完全被包含在等级 *i*+1 中心地的市场空间中，因此，完全适合于行政原则。同时也类似于 *K*=4 的四边形系统，在通过最高中心地的两条轴上，布局着理论上存在的所有等级的中心地。

（2）商业中心地系统结构和变形

商业中心地系统结构主要是研究商业中心地等级结构、职能结构和空间结构。研究商业中心地系统结构的理论在上文已做过论述，包括中心地理论和地价模型等。

贝利认为，中心地等级是由向某市场空间供给特定类型的商品或服务的特定级别的各中心地构成。他所说的特定类型的商品或服务就是中心地职能类型，而特定级别的各中心地就是中心地等级类型。由此可见，中心地的等级系统的研究不能与职能系统的研究相分离。事实上，中心地的等级越高，中心职能也越高、越完善。商业中心地的空间系统结构是等级系统和职能系统结构在空间上的投影。不同等级的中心地，因中心职能类型和所供给或服务的市场空间的大小差异，在空间上的位置关系和秩序的表现形态也不同。比如，最高等级的商业中心地 CBD 具有所有的中心性职能，供给

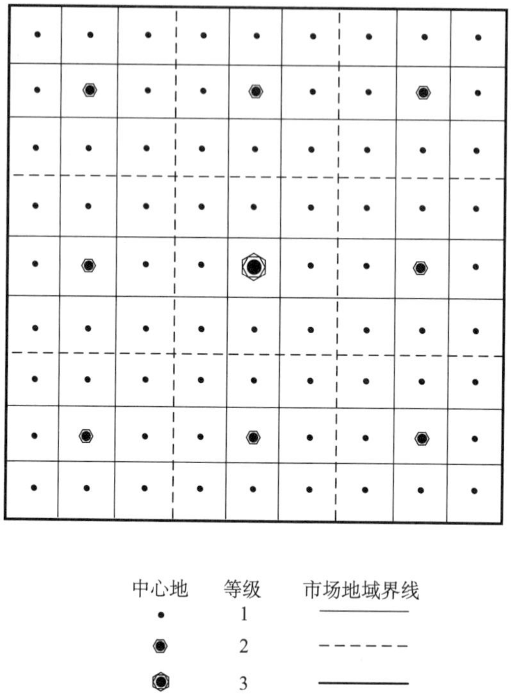

中心地	等级	市场地域界线
·	1	————
◉	2	- - - - -
◉	3	————

图 7-13　K=9 的四边形模型

资料来源：贝利（2006）。

或服务的市场空间是整个城市，一般布局在市中心交通最便捷的地区；地区级商业中心地的中心性职能与 CBD 相比，相对数量少、档次低，市场空间范围也较小，一般在副中心或次级中心布局；在社区级中心地常常找不到地区级中心地的某些职能，供给或服务的市场空间是以社区为中心，这级中心地一般在各区域中心能够看到，数量当然也比前两级中心地多；近邻级的中心地在各生活区都可看到，以满足消费者的日常生活的消费品为主，数量最多，分布也最广。如果仔细观察它们之间的空间关系就会发现，在两个高级中心地之间一定配置着一个次级的中心地，它们的供给或服务的市场空间既存在独立的一面，也存在相互重叠性。

城市商业中心地系统结构是随着城市的发展中心职能逐渐布局的结果而形成的。在城市发展过程中，商业中心地的布局环境条件也会随之发生变化，如交通手段的革新、人口密度和消费水平的地区差异以及消费行为的变化等，都会造成商业中心地系统结构的变形。上述原因主要是通过门槛人口的扩大或缩小来影响中心地系统结构的变化。如人口密度减少会带来商业中心地门槛人口的缩小，最终造成中心地规模等级的下降和消失。从 20 世纪 50 年代开始，欧美国家的城市化和逆城市化的发展，带来城市周边人口的增加和城市中心人口的减少，致使城市周边地区商业中心地的门槛人口增加，新的商业中心地逐渐出现和原有的中心地等级上升，而城市中心区出现萎缩的倾向。

由于商业环境条件的变化，造成原有的商业中心地系统的变化，最终使各等级中心地所供给或服务的市场空间范围的比例发生了变化。也就是说，一个城市商业中心地系统不是克里斯塔勒所说的固定的 K 值，是可变的 K 值。如帕尔设计的 K 取不同值的中心地系统，也能适用于商业中心地系统的研究（图 7-14）。图中 $K_1=4$，$K_2=4$，$K_3=9$ 表示 CBD 的市场空间相当于地区中心地市场空间面积的 9 倍，地区中心地的市场空间相当于社区中心地的 4 倍，社区中心地的市场空间面积相当于近邻中心地的 4 倍。实际上，现实的商业中心地系统变化更复杂。

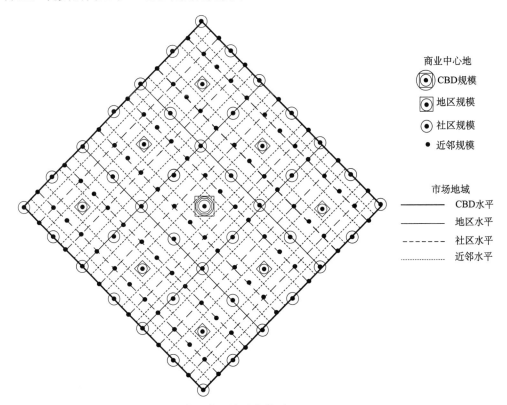

图 7-14　商业中心地系统模型 $K_1=4$，$K_2=4$，$K_3=9$

资料来源：根据林上（1986）、张文忠（2000）改绘。

三、零售业引力模型

赖利（Reilly）在调查了美国 150 个城市的基础上，归纳出类似牛顿引力定律的零售引力法则，即当在 A 和 B 两城市间存在着一个等级相对低的 C 城市，两城市向 C 城市吸引到的零售额的比率与两城市的人口成正比，与到 C 城市的距离比的平方成反比（Berry and Parr，1988）。

$$\frac{B_A}{B_B} = \frac{P_A}{P_B} \cdot \left(\frac{D_B}{D_A}\right)^2 \tag{7-1}$$

B_A 表示城市 A 向城市 C 吸引到的零售额，B_B 表示城市 B 向城市 C 吸引到的零售额，P_A 表示城市 A 的人口，P_B 表示城市 B 的人口，D_A 表示城市 C 与城市 A 的距离，D_B 表示城市 C 与城市 B 的距离。

当城市 A 和 B 向城市 C 吸引到的零售额相等，即 $B_A/B_B=1$ 时，下式可成立：

$$1 = \frac{P_A}{P_B} \cdot \left(\frac{D_B}{D_A}\right)^2$$

$$D_A + D_B = D$$

$$D_A = \frac{D}{1 + \sqrt{\dfrac{P_B}{P_A}}} \tag{7-2}$$

$$D_B = \frac{D}{1 + \sqrt{\dfrac{P_A}{P_B}}} \tag{7-3}$$

D 表示两城市间的距离，比如，当 $D=50$ 千米，$P_A=45$ 万人，$P_B=22$ 万人时：

$$D_A = \frac{50}{1 + \sqrt{\dfrac{22}{45}}} \approx 29.43$$

在赖利之后，另一位学者肯威斯（Converse）调查了美国 100 多个小城市流行商品的购买行为，他发现，在小城市内的购买量与在附近的大城市的购买量之间存在下列关系：

$$\frac{B_A}{B_B} = \frac{P_A}{P_B} \cdot \left(\frac{4}{d}\right)^2 \tag{7-4}$$

B_A 表示从附近大城市的购买量，B_B 表示在小城市内的购买量，P_A 表示大城市的人口，P_B 表示小城市的人口，d 表示小城市与大城市间的距离。

他进一步研究了赖利的法则，认为如果两个城市的规模差距太大时，向某地的零售引力与其离两城市间的距离比的 3 次方呈反比：

$$\frac{B_A}{B_B} = \frac{P_A}{P_B} \cdot (\frac{D_B}{D_A})^3$$

$$D_B = \frac{D}{1 + \sqrt[3]{\frac{P_A}{P_B}}} \tag{7-5}$$

贝利认为城市是通过中心职能来吸引周边人口，发挥着区域中心地的作用，因此，他用城市的中心职能数代替了赖利的人口数。如果 A 和 B 城市间的距离为 d_{AB}，两城市的分割点离 B 城市为 r_B，A 和 B 城市的职能数分别为 S_A 和 S_B 时，赖利模型变为下式：

$$r_B = \frac{d_{AB}}{1 + \sqrt[3]{\frac{S_A}{S_B}}} \tag{7-6}$$

比如，当 d_{AB}=36 千米，S_A=92 种，S_B=90 种时：

$$r_B = \frac{36}{1 + \sqrt[3]{\frac{92}{90}}} \approx 17.9$$

赖利法则总的来说，比较适合于农村地区的研究。对于大城市而言，由于人口密度大、商业设施密集、交通便利以及消费者的购买行为多样化等特点，在某商品的同一购买半径内不仅仅只有一个零售中心，通常布局着几个购买中心，这时消费者选择购买中心具有随机性。赫夫（Huff）经过实际研究证实了在大城市内消费者购买行为空间选择的随机性，他提出了与赖利引力模型不同的概率引力模型。

消费者选择 A，B，C 三个购买中心的概率等值线如图 7-15 所示，概率为 0.5 的等值线的交点表示无差别地点，即该点在两个中心的购买概率相等。相对于三个购买中心的无差别地点大约在概率为 0.33 的等值线的相交处，在这一点三个中心对消费者购买行为影响的概率相等。赫夫的模型可由下式来表示：

$$P_{ij} = \frac{A_j / d_{ij}^b}{\sum_{j=1}^{n} (A_j / d_{ij}^b)} \tag{7-7}$$

P_{ij} 表示在 i 地区居住的消费者选择 j 消费中心的概率；A_j 表示 j 消费中心的吸引力，一般用商店的规模来表示；d_{ij} 表示 i 地区到 j 消费中心的距离；b 表示距离指数是经验测定的指数；n 表示消费中心数。

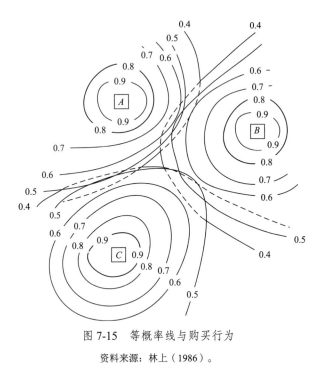

图 7-15　等概率线与购买行为

资料来源：林上（1986）。

如果假定 i 地区的消费者为 C_i，那么去 j 中心购买的消费者的期望值（E_{ij}）为：

$$E_{ij}=P_{ij}C_j$$

进一步，要是再假定 i 地区的消费者对 g 商品年平均支出额为（B_{ig}），那么，j 中心从 i 地区获得的消费者年零售额的期望值（A_{ij}）为：

$$A_{ij}=E_{ij}B_{ig}$$

如果把 1 到 m 居住区的年零售额的期望值加在一起，就得到 j 中心 g 商品的年零售额：

$$\sum_{1}^{m} A_{ij}$$

赫夫模型是从个人选择行为的现实理论中推导出来的，不同于赖利的经验法则。该模型对商店选择和零售商圈的规模大小研究起到了重要的作用。但模型中的 b 值是一个经验值，必须进行详细的调查才可得到。因此，如果能得到 b 的一定范围值，该模型应用价值就非常大。

另外，赫夫模型与赖利模型一样，存在着模型中商业规模和距离具体使用什么指标来表示更恰当的问题。使用时间距离和费用距离比使用直线距离更合适，而规模除去销售面积和零售额这些客观的指标外，也可使用消费者对商业中心地和商品齐备等的综合评价来表示。

第二节 批发业区位论

零售区位论的理论基础是中心地理论，但由于批发业不是与最终消费者直接相关的产业活动，因此，中心地理论不能很好地解释或说明批发业区位布局问题。批发业是生产企业和零售业之间的中间环节，既受生产企业区位布局的影响，也受零售业空间分布的作用，这种垂直的流通结构关系和它本身的特性决定了其区位布局的特殊性。

一、批发业区位布局的理论基础

1. 批发业的区位指向理论

（1）生产企业或零售企业的区位指向

在流通理论中，霍尔（Hall）提出的"交易总数最小化"原理对批发业区位布局有一定指导意义。霍尔认为，在给定生产者和零售者的数量与交易的总规模下，通过中介商批发业可大量减少交易次数，可节约在流通过程中的流通费用。这也说明批发业的规模与生产者和零售业的规模相关，或者说生产者和零售业的区位格局决定着批发业的区位布局。

批发业起着连接生产者和消费者的作用，如果生产和最终销售在同一空间进行，批发业就没有必要存在了。比如，在经济发展的初期，生产者同时也是自己产品的消费者，这种自给自足的小农式经济不仅不可能产生批发业经营商，也不存在零售业。随着经济的发展，除去个人或家庭消费外仍然有大量剩余产品，这时就出现了地区内的买卖，由于销售范围有限，因此，仍然不需要批发商的中介作用。当这种买卖活动超出自身的地区范围，批发商的地位就变得明显重要了。一定程度可以说，零售业是家庭自给自足结束时产生的，而批发业则是地区自给自足结束时出现的。

既然批发业是生产者和最终消费者在地理分离的情况下产生的，那么，它为了节约流通过程中的流通费用和运输费用应尽量接近生产区位或者销售区位。至于是接近生产区位还是接近零售区位，还取决于批发业的类型和商品的本身特性等。

批发业从需求方面来看，可分为两条流通渠道：一是流向消费类企业（零售业）；二是流向生产类企业（生产企业）。前者的区位布局一般指向于零售区位，后者的区位布局则指向于生产者或者产品使用的生产企业。如生鲜食品由于对保鲜性要求强，批发区位多指向于消费者,因此,在大城市的商业区分布比较多。工业产品由于仓库占地面积大,一般批发商的办公机构布局于消费地,而产品则布局于城市边缘和生产地。由于批发业的交易范围或市场空间与零售业相比,不仅仅局限于一个地区,通常是超越地区起着区域间的联结或纽带作用,因此,批发业的区位指向更为复杂。另外,批发业的流通渠道间还存在二级和三级批发业,因经营的内容不同,各级批发业的指向也不同,通常一级批发业区位多指向于生产区位或交通枢纽,二级和三级则多指向于零售区位或易于获取仓储用地的区位。

总之,批发业与生产企业和零售业以及各区位之间具有如下关系(图7-16):地区的人口规模(更准确地说是地区的消费水平)和生产规模决定着地区的零售规模及批发规模,或者说零售规模取决于人口规模和生产规模,而批发规模取决于零售规模。消费空间和生产区位决定着零售区位,批发区位取决于零售区位和生产区位。

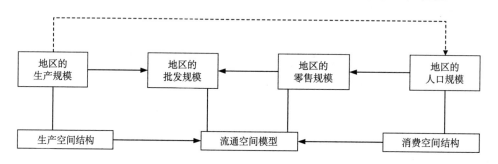

图 7-16　批发业、零售业和生产企业间的关系

（2）交通指向

批发业的需求者一般不是个人或家庭,多数为零售或批发企业,因而交易量比较大。另外,在经营费中储存、保管、搬运等成本占的比例相对较大,交通运输条件在批发业区位布局中起着决定的作用。对于具有大宗货物运输的企业而言,最佳区位是各种交通枢纽或集散中心。在经济发展的初期,批发业与零售业相同,主要是在交通便利的城市中心区布局,一是与需求方零售企业相接近,二是便于物资的集散。对于港口城市来说,在接近港口的附近批发业的集中更明显,这主要是因为批发业通常是超越地区的交易,港口是内外联系的交通节点,在此布局有利于从各地集中货物以及向各地批发商品。当经济发展到一定水平,除市中心之外,新形成的交通节点,如副中心,也成为批发业布局的潜在区位空间。随着高速公路的迅速发展和大型专业化汽车运输的普及,批发业在高速公路附近布局成为趋势。比如在一些特大城市内,中心

商业区的批发业出现衰退，而在城市周边形成了新型的批发业集聚区，其原因在于中心商业区交通拥挤，不便于货物集中和分散，大城市的市中心大型批发市场的货物运送主要在夜间进行，为此，许多批发业的业务在市中心交易，但实体企业却在城市的周边。

从交通指向的角度，可将批发区位分为以下类型：①商业中心集中型；②交通枢纽集中型；③主要干线集中型。第一种类型是批发业最初的区位类型，在产生的初期是与交通条件的便利性有关，但之后集聚效应起的作用更大。由于商业中心的职能类型多，一般批发区位与零售区位和其他产业区位相混合布局。这种区位类型的优点在于能够得到规模经济效益，同时，信息比较灵活，可减少交易风险性和不确定性。因此，尽管交通拥挤，出现部分物流功能向郊区发展，但商品交易职能仍保留于市中心。第二种类型的出现与交通运输业的发展分不开，如各种功能港口的建设会刺激批发业的形成和发展，出现许多专业性较强的批发地区，特别是工业用物资批发业。在各大车站如火车站或其他交通中心有大量批发业集聚，尤其是消费性批发业布局更显著。第三种类型主要是因为城市内地价上升，交通拥挤不便于大规模运输而导致批发业沿主要交通干线布局。这种类型多表现为沿高速公路出入口或公路交通枢纽布局，一般倾向于在城市周边地区，但又相对集中布局。

2. 集聚与分散

与零售业相比，批发业的区位空间集聚性更强。批发业在大城市集聚，形成高等级的批发中心，再向其他地区辐射，形成辐辏结构。批发业区位向大城市集中的原因在于：①大城市商业流通量和信息量集中，可以减少需求和供给间信息的获取与交易成本以及不确定性因素，消除交易风险；②大城市内的管理职能集中，如政府和行政管理部门以及各大企业的总部都设在大城市内，这将有利于与决策层保持联系，提高交易效率和许可权限；③在大城市内批发职能集中，可减少契约履行成本，如运送费用由于物流的系统化而降低；④容易掌握竞争企业的动向和维持企业多年形成的流通渠道；⑤大城市也是生产企业和零售企业集中的地区，有利于产品集中和分散，减少物流成本。正因为具有这些优势，批发业高度集中在大城市。

与工业企业和零售企业一样，当批发区位在城市中集聚到一定程度，会造成地价上涨、交通拥挤等缺陷，从而带来批发业部分职能如物流、仓储功能降低等规模不经济现象。具体表现在管理费和流通中心（或仓库）的使用费、运送费的增加以及交货时间的不确定性等方面。这种缺点导致批发区位选择转向城市周边地区。当然，这种区位空间的变动是与生产和销售区位的变化相联系的，甚至也取决于人口的空间迁移。

总的来看，批发业逐渐向城市周边地区发展。不过，集聚带来的区位空间分散并非在城市内均等地产生，准确地说，这是一种局部性的区位变化。

3. 胡佛的批发业区位理论

在上一章讲到了胡佛的区位理论是最小费用学派向最大利润学派的过渡理论，尤其在运输费用方面的分析是胡佛理论的一大特色。他从商品移动过程中费用的变化角度，分析了消费者与生产者的区位选择，对批发业的区位选择具有重要意义。

图 7-17 的上半部分表示某商品的运输流量图，左侧是工厂的位置，商品移动的线路和交易量由粗细线来表示，中间商布局的小黑点表示交通节点。

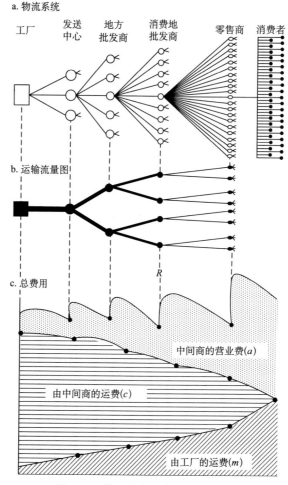

图 7-17　物流与中间商的区位选择

资料来源：根据胡佛（Hoover，1948）、张文忠（2000）改绘。

图的下半部分由三种费用累加构成。斜线部分的高度表示的费用（m）是将商品从左侧的工厂运送到中间商的费用，由于远距离运送存在运费衰减，因此，从左侧的工厂到 R，运费的增加率是衰减的。但是从 R 开始费用急增，原因是到 R 为止是铁路运输，从 R 开始向右变为汽车运输，将商品发送到各零售商需要很多的人工或机械搬运费和运费。因此，中间商在此布局是最佳区位选择。

横线表示的费用（c）是从中间商到零售商的商品的运费变化，中间商的位置随着远离消费者费用而不断增加，但增加率仍然为递减。正如运输流量图所表明的那样，商品运输量增大，可享受更低的运费，因此，如果只考虑上述两种运费，那么，越接近消费者每单位重量的运费之和就越减少。从此意义上讲，中间商的区位是属于消费地（或市场）指向。但除运费外，商品的管理和经营等也需要大量的费用，图中用点表示的费用（a）是指中间商经营所需要的费用。如果运输流量图中的粗细与商品的交易量成比例，商品的交易量越大，由于集聚（或规模）可带来费用的节约，经营费的空间变化随着商品的流通会呈如图那样的垂直带幅变化。

以上 m，c，a 三种费用合计就形成了图 7-17 中那样的锯齿状的费用线。从上述我们可得出这样的结论：交通连接点或运送中转点是批发业布局的潜在区位点，而 R 点是最佳区位点，即接近消费地（或市场）的最近交通节点是批发业的最佳区位选择。胡佛的理论为说明在大城市周边的交通节点上形成许多批发中心提供理论依据。事实上，我国许多城市的货运站（或港口）出现大规模的批发市场也是这个原因所造成的。

二、维斯的批发业区位理论

维斯（Vence，1970）通过历史分析方法对美国批发业区位的形成和发展过程进行了实证研究，开辟了批发业地理和城市批发业区位布局的研究领域。

一般区位理论研究可分为两个研究层次：一是全球性或区域性的经济活动空间配置；二是特定经济活动在城市内的空间配置。比如中心地理论可从全国以及区域角度研究城市间的等级关系和空间配置，也可以以城市为单元研究城市内商业中心地的等级关系和空间配置。维斯的批发业区位理论也是从这两个研究层次展开的。

1. 全国范围的批发业区位空间

从区位理论分析看，批发业具有如下两种职能：一是把商品从丰富的地区运送到相对缺乏的地区；二是提供各种商品的专业化供给。商品的供给专业化与商品的类型、供给时间和供给市场的范围有关。批发商如果想使商品交易专业化，就必须扩大商品的交易范围，交易范围越大，专业化程度越高。如果批发商想缩减商品交易范围，那他必须扩大商品的交易种类，交易种类越丰富，交易范围才能相对越小。

维斯的批发区位理论中提出了需求累积的概念，他认为，需求累积是指某购买者在一定时间内的总需求。当市场需求少时，必须要间隔一定的时间，进行需求累积，交易才能发生。如果市场人口增加，批发商就会使交易的商品向专业化发展，为了持续保持同一交易空间，还必须改善自己的服务。维斯认为，最小人口即门槛人口是所有批发企业布局的必要条件，门槛人口的大小是需求累积程度的函数。随着需求累集增大，必要的交易人口会减少，交易是连续或基本连续时，必须要有最大的门槛人口。

时间效用和场所效用程度是决定批发业区位的基本原动力。场所效用必须与时间效用相结合，交易只有存在间隔时，场所效用才表现出来。批发业区位的发展也依赖于地区经济发展和城市发展，也就是说，消费者的收入和人口密度同样是决定批发业区位的重要因子。维斯也认为交通对所有类型的批发业区位起着重要的作用。交通在技术上的变化反映了交易基地区位的变化，但他认为交通变化对城市内部批发业区位的影响比对国家尺度的批发业区位影响大。随着批发业的发展，交易办公机构将在城市内交通便利的地点布局。

批发业区位理论是综合的，必须要认识其形成的各种因素。对国内批发业区位的形成过程必须从历史的角度进行认识，维斯对美国的批发业区位结构和发展就是从历史的演变过程来分析的。比如，他认为像美国这样的新大陆，开拓者的中转地主要是沿海各港口，批发业区位也主要布局于沿海各地；而在已城市化的地区，其批发业由于地区经济发展水平高而形成了许多的城市，商品的交易大多集中在规模比较大的城市内进行，批发业的区位和零售业的区位大部分是一致的；在没有工业并且比较稠密的农业聚落地区的批发业，由于不存在工业城市，地区所需要的工业等产品大多从外部运入，因此，交通节点就成为主要的批发业区位点。

2. 城市内的批发业区位

维斯按照批发业的交易方式、运输手段和发展形态，把城市内的批发业分为以下几种地域类型：传统的批发业地区、批发商品地区、商品品种选择地区、现货批发地区、面向制造业的原材料和办公用品批发业地区。这种批发业地域类型划分主要是从美国的实际情况出发来研究的，对一般的批发区位研究具有一定的参考价值。第一种类型他认为主要集中在接近城市中心区的车站附近，一般是以都市圈为腹地进行服务，但这种类型随着汽车和连锁店的发展逐渐趋于衰退；第二种类型主要布局于传统批发业地区的边缘地区，接近小规模经营的交易者是这种类型的重要区位因子；第三种类型也在邻近城市中心的地区集中，但主要交易的商品是选择性较强的一些商品，如家具和服装类；第四种类型即现货批发地区一般位于城市内部的主要干线附近，以汽车零件和药品为交易内容，并兼有小规模的零售职能。后两者如接近印刷业的用纸批发业，以及接近城市中心区的办公机构，提供办公用品批发等，它们的共同特点是接近商品交易者。

除上述类型外，还有其他的批发业类型，如属于制造业的批发业和代理店等。但总的来说，在城市内发挥着商品集中、配送和交易职能的批发业，重要的区位决定条件是与交易地、交易者的接近性。接近性因为随着交通技术条件的革新而变化，交易地如零售业、制造业或一般企业区位变化时，批发业聚集地也发生变化。一般在交通网络体系的特定地点分布着批发业，正因为交通运输业的快速发展，批发业的区位才有可能出现空间变动。交通对批发业的影响不仅表现在运费上，也表现在运送时间上。运费决定商品最终交易的价格，因此，总运费最低点是批发业区位的最佳选择地点。

第三节　集市区位论

在此所讲的集市是指农村定期进行产品交换和交易的市场，因此，也可称为定期市场。它是在小农经济社会下，以局部的交换和交易为基础而产生的。集市一般出现在经济收入和人口密度低的地区，因为这些地区的商品总需求量不能维持固定商店的建立。集市交易成立的条件是市场的需求和供给在空间上与时间上的集中性。

一、集市的特征

1. 周期性

集市也称作定期市场，从字面来分析，"定期"就是指一定的时间间隔，因此，定期市场就是市场体系在一定的空间中按照一定的时间周期发挥作用的意思。集市的日期是由各地区按照习惯、风俗和节气等事先确定的，如一季、一月、一旬或一周进行几次大集或几次小集。这种时间间隔的确定与各地区的社会、文化和宗教等有关，如基督教、犹太教和伊斯兰教影响较强的欧洲、中东与印度等大多以 7 天为一周期，实行周市制，这样集市与宗教活动相结合。

我国以及受我国影响较深的朝鲜和日本一般是以旬为周期，即10天一次，也有以12支为基础决定的（石原润，1987）。相邻市场为了避免彼此间的竞争，集市日一般尽可能不重复在一起，特别是等级相对高的集市与等级低的集市。等级低的集市日通常是按照等级高的集市日的安排来确定，彼此之间在社会、文化和宗教上存在互补性，在经济上又可减少相互间的竞争。

2. 巡回性

集市的周期性决定了商人、手艺人和农民等的巡回性。对于商人而言，一个集市的消费需求不能维持他的生计，他必须流动巡回于几个集市才能获得利益，集市日的不重叠性也为他提供了巡回的可能性。手艺人的产品和农民的剩余产品在一个集市如果销售不完，同样会选择附近的其他集市进行销售，但与商人相比他们的移动巡回很有限。

3. 交易的地区性

集市的交易大多具有地区性，交易内容一般是地区内农民生产的剩余产品以及手艺人的手工产品向农民销售和服务。另外就是商人把采购来的各种工业产品向地区内消费者销售。集市的初级阶段前者表现得更突出，当发展到一定的阶段会出现一些地区性和专业较强的集市。交易者以地区内农民为主，包括专业兼业商人和手艺人。交易方式是由物物交换发展到以货币为媒介的交易形式。集市的范围一般是以农民或商人等一天移动的距离为基准。

4. 集散性

集市将起到农村剩余产品集散中心的作用以及把城市的工业产品向农村扩散的作用。也就是说，集市是农民生产的剩余产品的销售和日常生活用品的购买空间，起着商品的集中和分散的作用，特别是地区间的产品一般都经过集市来进行交易。在城市生产的工业产品也同样经由集市再向农村的消费者销售。

5. 等级性

由于地区经济发展水平、人口密度和交通的便利程度等差异，集市的职能存在着明显的差别。集市的等级性类似于中心地的等级性，处于不同等级的集市其市场空间、职能类型和周期性等也不同。

6. 社会性

集市不仅是地区居民经济活动的中心，同时也是地区居民进行社会活动的场所，如娱乐、社交、宗教和政治活动也常常在集市日进行。

二、斯坦因的集市区位形成理论

最早运用中心地模型从理论上对集市形成的过程进行研究的是美国地理学者斯坦因。在收入较低、商品需求量小、交通不便的地区，很难在一定时期内能够维持商店正常经营的销售量。商店经营成立必须具有维持最小限度销售量的空间范围，这就是克里斯塔勒所说的商品到达范围的下限（或贝利所讲的门槛人口）。以商店为中心，以商品到达范围的下限为半径，可画出一个圆，对于消费者而言，如果与该商店距离太远，也不会去购买，那么这个范围就是商品到达的上限，以此为半径同样也可画出一个圆。由于地区的消费需求和交通手段的差异，这两个圆可表示出各种各样的组合，组合不同，商店的区位情况和销售方法也不同。

斯坦因将商品到达范围的下限和上限的组合分为如图 7-18 所示的四种类型（林上，1986）。第一种类型（图 7-18a）是下限比上限大很多。在这一阶段，消费者移动能力有限，而且消费需求量极小，商品供给者为了确保销售量会采取巡回销售的方法，商人将在商品到达范围下限所包围的地区内移动巡回销售，巡回点数取决于上限和下限的大小，两者的比越大，巡回点数也越多。消费者购买的时间安排与商人的来访相吻合，这样就避免了空间的制约。到达范围的上限因为是圆，如果它们彼此之间不重叠，就可能出现有买不到商品的消费者，因此，正如克里斯塔勒中心地理论所说，移动商人的巡回点沿正三角形格子移动，以巡回点为中心的消费者的来访范围最大，即市场空间最大。

第二种类型（图 7-18b）是到达范围下限缩小，上限扩大。在第一阶段，随着经济的发展，居民收入和人口密度不断增加，交通条件也相应改善，从而刺激了消费者需求的增加和活动范围的扩大。但下限仍然大于上限，商人一如既往地采取巡回销售的方法。巡回点数却下降，维持一定的销售量所需要的时间也缩短，移动方式类似于第一种情况。

第三种类型（图 7-18c）是下限和上限的差进一步缩小，巡回点数减少，移动距离也大幅度缩短。下限和上限的差缩小到一致时，移动商人的巡回也就停止。如果销售量达到商店能够成立的门槛值，固定的商店就可进行正常经营。当消费者需求进一步增加或交通条件进一步改善，上限超过下限时，商人就可得到超额利润，这就是第四种类型（图 7-18d）。随着超额利润的增加，其他商人也将在此设立商店，到了这一阶段，商店的发展过程就完全与勒施中心地模型相一致。

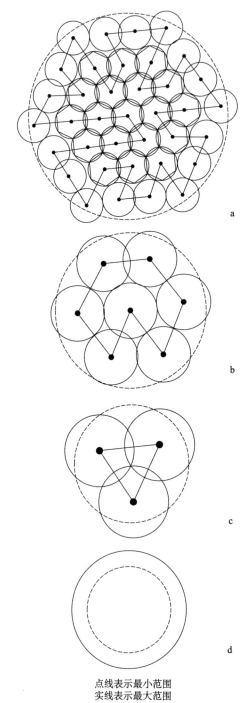

点线表示最小范围
实线表示最大范围

图 7-18 斯坦因的集市区位模型

资料来源：根据林上（1986）、张文忠（2000）改绘。

斯坦因的集市模型从时间序列看，取决于以下两个因子的变化：①随着交通运输条件的改善，运费会降低，从而导致商品到达范围的上限扩大；②随着经济水平的提高，人口密度和收入不断增加，带来地区需求提高，从而促使商品到达范围的下限缩小，上限与下限的变化关系影响着集市数量的变化。

斯坦因的模型实际是研究了集市的一种形式，即商品在地区外生产，由流动商人巡回供给各聚落，但另一种集市交易形式是地区内生产的产品在集市上的定期交易，如农村地区各种农副产品和工艺品定期的交易活动等，后者与斯坦因的模型关系不大或者可以说是无关。

三、施坚雅的集市区位模型

美国社会学家施坚雅在研究中国农村地区的市场和社会结构中，论述了中心地与市场的空间结构和发展过程。他以克里斯塔勒和勒施的理论为基础，分析了以集市为中心的中国农村社会的市场空间结构，认为自下而上由村、标准市场、中间市场和中心市场镇四个等级为中心组成的农村市场，是按照一定的规律在空间上布局的。

施坚雅为了说明市场空间结构形成的过程，建立了市场中心地模型。他在实际调查基础上，发现每个标准市场镇的市场空间内大约包含了 18 个村落。他假定标准市场空间连续分布，与在正三角形格子状上分布的村落同样，标准市场镇也分布在正三角形顶点，因此，其市场空间呈正六边形。位于标准市场镇上的中间市场镇不仅发挥着标准市场镇的职能，而且具有其他更高的职能。中间市场镇具有怎样的市场规模这是要解决的问题。施坚雅认为中间市场镇也呈正六边形，位于边上的标准市场镇组成的模型 A 和位于顶点的标准市场镇组成的模型 B 相区别。中间市场镇的市场空间规模比模型 A 和 B 的市场规模大一圈在理论上是成立的，标准市场镇的市场空间和以中间市场镇为中心的定期市场系统模型如图 7-19 所示。

施坚雅（Skinner, 1965）的模型 A 和 B 以四川省的定期市场为例进行了应用研究，模型 A 以成都东北部的山地为例，模型 B 以成都东南的平原和丘陵为例。他把市场镇的实际配置按照位相几何学进行了修改，发现修改后的图与克里斯塔勒模型的 $K=4$ 和 $K=3$ 的系统相吻合。

中间市场镇的市场空间因为不是无限的，不能供给的商品和服务由等级高的中心市场镇供给。中心市场镇同时具有中间市场镇和标准市场镇的职能，市场空间也呈六边形，但比中间市场大一圈。该等级的定期市场一般位于交通要塞，除定期移动商人

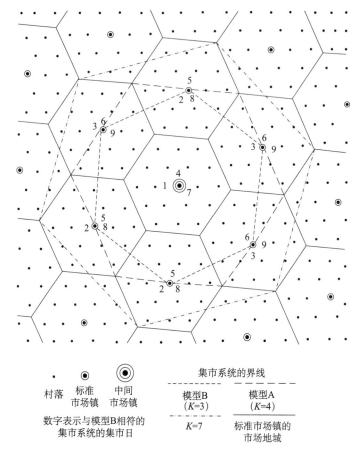

图 7-19 施坚雅的集市中心地系统

资料来源：根据林上（1986）、张文忠（2000）改绘。

外，也有固定的商店，同时具有重要的批发职能。中心市场镇的商品经过中间市场镇运送到标准市场镇，而向其他中间市场镇或比它等级高的城市运送地方产品。

施坚雅实际调查和研究了我国各个等级集市的集市日间的关系，他发现，相当于克氏 $K=3$ 的成都东南平原和丘陵区，中间市场镇的集市日（如 1—4—7）与标准市场镇的集市日（2—5—8 或 3—6—9）相互不重复（图 7-19），但相邻的标准市场镇是相互独立设立，有时会重复。经营的商品在标准市场镇不能完全销售的商人，一般沿以中间市场镇为顶点的正三角形巡回销售。他在中间市场镇停留 3 天，在 6 个标准市场镇各居住 1 天，加上休息日，10 天巡回一周的定期市场系统。但对于消费需求量小的地区，不进行广泛的巡回销售就无法经营，这时巡回一周定期市场系统需要的时间就很长。

标准市场镇与比它高一级的中间市场镇的集市日尽量不重复，两者都可发挥各自的中心职能。但中间市场镇的集市分大集和小集时，如 3—8 为大集，1—6 为小集，那么，标准市场镇的集市日与中间市场镇的小集相重复的情况就较多，但不会与大集相重复。

四、克里斯曼的集市区位模型

克里斯曼（Crissman）以我国台湾彰化平原为例对集市系统进行了研究，提出了 $K=3$ 和 $K=4$ 的修改模型。他高度评价了施坚雅的市场中心地模型，但同时也指出他的缺点，即供给低级商品的市场空间与中心地无关的论点。他通过对我国台湾彰化的研究，发现中心地的等级越高，商品的市场空间也越广。事实上，消费者为节约交通费在高级中心地进行多目的的购买行为，最终使商品的市场空间扩大。因此，克里斯曼考虑到这一点的作用，对模型的市场空间界线进行了修改。

（1）$K=3$ 的修改模型

$K=3$ 意味着中心地分布于正三角形格子上。他假定模型是由三个等级的村落和标准市场镇、中间市场镇以及中心市场镇六个等级的中心地组成。该模型表示随着村落的发展，中心地的等级逐渐上升，相当于中心市场镇的中心地等级变得明显的阶段。为了明确模型的结构，假定中心市场镇位于菱形坐标的原点（0，0），研究位于其上的各等级的中心地的配置（图 7-20）。该模型是下级中心地逐渐上升的结果，因此，在初始阶段所有的中心地都相当于村落等级 1；其次，村落等级 2 按照克里斯塔勒的市场原理，以坐标（1，1）为中心由正三角形格子表示，这时坐标（1，1）也是在该等级中心地布局的初期职能区位点；最后，以坐标（3，0）为初期职能区位点的职能出现，这就是村落等级 3，也呈正三角形格子分布。

但是，比村落高一等级的标准市场镇不按照 $K=3$ 的规则进行区位布局，也就是说本来初期职能区位点应决定在（3，3）点，但实际上决定于（4，1）处。原因是他认为不仅要遵循市场原则，也要满足交通线路的条件，因此，市场镇和村落的关系为 $K=21$。在此所说的交通线路是按照市场原理发挥作用时，新的镇尽量离开已有的聚落布局，因此，连接村落和市场镇的线路尽量是直线，或相同等级的市场镇之间的连接线路尽量避开小镇和村落。

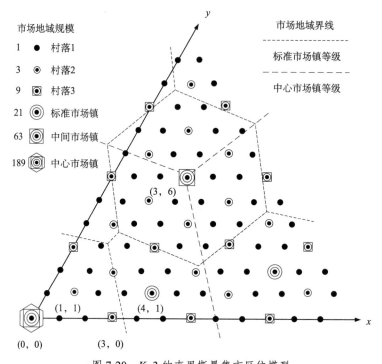

图 7-20　K=3 的克里斯曼集市区位模型

资料来源：根据林上（1986）、张文忠（2000）改绘。

（2）K=4 的修改模型

克里斯曼的 K=4 的修改模型与 K=3 的模型相比结构要简单，基本与克里斯塔勒 K=4 的系统相同。如图 7-21 所示，中心市场镇位于原点（0，0），等级 1 和等级 2 村落（只存在两个等级）的职能分别布局于（1，0）和（2，0）的初期职能区位点。之后，标准市场镇的职能在（4，0），中间市场镇职能在（8，0），中心市场镇职能在（16，0）的初级职能区位点布局。这五个等级的中心地都按照交通原理配置。但是，其市场空间的大小不同于一般的交通原则形成的市场空间系统，即 1—4—16—64—256。克里斯曼认为同一等级的市场空间因中心地的等级不同大小也不同。如果标准市场镇的市场空间大小用在其中包含的聚落数表示的话，标准市场镇为 13，中间市场镇为 19，中心市场镇为 31。与 K=3 的修改模型不同，同样是标准市场镇但因位置不同市场空间的大小也不同。与中间市场镇和中心市场镇的两市场空间相连接的标准市场镇，比与中心市场镇不连接的标准市场镇的市场空间要小。原因在于多目的的购买行为，使中心市场镇的市场空间扩大。

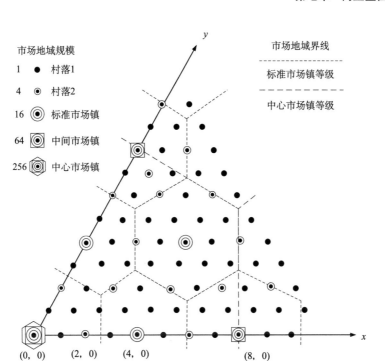

图 7-21　*K*=4 的克里斯曼集市区位模型

资料来源：根据林上（1986）、张文忠（2000）改绘。

第八章　服务业区位理论

通过追寻自身的利益，人们常常比其本意上更有效地促进了社会利益的提高。

——斯密（2016）

随着一个国家或一个城市的经济发展，服务业在整个经济活动中所占的比重将不断提高，城市会由生产制造型经济向服务型经济转型，纽约、伦敦和东京等世界城市的服务业占比都超过了 80%。服务业的快速发展推动城市内产业结构和产业区位空间结构的变化，也推动了城市内部功能的重构。作为城市经济主体的服务业，其区位选择的理论对传统服务业、现代服务业和公共服务设施的布局具有重要的指导意义。

第一节　服务业类型及区位特征

一、服务业的类型与区位选择

服务业一般不直接进行物质生产，主要是从事信息、数据和知识等生产与管理，或者为企业、机构和消费者等提供生产、生活服务的经济活动。广义的服务业是指不直接进行物质生产的所有经济活动，实际就是第三产业；狭义的服务业是指为个人或企业提供各类服务的行业。根据其性质不同，一般可分为四种类型（张文忠，1999b）。

第一类是以个人和家庭为对象，提供日常服务活动的服务业。这类服务业具有零售业的特征，由各种店铺组成，如理发和美容院、洗衣店、照相馆和修理店等。因此，区位选择原理与零售业相似，即尽量接近消费者。

第二类服务业是以企业（或办公机构）为对象，为企业和办公机构（包括行政机关、医院和教育部门等）提供在生产、运行、管理、业务处理等过程中产生的各种服务需求。这类服务业代表性的行业有广告业、设计业、信息服务业、维修业、计算机软件开发和销售业等。与第一类服务业不同，这类服务业的对象是企业、事业或机关等，在区位选择时，是否接近消费者并不重要，但由于各种办公机构集中在城市中心区，因此，这类服务业的最佳区位是办公机构集聚区，在一定程度上类似于批发业的区位选择。

与企业相关联的服务业以信息服务业、广告业、设计业和研究开发等为主，主要是从外部来支持企业的服务活动。这类服务业的区位特点是高度集中在各大城市中，其原因是大城市信息灵通，经济、技术和文化交流广泛，在大城市能够掌握最新的情报和信息，同时也可把握最新的和一流的研究、创新及设计等动态。从需求层面来看，像这种特殊的和高层次的服务，也只有布局在大城市才有更大的市场。

从世界各国服务业的区位特征来看，像情报和信息、广告业、研发和设计业等这类城市型服务产业，一般都高度集中在大城市中，在城市内部又以城市中心区为主，呈聚集的发展形态。服务业的求心性除与其他行业类似的行为动机外，还在于这类服务业区位用地少，只需租用一个办公空间就可运转。这类服务业受空间制约相对较小，相反，信息的来源、交流的便利性以及同行业间的竞争与合作程度显得非常重要，即直接的面对面交流是驱使这类服务向中心商务区集聚的核心动力。

但是，与制造业部门关系较密的服务业，如机器维修业、租赁业等，在大城市布局相对较少，通常与制造业的区位空间相一致。就一个城市而言，像公共检测平台、通用测试机构、机械器材租赁业、机器维修业等服务业也不同于信息、研发和广告等现代服务业，它们在城市中心区集中程度很低。主要原因是它们不仅向城市中心区布局的企业或行政机构提供服务，也要为在中心周边和郊区布局的企业提供服务。另外，它们的区位用地也比前者要大，高额的地价一定程度上限制了它们的求心性发展。

第三种类型是具有办公机构性质或职能的服务业。这类服务业主要是从事各种业务管理以及信息的收集、加工和发送为主的业务职能，如企业的管理和营业部门以及银行、保险公司、会计、律师事务所等部门。服务的对象主要以企业和机关等为主，也包括部分个人和家庭。这类服务业的区位特点与第二类具有相似性，也主要在城市中心区布局。

在服务业中相当多的经济活动是属于事务性管理、业务运营和统筹等活动。这类服务业从职能上可分为以下三大类型：①发挥着各种业务管理性职能的办公机构，如国家和地方的行政机关或各企业的管理总部等，这类职能具有高度的决策性和权威性，因此，情报和信息收集以及发送极为频繁，这一类服务业主要布局在城市中心区，具有极强的求心性，交通、信息的便捷性是其区位选择的主要因子；②次级行政机关或企业的分社和支店，从职能来看，行政机关主要是从事具体事务的处理、汇报和日常管理等，而企业则以营业活动为主，一般不进行实物的交易活动，这类服务业多布局于次级中心区；③从外部支持企业活动的职能来看，如金融、保险、会计、律师等，这类服务业也具有很强的求心性。

第四种类型是公共服务设施。如学校、图书馆、医院和消防局等，这类服务业受行政制约较大，但公平性和效率性应该是此类服务业区位选择的主要原则。

上述的分类并非是绝对的，有些服务业具有多重性质，特别是近年来新产生的一些服务业，其业务类型和表现形态并不固定，另外，服务业的定义和分类也不统一，需要与时俱进，及时研究服务业新兴业态和区位选择的新动向。

二、服务业的区位特征

服务业，尤其是现代服务业，如金融、保险、咨询、商务、设计和信息产业等，一般向大城市集聚，在城市内部又倾向于在城市中心区集聚（Cox，1979）。

1. 北美服务业的区位特征

世界最大的服务业集聚中心纽约，其中心城区曼哈顿高度集中了全市大量的服务性机构。由于独特的区位条件和历史发展的惯性，曼哈顿成为全球性的金融中心、通信和信息中心、贸易中心及跨国公司总部集聚中心，这些地位是任何一个城市都无法取代的。从 20 世纪 70 年代开始，由于纽约城市环境恶化和高税收等外部不经济现象，出现了所谓办公等服务职能的外迁，一些服务性机构、企业和团体的区位选择向纽约周边地区或一些中等城市转移。进入 20 世纪 80 年代，随着跨国公司的迅猛发展，纽约再次成为跨国公司总部及为跨国公司提供服务的各类行业的聚集中心，但它们在城市内部的区位选择出现了相对分散的趋势。现在纽约的服务业增加值占 GDP 的比重超过了 90%，银行、保险、房地产、信息和咨询业、设计业、广告业、出版业等在纽约集聚程度更高，其中，金融业占比超过了 20%。国外银行总行和支行 40%集中在纽约，曼哈顿有近 1/4 的人员在外资银行工作。信息产业的发展加速了服务业和各类办公服务业的自动化及管理的现代化，大量银行、保险咨询、财会等软件系统企业在纽约集中。

与纽约相对应，西部的洛杉矶是美国的第二大服务业，特别是商务服务中心。20世纪 70 年代以后，随着经济活动的国际化，洛杉矶作为企业总部和金融管理中心的地位不断提高，20 世纪 80 年代，洛杉矶企业的资产和银行储蓄额就居于全美第二位（Pinch，1985）。中心区不仅聚集了本国和世界各国的银行、保险公司以及信息和技术服务业，而且也是日本、加拿大和英国等跨国公司总部和分支机构的集聚中心。就全国总体而言，企业中枢管理业务的就业人数年平均增长率南部高于北部和东北部，这一趋势也类似于制造业，特别是像亚特兰大，已成为企业总部和各种事务所职能聚集的新中心。

加拿大的办公职能类服务业在中心区布局的比例也比较大。最大的商务中心多伦多的市中心区由于便利的交通条件，吸引了许多跨国公司和各种等级、类型的办公职能类企业的集中。近年来，有些服务业也表现出向城市周边地区发展的趋势，特别是在城市高速公路两侧集聚的空间形态已经形成规模。魁北克州的中心城市蒙特利尔由于英法在种族上的隔阂与对抗，一些追求宽松社会环境的服务性企业出现了向多伦多市发展的趋势。西部城市渥太华随着与东亚地区，如日本、韩国和中国企业交流的增加，对各类服务业的需求也相应增多，作为新的商务中心的地位也正在确立。

2. 欧洲服务业的区位特征

英国首都伦敦与纽约齐名，也是世界性的国际商务中心，其城市中心区就集中了伦敦一半以上的服务性企业。内部表现出明显的空间分异，以英格兰银行和证券交易所为核心的金融类服务业呈双层结构在中心区集中，其两侧为交易中心和出版等专业性服务区。与北美各大城市相同，近年来，一些专业性服务业，特别是直接面向企业的服务业，开始向伦敦周边发展。

法国的大巴黎集中了全国服务业就业人口的 1/3 以上，巴黎服务业在全国居于绝对优势的地位。伦敦、巴黎、罗马和法兰克福等城市将会成为整个欧洲的服务业集聚中心。

3. 日本服务业的区位特征

日本的服务业高度集中在东京、大阪和名古屋三大都市圈，仅各类办公机构三大都市圈就集中了近一半（林上，1991）。一些中枢管理业务和银行保险公司在东京市的集中度就更高。如以东京站为中心，半径 1 千米的范围内，集中布局了各类外资性银行的近 80%。情报信息业也有类似的特征，三大都市圈约占全国的 70%以上。据日本国土厅计划调整局调查，50%的情报信息服务业布局在城市中心区，只有很少的企业在郊区布局。如东京都 23 区情报和信息服务业占全国同行业销售量的 50%以上，特别是计算机软件开发和情报处理服务业，在大城市的集中性就更明显。设计业也具有类似的特征，如日本该行业 50%的销售量来自东京都 23 区，大阪市也占了 20%。设计业因为它的业务与报纸、杂志、电视和广播等新闻媒体相联系，报纸、出版部门和其他新闻媒体集中的大城市也是该行业的主要布局中心，如东京集中了日本杂志广告业的 80%，电视广告业的 70%。

4. 中国服务业的区位特征

2015 年，我国服务业增加值占 GDP 的比重达 50.5%，服务业成为经济发展的重要支撑产业。除金融、保险、房地产、商务服务业、专业服务业和信息服务业等外，文化创意、电商、现代物流等服务业也极大地促进了我国经济的快速发展。这类服务业属于知识技术密集型的现代服务业，因此具有较高的生产效率。

中国的服务业区位同样具有类似的特征，但不像欧美和日本那么高度集中。一线城市如北京、上海、广州等服务业的从业人员比例明显高于其他城市，服务业与城市规模等级呈正比，城市等级越高，服务业从业人员所占的比例也就越高。另外，除公共服务业，如图书馆、邮局、消防局、文化活动中心等在空间上分布均匀外，服务业也倾向于在城市内部集聚发展，尤其是为企业提供服务的行业大多呈现出空间的集聚性，但与国外相比较分散程度更明显。

第二节　服务业区位选择的理论基础

一、影响服务业区位选择的因素

一般商业性服务企业（类似零售业）的经营者，其区位选择分为以下三个层次：一是服务企业所在城市的选择；二是在城市内某个区域的区位选择；三是具体地点的确定（表 8-1）。

服务业在不同空间层次布局所面临的问题和需要解决的关键问题不同，影响区位选择的因素也有所不同。

服务企业选择在某一个城市布局，企业经营者至少要考虑以下因素：

①能够接受该企业服务的潜在市场规模和范围；

②服务的人口数量和消费偏好；

③总体消费能力和消费量的分配；

④不同服务行业的总体消费潜力；

⑤其他竞争者的数量、规模和质量；

表 8-1　不同尺度服务业区位选择的因素

空间尺度	区位因素
城市	服务范围或人口规模
	消费能力或消费量
	市场潜力
	相关行业的竞争水平
城区	区域消费水平和消费倾向
	用地和竞争条件
	潜在消费者规模
	交通的可达性
地点	交通便利性和发展潜力
	相邻企业的基本情况
	布局综合费用
	停车状况

⑥竞争的程度。

根据上述因子分析，企业经营者可以进行合理的企业定位，确定要布局企业的规模、服务档次、服务种类和客户群等。

在确定了具体的城市后，下一步会考虑在城市内部某一个区域布局，企业经营者通常会分析以下因素：

①该区域的基本状况；

②该区域的用地空间；

③服务区和具体服务设施对顾客的吸引力；

④竞争企业的量与质；

⑤到达该服务设施的交通条件；

⑥该区域的居民特性和风俗习惯。

上述因素分析对确定服务企业在城市某个区域布局具有重要的作用，是具有针对性的区位选择分析。

准确确定具体地点是服务企业在空间上的落实，是区位决策的最终阶段，在选择具体地点时要考虑以下因素：

①经过该地点的交通状况和交通发展潜力；

②相邻企业的基本情况；

③停车场的充足性；

④在该地点布局的综合费用等。

对于大多数服务企业而言，"最佳"区位是在市场潜力较高的地方。交通流量和人口密度等条件对服务业区位选择具有重要的意义，一般消费性服务业趋向于在交叉路口和其他交通便利的地点集聚；在服务区内，小企业依赖大企业创造的交通条件，大企业则依靠已有的交通流吸引顾客。可达性对于生产性服务业也同样重要，因为在交易中也存在距离衰减规律，接近市场仍然是一个很重要的区位因素。

上述考虑的是影响服务业区位选择的一般因素或分析方法，由于服务业的类型多样，分类尚不统一，因此，对于特定服务业区位选择的影响因素也就存在明显的差异。

二、服务业区位选择的理论基础

1. 中心地理论

中心地理论主要适用于研究城市体系、零售业、集市和以个人为对象的服务业。对于一些大企业（如制造业、金融和保险）的办公机构来说，一般总部、分支机构与城市的等级序列相对应而布局，中心地理论也适用于办公机构的区位选择。另外，具有行政职能的中枢管理机构也与城市的等级秩序相关联，如中枢管理职能的核心即全国性职能，一般都集中于首都，而省、市、县、乡、村等级的管理职能则布局在相对应的城市或聚落内。

城市内部的办公机构区位布局也同样具有上述特征，一般在城市中心区集聚着一些大企业的总部和高级行政管理职能，而在周边区分支机构、营业所和具体办事机构分布则较多。服务业的办公机构与其他中心性职能一样，存在着等级性，不同等级的办公机构布局于不同等级的中心地。如银行的总行和各支行的区位布局就具有这一特征。在北京、上海等大城市，各大银行的管理职能和营业范围与中小城市相比较明显不同；同样，在一个城市中，各大银行也存在着等级性，其分布特征也不相同。

2. 地租理论

一般城市内的各种经济和社会活动所占有的区位空间，取决于其支付地租的能力。经济活动在特定空间所获得的附加价值是其支付地租的源泉。每单位面积的附加价值因经济活动的类型而不同，即使是相同的经济活动，也会因区位不同而存在差异。为此各种经济活动为了占有特定的空间必然出现竞争，能够支付更高地租的活动就会占有这一特定的空间。一般区位条件最好、地价最高的市中心就是服务业，如金融和保险、商务、信息、设计和文化创意等现代服务聚集区，地价较便宜的城市边缘区则是传统服务业，如租赁、维修和汽车等专业服务业聚集区。

经济活动的区位空间选择除考虑地租支付能力外，也与各种活动支付的交通费用等有关。阿朗索的单中心模式认为，城市的中心区一般是交通费用支出最小的地点，但地租是最高的地点。实际上，地租（位置级差地租）和交通费都与空间摩擦相关联，两者合计的费用即距离摩擦费用最小点是所有经济活动追求的最佳区位点。

企业管理职能的总部一般都选择在城市中心区，理由是：①这种区位选择可以使情报和信息的输送与收集的距离摩擦费用最小化；②这类服务业能够支付高额的地租；③情报和信息的输送与收集方式有多种多样，如邮寄和电话等手段，但面对面的会谈是达成重要的商业往来的手段，因此，重视易于面对面接触这一接近性的办公机构一般都指向城市CBD。围绕城市CBD，各企业和部门区位竞争的基础是它们支付地租的能力，大企业一般具有较高的地租支付能力，因此，城市CBD自然也就成为很多大企业管理职能总部的聚集区。

3. 集聚理论

服务业在空间上的集聚趋势比工业生产活动的空间集聚更明显，特别是一些中枢办公机构大多高度集中于城市CBD。集聚的类型也类似于工业，既有同种行业的集聚，也有不同行业的集聚。服务业在空间上的集聚主要是追求企业间商务交流与合作的便利性和互补性以及高度成熟的劳动市场。

从区位指向理论来看，服务业在空间的集聚原则为：①集聚利益指向，即为了得到外部经济利益和减少不确定因素的影响而在空间上的集聚；②专业和高素质人才指向，在城市中心区具有各种高度熟练的技术和业务管理人员，为了获得这类高素质人才，办公机构的区位会选择商务中心区。会计、律师和信息等公司可远程向企业提供服务，但其服务的性质需要它靠近专业人才，比如精算师、律师或程序员，这类人才一般在中心区易于获得。

服务业的同种行业和异种行业在空间上的集聚都可得到集聚利益，因此，不论是大企业还是中小企业，在空间上的集中都有利于情报和信息的收集与交流。准确、迅速地掌握同行业和相关行业的经营动态是企业决策的关键，作为企业经营的决策和具体营业部门的高级管理中心在空间上集聚的原因也就在于此。英国学者亚历山大（Alexander，1979）通过对伦敦、悉尼、多伦多等城市的办公机构调查发现，企业的经营者追求集聚利益的目的为：①便于与外部组织的接触；②有利于与政府和各机构的接触；③接近于顾客和委托人；④接近关联企业；⑤接近于其他服务业；⑥决策者集中等。

服务业集聚到一定程度也会出现分散，集聚与分散取决于企业各种业务成本和时间效用，当把企业部分业务由中心区转移出去的成本节约额大于这些业务在中心区时产生的交通费用和时间效用时，企业会由集聚转为分散。换言之，当企业总部由中心区向外搬迁带来的费用如租金等节约额大于在中心区需要支付的交通等费用时，企业会选择走向分散。

服务业特别是如保险和银行等金融业在特定的地点发展也具有历史的偶然性，其形成与城市的发展历史有关。一般保险和银行集中的城市大多是贸易港口，如伦敦、纽约、香港、东京、上海等城市在历史上就是主要贸易港口。与航海、远洋运输相关联首先发展起来的是保险业和银行等金融业，因为保险和金融业是海运业发展的保障。

另外，服务业的形成与政治中心的空间移动也具有密切的关系，作为直接或间接为个人或企业提供服务的行业，掌握高层决策信息至关重要，因此，政治中心的空间变化也影响着服务业的区位选择。如各大公司的总部和为企业提供信息、咨询服务的办公机构大多布局在各大政治中心。

4. 公平和效率原则

对于公共服务设施如医院、学校、养老院、图书馆、邮局和消防局等设施的布局，既要考虑各种设施最大可能利用效率，同时也应该考虑所有的居民都能均等地享受到公共服务设施的权利，即公平性。在一定的预算制约下，根据消费者的平均移动距离来决定公共服务设施的数量和规模。如果过分地追求每个居民享受的平等性，只能是小规模分散布局；相反，如果追求设施的利用效率和服务的多样化，大规模和集中式的布局模式较好，但消费者到设施的总移动距离会加大。在现实中，由于公共服务设施受到国家或地方预算的制约以及客观上存在的空间距离衰减作用，公共设施完全公平地布局也是不现实的。

对于居民来说，都希望尽量接近对自己有利的设施，如公园、学校和图书馆等，这样可以最大限度地获得正外部性；通常，居民会尽量避开对自己不利或可能会影响身体健康，或可能产生环境问题等负外部性的公共服务设施，如机场、核电厂、殡仪馆和垃圾处理场等。公共服务设施给居民带来的正负外部性的影响范围和强度与城市的类型及规模有关。当其他条件一定时，公共设施的规模越大，外部性影响范围越广，影响强度也越大。通常外部性的影响强度呈距离衰减规律，随着远离设施，外部性也会递减，递减的程度又与设施的类型、居民的感知有关（Pinch，1985）。如在公园、绿地或公共开敞空间等设施周边，房价一般最高，居民获取的正外部效应最大，随着远离这些能够带来益处的设施，房价和居民的感受也会随着距离衰减，如图 8-1 的 *A* 曲线。有些设施由于居民对其可能带来交通、噪声、不确定风险等的担心，在这些设施的附近，居民不一定能够获得最大的正外部性，而可能在一定距离后正外部性会达到最大，如医院、学校、消防站等（图 8-1 中的 *B* 曲线）。

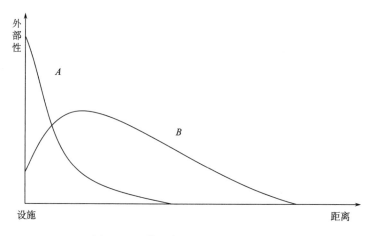

图 8-1 公共服务设施的空间外部性

对于政府而言，既要考虑每个居民对公共服务设施的需求和期望值，同时也要照顾到所有居民的需求，最大限度地满足所有居民的期望。因此，公平和效率很难平衡。一般追求效率性的布局类型多以居民到公共服务设施的总移动费用最小或总移动距离最短为目的；追求公平性的布局类型是能够最大限度地覆盖所有的居民，或者远离公共服务设施居住的居民数最少，或者从各居住地到最近设施的最大距离最小化为目的。

第三节 公共服务设施的区位选择

公共服务设施包括医院、学校、公共交通设施、邮局、图书馆、供电局、自来水公司、垃圾处理场、警察局、消防局和殡仪馆等机构。对于我们每个居民来说，从出生到死亡整个人生旅程中几乎每天都离不开公共服务设施，可以说公共服务设施与现代生活密不可分。因此，合理、高效、公平地布局公共服务设施，不仅能够为居民提供一个舒适的社会环境，同时也能够反映出社会的公平性和效率性。

一、公共设施模型建构的条件

公共服务设施的区位选择不仅要追求移动费最小这一效率性，同时也应该考虑所有的公民都能够均等地享受公共服务的权利这一公平性（陈忠暖、闫小培，2006）。如消防局最好布局在对任何一个地区来说都尽量近的地点。如果消防局在消防车最小总移动费用的地点布局的话，那么，有可会出现消防车到达之前大火已毁灭了所有建筑的问题。但是，公共服务设施的区位选择也不能忽视效率性，特别是对于经济发展水平低的国家和地区来说，因为没有充足的资金修建更多的设施（湛东升等，2019），因此，必须考虑有限的设施建设如何能够更有效地利用。

下面介绍一下效率追求型公共服务设施模型和公平重视型公共服务设施模型。这两个模型实际上是从"区位—配置模型"（location models）发展而来的。区位—配置模型由库珀（Cooper）在韦伯运费理论基础上于 1963 年提出，主要是解决设施区位的最佳选择与空间优化配置。哈基米（Hakimi）1964年提出了最短出行距离模型（P-Median Model）和最大距离最小化模型（P-Center Model），之后，豪贾特（R. L. Hodgart）和拉什顿等学者从各个方面进行了发展。模型的基本结构是由几个制约条件和目标函数组成（林珲、施迅，2017）。为了使模型能够成立，一般作如下前提条件假设。

（1）人们想要利用公共服务设施就必须移动，设施则要为人们提供服务，中心性设施对于居民来说很重要，如图书馆和学校等公共设施；但也有一些产生噪声和大气污染的"有害"设施，如垃圾处理场等，这类设施应尽量远离居民布局。

（2）布局的设施数事先已确定，其规模是一定的。

（3）人们不是在没有任何限制的平面上自由地移动，而是在居住区和设施间的连接线即交通线路上移动。换言之，不是研究平面上的设施区位问题，而是探讨在网络上的设施区位问题，移动费用假定与距离呈比例。

（4）设施的建设费和运营费在任何一个地方都相同，因此，设施的布局只考虑移动费用的问题。

（5）利用设施的需求者按照设施的类型来确定，但可由各地区的人口来代替。

在上述前提条件下，要解决的是多个公共设施在由交通线连接的居住区（或需求地点）内如何配置的问题。

二、效率追求型公共设施模型

效率追求型模型是由 p—中值问题 （p-median problem）发展而来，所谓 p—中值问题，就是寻找需求地点和设施区位点间的总移动费用（类似韦伯的运输成本）最小化的问题（杉浦芳夫，1989）。在给定 P 个服务设施的条件下，通过优化设施的空间位置，使得覆盖区域的需求点到服务设施的移动费用之和最小。按照上述的第三个假定，可把最小费用转化为最短距离，总移动距离最小的地点称为中值。哈基米最初研究的是如何寻找电话线总长度最短的电话交换台的区位问题。

目标函数为：

$$\min Z = \sum_i \sum_j a_i d_{ij} x_{ij} \tag{8-1}$$

制约条件为：

$$\sum_i x_{ij} = 1 \qquad \forall_i \tag{8-2}$$

$$y_j - x_{ij} \geqslant 0 \qquad \forall_{i,\,j} \tag{8-3}$$

$$\sum_i y_j = p \tag{8-4}$$

$$x_{ij} = 0,\ 1 \qquad \forall_{i,\,j}$$

$$y_j = 0,\ 1 \qquad \forall_j$$

其中，a_i 为在地点 i 的需求（人口）；d_{ij} 是地点 i 和 j 间的最短距离；x_{ij} 表示地点 i 的居民如果利用地点 j 的设施，则为 1，否则为 0；y_j 表示在地点 j 布局时为 1，否则为 0；p 为设施数。a_i 和 d_{ij} 是外在变量，而 x_{ij} 和 y_j 是需求的内在变量。

目标函数（8-1）表示居民利用设施时总移动距离最小，如果用区域全体的需求（人口）$\sum_i a_i$ 除以总移动距离，可得到每人的平均移动距离。因此，（8-1）式也可用每人的平均移动距离来表示。制约条件（8-2）表示地点 i 的居民保证能够被分配到一个设施。（8-3）式表示在设施区位点的居民也能分配到，（8-4）式表示配置的设施数。

三、公平重视型公共服务设施模型

公平重视型公共服务设施模型包括两种类型：一是移动距离最小化（minimax）原理；二是最大覆盖（maximal covering）原理。下面就这两种模型分别做一介绍。

1. 移动距离最小化原理

在移动距离最小化原理基础上的公平重视型公共服务设施模型是指尽量减少远离设施居住的居民数，使移动距离最小为目的，最终要解决的问题是使从需求地点到最近的设施间的距离最小化。移动距离最小化原理也称作 p—中心问题（p-center problem），在给定 P 个服务设施的条件下，通过优化设施的空间位置使得区域内与服务设施相距最远的需求点的移动成本最小化。

目标函数为：

$$\min Z = \max d_{ij} X_{ij} \qquad (8\text{-}5)$$

制约条件为：

$$\sum_j x_{ij} = 1 \quad \forall_j$$

$$y_j - x_{ij} \geqslant 0 \quad \forall_{i,\ j}$$

$$\sum_j y_j = p$$

$$x_{ij} = 0 \quad \forall_{i,\ j}$$

$$y_j = 0,\ 1 \quad \forall_i$$

变量的定义与 p—中值问题相同，目标函数和制约条件也与 p—中值问题基本相同。拉什顿是按照下列几个阶段来确定设施的位置。

（1）把 n 个设施分配给 m 个需求地点中的每一个，这样就可确定各设施的初期坐标。

（2）把 m 个需求地点分配给最近的设施，这样各设施的服务范围就可确定。

（3）求出各服务范围中各需求地点到其他需求地点的最大距离，然后从中找出具有最小值的需求地点（按上述函数计算）。

（4）把在第（3）阶段得到的需求地点作为设施的新区位地点，按照（2）～（3）阶段的方法重复进行，直到设施区位不发生变化为此。最终得到的结果，即 x 坐标和

y 坐标就是设施的最佳区位点的坐标。

2. 最大覆盖原理

丘奇和雷维尔（Church and Revell，1974）提出最大覆盖模型（Maximum Covering Location Problem），主要用于研究在设施数量一定的前提下布局，使设施所覆盖的居民数最大化；或者在设施的覆盖率一定的基础上布局，使设施数量最少（Wang and Tang，2013）。在距设施一定的基础上，尽可能向更多的居民提供服务为目的，即距各设施一定的范围 S 内包含的需求区域最大化。最大覆盖原理可进行如下定义：

目标函数为：

$$\max Z = \sum_i a_i z_i \qquad (8\text{-}6)$$

制约条件为：

$$\sum_{j \in n_i} y_j - z_i \geqslant 0 \qquad \forall_i \qquad (8\text{-}7)$$

$$\sum_j y_j = p$$

$$y_j = 0, \ 1 \qquad \forall_j$$

$$z_i = 0, \ 1 \qquad \forall_i$$

其中，z_i 表示地点 i 被覆盖时为 1，否则为 0，其他变量的定义与 p—中值问题相同。目标函数（8-6）表示被覆盖的需求（人口）最大化，制约条件（8-7）表示能够覆盖地点 i 的设施至少有一个以上，地点 i 才能被覆盖。其他条件与 p—中值问题基本相同。

丘奇和雷维尔关于最大覆盖原理基础上的设施区位是按照下列几个阶段来求解的。

（1）确定服务圈的距离范围。

（2）在确定的服务圈的距离范围内，为了覆盖整个需求的最大部分而布局第一个设施。

（3）在第一个设施没有覆盖的需求区域最大部分处再布局第二个设施。

（4）当第二个设施的位置确定后，在它没有覆盖的需求区域的最大部分处重新布局新的设施，并与（3）阶段的覆盖需求量进行比较。

（5）如果按照（2）和（3）决定的第一与第二个设施的位置，能够把整体需求最大限度地覆盖的话，就按照同样的方法布局第三个设施。

（6）如果第（4）阶段确定的第一和第二个设施的位置，比第（2）和（3）阶段确定的设施能够更多地覆盖整体区域需求，第一个设施的位置就可以确定，然后再回到第（3）阶段。

（7）按照上述顺序反复进行，直到所有的设施布局完为止。最终得到的结果，即 x 坐标和 y 坐标，就是设施的最佳区位点的坐标。

第四节　现代服务业的区位选择

从 20 世纪 80 年代开始，全球产业结构呈现出制造型向服务型的转型，在知识化信息化背景下，促进传统服务业向现代服务业转变，实体经济与发展虚拟经济结合起来，实现资本高速扩张，优化产业链是市场经济发展的必然选择。世界主要大城市，如纽约、伦敦、东京、巴黎等，在 20 世纪 70 年代或更早就完成了由制造型经济向服务型经济的转变过程。如纽约以金融服务业为主，伦敦以金融和创意服务业为主，东京以研发和技术创新服务业为主，新加坡以航运和贸易业为主，香港以金融、物流、旅游、专业服务为主。目前，发达国家服务业对 GDP 和就业贡献的增长主要源于金融、保险、房地产、商务服务业、专业服务业和信息服务业等。在我国，电子商务、信息服务业、科技服务业、文化创意、现代物流等服务业在城市经济中地位不断增强，成为经济快速发展的新引擎。这类知识和技术密集型的现代服务业具有较高的生产效率及附加价值，是新经济、新业态的代表。下面围绕金融、文化创意、电子商务和物流业等发展较快的现代服务业区位选择问题进行分析。

一、金融业区位选择

金融业是指经营金融产品的特殊行业，包括银行业、保险业、信托业、证券业和租赁业等。

金融业属于办公类服务业，不同类别的银行如分行、支行或营业所等提供的服务或产品存在一定的等级差异。中心地理论认为，中心地等级与中心地肩负的职能有关，中心地职能取决于提供的产品、服务种类和价值，高等级的中心地具有更大服务范围和吸引力，提供的服务类型多，级别也更高。如具有国际支付结算系统、证券存管系统、交易报告库系统等功能金融中心，一般是全球性或国家级的金融中心。比如纽约清算所同业支付清算系统（CHIPS），其独立于"美联储转移大额付款的系统"，是全球最大的私营美元交换系统，全世界银行同业间美元清算的 95%以上是通过 CHIPS 清算，纽约曼哈顿也就成为全球美元结算的中心城市。因此，中心性职能自然也决定着金融中心地的等级。

一般银行的分行管理职能也很重要，对支行或分理处等管理和支配作用更强，而具体的客户不是主要的服务对象，因此，其区位选择在城市的中心或次中心；而支行或分理处具体的业务很重要，扩大服务范围，获得更多的客户是区位选择的重要因素，多布局在人流或人口密集的地区。银行作为办公服务业存在等级性，中心地理论的思想对其区位选择具有重要的指导作用。

金融中心的区位选择是金融区位研究的重点问题。全球、国家或区域性金融中心一般都分布在交通便捷，经济发达，对外联系密切，技术、人才和信息资源密集，以及金融基础设施最发达的城市，如纽约、伦敦、东京、法兰克福、香港和上海等。

金融中心的区位一般考虑以下条件。

（1）交通区位条件。交通、通信设施便利的地区有利于金融业的集聚，能够吸引更多的投资者和相关企业的跟进发展。

（2）具备吸引金融企业集聚的优势。集聚可以加强银行之间的协作，共享基础设施，促进与生产者、消费者之间的联系等，因此，集聚对金融中心形成和发展具有重要的作用。如金德尔伯格（Kindleberger，1974）认为，金融市场组织中的规模经济是国际金融中心形成的主要向心力，这种向心力不断吸引新的金融资源聚集于该区域，从而导致金融空间集聚规模进一步增大。

（3）邻近相关机构和企业。金融中心一般接近会计、保险精算和法律咨询服务等金融中介机构，企业融资协议的迅速处理需要在同一地方找到相关律师和会计提供帮助。

（4）信息资源集聚的城市。信息流产生的外部性对金融中心形成的作用也很重要，因为金融集聚有利于信息的扩散，从而增强金融业内部的交流，使得金融交易更可能集中在信息集中与交流充分的中心地区。金融集聚主要源于信息的溢出，金融中介作为主要的金融信息提供商，在促进投资人、银行和企业家之间进行充分的信息交流，进而提高整个价值投资链的利润方面发挥着重要作用。

迪肯（2007）认为，国际金融中心的区位吸引要素是以下四个方面相互作用的过程。①商业组织。国际金融中心的金融产品及服务的生产多发生在公司之间，特别是重复性商业活动中，这些公司的结构具有扁平化，相互之间存在合作与竞争关系。

②市场的多样性。企业之间易于形成买卖密切的社会微型网络，由于投机和不稳定性，彼此需要密切的社交性和空间的接近性。③文化。金融中心是大量信息接收、发送和解读的核心，也是大企业的集聚地，这些大企业在劳动技能和技术设备等方面存在复杂的分工，它们相互联系、相互信任是金融中心发展的文化基础。④外部规模经济的动态性。主要指在金融中心，金融和相关产业不断集聚产生的外部规模经济。企业可共享管理金融市场的固定成本（如结算系统、文件传输系统），共享信息和产品创新经验，由于相关辅助业态如会计、律师和计算机业务集聚带来的成本降低，易于获取高技术劳动力等。

当然，城市生活成本、交通拥挤等问题也会阻碍金融在城市中心的进一步集聚。另外，通信网络、金融技术的革新等为金融业务的分散化发展提供了条件，越来越多金融业后台功能被分散到成本较低的区位。

二、创意产业区位选择

创意产业指那些从个人的创造力、技能和天分中获取发展动力的企业，以及那些利用知识和技能等创造潜在财富与就业机会的活动，包括创意设计、软件、动漫游戏、新媒体及文化信息服务业、数字出版、影视演艺、艺术、工艺美术和非物质文化遗产等行业。创意产业一般在经济发达的城市集聚，只有经济高度繁荣、能够成为一个区域甚至一个国家的经济中心，才有足够的人、财、物去发展位于上层建筑的创意产业。这类城市通常具有深厚的文化艺术底蕴，代表着一个地区、一个国家、一个时代的形象。

1. 创意产业区位发展特征

创意产业的发展有着其独特的特点，归结起来主要有以下四个方面（图 8-2）。

（1）融合化发展。创意产业趋向于不同产业之间在特定空间的融合发展，产业间的跨界联合更容易产生新的想法，而大城市拥有多元化的产业体系以及多样化的人才，为创意产业的发展提供良好的发展环境。

（2）专业化发展。专业化与分工紧密联系在一起，任何产业均有创新，围绕产业链的不同环节向高精尖方向发展，走差异化发展的模式，就会提升行业和企业竞争力。

（3）集群化发展。创意产业趋向于集群发展，创意产业空间集聚的特征十分明显，产业通常在较小的空间范围内集中分布，由于产业发展所需的空间较小，因此，集聚程度很高。创意产业在地理空间中的集聚不仅能够共享基础设施、公共服务等，更重

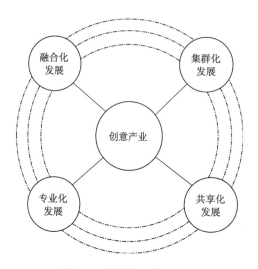

图 8-2　创意产业发展特征

要的是，通过正式或非正式的交流，产生新的创新灵感。

（4）共享化发展。利用互联网、创新平台、融资平台实现经验和想法的共享。

2. 创意产业区位发展条件

从城市尺度而言，影响创意产业区位选择的因素包括：创意产业多为跨界、跨专业和跨行业的产业，对技术、信息和人才要求较高，也对创新环境和氛围、创新意识和观念等软硬条件具有特殊的要求，因此，具有这些条件和要素的区位会有利于创意产业的发展。

（1）完善的信息基础设施以及良好的公共服务。创意产业依赖于高度发达的信息基础设施，如标准信息平台、完善的电子商务网络平台、信息安全设施等；另外，各种咨询和信息交流方便程度，风险基金、融资渠道以及生活设施和宜居环境等对创意企业具有重要的影响。

（2）大量的高素质劳动力。理查德·佛罗里达对创意产业进行大量研究，提出创意阶层（creative class）。创意阶层由科学家与工程师、大学教授、设计师与建筑师等"超级创意核心"以及文化人士、智囊机构成员、分析家等现代社会的思想先锋两类核心群体组成，除此之外，还包括高科技行业、金融服务业、法律与卫生保健业的"创意专家"。诺贝尔经济学奖获得者罗伯特·卢卡斯认为，不是自然资源、劳动力或是技术，而是城市化、区域集中或人口集聚，才是生产力发展和竞争优势的真正来源（波利斯，2011），创意产业就具有类似的特征。

（3）有鉴别力的市场（discriminating market）。一个广阔的、稳定的、对新产品和服务有判别力且具有快速增长的市场，对于创意企业最佳尝试新的产品的认可、推广和市场扩大具有决定性作用，市场的各种反馈又会进一步促进创意产品的改进和提升。

（4）较高的开放度。一个开放程度较高的城市不仅需要大量的信息流、物质流，同时能够包容多样化发展的环境，开放的城市能够促进知识型员工在不同的企业间流动，这被很多学者认为是确保持续创新的唯一有效途径。

（5）良好的知识产权保护意识和氛围。知识产权作为一个企业乃至国家提高核心竞争力的战略资源，对于创新创意产业具有重要意义。建立完善的知识产权保护制度体系，形成法律、宣传、技术和信息查询等制度保障，增强企业和个人的知识产权保护意识和能力，这一切是创意产业健康发展的基础。

创意产业发展需要高素质劳动力、便捷的通信与交通设施以及完善的服务设施。就微观区位选择而言，多数创意产业集聚区在中心城区的边缘区域，文化艺术等创意产业在老旧工厂、历史街区等城市历史和文化资源富集的地区集聚，有些创意产业也倾向于在低密度、舒适的自然环境地区集聚。如纽约广告产业、表演艺术以及时尚设计行业分别集中在时代广场、百老汇以及第五大道等；伦敦艺术、文化、会展等产业在伦敦金融城的周边发展。

从具体微观空间区位而言，创意产业空间的形成和发展与微观城市环境、创业者行为、群体意识及集聚因素等有关。

（1）便于面对面交流的区域。创意产业需要各类创意阶层的人员进行定期或不定期的思想、技术和信息等交流，起到相互启发相互影响的作用，便于面对面交流的社交空间、有利于年轻人集聚的时尚和娱乐空间、具有文化气息的街区等会促进创意产业的发展。

（2）身份和形象识别度与认可度高的区域。不同的行业在特定的空间集聚和发展有利于提升企业形象与知名度，具有标签性和标志性区位对特定行业发展具有很强的吸引力。如软件等相关企业在中关村布局，体现了企业的水平和在业界的认可度，书画类的文创企业可能会在798集聚等。

（3）环境舒适和宜人的区域。创意类产业对安静和舒适的环境要求更好，环境宜人的城市边缘区或新城对创意产业也具有吸引力。

（4）相关群体聚集的区域。相关群体聚集的地区既有竞争又有合作，互相关联，相互促进，有利于彼此学习和提升。如大学和研究机构、企业、中介机构等相对集中的地区，可以获取多元信息和多样化的人才等，对创意产业发展具有决定的作用。

还有一些因素影响着创意产业的集聚，如高额房价会限制创意人才的集聚，创意投资会变为住房消费，高薪会变为高房租，创意人才的流动会变为公寓楼间的流动，最终会导致人才流失。另外，各种经济社会压力和焦虑会限制并破坏创意产业的发展，提高创意人才的工作环境和生活质量对创意产业发展意义更大。

三、电子商务区位选择

电子商务是指以信息网络技术为手段，以商品交换为中心的商务活动。以现代信息技术为核心的网络经济时代，通信技术和计算机服务技术改变了传统的商业模式，出现了新的商务业态，如工业、旅游、农业电子商务等新业态。这些新业态是电子商务在运营模式、技术、价值链和产业链分工上的创新。

电子商务的发展与移动智能终端的快速进步及通信网络技术的发展密不可分，信息技术是决定电子商务发展的基本条件，特别是移动支付技术为电子商务提供了技术支撑和保障，没有快捷便利的移动支付手段和技术，也不会有突飞猛进的电子商务。电子商务的发展也是多样化购物模式的创新，它能更好地适应和满足消费者的个性化、多目的行为与社会化需求。

电子商务属于典型的平台经济，营销、支付、服务、信息安全和保障平台是电子商务发展的核心。电子商务不仅面向消费者，也面向各种商业企业，电子商务可有机将两者连接在一起并创造更大的价值。电子商务的区位选择与地方经济的发展水平、交通条件、地方经商意识、互联网普及程度以及网络消费者的数量和需求等有关。

（1）经济发展水平。经济发展水平高的地区，电子商务也相对发达。换言之，电子商务的发展离不开繁荣的商品经济，丰富和多样的产品是网上销售的基础；发达地区居民收入能够保障电子商务的消费，因此，通常实体经济发达的地区，电子商务也会相对集中。

（2）交通条件。电子商务的区位选择必须考虑配送空间的易接近性，物流的实现依赖于快递物流服务网点的地理区位，而位置优越、交通便利、物流业发达的地区是电子商务的首选地。但电子商务是一个虚拟的交易场所，受现实的地理实体空间限制较小，主要依赖于所在区域的网络发达程度，与实体商务空间相比较，受空间的限制很有限。

（3）消费的年龄和教育水平。一般来说，教育资源丰富的地区，居民文化素质相对较高，年轻人集中的地区，网络用户众多，网上购物消费活跃，电子商务活动也相对繁荣。

（4）地方文化。电子商务与地方文化、经商意识等有关，我国电子商务大多发源于江浙地区，该地区同时也是全国小商品的集散地，这些固有的优势为 C2C 电子商务的产业聚集提供了基础条件。各种中小电子商务企业相互模仿和学习，不断在地方集聚发展。

（5）第三方支付平台的完善程度。网上直接支付往往存在很大风险，出于安全及方便易用的考虑，第三方支付平台成为商家和消费者的首选，基于此，电子商务的区位选择必须考虑所在地区第三方支付平台的完善度和普及度。

（6）信息基础设施。电子商务服务业的活动范围和辐射范围远远超越了城市甚至一个国家的边界，与全球各个角落都发生着密切的联系和各种信息的交流。电子商务业是以信息网络为基础，一个国家或一个城市的信息产业基础设施如何，将很大程度上决定该区域电子商务服务业的发达程度。

四、物流业区位选择

物流业包括运输、装卸、仓储、包装、分拨加工和物流信息处理等基本功能的活动，它是一种从供方到需方以满足社会需求的经济活动。随着经济全球化的发展和网络经济的兴起，全球物流业加速发展，尤其在我国，物流业已成为重要的现代服务业。物流业具有开放性、综合性、上下游联动和动态发展的特点，不同功能承担的业务和区位选择也不同，如信息交易功能的区位选择自由度相对较大，集中仓储功能的区位则对用地条件要求较大，配送功能的区位对交通条件和客户的接近性需求更大。

1. 物流业区位选择的宏观条件

物流中心的建设需要综合考虑人口规模、社会消费品零售总额、市场需求、产业结构、全社会货运量等宏观发展条件。①人口和消费水平。城市是人口的集聚区，人口集聚必然引起消费和产业集聚，物流需求与消费和产业集聚关联性较强。城市人口规模是物流区位因子分析的一个重要因素。社会消费品零售总额是物流区位因子分析的一个重要指标。社会消费品零售总额最大，物流需求潜力越大，对物流区位的影响越大。②市场需求水平。市场需求水平影响着城市和地区物流发展状况，市场需求大的城市和地区会提升物流业规模、结构与类型，生产需求越高的城市和地区，其物流区位在区域物流系统中的地位越重要。③产业结构。一个城市或地区的社会经济活动与其产业结构密切相关，产业结构反映经济发展水平，而一个城市或地区的经济发展水平决定物流需求规模和结构状况，产业结构是物流区位分析的一个重要指标。④全社会货运量。全社会货运量是一个城市或地区物流需求的直接表现指标，由于其他物流作业量与货运量指标关联度较强，通常可用货运量来反映物流需求规模水平。⑤地理条件。一个地区地理条件对区域物流网络的基本类型和结构也具有一定的影响，地理环境、位置条件优越的地区，物流业发展的本地基础相对较好，市场容量和发展潜力较大，有利于形成重要的物流业集聚区。

2. 物流业区位选择特点

（1）区位指向的多元化

物流业区位与生产企业、销售企业和消费者等都有密切的关系，因物流业的类型、规模和运行模式不同，区位指向性也不同。在交通条件、信息技术、生产方式、市场空间和消费者行为等快速变化的背景下，企业生产过程和生产环节、销售方式也发生了剧烈的变化。企业生产所需要的原料、产品的加工制造、产品的销售市场等空间完全可以分离，在此过程中，物流业起到重要的作用。物流业把企业所需要的原料与生产企业连接在一起，也把生产制造与销售市场粘合在一起，同时把产品与消费者对接在一起；反过来，消费者和市场的需求通过物流信息传导给生产企业。因此，物流业区位选择既可以指向生产和制造企业，也可以倾向于向市场集聚，或者指向消费者。

（2）综合运输成本指向性

物流的区位选择与批发业的区位选择具有相似性，综合运输成本是决定物流业区位选择的关键因子。物流的综合运输成本包括输送和配送成本，这相当于胡佛运费理论所讲的直接运输成本，它与运输方式、运输距离密切相关。物流过程需要的装卸、搬运、储存、包装、分拣等属于胡佛所讲的间接成本。配送中心的区位属于典型的交通指向性，尤其是中央和区域配送中心一般要靠近港口、火车站、汽车站、高速公路出入口和机场等交通枢纽；中央配送中心还需要考虑宏观区位，比如城市在大区域中的经济地位和作用；区域性配送中心同样会考虑对周边区域的吸引力和市场潜力等。总之，物流业的区位通常会选择在重要的运输线路和交通中心、场站周边地区，以提高货物运输和配送的效率，降低综合运输成本。但仓储区位则一般要考虑用地空间的规模和价格成本以及空间的拓展性，分级仓储的区位要尽量接近零售商和消费者。

（3）区位用地成本指向性

物流业与其他服务业在区位选择时最大的差别是物流企业占地面积较大，特别是仓储部分是物流业的核心，大规模的用地空间不仅制约着物流企业的发展规模，也影响着企业的运行成本。可以说，低廉的用地成本和相对便利的交通位置是影响物流业区位选择的关键因素。因此，地价的高低对物流业布局影响较大，同时，用地面积和发展空间的潜力都会影响着物流企业的规模和发展潜力。从空间演变趋势来看，物流业在空间上逐渐由接近客户端的中心位置向用地便宜和交通便利的城市边缘区转移。

（4）区位集聚效益指向性

物流业在区位空间上集聚的主要表现形式有以下三种。①围绕交通运输中心，在各种场站、枢纽等集聚。追求的是运输成本最小化、运输便利性或交通的可达性，通常会在港口、机场、铁路货运站、公路枢纽和高速公路出入口等形成各种类型的物流企业集聚区。②围绕客户企业，向供应商或消费者集聚。物流企业的商品全部是由供应商所提供，接近供应商可以减少运输成本甚至仓储成本，也会减少商品供货的不确定性；物流配送中心要最大限度地接近市场和消费地是其空间布局的主要特征，时间成本和效率要求物流业必须在最短的时间内把商品配送到消费者，因此，消费者集聚的空间就是物流业集聚的空间。③围绕基础设施配套完善的物流园区聚集。政府建立的各种功能物流园区，拥有完备的基础设施、物流信息共享平台、检疫检测平台和仓储功能等，加上一些政策优惠条件，会吸引大量的第三方物流企业、专业性物流公司、流通企业、配送企业甚至一些相关的制造企业的集聚。

（5）区位信息技术节点指向性

现代科学技术，尤其是 IT 技术及互联网技术的发展，使物流数量增加和物流速度大大加快，信息及自动化技术是支撑现代物流业发展的重要因素。信息技术、电子商务和电子办公技术的发展，促进了政府、企业和货主在商贸、流通、交易等过程的科学化管理以及海关、检验等的信息化管理水平。为了最大限度地利用物流信息资源、信息平台的服务功能和政府的决策信息等，信息技术和信息传输中心及节点就会成为物流企业的主要区位点。

3. 物流中心区位选择条件

物流中心承担着区域性经济联系的作用，是商品和物资的集散与交易中心，物流中心对于物流业和地区经济发展的重要性如同金融中心于金融业一样，因此，重点就物流中心的区位选择条件进行分析。

（1）交通通达性。交通通达性好与差是决定物流中心布局的决定性条件，它不仅影响货物的流通能力、物流中心职能和区域等级、辐射与吸引范围等，也直接影响物流成本和效益。因此，物流中心一般要接近主要交通轴线，布局在主要交通站点和场站附近，或者交通运输网络中心等区位点，同时，要考虑物流中心对内与对外交通的连接性以及未来交通发展趋势等动态因素。

（2）用地条件。用地条件是影响物流中心区位选择的另一个重要因素，用地条件包括土地的可获得性、土地的价格、用地面积和用地空间的可延展性等。物流中心需要建设大规模的场站、停车和仓储等设施，对用地需要相对较大，因此，地价相对低廉地点是很重要的条件。当然，用地条件还包括工程地质条件、用地规模甚至拆迁和获取的难易程度，以及可预留的用地空间等。

（3）物流基础设施的完备性。从微观区位尺度来看，物流中心的区位选择与具体地点的基础设施的完善程度也有密切关系，包括水电气暖等传统的市政管网设施，通信、信息网络等现代基础设施，以及物流业专用基础设施，如仓储、冷库等，还包括检疫检测、海关等辅助性办公服务设施等。物流基础设施建设规模和水平会影响物流中心的区域辐射能力、业务处理效率和对外服务水平。

（4）市场需求潜力。市场需求规模、种类和潜力是决定物流中心能否正常获取利润的基础，物流中心的区位应尽量接近物流业务需求集中和货物集散的地点。一是要接近生产性行业集聚的空间，如工业园区、各种开发区，以服务生产性行业的大量物流业务；二是要靠近各种贸易类企业集中地区，如保税区、出口加工区等，承接大规模的产品交易所产生的物流业务；三是靠近各种批发市场、大型购物中心、仓储超市等批发业集中的地区，为生产者和消费者提供中介服务。

（5）营商环境。物流中心能否更好地发挥区域物流的辐射和吸引作用与地方的营商环境密切相关，如物流中心建设的时间和成本与审批制度等是衡量地方营商环境的重要因素。相关手续办理的方便程度和政府效能的高低会影响大型物流中心的选择和后期的运营成本，如建设期的土地获得、施工许可、财产登记等手续的方便和效率，以及运营期间的获得信贷、交易、纳税、跨境贸易等政策保障，也直接影响物流中心的区位选择。

第九章 居住区位理论

找到正确的区位对于人生的成功是不可或缺的。

——勒施（1995）

在住房商品化、货币化体制下，居民可以根据自己的偏好，在既定的收入预算约束下，选择自己喜好的住房，实现住房区位选择效用最大化。关于居住区位研究的代表理论是阿朗索、穆特（Muth）和埃文斯（Evans）的新古典经济学模型，从家庭居住空间需求与工作通勤成本角度考虑居住区位是选择在城市中心区还是远离城市中心。另外，从家庭迁居决策角度，研究影响迁居决策的影响因素、可选择区位空间的评价、消费者的居住区位偏好等，更加侧重于行为区位理论的研究。

第一节 居住区位理论的主要流派

居住区位研究的经典理论首推芝加哥学派关于城市空间的分析，在此基础上，阿朗索基于杜能的区位理论，从空间均衡的视角提出了新古典经济学权衡模型。城市居住是一个社会问题，与居民的消费意愿、开发商、政府管理、金融和社区等具有密切的关系，从消费者居住区位选择和迁居的行为、不同利益集团等角度研究住房的区位选择与空间变迁，是行为学派、新马克思主义学派和制度学派等的重要研究方向。

一、居住区位演变的生态学派

居住空间的生态学研究可以追溯到 20 世纪 20 年代的芝加哥学派，其理论基础来源于人类生态学（表 9-1）。该学派借用生态学的基本概念和原理，对城市居住空间演变进行了系统的研究。生态学派的最大特征是采用了阶层、生命周期和种族三个指标来描述社会群体在城市的空间分布，并借鉴"生态隔离""入侵和演替""竞争"和"优势"等生态学观点，来分析和解释特定类型的城市居民在特定地区、相邻地区的活动与分布。把城市居住空间的变化过程看成一种生态竞争过程，并把城市居住空间的演变规律概括为"同心圆模型""扇形模型"以及"多核心模型"。

（1）伯吉斯的同心圆理论。美国芝加哥大学社会学教授伯吉斯根据芝加哥的土地利用和社会经济构成的分异特征，于1925年提出了针对北美城市空间结构的同心圆模型。该理论认为构成同心圆模式的背景是区位地租这一经济因素，但更多的是基于社会学的人口迁移理论。他认为：城市地区的扩张和社区的演变主要是由于外来人口的不断迁入以及由此引发的一系列空间演替过程而导致的。在人口快速城市化的城市空间中，一方面，大量的外来人口涌入城市并居住在就业和生活便利的城市中心区；另一方面，城市中心区的原住人口由于忍受不了外来人口迁入而带来的住房拥挤和环境恶化等压力，逐渐向外迁移，城市中心区原有住房不断被外来人口所占据，并且形成不同种族的聚居区。在城市空间上就出现了一种类似新陈代谢的人口迁移现象，即新到的外来人口迁入城市，取代城市中心区的原住人口，而早期迁入人口又被后来的迁入人口所取代，原住居民和早期迁入的居民不断向外迁居。正是在这种不断发展的侵入—演替过程中，逐渐出现一些专门化的社区或隔离区，从而决定了城市居住空间的结构。伯吉斯把上述空间结果抽象为围绕城市中心的几个同心圆地带，形成城市居住空间结构的同心圆模型。

（2）霍伊特扇形理论。1939年，霍伊特提出了城市空间结构的扇形模型。他通过对美国142个城市的实证研究，发现城市空间扩张并不完全像伯吉斯所描述的向各个方向均匀扩张，在城市空间的不同方向上土地利用方式和不同等级居住存在差异化发展。贫民住在环绕工商业土地利用的区位，而中产阶级和富人则沿着交通大道、河道、湖滨或高地向外发展，自成一体，与贫民不会混杂。当人口增多，贫民区不能向中产阶级和高级居住区发展时，会沿障碍物最小的方向呈放射状发展，因此，城市各土地利用功能区的布局呈扇形或楔形。

（3）哈里斯和乌尔曼的多核心模型。美国地理学者哈里斯和乌尔曼于1945年提出城市内部空间结构的多核心模式。该模式强调，中心区往往不是一个圆圈形，不但一个都市的商业核心是多个的，而且其功能也是多个核心的。其中主要的商业区为城市核心，其余为次核心。一般高收入阶层会居住在环境优美、交通便利的区位；低收入阶层主要分布在中心商业区、制造业区或重工业区；中等收入阶层的居住区则会选择在高收入和低收入阶层的居住区之间，如中心商业区与次中心商业区之间。在多核心模式中，城市地价的变化并非呈从中心向外围递减趋势，而是多峰值分布状态。

这三大城市结构模式是经典居住区位演化的生态理论，对理解城市居住区位选择和居住空间结构具有重要的指导意义。之后，许多学者对三大经典模型进行修改和完善，如怀特（White）分析了 20 世纪 60 年代后城市经济社会出现的逆工业化、服务业化、家庭小型化、居住郊区化等现象，提出了 21 世纪城市空间结构模型。模型包括了快速发展的 CBD、停滞地带、贫民与少数族裔集聚区、富人飞地区和分散的中产阶级居住区等，强调重要设施和机构，如工业停车场、大学及研究机构、医院、商业、办公中心和公司总部对居住空间发展的影响。

二、居住区位决策的新古典经济学派

新古典主义学派主要从最低成本区位的角度，探讨在自由市场经济的理想竞争状态下的居住区位均衡问题。新古典经济学关于居住区位研究的代表人物是城市经济学家阿朗索（Alonso，1964）。假设在均质平原上存在一个城市，城市所有就业机会都位于城市中心，房价随着离城市中心距离的增加而递减。在收入预算约束下，居民选择住房时要在交通成本和住房费用的支出间寻求平衡，以达到效用最大化。住房的单位成本随着与市中心距离的增加而降低，相反，交通（通勤）成本则不断增加。也就是说，节省的交通成本反映在住房成本上。不然，所有人都会选择在城市中心居住。

新古典居住区位模型在一定程度上解释了城市居住空间的形成，但有不少学者对其提出了批评，认为新古典经济学派的模型是建立在严格的前提假设条件基础上，与现实相差甚远；住房市场长期供需平衡的假设与住房的持久性和私有住房的高交易成本相矛盾；通勤成本可能不是居住区位的首要决定因素。后来不少学者对新古典模型提出了修正，如怀特、梅登（Madden）等。随着计算机仿真技术的发展，新古典经济学模型发展为远比上述各个模型所涉及变量更多的居住区位决策即总价格模型，在既定的住房市场状况下，居住区位由价格最小化决定（刘旺、张文忠，2004）。

三、居住区位选择的行为学派

居住区位决策与再选择反映了城市居民住房消费行为在空间上的价值取向，因此，居住区位决策和再选择直接受到住房市场与居民社会属性的影响。

从研究层面来看，对居住区位选择行为的研究大致可分为微观和宏观两个层面。微观层面的研究主要是基于消费者个人追求效用最大化假设的前提下，探讨居民居住区位选择行为的内在机理。行为学派关注住房与个人迁居行为决策，如沃尔伯特（Wolpert，1965）认为迁移是人类适应外部环境的感知变化，提出地点效用（place utility）和行动空间（action space）两个概念。布朗（Brown）利用沃尔伯特提出的地点效用和行动空间的概念，构建了迁居行为模型。斯皮尔（Spear）、史密斯（Smith）则从区位选择和再选择的行为角度来研究居民居住区位的决策，主要是采用行为研究方法。宏观层面的研究是基于经济学的市场均衡理论，探讨居民总体的迁移行为发生的概率与人口统计特征、社会经济状况和住房现状之间的联系，代表学者有赫伯特（Herbert）和史蒂文斯（Stevens）、威尔逊（Wilson）、西蒙斯（Simmons）等。赫伯特从宏观经济平衡视角来研究居住区位的最佳布局，西蒙斯则主要从统计角度研究住房与市场之间的关系（刘旺、张文忠，2004）。

行为学派在分析居民住房选择行为过程中，过分重视个人的行为而不是团体行为，对个人感知与环境的关系过于简单化，常常受到其他学派的批评，因此，行为学派后来逐渐增加对个人行为与社会约束之间关系的研究。

四、居住区位选择的新马克思主义学派

20 世纪 70 年代，西方学者应用马克思主义历史唯物主义的观点分析城市居住问题，认为住房是一种商品，是一定形态资本的利润来源之一；住房是工人必须消费品之一，是劳动力再生产的一个方面，住房供给与资本主义生产方式相联系。住房市场是社会阶级冲突的场所，居住空间的分异与阶级划分、消费方式和社会关系交织在一起。新马克思学主义学派的代表是卡斯特（Castells）和哈维（Harvey，1973）。卡斯特认为，城市系统是阶级实践和阶级冲突的场所，阶级关系是城市系统的结构矛盾在实践层面上的表现；住房是城市系统的主要消费元素，而住房的区位则是各种社会力量斗争的结果，需要分析社会政治关系，才能解释城市居住空间的形成原因。

哈维应用马克思的地租理论来研究城市居住区位，他认为地租这一概念掩盖了资本主义社会阶级关系的内在矛盾。他提出了"阶级垄断地租"，阶级垄断地租的产生是因为存在一个资源拥有阶级。哈维将其地租分析方法和金融机构的地位结合在一起，分析现代资本主义城市社会居住空间分异。后来哈维又发展了这一观点，进一步提出了资本三级循环的研究框架：初级循环是生产资本；第二级循环是固定资本和消费基

金；第三级用于科学技术和劳动力方面的投资。住房是固定资产投资和劳动力再生产的一个组成部分。哈维认为城市住房市场的形成演变过程，涉及第二、三级资本循环的节奏及其与初级循环的关系；居住成为社会资源重新分配的一种重要工具，住户的居住空间分异也成为社会阶层最为有效和最为普通的形式。哈维之后的学者应用马克思主义理论，对资本主义社会的土地市场、居住的占有形态及其居住空间分异、住房政策等问题进行了比较研究，认识到不同资本主义社会之间的变异性（张文忠、刘旺，2004）。

表 9-1　居住区位学派

学派	理论基础	研究内容	代表学者
生态学派	人类生态学	居住区位空间结构	伯吉斯、霍伊特
新古典学派	新古典经济学	效应最大化、消费者偏好	阿朗索、穆特
行为学派	行为理论	居住区位选择和决策行为	布朗、沃尔伯特
新马克思主义学派	历史唯物主义	居住区位与社会力量之间的关系	卡斯特、哈维
制度学派	韦伯社会学		
区位冲突学派		居住区位与权力集团冲突	福姆（Form）
城市管理学派		住房供给与分配的制约因素	雷克斯（Rex）、摩尔（Moore）

资料来源：刘旺、张文忠（2004）。

五、居住区位选择的制度学派

制度学派的研究重点是城市住房供给和分配的制度结构，有两个不同的起源，以研究美国为代表的区位冲突学派和以研究英国为代表的城市管理学派。区位冲突学派关注权力、冲突和空间之间的关系，由北美的政治学者最先研究，即区位政治学。区位政治学认为土地利用的变化不是在自由而没有组织的土地市场中由无数个体决策的结果，而是有着不同目标、不同权力及影响力程度的各个利益集团之间冲突的结果。空间不只是由政府、市场所分配的一种有价值的东西，而且具有权力资源的特征，空间资源的分配过程直接反映城市政治过程。因此，区位与权力关系的分析是城市政治研究的主要内容，对城市住房市场的研究具有重要意义。从总体来说，城市居住空间结构是由不同利益集团、组织 （开发商、地主、房地产机构、金融机构、社区组织）和地方政府之间的冲突形成的。区位冲突学派的分析较好地反映了政府干预较少的美国城市现实,多应用于美国城市研究。

雷克斯和摩尔是城市管理学派的早期代表。在对伯明翰内城住房短缺的研究中,他们将伯吉斯同心圆模式的要素和韦伯社会分异理论相结合,提出了住房阶级的概念,划分出六个带有空间特征的住房阶级:①已还清抵押贷款的自有住房者;②尚未还清抵押贷款的自有住房者(新郊区);③租住公共住房者(内城);④租住私人住房者(内城);⑤短期贷款购房被迫向外出租房间者(老郊区);⑥租住个别房间者(内城)。这些住房阶级的划分主要依据住户获得住房的不同可能性,一方面由住户的收入、职业和种族地位决定;另一方面由住房市场的分配规则,即基于收入差异在住房市场上的竞争决定。雷克斯和摩尔提出的住房阶级概念,将住户特征和住房特征结合在一起,从一个全新的角度研究城市的居住空间分异(刘旺、张文忠,2004)。

帕尔(Pahl)在前人研究的基础上,对城市管理学派的研究成果做了全面的分析和总结,奠定了城市管理学说研究的基础(诺克斯、平奇,2005)。他认为:对不同类型住户获得住房的可能性的研究,主要是对各种社会和空间限制因素及其相互作用的分析,正是这些制约决定了住房和其他城市资源的分配。分析这些限制性因素的关键,是对住房资源的供给和分配者在决策过程中所遵循的规则、目标、行为方式的研究,正是这些人对住户所能获得的住房及其空间区位起着决定性的作用。帕尔将他们称为城市管理者,主要包括:①土地市场,如私人土地所有者与租赁者;②建筑市场,如房地产开发商和建筑商;③资金市场,如向居住市场提供生产和消费贷款的金融机构;④交易市场,如房地产经纪人等;⑤地方政府机构,如公共住房的管理者和规划者。城市管理学派以英国为例,充分研究了规划师、住房管理者、中央政府、地方政府等个人和机构对城市住房市场的供给与分配的影响,以及住房分配的规则和程序对不同类型住户的影响。不过有的学者认为,城市管理学派不是一种理论,也不是一种得到一致认可的观点,它只是一种研究框架,或者说是了解城市地域结构复杂关系的一种有用的方法(诺克斯、平奇,2005)。

第二节　居住区位选择的影响因素

住房市场具有空间特性和非空间特性。空间特性包括位置、自然环境、生活福利设施、学校质量、交通的通达性和治安状况等要素;非空间特性包括住房的类型、大小、建筑时间、建筑质量、规划设计等要素。由于住房具有区位的固定性、耐用性、费用昂贵性等特点，因此，住房市场的现有存量和发展趋势成为居民居住区位决策与再选择行为发生的基本背景。

居民的社会属性是指居民的收入、职业、年龄、受教育程度、家庭属性、民族和宗教等。受居民自身年龄、家庭规模、经济实力、工作地、子女教育等因素的影响，居民对居住区位决策也表现出相应的、有规律的空间偏好。另外，原居住地的邻里关系也影响着居民居住区位的决策，新的居住区位决策受到原居住区位的强烈影响。一般地，居民在进行新居住区位的选择时，原居住地及其周边是最具有潜力的居住区位。

一、价格与居民居住区位选择

价格是影响住房消费需求的最主要因素。住房价格与普通商品价格的显著差异在于住房价格中包含了与区位相关的地价因素，居住区位与地价是呈正相关的。房屋是一种高价值产品，就国际惯例来看，一般是用 5 年的居民家庭总收入来确定住房的售价，这种关系是住房作为商品在长期买卖中形成的，它客观地反映了住房生产和消费的内在关系。目前我国的商品房价格远远高于居民家庭总收入的 5 倍，商品房价格过高的重要原因是地价太高，即居民在购房时，要支付的居住区位费用过高。

高居不下的房价，直接影响着普通居民居住区位选择的自由度。在收入约束条件下，居民能够选择的居住区位极其有限，大多为城市的远郊地区。遵循市场规律，以城市居民对住房的市场需求为导向，根据居民的承受能力和对居住区位的空间偏好，在不同的区位开发和建设不同类型及档次的居住区，以满足不同消费阶层对住房的多样化需求。

二、收入与居住区位选择

从经济学的观点来看，收入不同意味着资金预算约束的差异。居民在购买房屋、选择居住区位时，只能是在自己的收入预算约束范围内，根据自己的偏好进行决策。不同收入阶层对住房的需求也不相同。一般高收入阶层主要购买高档住宅，中等收入阶层主要购买中档住宅，低收入阶层主要购买低档住宅。在选择居住区位时，必须要考虑自己的收入水平和不同区位的房价来调整自己的居住区位选择。

高收入阶层在居住区位选择时，受区位的约束要比低收入阶层小，居住区位选择的自由度相对较大，一般购买城市中区位条件最好的住房。中低收入阶层受收入的约束，用于住房消费的支出相对低，在居住区位选择时，只能选择适合于自己购买能力的区位，如城市的郊区或环境质量较差的区位，或者降低居住面积，购买区位条件较好的住宅（张文忠，2001）。

家庭收入还通过居民的住房花费和交通成本两者的关系作用于居住区位的选择。对于低收入阶层的居民而言，要拥有较大居住面积，只能选择远离市中心的居住区位，以使每单位面积的地租节约额达到最大，因此，郊区是最佳的居住区位候选地。交通成本主要是通过直接支付的实际费用和相对于时间的机会费用作用于居住区位的选择。假定工作地在城市的中心区，当居民对居住面积要求不变，如果家庭成员的通勤次数增加，那么，选择市中心区的住宅就可节约家庭支出；否则，更适合选择郊区的居住区位。

随着家庭收入的增加，居民必然对住宅面积和居住环境的要求也相应变化，这时，是选择市中心的居住区，还是选择城市边缘区的居住区，主要取决于居民居住面积的需求量与收入增加之间的关系。

在我国，不同收入阶层对居住区位选择的模式不同于西方发达国家。如上文所述，在西方发达国家，一般高收入阶层的居民多居住于环境质量良好的郊区，低收入阶层的居民则多居住在环境条件相对较差的市区。而对我国的城市而言，由于郊区的综合社会服务水平相对较差，比如学校、医院等设施不能满足居民需求，加之通勤时间过长等，城市中心区仍然是高收入家庭居住区位的首选地。相反，郊区由于地价低廉，房屋价格相对符合普通居民的收入水平，郊区居住区则是城市普通收入阶层的主要选择区位。

三、居民社会属性与居住区位选择

在居住区位研究中，生态学派的研究影响比较大。该学派的最大特点是应用生态学的方法研究城市居住区的分化，居民的社会属性主要是指居民的职业、年龄、受教育程度、家庭属性、民族和宗教等。一般具有相同社会属性的居民倾向于选择特定居住区位空间。

相同职业的社会群体在居住区位空间选择行为上具有类似性和趋同性。企业高级管理人员、演艺界、私营企业主、律师和会计等高收入职业群体，多居住在区位条件较好的居住区；教师、科研人员、机关的公务员、社会团体等事业单位的从业人员、一般企业的职工，则多选择普通商品房集中的区位。同一群体在特定的区位空间集中，一是便于日常生活和文化交流；二是有利于获得相关的知识和信息；三是彼此之间具有一定的认同性，从自身安全和心理要求出发，在购房时尽量选择接近相同社会群体居住。

家庭生命周期是指户主年龄的变化过程，包括单身、青年夫妇型家庭、中年户主型家庭、老年户主型家庭等。青年夫妇型家庭，由于日常社交和经济活动相对频繁，一般多选择市区出行方便，居住面积不一定太大的区位。中年户主型家庭经济实力相对雄厚，对房屋面积、居住环境特别是子女上学条件等要求相对较高，一般选择环境、教育资源等条件比较好的居住区。老年户主型家庭由于子女成家立业，对居住面积相对要求较低，选择能够贴近自然、价格便宜和就医方便的居住区；当然这种区位选择模式反映的是一般情况，有的家庭为了子女可能选择房价较高的学区房。

不同社会群体在同一居住区位生活，如果彼此利益关系不能很好地协调，很容易出现社会群体间的相互抵触。在新的居住空间进行开发时，应当充分考虑不同区位住房的市场定位以及可能的居住群体和利益集团，按照不同的收入阶层和社会群体的需求，进行相应的房屋等级设计、辅助设施和居住环境的建设及规划。在规划和设计许可范围内，应尽量兼顾各种利益集团之间的平衡，避免公共空间利用和设施使用等方面出现的矛盾与冲突。同时，还应该避免由于收入和社会属性等分化带来的居住空间隔离，从而引发诸多社会问题。

四、交通因素与居住区位选择

交通的通达性是指居住区与外部联系的便利程度，是影响居民居住区位选择的另一个重要因素。交通的通达性直接影响着居民通勤、外出活动和子女上学的方便程度。一般有直达市中心或能与地铁等城市快速交通系统相连接的居住区是居民居住区位的首选地。

交通的通达性主要从两个方面影响着居民居住区位的选择：一是通勤的时间成本；二是一般意义上的通勤费用。高收入阶层的通勤时间费用（机会成本）相对较高，因此，对居住区的区位通达性要求较高，通常选择市中心区通达性较好的居住区。低收入阶层的通勤时间费用（机会成本）相对较低，一般选择单位面积房价较低的郊区。

随着人们日常生活节奏的加快，对自由时间的加倍珍惜，在居住区位选择中，通勤的时间成本与一般意义上所讲的通勤费用相比，通勤的时间成本对居住区位选择的影响作用更大。

接近公交交通工具的站点，特别是地铁站的居住区位对购房者来说是最佳的区位候选地。靠近地铁站的居住区一般房价和租金相对较高，但由于可以节约通勤时间，很容易出租或销售；如果需要中转利用公共汽车通勤的居住区，价格会明显下降，特别是单身或年轻夫妇家庭很少租借或购买。

交通条件的改善，可以改变居民对居住区位的经济价值和综合社会功能的评价水平，一般交通通达性较好的居住区，消费者对其评价也高。交通通达性的优劣与直线距离有一定的关系，但更主要的是与时间距离有关。以市中心为中心的同心圆上的不同居住区，如果到市中心的时间距离越短，或者说公共交通条件越方便，居民对其综合评价也就越高，区位的经济价值也就越高。

五、环境因素与居住区位选择

社区环境包括感知环境、生活环境、生态环境和社会环境等。居民对社区环境的偏好直接影响着其对居住区位空间的选择。

感知环境是居民对预期居住环境的最基本的评判。主要是通过直接或间接的信息收集，评价预期居住环境是否满足自己最基本的生理要求，如通风状况、日照情况、各种噪声的可能影响程度等是否满足自己对居住区的要求。

生活环境同样是决定居民居住区位选择的一个重要因素，它包括社区的购物环境、出行的交通环境、子女的上学环境和日常的休闲环境等。能够满足居民日常生活需求的居住区是居民区位选择的一个基本条件。

生态环境是指适宜居住的物理环境条件。如适宜的室温需要空调和采暖，清洁的空气需要良好的通风，安静的环境需要良好的隔音性能，良好的光照需要有足够的采光面积和照度，必要的阳光需要有好的朝向和窗口面积。另外，要有符合标准的污染控制，包括排除厨房的有害气体以及减少材料的放射性污染等，这些问题的优劣对居民居住区位选择同样具有重要的作用。尤其2020年新冠肺炎疫情对居住环境提出了新的要求，如小区的规模和配套，居室的通风和采光，以及楼层的高低等。

社会环境主要是居住区周围的社会治安、居住群体、社区归属感、邻里关系以及文化娱乐设施的配套情况等。任何阶层的居民都倾向于选择周边居民素质较高、社会治安良好的居住区，因此，社会环境对居住区位也具有重要的影响。

第三节　居住区位选择的理论

阿朗索、穆特和米尔斯（Mills）在杜能的农业区位理论和伯吉斯等社会空间模式基础上建立区位空间均衡模型，认为居住区位决策是地租、交通成本以及其他综合商品和服务成本效用最大化的权衡，人口密度和地价最高的区位是城市中心区，密度和地价会随着远离市中心而逐渐降低，但交通成本会逐渐上升，在收入预算约束下，消费者的住房区位选择是两种成本的权衡。

一、居住区位的经典理论

众所周知，20 世纪 20 年代，伯吉斯提出了同心圆的城市空间结构理论。伯吉斯认为，一般情况下，家庭收入高，在远离芝加哥市中心的地方选择居住，而家庭收入低的居民多居住在离城市中心近的老居住区。也就是说，随着城市的扩大，最富裕的家庭迁移到城市周围的新居住区，而他们曾经居住的老居住区将成为低收入者的居住区，离城市中心最近的老居住区随着城市的进一步发展会转变为办公和商业区。这一理论模型并非包括所有城市的发展变化，它实际上具有偶然性。

霍伊特的扇形模型也是居住区位研究的经典理论。霍伊特认为，高收入者的居住区与城市的地形、社会和历史特征有关，如在面向湖泊的地方以及沿交通线路的地方分布较多。随着城市的发展，在这些地方居住的人们不断向外迁移，但高收入者将在相邻区域的新居住区居住，低收入者则迁到高收入者搬出的居住区，如同过滤一样表现出集体向城市中心外侧的迁移倾向。上述两种理论从不同收入阶层的居住区位选择来看具有一致性，即高收入者多居住在新建的城市外围居住区，低收入者大多住在离城市中心较近的老居住区。

二、权衡理论

上述两种理论主要是属于实证性理论，产生于实际调查和归纳总结，缺乏从经济角度的分析。从 20 世纪 60 年代开始，阿朗索和埃文斯等学者从城市内土地利用与交通费用的关系来研究居住区位问题，并建立了权衡理论。

阿朗索假设了一个简单化的城市，该城市位于均质平原上，且交通在各个方向上都是可达的，所有的就业机会、商品和服务在城市的中心区。土地可以自由买卖，个人了解每一个区位的土地价格，随着远离城市中心区，居民支付的交通成本会增加。在上述前提下，阿朗索研究消费者在购买居住用地时所面临的双重决策，即购买多大的地块，居住在离城市中心多远的地方？从城市内部看，随着远离城市中心区，经济社会和地租分布有何规律？

阿朗索的研究建立在土地经济学、生态学等理论基础上，他高度评价黑格（Haig）的观点，"地租是作为相对通达性好的场所的拥有者所能收取的费用而出现的，因为其场所的利用可能节省交通成本"，潜在的占有者要想获得某一场地的使用权，其出价必须高于其他竞标者（阿朗索，2016）。黑格认为，住宅作为一种消费商品进行选择时，个人购买的是一种"通达性"，他要权衡摩擦成本如租金、时间价值和交通成本的各种可能组合，来决定是距离城市中心区多远的区位能够满足自己的要求。阿朗索认为黑格的理论创新是论证了地租与交通成本之间的互补性，但他认为黑格没有考虑住宅区位的面积大小。阿朗索（2016）认为，居住区位选择的唯一准则如果市中心的通达性以及使摩擦成本最小化，而不考虑场地面积，那么，所有住宅都将以非常高的密度环绕在市场中心的周围。生态学家霍利（Hawley）关于居住区位的分析也充分考虑了位置、交通成本和土地价值。他认为，土地价值、其他家庭单元的位置以及到活动中心的时间和交通成本，这三个要素的组合成一个综合的度量单位，即住宅用地的租用价值决定着家庭居住区位的分布（阿朗索，2016）。

阿朗索在前人基础上提出了居住区位空间的均衡模型，之后，米尔斯和穆特扩展了该模型，即阿朗索—穆特—米尔斯（Alonso-Muth-Mills）模型。该模型假定收入保持不变，高住房成本是否被低便利性或低通勤成本所抵消。模型假设收入和便利性为常数，也就是说，住房成本＋通勤成本在空间上是恒定的，因此，随着远离城市中心，住房成本下降而通勤成本上升。在最简单的情况下，任何人都在城市中心工作，通勤成本随着离市中心的距离呈线性增加，即如果通勤成本等于"t"乘以距离，那么住房成本必须等于市中心的成本减去"t"乘以距离。

由于土地买卖竞争的结果，城市中心区的地价达到了最高，随着远离中心区，城市内的土地价格逐渐递减，但同时也意味着交通费用的增加。如果不考虑交通费用，住房成本与距中心区的距离间的关系为：随着远离市中心，住房成本呈线性递减趋势；如果不考虑地价的作用，只研究交通成本与市中心区距离的关系为：随着远离市中心，交通成本呈线性递增趋势。在选择居住区位时，交通成本和住房成本必须同时考虑，只有两者均衡点才是最佳区位。在远离市中心的区位，住房成本的节约将会被高交通成本支出所抵消；相反，在市中心区附近居住，交通成本的节约会被高住房成本所抵消。

如果考虑到居住面积对区位的影响，对于希望有更大居住面积的家庭，选择离市中心较远的地点可使每单位面积的住房成本节约额达到最大，城市边缘地区是最佳的居住区位。交通成本对居住区位的选择可从直接支付的交通成本和相对于时间的机会成本来分析。当居住面积不变，通勤次数增加时，住房区位选择向市中心附近移动就可节约家庭交通成本支出。如果一个家庭中通勤者的比率高，选择市中心附近的区位居住可以节约交通成本总支出。

随着家庭收入的增加，对住房面积的需求也增加，这时选择离市中心更远的区位可以减少住房成本，但通勤时间成本会上升。住房成本和交通成本哪个起决定作用，取决于消费者对住房面积大小的需求与收入增加间的关系，如果需求弹性大于 1，高收入家庭将选择城市的周围地区，低收入家庭则选择市中心附近；相反，如果需求弹性小并接近 0 时，高收入的家庭选择市中心，低收入家庭选择城市周围地区。如发达国家的需求弹性大，前一种区位居住模型表现较明显，而发展中国家一般居住需求弹性小，因此，后一种模型更突出。

上述理论可由如下居住区位模型来表示，离市中心距离为 x 处选择住房的家庭效用水平决定于在那里的住房消费量 $l(x)$，以及住房消费以外的其他所有商品的消费量。其他所有商品的消费量可看作是一个综合商品消费量 $z(x)$，即效率水平可由如下效用函数来表示：

$$u(x) = u(z(x), l(x)) \tag{9-1}$$

从（9-1）式可得到无差别曲线，即如图 9-1 那样向原点凸出的平滑曲线。实际上意味着土地要素投入与交通费用投入存在着替代，随着与城市中心区距离的增加，相对于不断增加的交通费用投入来说，土地费用投入会下降，如果企业或消费者追求总成本最低，就会偏好用土地费用投入来替代交通费用投入；相反，如果向城市中心靠近，土地成本上升，交通费用下降，企业或消费者会偏好用通勤成本投入替代土地成本投入，这也反映了企业或消费者在不同地区将要素投入组合最佳化。

综合商品的价格为 p_z，离市中心 x 距离的区位每单位面积住房的地租为 $r_H(x)$，区位 x 到市中心的交通成本为 $T(x)$。家庭得到一定的收入为 y 时，预算制约可由下式表示：

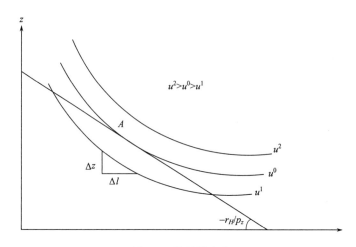

图 9-1　效用最大化

资料来源：中村良平（1996）。

$$y = p_z z\ (x)\ +r_H\ (x)\ l\ (x)\ +T\ (x) \tag{9-2}$$

家庭支出在（9-2）式制约的基础上，使效用函数（9-1）最大，选择综合商品和住房面积的最佳消费量组合。根据微观经济学的消费行为理论，在效用函数的无差别曲线与预算制约线（9-2）的接触点达到最佳。在图 9-1 中无差别曲线 u^0 上的 A 点两者的消费量达到最佳，在这一点无差别线的倾斜（dz/dl）与预算制约线的倾斜（$-r_H\ (x)\ /p_z$）相等。

上述条件可由下式来表示：

$$\frac{\partial u/\partial l}{\partial u/\partial z} = -\frac{\partial z}{\partial l}\Big|_{u=u^0} = \frac{r_H(x)}{p_z} \tag{9-3}$$

在预算函数（9-2）基础上，效用函数（9-1）最大化，可得到综合商品和居住面积的需求函数。把得到的这两个需求函数代入原效用函数得到的函数称作间接效用函数，可由下式表示：

$$u\ (x)\ =v\ (p_z,\ r_H\ (x),\ l\ (x)) \tag{9-4}$$

价格和收入为参数，$I\ (x)\ =y-T\ (x)$ 表示收入约束下的可消费量或可支配收入。

因为支付地租是表示维持某一定效用水平 $\bar{u}$ 的最大地租，因此，$v\ (p_z,\ r_H\ (x),\ I\ (x))\ =\bar{u}$，可求得 $r_H\ (x)$ 的解：

$$r_H\ (x)\ =r_H\ (p_z,\ I\ (x),\ \bar{u}\ ) \tag{9-5}$$

　　上式为住房支付地租函数，该函数具有如下特征：①收入增加时，支付地租也增大；②收入一定，效用水平提高时，支付地租降低；③随着远离市中心，支付地租降低。其中：①意味着 $dr_H/dI>0$，为了维持一定的效用，与收入增加平衡的地租增加是必要的，因此，①成立；②意味着 $dr_H/d\bar{u}<0$，收入等其他条件相同时，效用水平提高，地租必须下降；③意味着 $dr_H/dx<0$，它的经济意义可从区位均衡来分析。如果将区位移动微小距离 dx 时，综合商品的消费量、住房地租、住房面积的消费量和交通成本分别变化 dz，dr_H，dl 和 dT。任何一个区位收入是一定的，因此，由（9-2）式可得到：

$$p_z dz + l dr_H + r_H dl + dT=0 \qquad (9\text{-}6)$$

　　把由效用最大化推导出的（9-3）式代入上式，可得到：

$$l dr_H + dT=0 \qquad (9\text{-}7)$$

　　（9-7）式表示住房面积和交通成本相抵消的区位均衡条件。它表示在城市内的任何地点，在消费支出中，地租支付额的变化与交通成本的变化相互抵消。在（9-7）式中，l 和 dT 的值是正的，因此，dr_H 的值为负的，即 $dr_H/dx<0$。也就是说，随着远离市中心，地租函数在降低，这就是上文所述③的特征。

　　如果交通成本与离市中心的距离成比例，dT 为一固定值。住房面积 l 随着远离市中心而增加，那么，从（9-7）式可得出地租函数的倾斜，即 dr_H/dx 的绝对值随着离市中心距离的增加而减少。如图 9-2 所示，在市中心地租函数的倾斜度最大，随着向郊外发展而逐渐变缓。

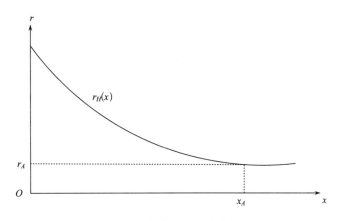

图 9-2　住房地租变化曲线

资料来源：中村良平（1996）。

上述理论一定程度上解释了居住区位空间结构的形成，但尚存在许多问题，主要表现在以下三个方面：一是没有考虑居住区的品质和邻里关系等，一般低密度的居住区具有正向的外部效应，在距市中心一定距离的空间，地租不会减少，反而出现递增的趋势；二是居民对居住的选择是有限的，也就是说，居住区位选择是一个离散过程，而并非一个连续过程；三是交通成本不一定是居住区位选择的首要因子，居民的收入和其他个人属性常常决定着居住区位的选择。

第四节　居住区位选择模型

居住区位的选择和再选择反映了消费者对空间的认知和偏好。一个消费者为了满足家庭居住的要求，首先要进行新的居住空间搜索行为活动，该行为活动与居民对城市环境持有的空间印象有关。居住空间信息量大的区位就会成为搜索行为的中心，在空间搜索中最后形成居民各自的空间偏好。如何测度和分析居民迁居和区位选择过程，许多学者尝试用模型和计量化的方法来研究。

一、迁居与居住区位选择行为

城市居民居住区位决策与再选择行为直接影响居住空间的形成和变化，同时也影响城市社会分异、空间隔离、空间结构和城市发展方向，因此，关于城市居民居住区位决策和选择行为的研究一直受到国内外学者的重视。

行为理论主要是从生命周期（life cycle）、家庭周期（family cycle）、空间效用（place utility）、空间行为（action space）等角度来研究居住区位选择和居民迁居过程。

不同类型的家庭对住房有着不同的需求，即使是同一个家庭，如果处于不同的生命周期，对住房的需求也不尽相同。随着家庭生命周期的变化，对住房的需求也在不断变化，其迁居过程具有一定的规律性，这一过程也改变着居住空间结构。

居住区位再选择微观行为模型的先驱研究者是布朗和摩尔（Brown and Moore，1970）。他们在沃尔伯特的研究基础上，将心理学概念引入居住区位选择行为研究中，提出了迁居决策模型，其理论基础是空间效用或对居住环境（包括居住空间的大小、邻里环境等）的满意与不满意的评价尺度。

布朗和摩尔的迁居模型认为：迁居原因来自于内部需求和外部居住环境的刺激，

当现有居住空间效用与居住需求差距较大时，就需要寻找新的居住空间。居住空间的搜索和评估是界定在一个"感知空间"的子集中，或者是家庭拥有大量信息的比较熟知的空间，通常首先选择家庭期望的空间，该空间具有家庭能够接受的最低和最高居住效用与邻里特征边界，最终的"搜索空间"一般是位于认知空间子集中，与家庭的期望空间大致能够吻合；如果考虑时间因素的制约，空间效用是一个连续判断的评估过程。迁居是空间效用不断修正中的偶然决策，最后的空间效用是一个两选一的决策，要么连续搜索，要么停留在现居住区位（图9-3）。

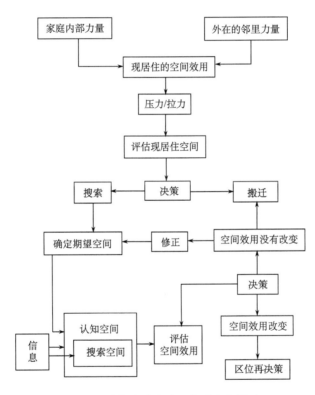

图 9-3　布朗和摩尔的区位再决策模型

资料来源：弗兰克（Frank，1982）。

　　布朗和摩尔建立的迁移与搜寻决策的行为模型，强调迁居是由于对现有住房不满意引起的，但只有当期望搜寻的效用超过现有的效用时，迁居才会发生。

　　克罗宁（Cronin）开始利用实地调查数据和统计数据，对现居住地与搜索偏好间的统计关系进行实证研究。他得出的结论与布朗和摩尔的模型关系相反。"非常不满意"

的居民中，有31%决定不去搜寻新的居住，而"非常满意"的居民中，有33%却在一年内去选择新的居住。

赫夫和克拉克（Clark）在布朗和摩尔的研究基础上建立了概率模型。在赫夫和克拉克的模型中，"不满意"被假定为家庭与环境失去协调，且不满意的程度随着时间的增加而增加，阻止家庭迁移的因素被看作是一种惰性，它也随着时间的增加而增加，不满意和惰性的平衡是居住迁移的时间函数。

$P_{(t)}$表示迁移概率，那么：

$$P_{(t)} = k[S_{(t)} - R_{(t)}], \quad 当 S_{(t)} > R_{(t)} \tag{9-8}$$

$$P_{(t)} = 0, \quad 当 S_{(t)} \leqslant R_{(t)} \tag{9-9}$$

其中：$S_{(t)}$表示随着时间t增加，带来的迁移压力；$R_{(t)}$表示随着时间t增加所形成的迁移阻力。公式（9-8）说明随着时间的增加，当迁居压力大于阻力时，迁居概率就会增大；公式（9-9）说明随着时间的增加，当迁居压力等于或小于迁居阻力时，迁居变得不可能。

史密斯（Smith，1979）的研究工作在理论上进一步发展了区位再选择的搜寻模型，史密斯的模型是建立在不确定家庭行为下的理性决策，家庭的日常选择是假定在效用最大化前提下的选择，家庭居住消费在短期内是固定的，效用最大化是基本的约束条件。史密斯认为，在t时间的搜寻行为反映了在区域i之内搜寻期望效用$E_t^i(u^B)$和可获得的最佳效用（u^B）之间的比较与判断。

$$\psi = E_t^i(u^B) - u^B \tag{9-10}$$

如果对任何i都有$\psi^i > 0$，搜寻行为将会发生；在任何时间内搜寻行为将发生在区位压力最大的街区，即$\psi = \max(\psi^1, \cdots, \psi^n)$。

上述模型的共同缺陷：一是收入因子没有明确地在模型中体现，住房需求这个不明确的概念是对居民居住区位选择满意与否的唯一测度指标，经济学中所讲的需求概念是在价格和收入基础上的效用最大化，而住房需求掩盖了购房决策过程中收入因子的作用机制；二是从模型概念到经验假设验证比较困难。

迁居行为是一个与家庭决策相关的过程，行为模型侧重于对个体行为与经济因素之间关系的分析，注重个人对环境的感知、评价和决策，在一定程度上阐明了家庭住房选择行为的内部原理，但对影响家庭迁居的社会因素和社会结构与个人住房选择行为之间的相互关系缺乏深入研究。

二、居住区位选择的重力与熵模型

西蒙斯利用传统的社会重力模型来分析居住区位再选择，与物理学中的理论类似，传统的重力模型假定两个地点之间的相互作用与两个地点之间相互吸引的特性成正相关，与两个地点相互作用的成本呈负相关，用两地之间的基础信息以及距离来解释家庭区位的形成。居住区位再选择的重力模型可以表述为：

$$I_{ij} = kV_iW_jF_{ij} \qquad (9\text{-}11)$$

其中：I_{ij} 表示在一定时间内，从地方 i 到地方 j 的家庭居住区位再选择的量；V_i 表示原居住地的推力指标；W_j 表示目的地 j 的吸引力指标；F_{ij} 表示家庭区位选择的可行性指标；k 为常数。

由于重力模型无法对家庭由于居住区位再选择而引起的流动性进行全面的解释，所以逐渐被熵模型所取代。熵模型从宏观方面提出了三个严格的限制性假设：①某区域的居住数量必须和区域内所有的工作职位数相等；②区域内从工作地到居住地的流量必须和区域内住房子市场所有的住房供给数量相等；③从工作地到居住地的所有费用必须等于系统的总体成本。流量的熵最大化方法可以测度系统处于特定状态时的概率。居住区位的熵最大化模型可以表示为：

$$\max \mathrm{Ln}S = \frac{\sum_i\sum_j\sum_k\sum_w T_{ijkw}!}{\prod i,\ j,\ k,\ w T_{ijkw}!} \qquad (9\text{-}12)$$

其中：T_{ijkw} 表示收入为 w、工作地在 i、居住地在 j 和居住类型为 k 的数量。

居住区位的熵最大化模型是建立在宏观层次上的家庭居住区位再选择模型，而不是基于微观层次的个人行为选择模型。熵模型可以解释家庭聚集过程，预测人口迁移的方向，但无法精确分析人口移动与迁移距离之间的定量关系。

三、居住区位选择的随机效用模型

离散选择与随机效用分析方法为住房选择行为建立了一种动态模型结构，并且把微观研究和宏观研究有机地结合在一起。奎格利（Quigley）和麦克法登（McFadden）开始使用逻辑斯蒂模型（Logistic Regression）来研究住房需求。这些逻辑斯蒂模型表明的是家庭从限定样本中选择居住的概率。该概率取决于家庭期望通过选择特定住房而获得的效用。效用 U 可由函数 V 和干扰项 ξ 来表示，x 表示家庭的社会经济状况和家庭居住诸要素，V 是 x 的函数；干扰项 ξ 表示因个人偏好不同而导致的偏离人口平均效用的未知量，用于测算误差。

$$U_{in} = V(x'_{in}) \ \beta + \xi_{in} \tag{9-13}$$

其中：i 表示第 i 个可选择居住；n 表示第 n 个家庭；β 表示第 n 个家庭的第 i 个选择的特征向量的参数。

在效用最大化和理性选择的假设条件下，第 n 个家庭随机选择居住 i 的概率等于对第 n 个家庭来说 i 的效用（吸引力）大于或等于其他任何可选择的 i' 的效用的概率，即：

$$P_{in} = Pr(U_{in} \geqslant U_{i'n}) \quad (i,\ i' = 1, 2, \cdots,\ I,\ i \neq i';\ n = 1, 2, \cdots,\ N) \tag{9-14}$$

逻辑条件是 $\sum_{i=1}^{I} P_{in} = 1$。

离散选择和随机效用模型在住房市场选择中得到广泛应用，其中已经从迁移或不迁移决策的逻辑斯蒂选择，扩展到多种区位的多项逻辑斯蒂选择。但传统的回归模型在计算家庭迁移的概率时，会遇到很多困难。由于传统的回归模型违背不变的误差方差或古典线性回归模型的同方差假设，而且还会导致系数方差的估计偏差，因此，离散选择和随机效用模型有待于进一步完善和改进。

四、居住区位的宏观经济平衡与统计模型

赫伯特和史蒂文斯（Herbert and Stevens，1960）建立的居住区位选择的宏观经济平衡模型，主要用来确定新迁移的住户在居住地的最优布局，该模型实质上是阿朗索模型的公式化表述。该模型认为，对于一个有着固定总预算的家庭而言，每个家庭都努力使节余最大化，这将导致家庭在各个不同居住地都有选择的可能，这种选择是帕累托最优，即没有哪个家庭可以通过迁居来增加其节余而不减少家庭的其他支出，同时也不减少总体支出。模型的节余以租金能力表示，当总的租金支付能力达到最大时将达到最优区位，由以下公式表示：

$$\max Z = \sum_{k=1}^{K} \sum_{i=1}^{I} \sum_{h=1}^{H} X_{ih}^{k}(b_{ih}^{k} - C_{ih}^{k}) \tag{9-15}$$

约束条件：$\sum\limits_{i=1}^{I}\sum\limits_{h=1}^{H}s_{ih}X_{ih}^{k}\leqslant L^{k}$　　（$k=1$，2，$\cdots$，K）

$\sum\limits_{k=1}^{I}\sum\limits_{h=1}^{H}X_{ih}^{k}=N_i$　（$i=1$，2，$\cdots$，I）

$X_{ih}^{k}\geqslant 0$　　　　（$h=1$，2，$\cdots$，H）

其中：K 表示区域细分后的各个亚区；I 表示居住团体；H 表示居住区；b_{ih} 表示居住团体 i 购买居住区 h 的居住预算；C_{ih}^{k} 表示 k 地区 h 居住区中 i 居住团体每一家庭的年费用，不包括地基成本；s_{ih} 表示使用 h 居住区的 i 居住团体之一成员占地数；L^{k} 表示模型中一个特殊的重复使用的地区 k 内可用于居住的土地数；N_i 表示布局在一个特殊重复使用区内的 i 居住团体的家庭数；X_{ih}^{k} 表示由模型给出的在 k 地区使用 h 居住区的 i 居住团体的家庭数。

赫伯特和史蒂文斯的模型虽然建立在宏观研究层面上，但它可以进一步分解为以家庭为单位的微观结构。该模型对家庭租金最大化的线性处理是建立在对家庭居住区位选择和土地限制因素以及家庭居住区位选择的相互作用的假设基础上的，同时家庭和土地的约束确保了土地供应与区位需求之间的结构一致性，而这种一致性对平衡模型是至关重要的。

居住区位选择的宏观统计模型以马尔可夫链模型为代表。随机过程的马尔可夫链模型在城市内部居住区位的再选择过程中得到了广泛的应用。它假定家庭的住房历史对将来的居住区位再选择不产生影响，参数选取家庭和空房转换率。马尔可夫链模型可以对相互依赖的住房子市场进行量化研究，西蒙斯（Simmons，1968）和盖尔（Gale）分析了在所定义的区域内居住区位再选择的形式，怀特等学者对家庭—住房之间的相关性进行了探索，并进一步分析了住房子市场之间的空房转换率。

马尔可夫链模型假定从原地 i 到目的地 j 迁移的概率不受过去迁移历史的影响，只与现在住房子市场相关，迁移发生的概率为：

$$P_{ij}=I_{ij}\Big/\sum_j I_{ij} \tag{9-16}$$

其中：I_{ij} 表示从原地 i 的总迁移流出量。

空房转换概率为：

$$Q_{ij}=I_{ij}\Big/\sum_i I_{ij} \tag{9-17}$$

其中：I_{ij} 表示到目的地 j 的总迁移流入量。

马尔可夫链模型是一种描述性的统计模型，不能对居住区位再选择过程进行合理的解释，而且其统计属性的实现依赖于参数稳定性的假设。因此，近年来许多学者对这一模型进行了更深层次的研究，盖尔和摩尔对家庭的住房占有率与邻里变化进行了相关分析，此外，还有学者开始运用确凿的数据进行分析。

第十章　交通区位理论

城市腹地不能用自然区域来限定，它们完全是以城市为中心的人工制品。边界的扩张或者停止只有城市的经济力量才能决定。

——雅各布斯（2008）

最早对交通区位进行研究的学者是交通地理学鼻祖德国的科尔（Kohl）。他认为，交通与聚落具有密不可分的关系，交通发展与人口的集中和聚落的形成是相互补充的，理想的交通线路布局应该是两地点间的连接线路最短。但是，在现实中由于各种自然屏障的存在，交通线路不完全呈直线延伸。交通线路受自然条件的制约较大，交通密集的地区自然障碍少，因此，交通布局一般是选择交通适应性大的地区。科尔认为，交通和聚落是在以下三种力的作用下形成的：一是防御的作用；二是利益的追求；三是群聚行为。第一种作用形成了政治性交通；第二种作用形成了商业性交通；第三种作用形成了纯社交性交通。科尔还认为，交通类型的区位形态可由几何图形表示出来（安藤万寿男，1983）。虽然这是19世纪40年代的交通区位思想，但对我们研究现代交通区位布局仍然有一定的参考价值。

交通简单地说是指人和物的空间移动，它的职能从经济学角度来看，是克服空间距离，提高生产和消费的效用，也就是说，交通的发展可以增加产业的生产效率，同时也能促使和扩大市场的形成与发展。

交通方式从形态学角度可分为点、线和网。所谓"点"就是交通的节点，如海港、空港和各种车站；"线"是指各种交通线路，如航线、铁路线和公路线等；"网"是"点"和"线"的集合，由交通节点和线路组成。人和物的移动将起点、通路和终点三种空间形态连在一起，因此，"点""线"和"网"这三种空间形态只有通过"人和物的移动"的联系才有意义。从这个意义上讲，研究交通区位不能离开经济实体的分析，换言之，区域间的经济联系以及社会和文化交流也可通过区域间的交通情况来反映。本章主要介绍四方面的内容：一是交通节点的区位；二是交通线路的区位；三是交通网的区位分析；四是交通与经济活动区位的关系。

第一节 交通节点的区位

交通节点区位包括各种站点，如铁路、公路和地铁等交通站点，以及机场、港口等重要的交通节点的区位选择和布局。交通节点存在等级性，不同等级的交通节点布局与交通流量和腹地经济、人口等要求不同，交通节点的区位选择也受到自然条件如地形、气候等影响。本节主要从传统区位论视角，分析海港、空港和铁路站点的区位选择原理及影响因素。

一、海港区位

最早对海港区位进行研究的学者是德国的高兹（Kautu），他把韦伯工业区位的研究方法和理论运用于海港区位研究中，在 1934 年出版了《海港区位论》。高兹（1978）的区位理论基本继承了韦伯的区位思想，属于最小费用区位学派，即从费用最小的观点来研究海港区位。与韦伯理论的不同点是他强调总费用最小，他认为最佳的海港区位是经由海港的所有产品每单位数量所需要的费用总额最小。

高兹与韦伯一样，理论是建立在若干前提条件假定下：①腹地的发货和送货地已知；②在海外的港湾场所已确定；③劳动供给地已知，劳动者的供给无限且工资一定；④运费率一定且输出入的港湾转运量一定。在上述假定条件下，他认为海港区位应从以下三个区位因子来研究：一是运输指向，包括腹地指向和海洋指向；二是劳动指向；三是资本指向。类似于韦伯的区位论，海港区位最初也是由运输指向来决定，然后由劳动指向和资本指向对海港区位重新进行修正。

高兹（1978）在研究三种指向对海港区位的影响之前，首先对海洋、海岸和腹地从地理位置角度进行了研究。他认为在海洋的位置对海港区位具有很大的影响，一般多条航线的交汇点以及与海外港口联系距离最短的地点是海港形成最有利的条件。海岸位置条件主要是指海岸的自然条件，如潮汐、风暴等。良好和安全的港湾，如天然良港，是海港区位布局的最佳选择。但是，随着经济的发展，海港区位选择仅仅从海洋和海岸的位置出发是不够的，良好的港口必须具备较好的腹地。

1. 运输指向

高兹（1978）认为，海港的运输指向是不考虑其他因子对海港指向的影响时，运输费用如何将海港区位决定于特定的地点。这个问题与其他的区位理论一样，是区位选择的最终目的，即在一定法则基础上，尽量寻找经济上最佳的区位。韦伯是通过区位图形的几何法则来实现这一目标的，高兹效仿韦伯的理论，也按照几何方法寻找海港运输区位，他从腹地指向和海洋指向两个方面论述了海港区位的运输指向问题。

（1）腹地指向

杜能在研究《孤立国》时，以唯一的马车运输为对象，韦伯在建立工业区位模型时，以统一的铁路运输为对象，高兹的海港区位论则是以铁路或内陆水运为运输手段，但是，他在研究腹地指向的港口区位时，只考虑了铁路运输。在区位问题上不单纯考虑物理距离，而且重视运输成本的作用。按照最小费用原则，港口指向于最小运输成本的区位。换言之，港口区位是由输出入吨千米最小点所决定。港口吨千米的最小点从港口的特殊性出发可分为一般解法和特殊解法两种。

运输指向的一般解法是分析港湾与内陆间输出入商品的数量对港湾运输区位的影响，基本沿袭了韦伯的工业区位理论。运输指向的特殊解法才是高兹海港区位论的中心。特殊解法是将海湾范围限于海岸部，研究海湾与腹地间的运输关系。高兹认为，按照特殊解法选择海港区位必须满足以下两个条件：①海港区位必须位于海岸；②海港区位必须是吨千米最小点。

高兹进一步还假定海洋岸线为直线且腹地已知，由腹地到海港间的产品运输数量已知。当海港设施所需要的费用和主要航线之间的运费一定，则港口区位由腹地与港口间的运费决定。如果运费与货物的吨千米成比例，则港口区位决定于运输吨千米最小点。

在图 10-1 中，A 和 B 为已知的腹地，它们的运输吨千米的最小点即最佳区位就是离海岸最近的垂直线决定的 H_a 和 H_b 点，但是，考虑到港口建设费用和维持费用时，必须选择两腹地的共用港口。若 H 为两腹地的共用港口，那么，由两腹地到港口 H 的吨千米之和只有达到最小，H 才是选择的最佳海港区位，即满足：

$$F(x) = \sqrt{a^2 + x^2} + \sqrt{b^2 + (c-x)^2} = 极小 \tag{10-1}$$

$$f'(x) = x(a^2 + x^2)^{-1/2} - (c-x)[b^2 + (c-x)^2]^{-1/2} = 0 \tag{10-2}$$

$$\frac{x}{\sqrt{a^2 + x^2}} = \frac{c-x}{\sqrt{b^2 + (c-x)^2}} \tag{10-3}$$

$$x = \frac{ac}{a+b} \qquad\qquad (10\text{-}4)$$

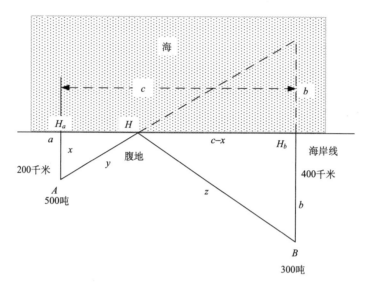

图 10-1　港口区位选择

资料来源：根据迪肯和劳埃德（Dicken and Lloyd，1972）、张文忠（2000）改绘。

　　高兹的腹地运输指向论不管是按照哪种方法选择区位，都忽视了海岸的自然条件。在现实中，总体运输费极小点决定的海港区位，从海岸条件来看，也许根本无法进行港口建设。

　　（2）海洋指向

　　高兹认为，海洋与腹地运输费用指向一样，对海港区位的选定具有重要的作用，但海上运输费用主要是通过运费结构来影响海港区位。从海洋来看，首先必须要判断港湾运输区位是否完全由吨千米最小点来决定，同时要明确海上运输费用额与各海港的地理位置之间是否存在紧密的因果关系。高兹为了研究上述问题，把海上运输分为定期航海和不定期航海两种航运形态进行分析。定期航海与各种情况下的货物供给无关，是在预先确定的港湾和预先确定的时间内有规律的航运形态。与此相反，不定期航海则没有航运规律性，也不存在事先确定的港口和航运时间，货物发送目的地、驶向港、出港时间和航海的次数是由货物供给的种类及数量所决定的。因此，运费制度对于不定期和定期船舶完全不同，定期船必须遵守运费比率表，具有相对固定的运费制度；不定期船的运费不固定，运费取决于货物供给及船体的大小。因此，研究海上运费对港口区位的影响时，要区分两者的差别。

在高兹的理论中，海上运输费用对区位的决定不同于韦伯理论中运费（即运费换算为空间距离或重量）对区位决定的影响，他认为运费由竞争结果决定的情况较多，运输距离的长短对海上运费不具有重要的影响作用。他进一步明确指出，运费价格还取决于运输货物的船体容积、产品的重量和产品的价值三个条件。这就是说，海上运费随着距离的增加变化不明显，因此，海洋指向不存在运费吨千米最小点，运费的吨千米最小点的理论只适用于腹地指向对海港区位的影响。另外，高兹也认为船舶入港费、装卸费以及港口的设备等对运费的影响较大。由此可见，海洋指向作为海港区位选择的因子在空间上不存在规律性。

2. 劳动指向

高兹认为，与运费指向相并列，港湾内产品移动所需要的劳动费用在总体最小费用原理中，对海港区位选择也具有重要作用。劳动指向一定程度取决于装卸机械能力的大小，但在此主要是指在港口转运过程中消耗的人力劳动费用支出。劳动费用一般是以工资的形式支付，在区位理论研究中，高兹认为可换算成转运货物的单位重量这一概念。劳动费用因为存在地区差异，因此，它对研究港口的局地指向具有重要的意义。劳动费用的地区差异包括两个方面：一是劳动工资比率和劳动效率的差异；二是劳动组织和技术机构效率的差异。他认为前者与人口的地理分布有一定的关系，对区位指向具有一定的影响作用。

高兹的劳动指向理论也没有摆脱韦伯理论的影响。他认为离开运输费用最小点会造成运输费用的增加，海港区位向劳动费用低的地点转移的条件是由此带来的劳动费用节约额大于运费增加额。在具体解法上也类似韦伯理论，首先绘制等运费线图，然后画出等劳动费用线图，最后画出运费增加额与劳动费用节约额的值相同的等费用线，即"临界等费用线"，由此就可知运费最小点能否被劳动费指向所替代。

3. 资本指向

所有的港口必然具备一定的设施和相应的投资才能发挥其职能作用。港口职能的投资一般分为基础设施投资，即港口本身的投资，以及职能设施的投资，即港口特殊设备的投资。后者的投资对港口的合理化具有促进作用，与前者相比投入要小。前者与港湾的自然条件有关，自然条件越有利，资本投入也越少，因此，高兹所说的资本指向就是技术和自然条件良好的海岸位置指向，或港口建设的资本投资最小的海岸指向。

当只考虑运费和资本投入对海港区位作用时，高兹资本指向的思路与劳动费指向相同,即资本投资节约额比运费增加额大时,区位指向于资本投入最小的海岸。

4. 海港的集聚

高兹认为集聚是港口以一定数量和规模在特定的空间集中而产生的经济利益,海港的集聚是集聚因子的必然结果,即韦伯所说的纯粹集聚表现得更强。运费指向和资本指向的相互作用对港口集聚的影响,按照总费用最小原理,运费指向促使港口集聚,而资本指向则使港口趋于分散。

资本具有两种不同的影响力,作用于海港区位:一是海港向资本投入低的地点的移动将会对一般的运输费用区位的调整产生影响;二是资本投入低的地点将会把位于一定范围内的所有运输港即位于运输费用最小点的港口吸引在一起,由此资本指向促进了各种产品流通的集中,从而在此派生出了港口的集聚。随着大量小规模的港口产生集聚,形成大规模交通流量的组合港,结果进一步使每单位产品的资本费用降低。

劳动指向也能带来集聚,每单位产品劳动费用的作用是港口集聚产生的第二个因子。劳动费用低的地区产生的对港口的牵引力可以使小港向大的港湾区集聚,由此可带来每单位产品劳动费用的降低。港口集聚区位就是每单位产品的劳动费用加上资本费用的负担额比运输费用低的区位点,即由此产生的费用节约可牵引运费指向形成的小港口产生集聚,因此,大港口也就是无数小港口的集聚。

总之,集聚包括两种情况:一是具有大规模交通量的港湾可带来产品的集聚,由此派生出港口的集聚;二是劳动费用和资本费用的节约带来的港口在一定的港湾集聚。集聚产生的结果是对运输指向形成的港口区位进行修正。

综上所述,高兹的海港区位理论是以港湾位置一定,腹地的发货和收货的场所一定,以及运输供给一定为前提,首先以海洋和腹地这两个方面的运输指向为区位的基本因子,然后在此基础上分析港口资本和劳动费用的牵引力对运输指向区位的修正,最后研究集聚对区位的作用。区位选择的原则是经由港口的货物每单位数量的费用总和最小点就是最佳区位,即所谓的总费用最小原则。高兹的海港区位论从分析方法到理论结构基本是模仿了韦伯的工业区位论,港口毕竟不同于工业,因此,完全从经济的观点分析,得到的结论可能是非现实的。在内陆腹地开凿运河建港,他认为只要有充足的资本不是不可能的,但从现实的自然条件看,这是不可能成立的。他的理论的新意在于对腹地运输费用的特殊解法上,这一点对现代港口区位布局仍然有参考价值。

对于港口区位布局,除高兹所说的经济因子外,还应该考虑如下一些条件:一是港口的位置,包括所处的气候带、海洋位置和陆地位置等,如结冰和常年风向一定程度上影响着港口的形态和职能;二是港湾的微地形、地质、水深、潮汐、海流等自然条件；三是港口的职能，一般港口可分为集散职能、产业职能和腹地职能等；四是腹地的经济发展水平，包括腹地的产业结构、生产力水平、消费水平、人口规模和交通设施等。只有在综合分析这些因子的基础上，选择的港口区位才是合理的。

二、空港区位

空港与海港的性质和职能具有类似性，因此，空港的区位研究方法与海港也大致相同。一般人和物转送最便利和费用最低的地点就是空港区位的最佳区位候选地。在空港区位选择时，必须考虑下列因子：①作为候选地的自然条件；②空港与腹地的关系；③空港与其他交通设施的竞争关系。

1. 自然条件

影响空港区位选择的自然条件包括气候、地形和土地特征等，如风、雾、雨、雪等气候状况对空港的基础建设费用和运营费有一定的影响，而长年风向对空港跑道的走向和空港的形状具有重要的影响。空港的占地面积比较大，土地的价格以及与周围经济活动的土地利用的竞争关系，都会以成本的形式体现于港口建设费用中。从这个意义上讲，自然条件相对优越的地区可降低空港的固定资本投入费用，这也类似于高兹海港区位论的资本指向。

2. 腹地

空港对于腹地来说应该布局于最便利的地点，即越接近腹地中心越好。但对于空港而言，由于需要大量的土地，并且随着腹地需求的增加，也要求有扩大空港空间的潜在土地，再加上周围居民对空港噪声、安全等问题的反对，决定了空港应该尽量与人口集中区相分离。因此，从经济角度出发，这两种作用的均衡点就是空港的最佳区位点。前者与空港的收入有关，后者则影响到空港的资本投入费用。

空港区位同时与腹地的交通有关，腹地与空港的交通便利就有可能使空港的区位远离人口集中的地区。一般往返于空港的大部分交通流量来自城市，因此，交通的便利与否主要是指与城市间的联系状况。城市到空港的距离（包括空间和时间两种距离）长短，以及空中飞行时间与往返空港的地上时间的比例，对居民选择交通设施具有重要的影响。缩短地上时间的途径是尽量接近人口集中地区，再则就是完善空港与城市间的交通。因此，许多大城市的大型空港与城市间不仅以高速公路相连接，而且有快速轨道线路相连接。

另外，空港的建设也与腹地的经济发展水平和人口密度有关，一般经济发展水平和人口密度主要通过收入来影响空港的吞吐规模。

3. 交通设施间的竞争

交通设施之间存在一定的替代关系，如果其他交通设施不论从便利程度还是从便宜程度来看，都优越于航空运输，那么航空运输就有可能被替代，或者规模会减小。如我国快速发展的高铁运输，对航运运输影响很大，很多城市间的交通运输被高铁所取代。这种替代性也表现在空港之间的替代，如新机场对老机场客货流量的影响。

三、铁路客货运站区位

铁路客货运站区位与地区经济发展水平、地价和腹地交通便利程度有关。一般铁路客货运站大多布局于城市的中心区，因为在市中心有利于人和物的运输。但一些大城市铁路客货运站出现向城市周边地区迁移的现象，原因在于原有铁路客货运站已不能适应经济发展的要求，城市中心区由于土地有限而且地价高昂，因此，在原地扩建所需要的资本投入太大，只好选择城市周边地区交通相对便利的区位。

铁路客货运站与海港和空港区位相比，受自然条件的限制较少，与经济和人口因子的作用关系更大。一般经济发展水平高的地区铁路客货运站的规模大，功能也全，如大城市与小城市的铁路客货运站存在明显的差别。

城市内的地铁站则与人口密度有关，也与不同等级的中心地职能密切相关，总之，人口流动量大的地区是最佳区位候选地。

此外，各种专业货运站与地区货物流通有关，而货物流通又取决于地区的产业结构。

第二节　交通线路的区位

连接城市之间以及城市与农村之间的线路有的是可见的物理实体，如铁路和公路等，有的是看不到的线路，如航线。不管是可见的还是不可见的线路，其形成都是与起点和终点间的经济联系、人流及文化交流密切相关，也就是说，交通线路区位成立的基础是地区经济和社会文化的开放性。区域间的经济和社会文化交流密切，连接彼此间的交通线路也密集。反之，也可以说交通量是衡量区域间经济联系的重要指标。

一、"最小努力法则"与交通线路区位

从区位理论角度来看，在空间上相互隔离的两个地点之间铺设交通线路时，应该遵照"最小努力原则"（law of minimum effort），即线路建设费和通过费都最小化的目的。如图 10-2a 所示，如果两个地点 X 和 Y 之间不存在自然障碍物，以直线连接两地点，建设费和人或物的通过费用最小。

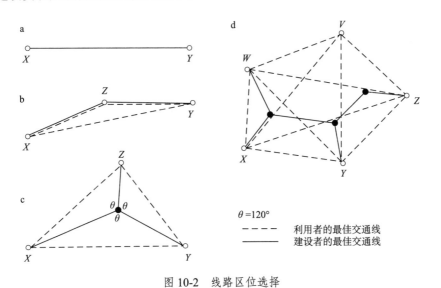

图 10-2　线路区位选择

资料来源：迪肯和劳埃德（Dicken and Lloyd，1972）。

如果有三个地点，X，Y 和 Z 地点间的连接线路就变得复杂化。从交通利用者的角度出发，直接以直线连接三个地点的线路是最佳的选择（图 10-2b）。但对于交通运输经营者来说，线路的总铺设距离越短，资本投入费用就越少。对于不在一条直线上的三个地点为顶点组成的三角形，如果所有内角都不到 120°，三角形内的斯坦纳点（Steiners point）与三个地点连接的线路总距离最短，这在几何学上早已得到了证明。所谓的斯坦纳点就是如图 10-2c 所示的那样，该点与任意两个地点的连线所构成的角度均为 120°。如果城市数目增加，也可同样用此方法找到最短的交通线路（图 10-2d）。

当每单位距离的交通费（运费率）和建设费存在地区差异时，又如何选择交通线路的区位呢？比如海上运输和陆地运输连接两地点 A 和 B（图 10-3），每单位距离的海上运费和每单位距离的陆地运费存在差异，这时交通线路应该如何布局？当不存在交

通费用差异时，如前文所述以直线连接两地点是最佳选择。但是，一般每单位距离的海上运费比陆地运费低，这样就应该尽量缩短陆地运输距离，以减少总运费。对这一问题斯塔克尔伯格（Stackelberg）运用光学的折射定律进行了研究。之后，勒施在其大作《经济空间秩序》中也利用光学折射原理对交通线路区位进行了论述。

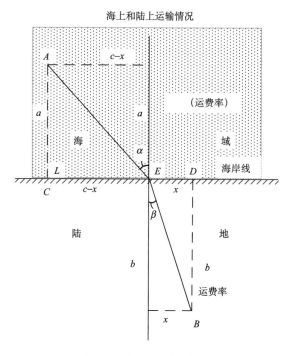

图 10-3 交通线路折射法则

资料来源：根据迪肯和劳埃德（Dicken and Lloyd，1972）、张文忠（2000）改绘。

假定海上运费率和陆地运费率分别为 f_a 和 f_b，CD 为海岸线，A 和 B 两点间的最佳线路应该是总运费最小。如果假设 E 点为位于最佳线路上的港口（折射点），那么，从 A 点到 B 点的总运费 $F(x)$ 为：

$$F(x) = f_a\sqrt{a^2 + (c-x)^2} + f_b\sqrt{b^2 - x^2} \tag{10-5}$$

总费用最小，就是（10-5）式的一阶微分等于 0，即：

$$F'(x) = \frac{(x-c)f_a}{\sqrt{a^2 + (c-x)^2}} + \frac{xf_b}{\sqrt{b^2 + x^2}} = 0 \tag{10-6}$$

$$f_b \sin\beta - f_a \sin\alpha = 0 \tag{10-7}$$

$$\frac{\sin\alpha}{\sin\beta} = \frac{f_b}{f_a} \qquad (10\text{-}8)$$

由此就可确定港口 E 的位置及最佳线路 AEB。

上述法则也可运用于被山地阻隔的两地点间的交通线路选择。在经济发展初期，一般多采取绕行的线路（如图 10-4 的 C 线路），但这意味着要支付高额的运输成本和时间。随着经济和技术的发展，开凿隧道成为可能，但如果像图 10-4 中的 A 线路那样，直接在山地的中腹开凿的话，意味着建设费用的提高。因此，在什么地方开凿隧道既可相对节省建设费，又可缩短运输距离，是交通线路区位要研究的中心问题。一般每单位距离的山地运费比平地要高，类似于光学折射原理，说明山地的"折射率"比较大。最容易通过光线的线路是绕行，但上文已指出这条线路的缺陷，那么，最佳的线路区位应如何选择？从费用角度而言，最佳线路区位应该是建设费用和通过的运输费的和最小，山地与平地相比两种费用都比较大，因此，应尽量缩短山地距离，一般在山麓地带开凿隧道较好（如图 10-4 的 B 线路），理论上可参照海上和陆上运输线路的区位选择。

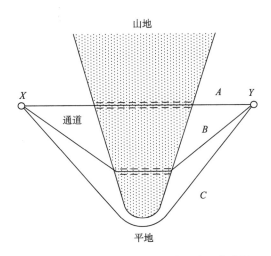

图 10-4 存在障碍物情况下的线路区位选择

资料来源：根据迪肯和劳埃德（Dicken and Lloyd，1972）、张文忠（2000）改绘。

尽量避免建设费和交通成本高的地段是交通线路区位选择的重要原则之一。下面分析一下建设费存在地区差异时的情况。实际上，在上述的分析中也涉及了这个问题。在线路建设中面临的最为一般而又棘手的问题是征地。土地价格在空间上存在很大的差异，一般居住用地和城市其他用地比农地的价格高，在线路建设中要尽量避开这些高地价的地段，但是这又会使交通线路延长。交通经营者的最大愿望是以最短的距离连接两地点，当线路延长造成的建设费用增加小于由此而带来的用地费用节约时，他会选择绕行（图10-5）。这一原则也适用于桥梁建设和其他自然屏障存在时的线路区位选择。

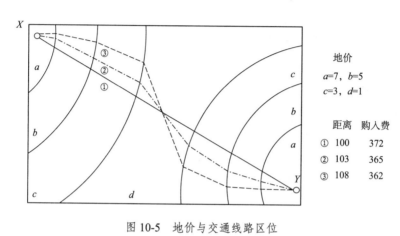

图 10-5   地价与交通线路区位

资料来源：根据迪肯和劳埃德（Dicken and Lloyd，1972）、张文忠（2000）改绘。

二、"利润最大化"与交通线路区位

连接两点间的线路要尽量最短，同时应该尽量避开建设费和通过运输费用高的地段的思路，主要是从费用最小化的观点来研究的。这一点是交通运输经营者的一个目标，对他们来说，还必须要考虑运输量的问题。运输量的多少与其收入有关，得到最大利润的线路应该是收入与费用的差极大，即利润最大化。也就是说，对于交通运输经营者而言，最佳的线路区位应该是与线路长短相关的资本投入费和与运输量相关的收入两者间的关系达到最佳化时的选择。

同时考虑费用和收入，研究交通网的区位问题的学者有郝德尔（Hoodder）和李（Lee）。他们首先假设平原是一个均质地域，也就是说，每单位距离的交通线路的建设费在任何地段都相等，这样交通建设费是交通线路长度的函数。如图10-6所示，对于经营者和利用者双方来说，连接 X 和 Y 两都市间的最短线路即最小费用直线线路 A 是最佳选择。因为这种选择不仅建设费用少，而且利用者的交通费用也低。在两都市间如图 10-6 那样还分布着六个都市，如果将中间都市连接起来，那么，随着利用者的增加，运输量会增加，可能带来收入的增加，因此，选择线路的方案就有多种。当只考虑 X 和 Y 两个都市的便利性，以最小费用为目的，那么，线路 A 是最佳选择；如果经营者追求利润最大化，那么，线路 C 是最佳选择；如果从所有居民最大方便利用交通设施以及社会因子考虑的话，D 线路虽然利润减少，但是达到了最佳的社会效益。从长远观点来看，交通线路的延长可吸引沿线各企业的交通量，扩大规模经济，最终可增加收入。

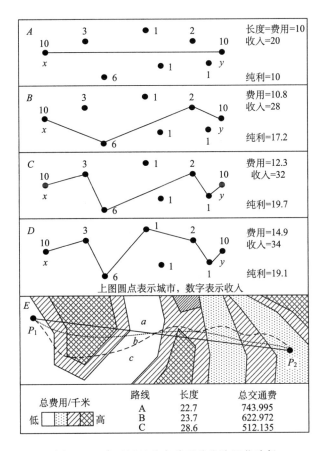

图 10-6　在不同目的条件下的线路区位选择

资料来源：根据迪肯和劳埃德（Dicken and Lloyd，1972）、张文忠（2000）改绘。

当不是一个均质地域，存在着难易不同、阻碍线路建设的自然屏障时，每千米的总费用高低就不同（如图 10-6 中的 E 线路）。在高费用的地区建设较长的线路，不仅建设费用增加，而且利用者分担的交通费用也会提高。如图 10-6 所示，每千米的总费用如果分为四个等级，那么，总费用等于各地段的费用乘以线路长度。由此可见，C 线路虽然最长，但总交通费用最低，成为最佳选择。

三、人或物的移动与线路区位

在工业、商业和服务业等产业集聚的城市或从事第一产业生产的农村和林区，人们进行经济活动或社会活动必然伴随着大量的人、物和信息在区域内或区域间流动。比如，城市一方面向其他区域输出物资，同时也从其他区域输入缺少的物资。另外，人每天也在不停地移动，如上学、上班、购物或旅游等，人或物的移动需要交通线路的保障。一般人或物的移动量与经济活动的规模有关，城市规模越大，连接城市的交通线路数量、等级和类型相对也越多或越高。

衡量区域间人或物移动最常用的方法是重力模型。该模型可测定两个区域间人或物的移动量，移动量即需求的分析有助于交通线路的布局，特别是如果能够预测两区域间潜在移动量就意义更大。

一般，区域间的移动量与移动的距离成反比，比如到某城市购物或上学的人口随着与该城市的距离的增加而逐渐减少。移动量随距离增加而衰减的原因在于伴随着交通移动费用和时间费用也在增加，企业或个人的行为则会尽量降低这两种费用，因此，相距越远，区域间的人或物的移动量也相对越少。移动量与移动距离成反比，但与区域的规模（经济规模或人口规模）成正相关，一般区域规模越大，人或物的移动量也越大。由于区域经济或人口规模越大，提供的经济活动和社会活动的机会也越多，如大城市就业机会、商业职能和文化活动的种类很多，因此，城市间、城市内部交通移动量也大。重力模型就是说明上述关系的理论模型，两个区域的移动量 T_{ij} 可表示为：

$$T_{ij}=kW_iW_j/(D_{ij})^q$$

其中：W 为区域的规模（或城市规模）；D_{ij} 为区域 i 和 j 之间的距离；k 是常数；q 为系数。

上述模型有助于分析区域间的经济联系，也有利于分析区域间的交通流量，对交通线路布局的数量和等级具有预测作用。

第三节　交通网与网络分析

　　交通节点和线路进一步发展会形成各种交通网络体系，如何分析和测度各地区与城市交通网络的连接程度以及交通网络如何影响地区经济发展等问题是本节分析的重点。

一、交通网的区位问题

　　交通网是由交通节点和交通线路相互交织在一起形成的，是交通运输随着区域经济发展在空间上的投影，因此，区域间的经济联系和文化交流的程度能够反映出交通网络的发展水平。

　　在交通网中一般根据交通流量可分为重要的交通线路和次要的交通线路，重要的交通线路主要连接高级中心地。在克里斯塔勒的中心地理论中，$K=4$ 的中心地系统最大的特点是在通过最高等级中心地的线路上，布局着所有等级的中心地。邦奇（1991）在《理论地理学》一书中也谈到，当人口连续分布时，居民以最短距离出入的高速公路应该连接其他的次级道路，像这样的交通网络布局有利于所有利用者的出行。一般城市与城市之间以主要的交通线路相连接，而大城市与小城市之间则以次级的交通线路相连接，城市与村落之间交通连接线的等级就更低，现实中的交通网通常也是这样布局的。换言之，最佳交通网的区位结构是以几条主要干线为中心，连接次级线路，形成类似树枝状结构图。如图 10-7 所示，等级交通线路网和以直线连接各点的交通网相比，虽然两点间的距离增加了，但交通线路建设费和经营费却减少了。因此，高效的交通网络系统应该按照交通需求大小，把交通线路网分成等级进行设计和布局。

二、交通网络分析

1. 网络连接性测定

　　随着经济的发展，人和物的移动增加，将促使交通运输设施的增加，从而使交通网络结构变得复杂化。为了明确其结构变化规律，首先应该测定其结构特征。一般比较常用的方法是图论（graph theory），通过该方法可测量网络的线路、回路密度等。

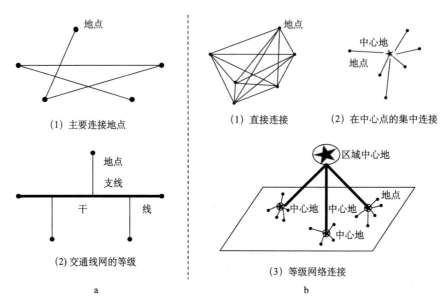

图 10-7　交通网等级结构

资料来源：林上（1991）。

交通网连接度（connectivity），表示交通网络的发达程度，有多种表示方法，其中通常用 β 指数表示。β 指数为边的数量与顶点数量之比，计算公式如下：

$$\beta = \frac{E}{V}$$

式中：β 为交通网的连接度；E 为连接线路总数（边的总数）；V 为交通节点总数（顶点总数）。

在图 10-8 中，（a）的连接度 β 为 0.8，（b）的连接度 β 为 1.0，（c）的连接度 β 为 1.4，说明（c）比（b），（b）比（a）的交通网络发达。

通达度（accessibility）是衡量网络中点之间移动的难易程度的指标，可以用通达指数和分散指数来衡量。通达指数指网络中从一个顶点到其他所有顶点的最短路径之和，如下式：

$$A_i = \sum_{j=1}^{n} D_{ij} \tag{10-9}$$

式中：A_i 为顶点 i 在网络中的通达度；D_{ij} 为顶点 i 到顶点 j 的最短距离（可以用边，即区间来简单表述）。在图 10-8 中，以 a 为例，从 A 到 C 为 1，A 到 B 为 2（两个区间），

到 D 为 2，到 E 为 3，即 A 的通达指数为 8；从 C 到 A 为 1，到 B 为 1，到 D 为 1，到 E 为 2，即 C 的通达指数为 5；十分明显，C 比 A 有较好的通达性。

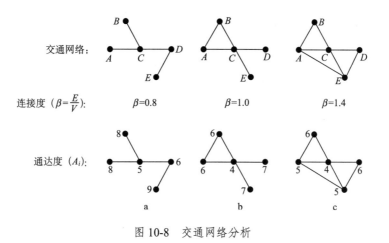

图 10-8　交通网络分析

分散指数（dispersion index）是用来衡量网络系统中总的通达程度与联系水平的指标，计算方法如下：

$$D = \sum_{i=1}^{n} \sum_{j=1}^{n} D_{ij} \tag{10-10}$$

式中：D 表示分散指数；D_{ij} 同公式（10-9）。分散指数越小，说明网络内部联系水平越高，通达性越好。在图 10-8 中，a 的分散指数为 36，b 的分散指数为 30，c 的分散指数为 26，说明 c 比 b，b 比 a 的交通网络通达性好。

测定连接性还有三个最重要的指数，即 γ 指数、α 指数和回路数 c。

$$c = E - V + 1$$
$$\alpha = \frac{E - V + 1}{2V - 5}$$
$$\gamma = \frac{E}{3(V - 2)}$$

c 为回路数（cyclomatic number），表示以任意城市为起点，巡回交通网再返回到该城市的独立的回路个数，主要用来测定独立的回路数。网络最大连接的独立回路数是网络的节点数和各节点间的最小必要连接线数的函数。该值越大，网络的连接性也越大。α 指数是实际回路数的总和除以最大的可能存在的独立回路数的总和的值，主要用来测定网络的巡回性。γ 指数是实际连接线路的总数除以最大可能存在的连接线路的总数的值，主要用来测定交通网的连接性，该值越大，表示交通网越便利。

上述指数和回路数对不同交通网络相互间的比较或同一网络不同时间序列的变化的研究具有重要的意义。一般随着地区经济的发展，城市间的连接线路增加，指数和回路数的值也上升。比如，城市和城市之间的交通网由图 10-9 表示，在交通不发达的时期（图 10-9a），回路数和 α 指数都为 0，γ 指数为 0.5。如果直接连接城市间的线路有三条，如图 10-9b 所示，回路数为 3，α 指数和 γ 指数都为 1.0。这时的交通网表示没有必要再铺设新的交通线路，已达到最大的连接度。与此相反，最初的那种交通网勉强连接在一起是最小的连接网。

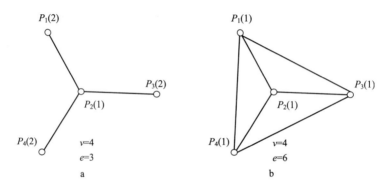

图 10-9　四个城市的最小连接 A 和最大连接 B

注：（　）内表示结合数。

资料来源：迪肯和劳埃德（Dicken and Lloyd，1972）。

从组成交通网的节点和连接线的几何学图表来看，还有以下一些概念要掌握：一是通路（path），即连接两个节点的线路，通路的长度可由连接两点间的连接线的数量来测定；二是连接两点间的通路最短的连接线称为两点间的距离，该距离与通常的距离不同；三是连带数（associated number），即从任意的连接线看，到位于最远的连接点的距离，由连接线的数量表示，连带数中最大的称为网络的直径，比如，图 10-9a 的直径为 2；四是网络中心地，即从网络整体看，更容易接近的城市，也是连带数最小的地点。

塔菲和戈捷（Taaffe and Gauthier，1973）分析了在不同发展时期交通网的结构，他们认为交通网的结构从发展的角度可分为脊柱形（apinal）、格子形（grid）和三角形（delta）三种。脊柱形是最小连接的网络，任何两个节点间都有可能流动，但流动的通路只有一条。与脊柱形相反，三角形网络是最大的连接，两个节点之间有数条通路。

格子形网络是介于最小连接的脊柱形和最大连接的三角形之间的一种类型。他们进一步分析了指数的极限值和网络结构间的关系，得出如下结论，即 γ 指数的范围与网络结构类型的关系：

脊柱形：$1/3 < \gamma < 1/2$，$V > 4$；

格子形：$1/2 < \gamma < 2/3$，$V > 4$；

三角形：$2/3 < \gamma < 1.0$，$V > 3$。

同样，α 指数的范围与网络结构类型具有如下关系：

脊柱形：$\alpha = 0$，$V = E + 1$；

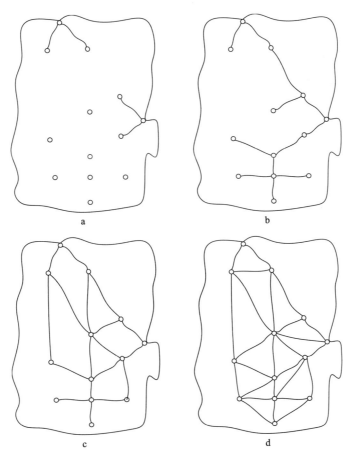

图 10-10 交通网的发展阶段

资料来源：维斯（Vence，1970）。

格子形：$0<\alpha<0.5$，$V>3$；

三角形：$0.5<\alpha<1.0$，$V>3$。

比如图 10-10 的网络结构，从两个系数来看，处于第二发展阶段的 b，α 指数为 0，相当于脊柱形；第三阶段的 c，α 指数为 0.29，相当于格子形；第四阶段的 d 网络结构几乎所有的结节点间都存在着复数的通路，α 指数是 0.67，因此属于巡回性和连接性最大的三角形网络结构。

2. 节点的接近性测定

接近性从图论的观点来看，是指某节点与其他节点的相对容易接近性。节点和连接线数量相对少的网络，中心地比较容易找到。但是网络结构如果变得复杂化，接近性也将变复杂，因此，中心地很难找到。这时要把表示网络的图表转换为矩阵的形式，就比较容易分析接近性了。

图 10-11a 表示城市和交通线路的配置关系。当任意两个城市间存在着直接连接的交通线路时为 1，否则为 0，将这种转换的结果以行列的要素表现出来就可得到图 10-11b。行的和表示从该城市能够直接出去的通路总和，列的和表示能够直接到达该城市的通路总和。由图 10-11b 可见，不管是行还是列 P_2 的总和最大，也就是说，P_2 出入最方便，是接近性最好的中心地。

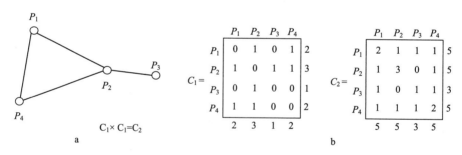

图 10-11　城市和交通线路的配置关系

资料来源：林上（1991）。

在现实中，城市间的移动不只是直接的，也包括经由其他城市的间接移动，下面分析一下间接移动的接近性问题。图 10-11 表示的网络直径是 2，因此，以二级移动的通路数可由刚才表示的行列自乘得到。结果从 P_2 可以二级移动的通路总数为 5，同样也能到达 P_2 的通路总数为 5。这样就可求得以一级和二级连接城市的通路总数，即两个行列的和。从而可找到连带数最小的节点或通路总数最大的节点，即网络的中心地。

类似上述，也可求得两节点间存在 3 条连接线的通路数，从理论上来看，只要求得行列的 3 次方的值就可以了。推而广之，如果两节点间存在 n 条连接线时的通路数为原始行列的 n 次方，即 C_n，这些行列的总和 T 为：

$$T = C_1 + C_2 + C_3 + \cdots + C_n$$

式中：T 表示网络的接近性，行要素表示某一节点相对于其他节点的接近性。T 行列的行要素的合计可得到一个列向量，列向量的要素则表示相对于节点网络整体的接近性。

加里森认为两个节点间连接线的重要度不同，节点间的间接连接重要度相对要低。为此他提倡在实际操作中应使用转换系数 s，即：

$$T = sC + s^2 C_2 + s^3 C_3 + s^n C_n$$

s 为 0～1 的任意值，即：$0 < s < 1$。

转换系数引入的意义在于上述能够反映随着距离和连接线数量的增加重要度递减的关系，与实际情况比较接近。

第四节　交通与经济活动的区位

交通与经济活动之间的作用关系是双向的。经济活动的存在和发展刺激了对交通的需求，从而产生出新的交通设施及原有交通设施的改造；离开交通运输的经济活动是自给自足或封闭的经济，交通运输的发展可刺激经济的发展和区域间的联系及协作，因此，两者是相互依存，相互作用。

交通对经济活动区位的影响主要通过运费来反映。从古典区位论到现代区位论，几乎没有一种理论不把运费作为影响区位选择的重要因子。克服"空间摩擦"需要支付的距离费用和时间费用是区位论研究的中心问题之一。特别是对于一些在生产费用中运费所占比例较大的产业布局，运费的作用尤其重要。因此，这一节分析交通运输对经济活动的区位作用。

一、空间与距离

地理学所说的空间是人类从事经济活动和社会活动的现实的地表空间，是由自然、社会和人文诸要素构成的现实空间。测量这种现实的二维或三维空间的大小或范围离不开一个重要的概念，即"距离"。

距离可分为两大类型，即绝对距离和相对距离。绝对距离就是两点间的直线距离，也就是上述研究中所说的两点间的最短距离。在现实空间中，经济活动区位间的距离一般是以相对距离来表示。与绝对距离相比，相对距离的研究意义更大，两者有时是一致的。因研究内容或研究者的出发点不同，相对距离至少包括如下一些类型，如线路距离（交通距离）、时间距离、经济距离和心理距离等。

线路距离是沿现实的交通线路所测定的距离，也就是我们研究中通常所讲的距离。人或物的空间移动克服"空间摩擦"需要时间或支付交通费用，因此，线路距离可用时间距离和经济距离来表示。时间距离就是两点间的空间距离用时间来测定，如从居住地到工作单位的距离可用花费的时间来衡量。时间距离与实际测定的距离长短有关，它随着交通和通信技术的发展会逐渐缩短。

经济距离就是两点间的距离通过费用的形式表现出来。它是以现实的运费率为基础，即单位重量（或每人）每单位距离的运输费用为基准，与移动距离的长短有关，即：

$$F = fkM$$

其中：F 为交通费用；f 为运费率；k 为运输距离；M 为运输货物的重量。

心理距离是一种感知距离，与空间的接近性有关，也称认知距离。它是以现实距离为基础，与交通设施的便利程度、目的地带来的愉悦程度有关。如果交通设施便利，心理距离就会比实际距离缩短，目的地是向往或能够带来愉悦的地点，心理距离也会缩短。

二、胡佛的运费理论

胡佛（Hoover，1948）就运费因子对区位选择的作用进行了精辟的论述，但他的理论不是论述交通区位布局。也就是说，不能把胡佛的理论看作是交通区位论，只是比其他学者更重视运费对区位选择的影响。

1. 运费结构

胡佛认为运输距离、方向、运输量和其他交通运输条件的变化都会影响到运费，从而带来产业区位的变化。一般情况下，运输沿一条线路进行时，运费与距离成比例。但是在运费中不仅包含着场站作业费用、途中运输费用和时间费用，而且也包含着运输机构费用和服务于用户的费用及其他费用。另外，运输方式不同，费用和服务能力也存在差异，这些因素使运费与运输距离间的关系变得复杂化。

每一种运输都要在始发站进行一定的作业，经过途中运输，最后在终点再进行一定作业才可完成。胡佛把运费分为场站作业费用和途中运输费用两个方面来研究。场站作业费用包括装卸、仓库、码头、管理经营机构和保养等费用；途中运输费用包括线路维修、管理、运输工具磨损、动力消耗、保险和工人工资等。由于场站作业费用的存在，运输距离与运输费用之间的变化就不是简单的正比例关系。胡佛认为，一般运费随着运输距离的增加而增长，但每千米的平均运输费用与距离的增加不是按比例增加，而是呈递减的趋势（图 10-12）。也就是说，边际运费在整个运输过程中随着距离的增加不是以同一比例变化，这一点胡佛与帕兰德的观点相同。

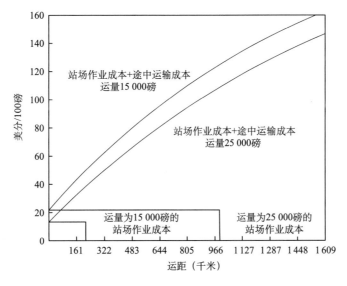

图 10-12 运输成本曲线

资料来源：胡佛（Hoover，1948）。

一般途中运输费用与距离的变化成比例，但场站作业费用与距离的变化无关，无论运输距离为多少，场站作业费用必须支付。因此，运输距离越长，每千米分摊的场站作业费用就越少，否则相反。胡佛的运费理论不同于韦伯模型，他把运输分为与距离变化相关的途中运输费用和与距离变化无关的场站作业费用。其意义是经济活动选择要尽量在各大中转场站布局，减少货物的中转次数，最大限度地减少运输费用。

胡佛不仅重视距离费用对区位选择的影响，也同时强调时间费用对区位布局的作用。时间费用是指运送单位重量的货物每单位时间所需求的费用，对于一些时间性要求强的经济活动，时间费用对区位选择具有决定作用。

2. 运输方式与运费

运输方式不同，单位重量货物每单位距离的运费也不同，即运费率不同。一般，场站作业费用低、途中运输费用高的运输方式适合于短距离运输；场站作业费用高、途中运输费用低的运输方式进行长途运输较有利。胡佛（Hoover，1948）分析了密西西比河下游地区的水运、公路运输和铁路运输，发现短距离的货物，公路运输较有利，但随着距离的增加，运输费用急剧增加；在一定距离内铁路运输的费用低廉，开始时运输费用高于公路运输，但在 56 千米之后运费低于公路运输，也低于水运。在 612 千米后，铁路运输高于水运，水运成为绝对有利的运输手段（图10-13）。因此，公路适合于短途货物运输，水运有利于远距离的货物运输，而铁路适宜于中长途货物运输。胡佛认为运输量的大小也与运费有关。同一运输方式如果运输量不同，每单位重量（或体积）的货物每单位千米的运输费用也不相同。

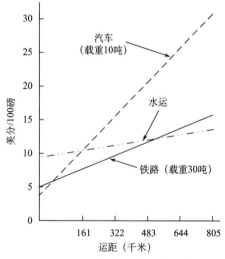

图 10-13　不同运输方式的运输成本曲线

资料来源：胡佛（Hoover，1948）。

胡佛运输费用理论的意义：一是对运费的结构进行分析，提出了随距离的变化呈递减趋势的途中运输费用和与距离变化无关的场站作业费用，区位布局要尽量避免原料和产品的多次中转；二是按照原料和产品的运输距离可以通过选择运输方式降低运费。

三、运费制度与运费

人或物空间移动所支付的费用一般与运输距离有关，运输距离长，运费也高；运输距离短，运费也低。交通经营者根据这一原则，可制定出各种运费制度，如均一运费、与距离成比例的运费制度、远距离递减运费和地区差运费制度等。

均一运费制度是指不管运输距离长短运费都一致（图10-14），一般城市内的交通如公共汽车和地铁常采用此制度。这种制度主要是为了简化票券工作，提高效率，扩大利用者。但这种制度并不是完全忽视运输距离，一般是界定在一定的空间距离范围内。如果实行均一运费制度，运费对区位的影响作用就变小或不起作用，这时时间费用的作用就会增强作用。

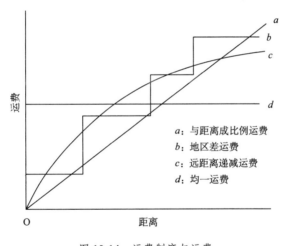

图 10-14 运费制度与运费

资料来源：胡佛（Hoover，1948）。

与距离成比例运费制度是指随着距离的增加，按比例收取人或物的移动费用（图10-14）。这是一种比较公正合理的运费制度，采用者较多。韦伯区位论中所说的运费实际是指的这种运费，即运费率一定，运费随着距离的增加按一定比例增加。在这种运费制度下，运费对区位的影响是有规律的，容易建立模型。距离的长短是区位选择的变量，或者说区位是距离的函数。

远距离递减运费制度是指随着距离的增加，人或物的移动费用采取递减的征收制度（图10-14）。胡佛区位论中所讲的运费就属于这种运费制度，即运费率不是固定的，随着距离的增加逐渐减少。许多交通工具采用该制度，如铁路和水运等。

地区差运费制度是因地段不同，收取不同的运费。如公共汽车在市区、郊区或山区收取不同的运费。分析现实区位问题必须按照运费制度规定的运费进行研究才有意义，因此，运费制度对于我们正确地研究运费与区位选择具有一定的参考价值。

四、交通运输对经济活动的区位作用

1. 交通对区位的影响

在下列条件下，经济活动的区位受运费的大小所左右：①产品的需求量不受位置的影响；②加工费或制造费不存在地区差异；③为了简单化，假定只存在一个生产者、一个原料供给地、一个市场和一种产品。在这种前提下，企业家对区位经济利益的比较，只考虑运费这一单纯问题就可以了。

在图 10-15 中，横轴上的 A 点表示原料供给地，B 点表示市场。两者间的距离用绝对距离来表示，单位为千米，纵轴表示费用。该图表示运输费用的增加率呈递减趋势，反映了远距离递减的运费制度。

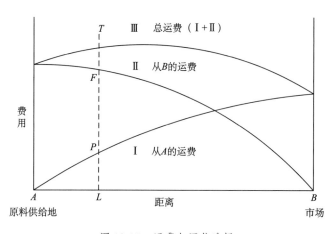

图 10-15 运费与区位选择

资料来源：胡佛（Hoover，1948）。

我们要解决的问题是在运费这一因子作用下，生产区位选择在 A 点还是 B 点，或者它们之间。运费曲线 I（从 A 开始的运费）表示在原料供给地 A 进行生产时不需要原料运输费；生产区位随着远离原料供给地运费不断地增加，在市场 B 达到最高。运

费曲线Ⅱ（从 B 开始的运费）表示在原料运费曲线Ⅰ的情况下产品的运费。在市场 B
产品的运费为 0，表示生产区位与市场一致。生产区位随着远离 B 点，接近 A 点，运
费不断增加。总运费曲线Ⅲ表示原料运输费和产品运输费的和（Ⅰ＋Ⅱ）。比如在 L
点，原料运输费用为 LP，产品的运输费为 LF。在 L 点的总运费为：LT=LP+LF。生产
者根据总运费来确定最佳区位点，即运费最低点。在该图中，市场 B 点运费最低，所
以是最佳区位点。

2. 交通与区位指向

　　一般把在总生产费用中运费占比大的产业称为交通指向性产业。交通指向性产业
按照原料运输费和产品运输费的重要性，可分为原料指向、市场指向和中间地点指向
三种类型。

　　原料指向是指生产区位被吸引到接近原料供给地的区位。一般原料在生产过程中
存在重量大量损耗的工业区位多为原料指向，如铁矿石的精选工业、制糖工业，以及
大量消耗燃料的工业，如冶金、水泥和其他一些建材工业。还有一种情况是原料难于
取得或不便于保存的工业，如某些食品工业。类似于上述的工业其区位一般是指向原
料供给地。

　　市场指向可分为以下几种类型。一是在生产过程中，产品重量增加的工业，如各
种饮料工业在加工中水分增加较多，一般多布局于市场消费地。二是与货物运费制度
有关。货物运费率与其价值有关，一般单位重量产品的运费率比同样重量原料的运费
率高。这类工业在接近于市场的生产区位具有更大的经济利益。三是尽管重量和运费
率相同，但运输附加费用不同时，一般也倾向于市场指向。如生产区位接近市场时，
包装、管理等费用可减少。

　　中间地点区位是指与市场或原料供给地相比，中间地点区位总费用更低廉。在中
间地点布局的情况多为两种交通工具如海运和铁路运输的中转点。在这些地点一般都
要进行货物中转，选择在这些区位可节省中转费用。表 10-1 表示中转费对产业区位的
影响，表内的数据是为了说明根据运费的变化规律假定的问题。

　　中间地点区位是港口和其他交通设施如铁路的连接点（或中转点），在此布局可节
省固定费用，如场站作业费和管理费等，因此，总运输费用达到最低（图 10-16）。中
转费为 100 元时，在不同的区位点总运费就必须考虑中转费。比如在距 A 为 20 千米的
地点布局时，从 A 点开始的总运费为 190（100+90=190）元；从 B 点开始的总运费为
340（100+90+80+70=340）元；那么，总运费应该是两者的和再加上中转费，即
F=190+340+100=630 元。但是，生产区位如果选择在中间点就可节省中转费，这时的

总运费 F=270+270=540 元。也正因为这样，各国在沿海地区形成了临海工业地带。

表 10-1 中转产生的区位效果

从 A 的距离	每 10km 的运费递减率	从 A 的总运费	中转费用	从 B 的距离	每 10km 的运费递减率	从 B 的总运费	总运费
0	0	0		60	50	550	550
10	100	100		50	60	500	600
20	90	190		40	70	440	630
30	80	270	100 中转地	30	80	270	540
40	70	440		20	90	190	630
50	60	500		10	100	100	600
60	50	550		0	0	0	550

资料来源：胡佛（Hoover，1948）。

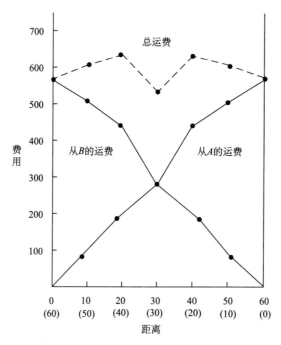

图 10-16　中转费用对区位的作用

资料来源：胡佛（Hoover，1948）。

第十一章　跨国公司投资区位理论

随着跨国公司规模的增长，组织复杂性和空间扩展性的增加，其地理分散单元之间的相互联系将成为全球经济最重要的组成成分。

——迪肯（2007）

经济全球化表现为资本在全球范围内流动加快，国际贸易大幅度增长，跨国公司投资大规模增加，跨国公司对全球、国家和区域的经济影响力不断增强等。经济全球化的发展是与全球尺度的产业投资和转移相伴随的，因此，经济全球化，特别是跨国公司的快速发展，已经并且正在强烈地影响着全球、国家和区域尺度的产业发展及空间重组。

第一节　跨国公司直接投资理论

国际直接投资理论兴起于 20 世纪 60 年代，主要侧重于对国际直接投资发生原因的分析，但对国际直接投资的区位选择也有一定论述。邓宁（Dunning）总结了跨国公司投资的理论并将相关研究划分为三个阶段（表 11-1）。第一阶段是在 20 世纪 60 年代初至 70 年代上半叶，以海默（Hymer）、弗农（Vernon）、鲁格曼（Rugam）、阿利伯（Aliber）、尼克博克（Knicherbocker）和格雷厄姆（Graham）等为代表，主要论述国际直接投资和全球化生产等。第二阶段是 20 世纪 70 年代后期至 80 年代，以小岛清（Kiyoshi Kojima）、巴克利（Buckley）、卡森（Cassen）等为代表，他们对影响跨国公司经济活动的因素进行了研究，提出了跨国公司经济活动空间中存在相互融合的要素，并研究了以资源为基础的公司在国际化过程中的演变和发展（约万诺维奇，2012）。他们认为，知识对跨国经济活动具有重要作用，强调知识是竞争的资产。20 世纪 90 年代以后为第三阶段，代表学者有邓宁、马库森（Markussen）、汤姆·韦森（Tom Wesson）等。其中，邓宁认为，经济的全球化要求国际理论更加系统，注重跨境交易，需要重新考虑组织结构的优化等问题（张文忠等，2009）。

表 11-1　跨国公司投资理论发展

发展阶段	代表人物	代表理论	核心思想
第一阶段（20 世纪 60 年代初至 70 年代上半叶）	海默、弗农、鲁格曼、阿利伯、尼克博克、格雷厄姆	海默的垄断优势论	企业所拥有的能够抵消在与当地企业竞争中不利因素的特有优势，是企业对外直接投资的决定性因素
		弗农的产品生命周期理论	把产品的生命周期分为新产品、成熟产品和标准化产品阶段，在不同发展阶段企业区位选择与企业垄断优势相关
		尼克博克的寡头垄断行为理论	寡头公司会模仿首先进行国际直接投资公司的行为，在相同的国家和地区形成直接投资
第二阶段（20 世纪 70 年代后期至 80 年代）	小岛清、巴克利、卡森	小岛清的边际产业理论	对外直接投资应从本国已经或即将成为劣势的产业（可称为边际产业）依次进行
第三阶段（20 世纪 90 年代初至今）	邓宁、马库森、汤姆·韦森	邓宁的国际生产折衷理论	只有当跨国公司同时具备所有权优势、内部化优势、区位特定优势时，才能进行国际直接投资

资料来源：张文忠等（2009）。

一、垄断优势论

美国学者海默在 1960 年第一次提出企业的垄断优势，指企业所拥有的能够抵消在与当地企业竞争中的不利因素的特有优势，能够使企业拥有和保持这些优势的国内、国际市场的不完全性，是企业对外直接投资的决定性因素。

在完全市场条件下，国际贸易是企业参与国际市场或对外扩张的唯一方式。而在现实生活中，市场通常是不完全的，这种不完全性则为对外直接投资打开了大门。金德尔伯格将市场不完全视为企业对外直接投资的决定因素，并列出了市场不完全的几种形式：产品市场不完全、资本和技术等要素市场不完全、规模经济以及政府关税等贸易限制措施所造成的市场扭曲。前三种市场不完全使企业拥有垄断优势，包括专有技术、管理经验、融资能力、销售渠道等，第四种市场不完全则促使企业通过对外直接投资以利用其垄断优势。海默和金德尔伯格的这些解释成为 20 世纪 60 年代至 70 年代中期各种国际直接投资理论发展的基本脉络。西方学者就市场各方面的不完全性来分析企业对外直接投资的决定因素，主要有以下观点。

（1）从技术、专利等知识市场不完全入手。美国学者约翰逊认为，企业的垄断优势来自对知识资产的控制，而知识资产具有公共物品的性质，既可以多次重复使用而不减少其使用价值，同时在企业内部转移的成本很低甚至为零，企业在国外的子公司因此可以获得高于当地企业的竞争优势。凯夫斯（Caves）则指出，跨国公司拥有的差异化能力和技术不能像其他商品那样，通过销售获得全部收益，而对外直接投资则可以保证企业对国外生产和销售差别产品的技术控制，从而获得技术资产的全部收益；同时指出了美国企业海外直接投资要以独资经营为主要形式。

（2）从劳动力、资本要素市场的不完全入手。海默等认为劳动力不能自由流动的特点促使企业对外直接投资，以利用当地市场劳动力成本相对低廉的优势；由于证券市场的不完全，使得资本在一国的边际效率或利润高于另一个国家进而导致直接投资。美国学者阿利伯则从外汇市场不完全来讨论对外直接投资的决定因素，认为美元高估是刺激美国企业收购当地企业或在当地投资的一个重要因素，同时美元高估也使美国的生产成本高于外国的生产成本，这也使得美国企业对外直接投资。

二、产品生命周期理论

1966 年，美国学者弗农提出了产品生命周期理论。该理论认为，产品首先在新技术发明的发达国家进行生产，这时它通常代表的是一种高科技产品。当这种产品在全球范围内得到广泛使用之后，生产过程逐渐从发达国家转移到欠发达国家，因为在技术进步以及价格和工资变动的条件下，这将会使比较优势发生改变，结果是国际劳动分工发生变化。弗农的理论是以产品的新技术为特征，将企业的垄断优势与区位因素结合起来进行动态分析。他认为每种新技术产品要经历三个阶段：第一阶段为产品创新期，企业垄断着技术，国内市场潜力很大，研究与开发资金雄厚的国家在开发新产品、新工艺方面居于优势地位，此时有利于在国内生产；第二阶段为产品成熟期，企业推动了技术垄断优势，其在市场占有、营销网络、产品品牌等方面也日益取得优势，国内外生产成本的差异使得在国外生产更为有利，企业为了接近市场、降低成本、防止其他竞争者介入，开始在国外设立分公司和子公司；第三阶段为产品标准化期，随着新加入者不断增加，市场竞争日益激烈，企业为保住市场，充分发挥研究与开发的产品潜力，就会以扩大国际直接投资的方式遏制竞争对手。

一般说来，投资企业具有某种垄断优势，如技术、管理等，而东道国具有区位上的优势，如资源、劳动力、运输等。直接投资企业必须将这两者结合起来，才能克服在国外生产所伴生的附加成本和风险。在产品生命周期的成熟期，尤其是标准化期，竞争的关键是降低成本，投资企业所具有的各种特定优势开始下降，企业必须进行直接投资，将生产转移到工资和成本较低的地区。

产品生命周期理论具有其独特的动态分析视角以及将同一企业不同方式的对外直接投资和出口统一起来分析的优势，但随着国际经济关系、国际贸易、国际投资的变化，理论已很难解释许多当今对外直接投资中的现象。如有许多产品在其生产初期就同时在国外生产，日本索尼（SONY）公司首先掌握生产彩电的新技术后，却把生产地点移到了拥有更大市场的美国；再如新产品在进入标准化期后，仍能通过质量、品牌、售后服务等保持特定的垄断竞争优势，即所谓的"标准化后非标准"。针对这些问题，一些学者对产品生命周期理论进行重构，使之能够较完善地解释对外直接投资活动中的新特点和现象。首先，必须从整个产品生命周期中产品的整体竞争优势进行分析，包括技术优势、规模优势、经营优势（即管理优势和营销优势）；第二，竞争优势最终体现于企业层面而不是国家层面，总体上，技术落后的发展中国家某些企业也能产出高精尖产品，甚至创新产品；第三，综合成本的概念，即包括投资、经营、销售过程各方面的成本，而不能仅仅考虑生产成本中劳动力成本这一因素（张文忠等，2009）。

三、边际产业理论

20 世纪 70 年代中期，日本学者小岛清通过对日本企业对外直接投资的研究，提出了对外直接投资理论，即对外直接投资应从本国已经或即将成为劣势的产业（可称为边际产业）依次进行。就是说，本国所有趋于比较劣势的生产活动，为了继续维持其生产规模，可通过直接投资依次向比较优势明显的国家转移，而在本国内集中发展更具比较优势的产业，使国内的产业结构更加合理。小岛清认为，国际贸易是按既定的比较成本进行的，对外直接投资按照从趋于相对劣势的产业开始投资，可以扩大两国的比较成本差距，创造出新的比较成本优势。对外直接投资可以进一步彰显直接投资双方的比较优势，从而扩大两国的贸易规模，直接投资不是替代关系，而是互补关系。

在小岛清的理论中，"边际产业"包括的范围很广。他认为，与发展中国家相比，由于劳动力成本提高，日本的劳动密集型产业已成为比较劣势产业，变成了"边际产业"；同是劳动密集型的企业，可能一些大企业还保持较强的比较优势，而中小企业则处于比较劣势，成为"边际部门"。小岛清把这些"边际产业""边际企业""边际部门"总称为"边际产业"。

根据小岛清的理论，可以认为日本对外直接投资的重要目标是在境外开发供日本进口的产品，因而宜采用合资方式进行对外直接投资，且易于被东道国所接受。进行直接投资的企业大多数是中小型企业，它们的技术水平与东道国更接近，也更适合当地的生产条件。日本对发达国家直接投资的目标则在于绕过贸易壁垒（张文忠等，2009）。

四、国际生产折衷理论

该理论是由跨国公司研究专家邓宁于 20 世纪 70 年代后期提出的 OLI 模式，从企业特有的优势即所有权优势、区位特定优势和内部化优势三个方面解释对外直接投资。根据这一理论，企业考虑实施对外直接投资之前，必须具有上述三个优势，即所有权优势+内部化优势+区位特定优势=国际直接投资。

（1）所有权优势，即企业所拥有的各种垄断竞争优势。它构成了进行直接投资的必要条件，包括专有技术、管理、市场和财务上的技能、商标或商誉等无形资产。

（2）内部化优势，来自内部化理论，企业用自己的控制来配置资源，产品的全部生产过程都在企业内部完成，使企业的垄断优势发挥最大的效用。

（3）区位特定优势，包括自然资源、劳动成本、生产力水平、贸易障碍和政策等，它决定了对外直接投资的方向。

如果企业具有了所有权优势与内部化优势，企业就可将其内部化了的所有权优势与区位特定优势相结合，从而产生更大的经济效益。如果企业不具有所有权优势，则将无法抵消跨国经营的成本；如果具有这一优势，则既可自己利用其优势，也可出售其特有优势，两者的选择取决于内部化优势。最后，企业可在国内利用其优势，也可在国外利用其优势，两者的选择取决于区位特定优势（张文忠等，2009）。

第二节　跨国公司投资区位选择因子分析

　　跨国公司投资的区位选择是一个复杂的过程，从投资动机产生到资料收集、国别选择、投资城市选取、厂址确定等，受到多种因素的影响。总体来说主要与市场规模及其增长性、相对劳动力成本、货币汇率及其稳定性、贸易壁垒、交通成本、自然资源供给、基础设施、外资政策、税收水平、文化距离、政治稳定及风险、外资存量、贸易依存等因素相关。

　　下面从跨国公司投资动机以及投资地的生产成本、市场条件和制度等方面，对影响跨国公司投资区位选择的因素进行分析（图 11-1）。

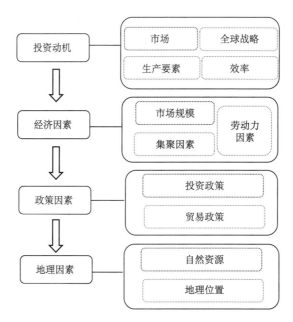

图 11-1　跨国公司投资区位选择因子

资料来源：张文忠等（2009）。

一、跨国公司投资动机

　　跨国公司投资区位选择首先受到公司投资动机的影响，在不同投资动机下，公司在区位选择中重点考虑的客观条件和影响因素是不同的，因而造成投资区位选择的差异。邓宁（Dunning，1999）认为，跨国公司的经济活动区位有四种模式，即寻求市场型、寻求资源型、理性投资型和寻找战略性资产型（约万诺维奇，2012）。

1. 市场导向型投资

市场导向型也称为需求导向型，投资是为了寻求新的市场，同时也可取代贸易。企业进行对外直接投资是为了开拓和保护国外市场，这类投资可分为四种类型：①迫于竞争者压力，采取跟随战略，跟随竞争者在东道国投资，保持与竞争者在全球竞争中的实力均衡；②保护和扩大原有市场，企业对出口市场的开拓达到某种程度之后，通过对外直接投资在当地进行生产和销售；③克服贸易壁垒，企业通过向进口国或第三国直接投资，在进口国当地或第三国生产再出口到进口国，以避开进口国的贸易壁垒和限制；④规避国内市场竞争，企业母国市场饱和、竞争激烈，为了保持高额利润的获取，有效地规避国内市场竞争，采取对外直接投资，开辟和寻求新的市场空间。

2. 生产要素导向型投资

生产要素投资型也称为供给导向型，在国外直接投资的区位行为由投资国的自然资源、劳动力等生产要素的可获得性和生产成本所驱动。跨国公司为获取稳定、廉价或特殊的生产要素供给，而对满足要求的生产要素集聚地进行直接投资。这类投资又可分为三种情况：①寻求自然资源，跨国公司对外直接投资的目的是为了获得国内稀缺或价格较高的自然资源，如石油、有色金属矿产资源等，对于自然资源匮乏的国家，自然资源导向型投资显得更为重要；②寻求劳动力，跨国公司为了获得丰富廉价或高素质的劳动力供给而对东道国进行直接投资；③获取高技术，通过对外直接投资，跨国公司可以在发达国家并购当地高新技术公司或者建立高新技术研究开发机构，以此作为开发与引进高技术的平台。

3. 效率导向型投资

属于理性投资型，企业进行对外直接投资的目的在于降低成本，提高效率。主要有两种情况。①降低生产成本。如果跨国公司在国内生产出口产品，当其生产成本高于在国外生产时，可通过对外直接投资方式在国外设厂生产，以降低生产成本及运输成本，提高生产效率。②获取规模经济效益，既包括内部规模经济效益也包括外部规模经济效益。当国内市场出现规模不经济时，跨国公司通过对外直接投资，在东道国选择经济活动适当集聚的地区布局，获取外部规模经济效益；或是跨国公司将相对闲置的生产力转移到国外，以提高生产效率，实现内部规模经济效益。

4. 全球战略型投资

是指跨国公司在全球范围内配置生产要素，从事生产经营活动，从全球角度安排投资。当企业从跨国公司发展到全球公司时，在对外投资时所考虑的不再是部分子公司的盈亏，而是从长远、整体角度出发，考虑企业能否获得最大利益，对外投资必须符合其全球战略目标和整体利益的实现。

二、经济因素

跨国公司对外投资往往以获取经济利益为目的，经济因素成为影响跨国公司投资区位选择最重要的因子之一。

1. 市场规模

市场规模是影响跨国公司进行直接投资的首要因素。如果没有市场的吸引，成本再低也是没有意义的。如果市场潜力大，企业往往可以通过经营手段来降低生产成本从而获得利益。诸多学者研究发现，市场规模与潜力是影响跨国公司投资的重要因素，尤其是欧美日资企业。张文忠（1999b）认为日资企业更看重中国潜在的市场容量，"市场指向性"区位行为更为突出，市场规模是影响企业投资的主要因素。

市场规模直接影响企业经营的持续性与合理性。企业在某一地区投资，从事生产经营，需要达到由市场规模决定的所谓需求门槛。相对于本地企业来说，跨国直接投资要付出更高的成本，面临更大的风险，因此，东道国的市场规模显得更为重要。对跨国公司尤其是追求低成本的企业来说，利用资金、技术等优势，通过规模经营提高生产效率和劳动效率，降低生产成本，是实现企业本地化经营的重要手段，而能否实现规模经营则受到本地市场需求和市场规模的制约。

2. 集聚因素

传统的区位理论认为，集聚因子是影响企业区位的重要因素（李小建等，2018）。对跨国投资而言，集聚因素同样重要。跨国投资在东道国面临诸多不利因素，如信息不对称、不了解当地环境、不熟悉当地商业文化、没有固定的生产要素供给渠道等，增加了跨国投资经营的不确定性，使企业面临较高的成本和风险。通过空间上集聚或进入产业集聚区，可以有效地降低跨国投资经营的成本和风险（贺灿飞、刘洋，2006）。

首先，可以共享集聚区内的基础设施以及生产要素。一般来说，产业集聚区的各种基础设施相对完善，同时也是劳动力、资金等生产要素的集聚地，从而可以降低跨国投资企业生产成本以及生产要素的搜寻成本。

其次，降低信息获取成本。由于信息溢出效应，跨国投资企业可以通过非正式渠道，从集聚区内企业，尤其是先行进入的外资企业，获得诸如劳动力管理、外资政策执行情况等信息。

最后，企业在产业集聚区内投资，有利于企业融入当地企业网络，与当地企业建立稳定的上下游联系，降低企业产品的市场交易成本和风险。

3. 劳动力因素

根据弗农的产品生命周期理论，当产品进入标准化阶段，企业会趋向于将生产和装配业务转移到劳动力成本较低的发展中国家或地区。李小建（1996）基于中国香港公司问卷调查，研究发现生产成本是影响香港企业在内地投资的最重要因素；张文忠（1999b）在日韩资企业调查的基础上，认为韩资企业"劳动成本指向性"的投资区位行为较为明显，其投资的动机也是降低生产成本。

由于发达国家劳动力成本较高，从事传统劳动密集型产业的跨国公司会在全球范围内寻找劳动力成本低、劳动力丰富的国家和地区进行投资，劳动力成本成为这一类型跨国公司投资区位选择的重要影响因素。此外，处在知识密集型产业或产业链顶端的跨国公司对高素质劳动力要求较高，则倾向于在大学、科研机构等高素质劳动力集中的区位投资。

三、政策因素

政策是跨国公司海外子公司正常运营的重要保证，也是影响跨国公司对外投资区位选择的重要因素。

1. 投资政策

各国为了各自经济、社会发展的需要，会通过经济、法律、行政等手段引导跨国投资，形成各自的投资政策，主要有行业限制政策以及税收优惠、用地、财政扶持等"超国民待遇"政策。从行业政策看，一些国家，尤其是发展中国家，为了促进本土企业发展或保证本国经济安全，会通过法律或行政手段限制跨国企业进入本国的敏感行业，如一些国家对金融、通信、电力、航空、传媒等行业的外资准入存在一定限制；另外，一些国家或地区通过减免跨国公司税收、低价出让土地和减免租金、财政扶持、费用减免等各种投资优惠政策，吸引跨国公司投资，拉动当地经济的发展。效率导向型跨国公司往往会选择投资政策优惠的地区投资，从而降低企业生产成本，提高企业运营效率。

2. 贸易政策

对外贸易开放度是一个国家或地区经济开放度和自由度的重要标志,对外国投资者信心会产生较大的影响。贸易政策对跨国公司投资区位的影响主要表现在以下几个方面。

从进口来看,传统跨国公司投资理论认为,一方面,当一个国家提高贸易壁垒时,会限制进口产品的流入,客观上会鼓励跨国公司选择以直接投资而不是以出口方式进入本国,从而推动跨国公司对本国的直接投资;但另一方面,进口往往是直接投资的先导,高额的贸易壁垒会阻止进口,进而也阻止与进口相关联的跨国投资。同时,高额的贸易壁垒不利于跨国公司进口机器设备、原材料和零部件等,除非国家对这类进口品另行规定税率。贸易壁垒还限制了追求效率型跨国公司在全球范围内进行合理布局和统筹发展。

从出口来看,跨国公司,尤其是利用本地丰富资源或较低成本从事生产、产品出口到第三国的跨国公司,受国家出口政策的影响较为明显。当国家或地区采取鼓励出口的政策时,可能会成为利用本地优势从事产品出口跨国投资的热点。当国家或地区受国际政治因素、国内产业调整压力等因素影响,采取紧缩出口政策时,将会限制从事产品出口跨国公司的本地投资。

四、地理因素

跨国公司对外投资必须在特定地点实现,具体的地理因素如自然资源、位置等因素都对跨国公司投资区位选择产生一定影响。

1. 自然资源

自然资源是社会经济发展的物质基础,是进行各种生产活动的基本要素,其数量、质量和分布情况都对社会经济活动产生重要影响。自然资源的地区分布不均衡,不同区域自然资源的丰度存在差异,除通过地区贸易弥补地区间自然资源的差异外,地区直接投资也是重要的方式,在国家层面上,则是通过国际贸易和跨国直接投资来解决自然资源的区域差异。对于自然资源开采和加工行业来说,自然资源丰度较高的地区直接投资显得尤为重要,通过对东道国自然资源投资,不但可以获得开采自然资源的超额利润,而且可以对资源的销售、价格等方面施加影响。同时,还可以依靠稳定的原料供给向下游加工业发展,形成上下游一体化产业链,推动企业自身的发展。由于各个国家对自然资源直接投资的敏感性较强,跨国公司对他国自然资源进行投资存在潜在的政治风险，同时资源类行业投资额大、投资周期长，投资的经济风险也相对较大。

2. 地理位置

地理位置对跨国公司投资区位选择的影响主要表现在以下两个方面。一是交通通信条件。交通通信条件是影响企业区位选择的重要因素，跨国公司进行对外直接投资可行性研究和区位选择时，十分重视投资地的交通通信条件。交通通信条件优越的地区，不但能够降低跨国公司全球产业链中产品流动的运输成本，保证产品的及时运输，而且也能够方便地与总部、地区总部、上下游供应企业进行信息交流，及时方便地获取公司总部的指令。二是与母国的距离。在相同条件下，跨国公司更倾向于在离母国较近的国家和地区投资，这不但可以降低运输成本，缩短运输时间，而且近距离往往意味着语言相通、习俗相近、文化和历史渊源相似，为跨国公司的企业管理、了解当地市场、熟悉文化习俗与消费习惯等提供方便。

第三节　跨国公司不同职能的区位选择

跨国公司是在两个或两个以上国家从事生产或实际性经营活动的公司，由不同的功能部门组成，包括生产部门、研发机构、公司总部、区域性总部等。不同部门对生产要素的要求不同，也有着不同的区位选择要求。

一、生产职能的区位选择

跨国公司的生产部门较其他部门要更为分散，影响生产部门区位选择的因素较为复杂。不同技术经济水平的生产活动对区位条件的要求不同，如劳动密集型产业倾向于接近廉价劳动力地区，资源密集型产业倾向于接近原料产地等，此外，跨国公司也会从其全球战略角度考虑生产部分的选择。迪肯（2007）将生产部门分为四种类型，不同类型生产部门的区位选择存在一定差异。

（1）全球集中生产型：是指跨国公司所有生产集中在一个地理区位（一个国家或地区），产品通过跨国公司市场和销售网络出口到其他国家和地区。这一类型的生产部门，受国际贸易政策的影响较大，贸易壁垒等限制性贸易政策会严重影响其发展，因此，这种生产部门多在贸易政策稳定、贸易壁垒小的区域贸易经济体内布局（图11-2a）。

a. 全球集中生产型

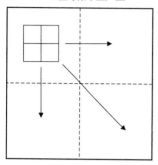

所有的生产都发生在一个地方，产品出口到世界市场。

b. 东道国市场集中生产型

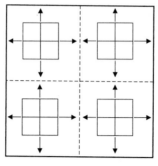

每个生产单元生产一定范围的产品并服务于其所在的国家市场。不发生跨国界的销售。单个工厂的规模受到国家市场规模的限制。

c. 专业化生产型

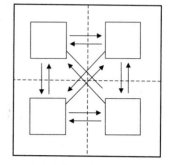

每个生产单元只生产一种专为服务于几个国家的区域市场销售的产品。由大的区域市场形成的规模使个体工厂的规模也变得很大。

d. 跨国垂直一体化生产型

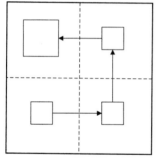

每个生产单元只承担产品序列中的一个单独环节，各单元被一种类似链的序列跨越国界联系起来——一个工厂的产出就是下一个工厂的投入。

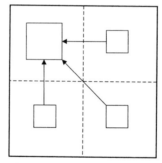

每个生产单元只承担生产过程中的一个环节，并将其产出运输到位于其他国家的最终组装厂。

图 11-2　跨国公司生产单元空间组织的几种形式

资料来源：迪肯（2007）。

　　（2）东道国市场集中生产型：是指跨国公司在目标市场建立生产企业，从事生产活动，产品主要在目标市场销售，不发生跨国界的销售。这一类型生产部门在布局时会从收益和成本两方面综合考虑，如目标市场的规模及潜力、投资成本（获取信息、适应东道国环境、市场进入壁垒等）、贸易壁垒等（图 11-2b）。

　　（3）专业化生产型：是指一个生产部门只生产一种专为服务于几个国家区域市场销售的产品。这类生产部门，主要考虑规模经济效益与零部件和产品的运输成本以及贸易壁垒等（图 11-2c）。

（4）跨国垂直一体化生产型：是指跨国公司将生产链上的独立生产环节分解，利用生产成本的空间差异优势，将独立生产环节布局到不同的国家和地区，每个区位负责最终产品的一个生产环节。这类型生产部门多在发达国家的劳动密集型产业，生产过程达到较高程度的标准化，并且距离对运输成本的影响不大（图11-2d）。

二、研发职能的区位选择

技术领先优势是跨国公司保持国际竞争力的重要手段，研发机构成为跨国公司的重要组成部门。一般来说，研发活动是一个复杂的过程，要求接近大学、研究所等科研机构，接近高素质劳动力的供应地和决策者等。但是不同投资动机的研发机构的区位选择影响因素不同，选择的区位特点也存在差异，主要有以下三种类型（杜德斌，2001）。

（1）海外生产支撑型。研发投资的目的是为了实现技术的本地化，以支撑其在东道国的生产企业。这类研发投资倾向于随母公司对外直接投资而流动，多布局于跨国公司投资规模大的国家，直接投资规模与东道国市场规模呈正相关的关系。因此，这类研发多布局在市场规模大的国家，并且为了提供便捷、实时的技术支撑，倾向于在跨国公司东道国的生产基地布局。

（2）技术跟踪或获取型。跨国公司进行海外研发投资的动机是为了获取或跟踪东道国的先进技术，从当地研发的技术外溢中获利。这类研发投资区位选择主要受东道国、竞争对手生产和技术水平的影响，因此，多布局在所从事行业专业技术化程度较高的国家，以跟踪东道国的技术发展。微观上来看，倾向于布局在东道国研究开发实力较强的地区，尤其是东道国竞争对手的研发机构周围。

（3）人才和技术寻求型。研发投资以挖掘科技人才和利用技术为主要动机。其区位选择主要考虑东道国科技人才数量、质量、工资水平，科研基础设施状况，从事研发活动的政策法律环境等（如知识产权保护力度等）。因此，这类研发投资倾向于科技人才丰富、价格低廉、政策环境宽松的国家和地区，选择在东道国科技人才集中的科学研究中心布局。

三、公司总部的区位选择

公司总部是整个公司的决策中心，是公司各种业务和管理的枢纽，它与办公服务业的区位选择具有相似性，一般倾向于选择在全球或大区域的信息中心、经济中心和重要的政府管理中心布局。

（1）公司总部的区位指向。公司总部是公司的核心，负责制定公司发展方向的战略决策，决定公司组成单元的资金分配等。公司总部也是重要的信息收集、处理与传输中心，是商务服务以及国内外部门的管理中心。这些功能要求公司总部布局的区位必须具有便利的交通通信条件，能及时获取信息，并且便于与政府机构、其他公司的高层管理等人员进行交流和接触。因此，跨国公司总部大多选择在一个国家的首都或经济中心城市。

（2）区域性总部的区位指向。跨国公司为了便于管理，也会将一些管理功能从公司总部分离出来，建立一些区域性总部。这些区域性总部拥有重要的行政与组织功能，是跨国公司的重要协调机构，负责协调与管理公司在几个国家或大区域的分公司的生产经营活动，是公司总部与分公司间沟通的桥梁，同时也是公司大区域信息收集的重要机构。因此，区域性总部通常选择在重要的经济中心。

第四节　跨国公司直接投资对东道国发展的影响

随着全球经济一体化，外资的流动和外贸的联系进一步加强，全球产业重心正从传统的发达地区转移到其他新兴工业化国家或地区，它们在全球产业布局中的地位愈加重要。跨国直接投资对东道国产业发展的影响是多方面的，既有正向的作用，也会带来负面的影响。

一、跨国公司投资的促进作用

国际直接投资会增加东道国的资本供给，为东道国发展新兴产业提供资金支持，并通过产业联系和产业带动作用推动东道国关联产业的发展，促进东道国产业结构的升级。

1. 资本供给效应

跨国公司的投资可以增加被投资国的资本形成，扩大生产能力，刺激当地经济发展。在封闭环境内，一国的投资仅仅取决于该国的储蓄水平，当投资额高于实际可利用的储蓄水平时，该国会出现资金缺口。投资水平不够，使经济增长乏力，关键产业得不到快速发展，从而导致产业结构日趋不合理并形成恶性循环。在开放环境下，当发展中国家为实现其经济发展目标所需要的资金数量与国内最大有效供给之间存在缺口时，外国资本的流入会弥补发展中国家的"外汇缺口"和"储蓄缺口"。伴随着跨国投资，大量的资本流入东道国，增加东道国的资本积累，包括提供资金支持、新建工厂、购置机器以及基础设施等，提高资本形成率，有效缓解东道国隐性的投资不足，起到重要的"造血"功能。同时，作为直接投资的主要表现形式——外商投资对国内无法获得或质量难以保证的中间产品甚至最终产品的需求往往引致母国相关企业追加或辅助投资，可能在东道国产生某种具有乘数效应特征的投资扩张效应。

2. 技术溢出效应

随着国际直接投资的深化，人力资本、研发等要素通过各种渠道促使技术的扩散，东道国的公司通过向跨国公司学习，逐步积累知识和创新技术以及先进的管理经验，技术溢出效应表现在以下三个方面。

（1）技术波及效应。外资公司一般具有技术或信息上的优势，通过与东道国公司间的产业合作，使东道国公司有了向跨国公司学习的机会，在与外资企业进行产业合作、为其做配套生产的过程中，不断地学习和吸收外资公司的技术，从而提高企业自身的技术创新能力。

（2）竞争激励效应。外资公司凭借其拥有的先进技术和管理经验等优势，参与东道国的市场竞争，迫使东道国企业改善经营管理，努力提高技术水平和充分利用本地资源。在此过程中，一部分效率低下、竞争力不强的企业会被淘汰出局，最终使资源流向高效率的企业，使整个行业竞争力得以提高。

（3）示范和模仿效应。外资公司在东道国经营时会不可避免地给东道国企业起到示范作用。东道国企业通过对产品进行"逆向工程"的研究和开发、雇佣在外资公司或研究机构工作过的员工等方式获得先进的技术、生产工艺及管理方式。此外，通过人才、信息等的交流，尤其是雇佣外资研发人员，可以较快地提高自身的技术创新能力。

二、直接投资的负面效应

直接投资是发展中国家实现经济起飞的推动器，但跨国公司投资的目的是追求利润最大化，而不是帮助东道国发展经济，因此，跨国公司的直接投资也会给发展中国家带来负面效应。

（1）产业级差的固化。发达国家进行跨国投资，一方面是国内产业结构调整的需要，另一方面是使过时的技术实现最后增值的需要。发达国家不可能转让高新技术来培植自己的竞争对手，从而出现技术转移中的固有级差，导致发达国家和发展中国家之间产业结构等级差距的固化。例如，当发达国家向发展中国家转移劳动密集型产业时，往往形成发达国家从事资本、技术密集型产业或高价值环节的生产，而发展中国家从事劳动密集型产品或低价值环节生产的格局。

（2）产业自主权受损。外资企业进入东道国某一行业后，通过其竞争优势不断扩大规模，采取各种手段对行业实行垄断，同时会向相关行业渗透，最终获取东道国产业的控制权，威胁东道国产业安全。另外，外资企业在兼并或收购本地企业后可能会削弱东道国原有企业的研发机构，而利用外资企业自身的研发机构提供技术，削弱东道国产业的自主创新能力，增加东道国技术的对外依赖性。

（3）本土企业发展受阻。外资企业在规模、产品技术及市场开发等方面比本地企业更有优势，其会利用相关优势提高东道国产业的市场集中度，本土企业将面临较高的进入壁垒，致使产业垄断性增强。通过垄断市场、掠夺性定价、转让定价等限制性经济活动行为，把当地企业从市场中排挤出去，危害现有的和新的本地企业发展和扩张。

第十二章　国际贸易与区位理论

区位理论可以说明拥有企业地区的贸易情况，因此，区位理论既包括国内也包括国际的贸易情况，国际贸易理论必须建立在一般区位论之上。

——俄林（2004）

区位理论与贸易理论的关系可以追溯到 1933 年俄林的论述，他认为：区位理论比国际贸易理论具有更广的研究范围，国际贸易理论不过是一般区位理论的一部分。俄林重视区际贸易产生的原因及其与生产要素分布的关系，研究移动费用与贸易的关系等，创立了国际与区际贸易理论，并在 1977 年获得诺贝尔经济学奖。与俄林一样，克鲁格曼也重视区位与贸易的研究，并因为在贸易模式和新经济地理上取得突出成就，2008 年被授予诺贝尔经济学奖。区位理论与贸易理论存在相互影响的关系，区位理论是揭示国际贸易的重要理论分析框架。

第一节　俄林的贸易理论与区位理论

一、古典贸易理论与区位理论

斯密的绝对优势理论认为：在两个国家生产两种产品的情况下，其中一国在一种产品的生产中具有较高效率，另一国在另一种产品的生产中具有较高效率，那么，两国在不同产品的生产上分别拥有绝对优势，此时如果两国根据各自的绝对优势进行专业化分工，并相互进行交换，双方均能从中获益。国际分工的原则是，输出本国绝对成本低的产品去换来货币，然后购买别的国家生产的廉价产品。

李嘉图对斯密的绝对优势理论进行发展，他假定只考虑两个国家两种商品，劳动是同质且在国内可完全流动，但在国际间不能流动，不存在运输费用，市场是完全竞争市场，生产技术是给定的，生产规模报酬不变。他认为每个国家不一定要生产各种商品，而应集中力量生产那些利益较大或不利较小的商品，然后通过国际交换，在资本和劳动力不变的情况下，生产总量将增加，如此形成的国际分工对贸易各国都有利。

李嘉图比较优势基础上的国际贸易理论与斯密的理论相比较，他强调两国在两种商品生产上所处优势或劣势程度的差异，以及由此产生的贸易机会和贸易利益。因为葡萄牙在葡萄酒的生产上优势更大（葡萄牙葡萄酒的生产成本为英国的 2/3，毛呢的生产成本为英国的 4/5），而英国在毛呢生产上劣势较小（英国毛呢的生产成本为葡萄牙的 1.1 倍，葡萄酒的生产成本为葡萄牙的 1.5 倍）。对于葡萄牙而言，生产葡萄酒单位劳动力产出更高，对英国而言，生产毛呢劳动生产率相对高于葡萄酒。因此，葡萄牙应大力生产葡萄酒，而英国则重点生产毛呢，然后进行相互交换，两国就都能获得贸易利益。

二、俄林的贸易理论与区位思想

俄林认为，要素的供求决定要素价格，不同地区的产品供求决定了贸易的流向，不同地区要素禀赋差异导致的地区间商品价格的差异，是地区间贸易和国际贸易产生的原因，贸易导致的出口国丰裕要素价格提高和进口国稀缺要素价格降低，使得国际间要素分配更加不均衡，并且强化了贸易的倾向。

1. 赫克歇尔—俄林模型

赫克歇尔—俄林模型（H-O 模型）的假定前提：①两个国家、两种商品、两种生产要素；②每个国家的生产要素是给定的，而且生产要素可以在国内自由流动，但不能在国家间自由流动；③各国的生产技术水平相同；④规模报酬不变；⑤消费偏好相同；⑥商品市场和要素市场都是完全竞争的；⑦自由贸易，没有运输成本。

要素丰裕度（factor abundance）衡量国家的相对要素禀赋，如果 A 国在生产产品时，每单位资本使用的劳动量比 B 国多，也就是 A 国的劳动—资本比率高于 B 国，说明 A 国是劳动丰裕的国家；而 B 国生产产品时，每单位劳动使用的资本量比 A 国多，说明 B 国是资本丰裕的国家。经济准则是按各国的工资—利润率（也就是技术劳动和资本报酬的比率）来衡量要素丰裕度。如果 A 国的工资—利润率比 B 国低，那么 A 国相对于 B 国来说是劳动丰裕的国家，B 国相对于 A 国来说则是资本丰裕的国家。

俄林认为，生产要素比例不同会导致生产同类商品在不同地区的要素投入比例不同，每个地区最好生产那些密集使用其相对富裕要素的产品，而不是去生产那些需要大量使用相对稀缺要素的产品，生产要素差异是地区劳动分工和贸易的一个原因。

一个国家将专业化地生产并出口较密集使用其相对丰裕的生产要素的产品，进口较密集使用其相对稀缺的生产要素生产的产品。赫克歇尔—俄林模型可归结为两点：一是各地区和国家资源富裕度的差异，也就是生产要素供给情况不同，是产生国际贸易的基本原因，即要素供给比例理论；二是国际贸易的结果，可以逐渐消除不同地区和国家之间商品的价格差异，进而消除生产要素的价格差异，即要素价格均等化定理。

2. 俄林的区位思想

俄林（2004）认为，区位理论和贸易理论具有许多共同之处。他讲到："国际贸易理论与区位理论是密切相关的，各国之间为什么进行商品交换的问题也可以这样来设问，即为什么在这些国家存在着不同的生产形态？就整体来看，一旦生产分布决定了，也就可以说商品的交换被决定了。"他进一步指出："区位理论比国际贸易理论具有更广的研究范围，国际贸易理论不过是一般区位理论的一部分。"但是，俄林的理论研究重点仍然是区域间贸易和国际贸易，与区位理论有关的内容只占其著作的一部分，区位理论也不可能完全包括贸易理论。正如艾萨德（Isard，1956）所言："区位如果离开贸易是不能解释的，反之，如果区位没有决定也不能说明贸易。"也可以说，如果各种经济活动的区位离开一定规模的市场是不能成立的，相反，经济活动的区位一旦决定了，产品的交易或贸易流向也就清楚了。

俄林（2004）在讲区际贸易条件时说到："基于以下两个主要原因，空间在经济生活中显得相当重要：一是生产企业在一定程度上被限制在特定的地点并且很难流动；二是运输成本和其他障碍阻止了商品的自由流动。"贸易的本质是将一个地区的需求与另一个地区的供给联系起来，因此，不同地区生产要素禀赋影响贸易的流向和结构，运输成本成为影响经济活动区位的重要因素，而运费则把区位与贸易有机地联系在一起。

一般国际贸易理论都假定生产要素在国内（或区域内）具有移动的可能性，而在国家间不能移动。俄林认为，如同一般区位理论重视各种商品和生产要素在不同市场间移动的所有障碍，其对国际贸易理论也具有同等的重要性，商品的国际移动也存在诸种障碍，必须对此进行研究。在研究区位问题时，不能离开运输费用的分析。俄林吸收了区位理论的这一研究特点，在区际贸易和国际贸易理论中把运输费用作为一个重要因素来考虑，无疑使其理论与现实更加接近。他认为，区际间的商品价格与移动费的差异有关，当区际间的移动费超过生产费用的差异，就不能进行区际贸易。移动费不仅指关税，更重要的是运输费。对国外商品的需求决定于国外生产该商品的价格和运输费用。某商品的国内生产费用与外国该商品供给价格（即国外该商品的生产价格加上运输费用）的关系可决定出口还是进口，移动费的高低也受到贸易数量的影响，对于区际间进行大量交易的商品，其运输费用会相对降低。

俄林一般区位理论的观点基本是在杜能和韦伯的区位理论基础上发展起来的。他把杜能的"孤立国"理论应用于一个没有边界的区域内的工业生产，假定区域内的运送条件相同，而且区域内的劳动和资本具有完全的移动性，在区域的中心存在一个工业生产所需要的自然资源（如铁矿和煤矿）产地，其周围有适合农业生产的各种耕作地带，地租和工业产品的价格由相互依存的价格体系决定。结果，城市在区域的中心发展，向周围农村购买农产品，同时输出工业产品，而农产品的布局取决于地租。

俄林工业区位论的思想与韦伯也基本相同，如工业产品如果比原材料的移动更困难时，生产地应在市场附近布局。相反，原材料的移动比产品难时，生产地要在靠近原料地布局。但俄林就影响区位的因素的总结不同于韦伯的区位论，他不仅强调空间距离的作用，也重视各种商品运输的适应性和区域间运输的差异。另外，他也把集聚和分散作为影响区位的重要因子，他认为交通便利的地区有利于促进经济的集聚，吸引劳动和资本市场的形成，最终会出现市场指向性区位。

关于自然资源对产业区位的影响，俄林认为主要取决于以下几点：首先是在自然资源基础上生产的产品的重要性、运输的难易性和减重程度；其次是劳动和资本使用的集约度；最后是与其他自然资源的位置关系，或者运输的便利程度。以上三者综合地作用于产业区位布局。俄林的理论实际上高度概括了韦伯的运费理论和劳动费用理论。他进一步指出，如果某地区这三者结合有吸引力，那么，有可能把世界经济活动的中心吸引到该地区。从当前经济活动区位选择看，无疑俄林对自然资源的作用评价过高。在俄林的理论中，移动费用不同于区位理论所讲的运费，它不仅仅指运输费用，而且也包括商品移动过程中的其他障碍，如关税等。

俄林（2004）认为，规模经济是贸易产生的重要原因，他认为："大规模生产使得地区间分工有利可图，因此，我们可以不考虑生产要素的价格差异。换句话说，专业化引起的大规模生产带动了国际贸易的发展。"俄林认为各地区通过专业生产某些产品可以使该商品价格更低，同时可以通过进口换取需要的商品。可见，俄林对规模经济与贸易的分析远早于克鲁格曼。

三、赫克歇尔—俄林—萨缪尔森贸易理论

萨缪尔森在赫克歇尔和俄林的新古典主义贸易理论基础上，将其扩展为所谓的赫克歇尔—俄林—萨缪尔森或者 HOS 模型。萨缪尔森假定存在两个国家，劳动力是唯一的生产要素，两个国家劳动力禀赋不同，消费偏好相同，两个国家有着相同的技术知识，劳动力和土地都可以充分利用。在对国外竞争者开放贸易之前，有着相对充裕劳动力禀赋的母国的工资率会比国外低，因为劳动力资源不稀缺。结果是用相对较多劳动力生产的这些商品的价格在国内更为便宜。相反，国外的土地租金会比国内的更便宜，因为那里的土地相对更为充裕，因此，其稀缺性就较小。在消除贸易障碍之后，HOS 模型预测母国将会专业化于生产劳动力相对密集型产品，并且出口一部分以交换国外土地相对密集型商品。这种专业化更进一步的影响就是国内的劳动力变得相对更为稀缺，国外的土地资源也会如此，因此，国内的工资率与国外的土地租金都会上升。在一定技术条件下，在两个国家中存在工资率和土地地租相等的趋势。

第二节 贸易与区位选择

俄林和克鲁格曼在研究国际贸易时都关注区位问题，将区位理论关于运输成本和规模经济等分析应用于国际贸易理论研究中，因此，区位理论对俄林和克鲁格曼构建国际贸易理论具有不可或缺的作用。

一、贸易壁垒与生产区位

贸易壁垒包括两个国家之间的运费等空间距离壁垒，关税和数额限制等政策壁垒，以及文化、语言和习惯等社会壁垒。

不论是国际贸易还是国内地区间的交易，如果人为地设置界线和各种障碍，就会限制商品的正常流通。各个国家或地区为了扶植和保护本国或本地区的产业发展，常常会设置重重的贸易保护或地域保护政策，这些贸易或交易壁垒必将使商品流通的空间距离的摩擦增大。也就是说，在国境点或地区交界点运输费会急剧增大，结果造成商品的市场地域和供给地域的形状发生变形。因此，企业要跨越国界，就必须面对不

同的法律与租税体系，不同的语言与文化，不同的通货、劳动法、安全规范、会计准则，以及贸易法规。在估计这些因素的成本时，一般认为，跨国界可能使商品价格增加40%。贸易和交易壁垒越高，商品的市场地域就越小，最终经济地域界线与政治界线相逼近。市场地域规模缩小，意味着市场数的增加，即生产区位点趋于分散，结果丧失规模经济利益。

图12-1是关于生产区位和贸易壁垒分析的截面模型。横轴表示各个地点，X点为国境点，图上方的折线表示不同地区的生产费用的大小。由图可知，在左侧国家的A点生产费用最低，右侧国家的C点次之，第三个生产费用最低点为B点。在A，B，C三点上，倾斜线表示生产费用加上运输费的总费用。

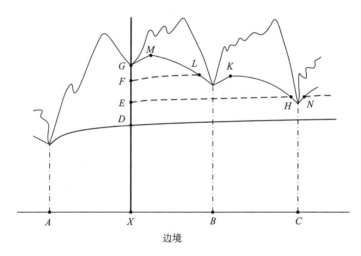

图 12-1　贸易壁垒与生产区位

资料来源：铃木洋太朗（1994）。

如果不存在贸易壁垒，生产将会在A区位集中进行。原因在于在A区位点总费用比其他地域都低，能够以最低的价格向所有的地域供给商品。但是，如果存在贸易壁垒，在国境点必须支付ED的费用时，地点A的总费用将上移，那么，地点C就可确保HN间的市场地域。如果贸易壁垒更强，在X点必须支付FD的费用时，地点C的市场地域可扩大到K点，地点B也可确保LK的市场地域。

从上述概念模型可知，如果各国和各地区间存在贸易或交易壁垒时，生产区位将趋于分散，丧失规模经济效益。因此，一定的国际贸易壁垒有利于保护本国产业的发展是可取的，但国内的地域间的交易壁垒不取消，势必会造成遍地开花式的布局，影响规模经济效益的发挥。

二、贸易与跨国投资区位

一个国家某产品是直接向国外输出还是在国外建立生产企业，主要原则是：当一个国家向其他国家输出产品所支付的运费和贸易费（由政策贸易壁垒和社会壁垒带来的费用）超出集中生产带来的成本节约，集中生产就变得不合算，这时，企业的生产将会向国外转移，通过建立国际生产网络组织来获得利润；相反，如果运费和贸易费用比较低，由集中生产获得的利益超过向其他国家输出的费用（运费和贸易费），那么在本国集中生产，然后输出产品比较合理。换言之，如果运费和贸易费用等太高，企业会在接近市场的区位进行直接生产；如果企业的规模经济作用很强，企业将在几个地方集中生产，然后向国外输出产品。

赫希（Hirsch）、鲁格曼（Rugman）等提出了各自的跨国企业理论模型（铃木洋太朗，1994）。

赫希认为，在 A 国布局的企业，与 B 国进行贸易输出产品的条件是：

（1）$P_A + M < P_B + K$；

（2）$P_A + M < P_B + C$。

该企业向 B 国直接投资，进行跨国区位投资的条件是：

（3）$P_B + C < P_A + K$；

（4）$P_B + C < P_A + M$。

P_A 和 P_B 表示 A 国和 B 国的生产成本，包括资本支出和劳动、原材料等投入物的购买费用。M 是出口市场的各种成本，包括运输、保险和关税以及与顾客的社交费。C 是国外活动的综合成本，包括生产、购买和运输以及其他各种费用。K 是企业特有的获得收入的资产。

从条件（1）和（2）可知，只有在 A 国的生产成本比 B 国的生产成本低的情况下，A 国企业才有可能向 B 国输出。

从条件（3）和（4）可知，只有在 A 国的生产成本比 B 国的生产成本高的情况下，A 国企业才有可能在 B 国直接投资。但具体还取决于出口成本、国外活动的费用和各国的政策等因素。

鲁格曼强调市场的不完全性对跨国企业的影响。市场的不完全性包括自然的不完全性和非自然的不完全性，前者是指知识的价格设定的困难性等，后者是指作为自由贸易壁垒的政府的限制政策。跨国企业可以看作是有效利用内部市场克服市场不完全性的一种经营体。

鲁格曼认为，对外直接投资需满足以下两个条件：

$$C'+A'<C+M'$$

$$C'+A'<C'+D'$$

C 和 C' 表示本国和外国的生产成本；M' 是出口市场的费用；A' 是在外国企业活动所追加的费用，D' 为知识产权消失的成本。

鲁格曼不仅研究了国外市场的供给条件，也探讨了本国市场的供给条件。通过对外直接投资面向本国市场的国外生产必须满足以下两个条件：

$$C'+M+A'<C$$

$$C'+M+A'<C'+M+D'$$

上式基本与国外市场的供给条件相同，M 表示进口市场的费用。

三、产业内贸易

产业内贸易是指差异化商品的贸易，当一国同时进口和出口几乎相互可以替代的产品（最终产品或中间投入品）时，就发生产业内贸易。产业间贸易是不同产业间的贸易，如一个国家出口工业产品，进口农业产品；而产业内贸易是 A 国家向 B 国家出口某一种产品，如汽车和计算机，也从 B 国家进口这类产品，产业内贸易是同一产业的某一类产品间的贸易。引发产业内贸易的因素主要有：一是消费者偏好的多样化，消费者总希望市场上有多样化的产品可供选择，进口与国内企业相近的替代产品，满足消费者的多样化需求；二是企业的规模经济，企业也可以把实质相同但品牌不同的商品出口到其他国家，从而在产量上维持一个可享受规模经济的水平。因此，产业内贸易是消费者偏好在更大范围内选择商品以及在企业层面存在规模经济的结果（约万诺维奇，2012）。

产业内贸易与产品差异化是紧密联系在一起的。产业内贸易通过扩大供给可以替代的商品和服务，以及通过因规模报酬递增而加剧的产品竞争，也让消费者从中获益。随着收入的增加，消费者不再满足于相同的和标准化的产品，需要购买不同类型的基本商品和服务，他们一般根据个人的需求和偏好预订商品。

产业内贸易存在两种类型，两者之间差异明显：当区域或国家之间彼此交换稍有区别，但品质大致相似的商品时，它们所进行的是横向产业内贸易；如果国家或区域间交易的商品虽属同一产业部分，但商品的品质不同且来自生产链中的不同环节，则它们进行的是纵向产业内贸易，通常由要素禀赋的差异决定贸易（约万诺维奇，2012）。

随着国际贸易和投资自由化的发展，国际间的贸易变得越来越复杂化，跨国企业在世界经济体系中的作用不断提高；另外，由于企业不断追求规模经济，推动各国企业间的兼并和联合，使得行业内的垄断竞争越演越烈。在这种形势下，传统的比较优势贸易模式所重视的各个国家之间要素禀赋之差，以及关税、数额限制等政策性贸易壁垒，在国际贸易中的作用不断减弱，而两国间的距离和企业区位决策因子（如规模经济、集聚利益），即所谓的地理因素的重要性却逐渐提高。地理因素对研究国际贸易问题的重要意义主要表现在以下两个方面：一是广义的贸易壁垒；二是需求和生产结构的地域特性。广义的贸易壁垒包括两个国家之间的运费等空间距离壁垒，关税和数额限制等政策壁垒，以及文化、语言和习惯等社会壁垒。即使关税、数额限制等政策壁垒取消，但广义的贸易壁垒仍在一定程度上存在。而需求和生产结构的地域特性主要是与"集聚"等有关的规模经济因素，这些因素导致企业区位和劳动者在区域间移动（张文忠，2003）。

四、新贸易理论与区位

2008 年，克鲁格曼由于在贸易模式和经济活动区位上取得的成就，被授予诺贝尔经济学奖。克鲁格曼创立的新国际贸易和区位理论分析框架，研究了规模报酬递增、不完全竞争、历史偶然因素等对国际贸易的影响。

克鲁格曼（2017）认为，国际经济学研究经济地理学的重要性主要有三个理由：第一，在国家内部，经济活动的区域定位本身就是一个重要的问题；第二，在某些重要情形下，国际经济学和区域经济学之间的界线正变得越来越模糊；第三，经济地理学为我们提供了一个思想和实证的实验室。规模报酬递增和不完全竞争，无所不在的多重均衡，历史、偶然因素，以及或许完全是自我应验的预言经常会起到决定性作用。

克鲁格曼认为，1990 年之前，国际经济学家们没有关注国内贸易或者生产的空间布局，在整个经济学界，也没有一个独立存在的经济地理学派。马歇尔曾经不吝笔墨，用一章的篇幅来阐述"专业化工业在特定地区的集中"，但是标准的经济学课程几乎没有涉及这个主题。他进一步讲到：为什么贸易理论家们忽视了经济地理学？很大原因在于地理区位的规模报酬递增会出现明显的集中化：没有人会认为硅谷的存在是因为它具有外生给定的生产要素或者李嘉图式的比较优势。

克鲁格曼之所以"发现了"或重视地理学，是因为他发现经济学在分析现代经济问题时的局限性，同时，他也看到了经济学和经济地理学研究的互补性与交叉性。如经济学理论一般都忽视现实的空间，认为生产要素不需要费用，瞬间由一个活动转移到另一个活动，同时，国家间的贸易也忽视空间位置概念，把运费作为零来看待。克鲁格曼（2017）讲到："我们（国际经济学）通常的做法是把众多国家模式化为一些没有维度的点：在这些国家内部、生产要素可以立即并且毫无成本地从一种生产活动转移到另外一种生产活动中去，甚至国家之间的贸易也通常是用一套被假设毫无空间性的概念来加以描述，在这样的描述中，所有可贸易商品的运输成本都为零。"

另外，经济学为了追求分析的严密性，一般都采用数学抵抗性最小的简单方法进行分析，如在完全竞争和规模报酬不变的假定基础上分析经济行为。与此相反，经济区位论则认为生产要素可自由移动，但需要运输费用；同时，生产区位在空间上的集聚可产生规模经济，带来规模报酬递增。经济区位论的观点在某种程度上更接近于现实。比如，当今国际间的贸易与其说是产生于资源和生产性的赋存状态这一外在差异，还不如说是产生于规模经济（或规模报酬递增）基础上的专业化，即由专业化带来的竞争优势产生了国际贸易。

随着世界经济的一体化和区域化发展，国际经济学和经济地理学之间的界线变得模糊。例如，像欧共体各国间的关系，用传统国际经济学的标准思维来分析的意义正在变弱，而经济地理学的理论对各种问题的分析变得更有意义。

克鲁格曼对区位理论和国际贸易理论的区别与联系进行分析。他认为，国际贸易理论有以下五个特征：①比较优势基础上的贸易一般均衡理论；②完全竞争市场；③不存在规模经济；④生产要素在国内可移动，但不存在国家间的移动；⑤不需要运输费。与此相对应，区位理论却具有如下五个特征：①部分均衡理论；②不完全竞争市场；③规模经济或规模报酬递增；④生产要素自由移动；⑤产品需要运输费（藤田昌久、蒂斯，2016）。

关于均衡问题，克鲁格曼认为，在以往区位理论中均衡的概念具有一定的局限性，应该引入一般均衡的概念。在分析经济行为时，经济学者一般考虑一种经济行为主体与其他经济行为主体相互间的竞争，并由此求得经济的均衡状态。均衡的稳定并不重要，重要的是经济主体达到均衡的过程。对于企业来说，要比较它在现在的生产地生产向其他地区输出产品，与在输出产品地区建造工厂在当地生产，哪一种情况获得的利益更高，然后决定投资和生产行为；对于劳动者而言，工资高、物价相对便宜的地区是人们主要的移入地。像这样能够明白企业和劳动者趋于均衡的过程是非常重要的。

关于竞争条件，克鲁格曼主张，应该研究规模经济基础上的不完全竞争市场的均衡问题，因为产业在地区上的集中产生的规模经济的作用是不能否认的现实。他认为这种规模经济性（或外部经济）也可波及相邻国家。生产要素除土地外基本可自由移动，但超越国界的劳动移动要比资本移动困难。另外，贸易国之间的距离是贸易的一个重要的决定因子，也就是国际贸易不能不考虑运输费用。

克鲁格曼还认为，资本劳动比率高的国家输出资本集约型商品，输入劳动集约型商品，这一理论不仅包含了比较优势的思想，同时也适用于产业区位的研究。他进一步指出，贸易在间接地进行生产要素交易的同时，也推动了产业区位的发展。

克鲁格曼的新贸易理论与传统的贸易理论（李嘉图的比较优势理论）相比具有以下特点：①规模报酬递增和规模经济，他认为国家间贸易增加，特别是类似的国家产业内部贸易的增加，很大程度上来源于规模报酬递增，而并非各国固有的资本利用的不同带来的比较优势；②专业化具有历史的偶然性，一定的区位特别是微观工业区位很大程度上具有不确定性和历史的依赖性；③生产技术条件，不完全竞争和产业内部贸易模型所要求的条件是依赖于生产技术条件；④贸易政策，李嘉图的自由贸易理论是建立在贸易政策一定的假定前提下，新贸易理论认为一定的贸易战略能够带来比较优势，如鼓励输出等政策；⑤运输费用，运输费是影响国际贸易和地域间交易的一个重要因素。其中，规模报酬递增和运输费用是区位论与贸易经济理论相统一的基础（藤田昌久、克鲁格曼，2013）。

第三节　克鲁格曼新贸易理论与区位

新贸易理论认为，如果从事制造业的劳动者可以自由移动，并且他们主要向高工资的地区移动，其结果是当运费和其他贸易费用较低，制造业部门将在一个地区不断集中；当运费和其他贸易费用超出由于集中生产所带来的规模报酬递增的效果，集中的趋势将会减弱，可能会出现分散布局的趋势。生产的分布取决于聚集力和分散力的权衡。当运输成本高时，靠近需求地成为企业选择生产区位的主要动机，此时规模经济发挥主导作用；当运输成本低时，节约生产成本成为企业选择生产区位的主要目标，此时要素禀赋发挥主导作用。

一、核心—边缘模型

克鲁格曼在构建核心—边缘模型（interregional center periphery pattern）时，假设规模经济效应足够显著，每个制造商都会希望只在某个地点进行生产就能向全国市场供给产品。为了降低运输费用，实际上制造商会选择具有大量当地需求的地方进行生产，而当地需求量较大的地方又恰好是大多数制造商选择布局的地点。由此就形成了一种循环，促进制造业的集聚发展。但高额的运输费用会制约制造业在特定地区集聚。制造业在某地区集聚可以认为是生产和运输费用带来的规模经济所致。

克鲁格曼建立核心—边缘模型的前提假定条件为：

（1）生产区位只存在东部和西部两个地区，且只进行两种类型的生产；

（2）农业人口在地区间是分割的，东西两地区各占一半；

（3）制造业的劳动力与所在地区制造业的生产量成比例；

（4）各地区对各产品的需求与地区的人口成正比。

另外，产品在两个地区都可生产。如果某产品的生产区位只在一个地区进行，为了供给其他地区，必须支付运输费；如果产品的生产区位分别在两个地区布局，就必须追加工厂的固定建设费用。

假定全国60%的劳动者是农民，并且这些农民在东部和西部地区各占一半。同时，假设某种具有代表性的制造业产品的总需求为10个单位。当所有的制造业集中在某一个地区时，该地区将需求7个单位的工业制成品（其中，农民的需求为3个单位，制造业工人的需求为4个单位），而另一个地区的需求为3个单位。如果制造业在两个地区均等分开布局，两个地区对工业制成品的需求各为5个单位。

克鲁格曼进一步将企业在不同区位布局的费用分为固定费用和运输费用。他假定建设一家工厂的固定费用为4个单位，每个单位的运输费用为1（表12-1）。表12-1表示任何一个企业在其他企业区位战略假设制定的前提下，所决定的三种区位战略条件下需要的费用。当其他所有的制造业集聚在东部地区时，对于该企业在东部地区有7个单位的当地产品需求，在西部地区只有3个单位的需求。当该企业从东部地区的这家工厂向全国市场提供产品时，它要承担4个单位的固定费用和3个单位的运输费。在东部地区布局的区位决策的总费用要低于在西部地区一家工厂生产向全国市场提供产品的总费用，因为后一种区位决策与前一种区位决策具有相同的固定费用，但须加上7个单位的运输费用；仅在东部地区布局所需要承担的总费用也低于为向每个当地市场提供产品而在两地各建一家工厂所需要承担的费用，后一种区位决策尽管节约了运输费，但要承担双倍的固定费用，共计 8 个单位。因此，该企业为了向全国市场提供产品在东部地区布局是最佳区位决策。

表 12-1　不同的区位决策所需的费用

制造业劳动力的分布		典型企业的生产费用		
		东部地区	两地都有	西部地区
集中在东部地区	固定费	4	8	4
	运费	3	0	7
	总费用	7	8	11
东西两地区各一半	固定费	4	8	4
	运费	5	0	5
	总费用	9	8	9
集中在西部地区	固定费	4	8	4
	运费	7	0	3
	总费用	11	8	7

资料来源：克鲁格曼（2017）。

如果每一家企业都将生产向东部地区集中，结果整个制造业的生产就全部集中于东部地区。在这种情况下，可以说在东部地区制造业集中达到了一种均衡状态，但是，这不是唯一的均衡状态。事实上，所有的生产区位只在东部地区，或只在西部地区，或在东部和西部地区均等分布，都可达到一种均衡。

图 12-2 表示的是多重均衡存在的可能性。横轴表示西部地区制造业劳动力就业量在制造业就业总量中的比例，纵轴表示西部地区人口数量在人口总量中的比例。MM 线表示制造业分布对人口分布的依赖关系，PP 线表示制造业分布对人口分布的反向影响。

首先分析一下 PP 线。该线表示从事制造业的劳动力就业与总人口之间的关系。π 表示从事制造业的从业人员数量占总人口的份额，S_M 表示西部地区制造业劳动力就业量占制造业就业总量的份额，S_N 表示西部地区人口占总人口的份额。由于假设有一半的农民居住在西部地区，因此，西部地区人口数量占总人口的份额至少为（$1-\pi$）/2，且西部地区制造业的就业份额越多，西部地区人口份额也就越大，可由下式表示：

$$S_N=（1-\pi）/2+\pi S_M \tag{12-1}$$

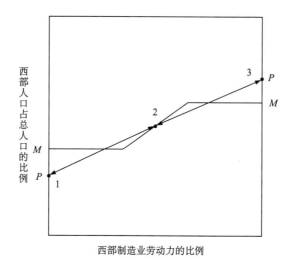

图 12-2 可能的区位均衡

资料来源：克鲁格曼（2017）。

这是一条向上倾斜的直线，但要比 45°线更加平缓。

下面再研究一下 MM 线。假设西部地区人口份额很少，那么企业就不值得去承担在西部地区建设制造业工厂所需要增加的固定费用，在此建厂的意义就不大，由东部地区工厂向西部地区供给产品更合算。相反，西部地区人口的份额相当高时，在东部地区生产产品的意义也就消失了。如果相对于运输费用，固定费用太高，那么只要人口在东部地区和西部地区的分布足够均等，就会促进制造商在东部地区和西部地区两个市场进行地方化生产。如果把这几种情况由图 12-2 来表示的话，则为 MM 线。即当西部地区人口数量较少时，西部地区就没有制造业生产；当西部地区人口数量处于中间水平时，西部地区的制造业生产就与人口数量成正比；而当西部地区的人口数量足够多时，就不应在东部地区进行制造业生产了。

假设 x 表示某制造业企业的销售量，F 为建设一家分工厂时所需要的固定费用，t 表示东部地区和西部地区间运输 1 单位产品所需要的运输费用。如果 $S_N xt < F$ 时，那么，由东部地区的工厂向西部地区市场提供产品，较在西部地区新建工厂有利；当 $(1 - S_N)xt < F$ 时，由西部地区的工厂向东部地区市场提供产品，较在东部地区新建工厂有利；上述两情况都不成立，就应该在两地同时布局工厂更合理。

如果相对于运输费用而言，固定费用并不是太高时，那么就有如下关系：

$$当 S_N < \frac{F}{tx} 时，S_M = 0$$

$$当 \frac{F}{tx} < S_N < 1 - \frac{F}{tx} 时，S_M = S_N$$

$$当 S_N > 1 - \frac{F}{tx} 时，S_M = 1 \qquad (12\text{-}2)$$

假定制造业的生产向均衡水平逐渐调整，如图 12-2 中的箭头所表示的方向那样呈动态变化，那么，这几个箭头说明存在三种稳定的均衡状态，即制造业要么聚集在点1 所表示的地区，要么集聚在点 3 表示的地区，或在点 2 处均等分配。克鲁格曼认为，任何一种均衡状态都依赖于初期条件，即历史是非常重要的因素。

克鲁格曼还指出，多重均衡不一定会存在，因为如果生产的聚集真的发生的话，它的具体情况要取决于需求的外部性。也就是说，制造业者都想在需求最大的地点进行生产，而制造业最多的地点又是生产需求最大的地方。然而，这种因果累积循环关系并非总是牢不可破，由于分散的农业部门所产生的拉力有可能使这种因果循环关系无法维持。这种情形，制造业均等地分布在两个地区，是唯一存在的稳定均衡状态。

根据克鲁格曼的理论，再研究一下制造业在一个地区聚集的必要条件。如果所有的制造业产品都在东部地区生产，西部地区的人口份额为（$1-\pi$）/2，这时，对于一个典型制造业企业而言，将产品从东部地区向西部地区市场供给的运输费用为 tx（$1-\pi$）/2。如果在东部地区建设一家分工厂的费用为 F，生产在东部地区聚集一旦确立下来，就会持续下去，只要满足：

$$F > tx \cdot \frac{1-\pi}{2}$$

如果这个条件不满足，那么历史因素就无关紧要，制造业的地理分布将依存于农业的地理分布。

克鲁格曼认为，现实的产业地带形成或工业的地域集中如果与上述理论不相符合，那么，历史可能成为一个重要因素。但他认为历史的作用成为重要因素一般取决于以下三个变量，即 F 要比较大，也就是规模经济要足够显著；t 要比较小，也就是运输费用要足够低；π 要比较大，也就是不受自然资源赋存的制约，可自由流动的生产所占的份额要足够大。

克鲁格曼当然也认为自己提出的模型过于简单，低估了某些常规因素在制造业带的兴起过程中所发挥的作用，比如资源对制造业布局的作用、制造业带的内部专业化、单个企业的规模报酬递增、运输网络效应等对制造业地理聚集的作用。

　　克鲁格曼也进一步分析了核心—边缘模型的变化。他认为需求所在的区位决定了生产的区位，反之亦然，这种循环关系可能是一种非常顽固的力量，它会将任何已形成的核心—边缘格局锁定下来。但他也认为万物皆非恒，尽管生产的地理结构可能在很长时间里保持稳定，但是当它确实要发生变化的时候，它就会变得非常迅速，基本条件的渐进改变有时候会导致剧烈的变化；当变化发生的时候，它可能不仅要受到客观条件的强烈影响，也会受到主观预期的强烈影响。

　　为了搞清楚生产的地理布局是如何发生突变的，他假设农业劳动力在地区间不是均等分布，且在最初的时期，西部地区人口较少。假设情形如 PP 线表示制造业就业量与人口总量之间的初始化关系。尽管可能的均衡状态会出现在点 2 所示地区（在这一点，西部地区将会生产制造业产品），但由于假设东部地区先行一步，因此现在实际上位于点 1 的位置，在这一点西部地区没有制造业生产。

　　现在假设农业劳动力逐渐从东部地区向西部地区迁移。这将使得 PP 线向上移动到 $P'P'$ 线的位置。很显然，东部地区制造业的支配地位将会在某一个点突然瓦解。当西部地区的人口数量达到一个临界值的时候，对于制造商来说，在西部地区进行生产变得有利可图；随着西部地区制造业生产的增加，人口数量将进一步增长，而这又会刺激制造业生产进一步增加。因此，农业发展基础上的一个微小增加，就有可能使得进口替代以及增长这样的一个累积性过程得以启动，并最终到达如点 2 所示的均衡状态。模型的重点不仅有助于解释为什么历史要素至关重要，而且也说明当变化确实到来的时候，它往往突如其来。

二、本地市场效应

　　贸易产生于不同地区供给和需求之间匹配的差异，生产区位会对产品的供给产生影响，规模经济递增会带来需求的增加，市场规模扩大会促进工业的集聚，进而该地区或国家会成为出口供应地。

　　本地市场效应（home market effect，HME）理论由克鲁格曼提出，本地市场效应也被称为市场需求规模效应（曾道智，2013）。本地市场效应的前提是假定存在规模报酬递增和运输成本，当生产具有规模报酬递增的情况下，需求市场会扩大，企业进行生产区位选择时，会考虑市场规模较大的地区进行布局，市场规模大的地区会带来企业生产规模扩大，在供应生产地需求的同时，通过出口供应其他国家的需求，以最大限度发挥本地市场规模效应。运输成本的引入使企业在考虑生产区位时，会倾向于将生产区位选择在靠近市场规模大的地区，以节约运输和贸易成本。因此，在存在规模报酬递增和运输成本的情况下，一个企业面临生产区位选择时，会选择那些具有较大国内市场规模的地区进行大规模生产，以满足全球需求，在供应生产地需求的同时，通过出口供应其他国家的需求，以最大限度发挥规模经济效应和节约运输成本，由此产生本地市场效应。

第十三章　中心地理论

有一个人应该冠他以理论地理学之父的称号，这就是沃尔特·克里斯塔勒博士。

——邦奇（1991）

中心地理论认为，在一个区域内，中心地的分布会形成一个等级系统，低等级的中心地提供的商品和服务较少，级别也相对较低，高等级中心地其中心职能种类较多，级别也高。中心地和其服务的市场地域形成六边形的空间结构，在解释说明中心地的形成、等级变化规律和空间结构上，克里斯塔勒和勒施的理论有一定的差距。之后，贝利、加里森、帕尔等学者对中心地的一般化模式进行了研究，使得理论更加接近于现实。

第一节　克里斯塔勒的中心地理论

克里斯塔勒的中心地理论主要探讨区域内中心地之间的空间关系，中心地规模等级、职能类型与人口的关系，中心地与市场地域的关系。

一、中心地理论的产生背景

任何科学理论的产生和发展都是与当时的社会需求及学科本身发展过程密切相关的，中心地理论的产生也绝非偶然。进入 20 世纪，资本主义经济的高度发展，加速了城市化的进程。城市在整个社会经济中逐渐占据了主导地位，成为工业、交通等集聚中心，商业、贸易和服务行业等发展的平台。因此，许多经济学家、社会学家和地理学家把研究的焦点对准了城市。在城市社会和经济行为研究基础上，对城市的形态、空间分布和规模等的关注度不断提高，中心地理论就是在这样的社会、经济背景下产生的。

中心地理论也称作中心地方论或城市区位论，该理论是由德国地理学家克里斯塔勒提出。不过，在 1933 年克里斯塔勒出版《德国南部中心地原理》一书之前，已有许多学者对中心地的等级和职能进行了相关研究。如政治经济学家缪勒（Muller）在 1809 年就认为，在研究具体地域时，六边形是最佳的空间形态（春日茂男，1982）。美国的农村社会学家加尔平（Galpin）在 1915 年也进行了类似的论述。地理学家科尔和施吕特尔（Schluter）在 1919 年就中心地的等级问题也做过不同程度的论述。尤其是英国的博贝克（Bobek）在 1927 年关于聚落的职能理论，非常接近于克里斯塔勒的理论（春日茂男，1982）。在杜能的《孤立国》中也能看到关于城市规模和地域结构等的论述。但在克里斯塔勒的《德国南部中心地原理》发表之前，没有任何一位学者提出像杜能的农业区位论、韦伯的工业区位论那样完善的中心地理论体系，因此，中心地理论的鼻祖理应是克里斯塔勒。

克里斯塔勒生于 1883 年，他从小对地图具有浓厚的兴趣，德国的地理学特别是城市地理学的知识对克里斯塔勒的影响较深。他除了从事地理学的研究外，还学习了国民经济学，对韦伯的工业区位论尤其感兴趣。深厚的地理学知识和经济学功底对他创建中心地理论无疑奠定了基础。他从经济学观点来研究城市地理，认为经济活动是城市形成发展的主要因素。他不仅注意每个具体城市的位置、形成条件，而且对一个地域的城市总体数量、区位、发展和空间结构更加关注，这些早期的研究工作是他形成系统的中心地理论体系的基础（陆大道，1991）。

克里斯塔勒中心地理论的产生同杜能的农业区位论具有类似性，也是在大量的实地调查基础上提出的。他跑遍了德国南部所有城市及中心聚落，获得了大量基础数据和资料。在研究方法上，克里斯塔勒作为地理学者一反过去传统的归纳法，运用演绎法来研究中心地的空间秩序，提出了聚落分布呈三角形、市场地域呈六边形的空间组织结构，并进一步分析了中心地规模等级、职能类型与人口的关系，以及三原则基础上形成的中心地空间系统模型。

二、中心地的等级性与货物的供给范围

1. 中心地的等级性

克里斯塔勒认为，中心地和中心地周围地域是相互依赖、相互服务的，有着紧密

的联系。它们之间的关系具有一定的客观规律，一定的生产地必将产生一个适当的中心地，且这个中心地是周围地域的中心，向周围地域提供所需要的货物和服务，并且也是与外部联系的集散中心。克里斯塔勒（1998）认为："地球上没有一个国家不是由规模不等的中心地网所覆盖着。"

从历史发展来看，中心地提供的货物和服务首先表现为贸易，然后是银行、手工业、行政、文化和精神服务（如教堂、学校和剧院）等。中心地提供的货物和服务有高低等级之分。人们日常生活所需要的商品和服务，可由小百货、副食品店、加油站和教堂等低级中心职能提供。具有这类中心职能的中心地数量多，分布广，服务范围小，提供的货物和服务档次低，种类也少。而销售和提供高档服装、家具、贵重物品（如珠宝店）、银行、商务服务等职能的大型商业中心与办公中心则属于高级中心地，这类中心地数量少，服务范围广，提供的货物和服务种类也多。在二者之间还存在一些中级中心地，货物和服务范围间于前两者之间。

克里斯塔勒（1998）认为，城市按规模分级，最低级的城市数量最多，相反，城市的规模越大，其数量也就越少。属于最高等级的城市通常只有一个，它往往是该国家的首都和经济中心。中心地的等级性表现在每个高级中心地都附属有几个中级中心地和更多的低级中心地。居民的日常生活用品基本在低级中心地就可满足，但如购买较高级的商品和寻求高档次的服务，必须去中级中心地和高级中心地才能满足。不同规模等级的中心地之间的分布秩序和空间结构是中心地理论研究的中心课题。

表 13-1 是克里斯塔勒实地调查的南部德国不同等级中心地的数量、服务范围、提供的货物种类和中心地人口等。最低等级的中心地 M 数量最多，达 486 个，服务半径仅 4 千米，提供的货物和服务种类为 40 种，中心地的人口及其服务区人口也较少。随着中心地等级提高，中心地数量也越来越少，服务半径却逐渐增大，提供的货物和服务的种类也随之增加。总之，克里斯塔勒的中心地理论最大特征之一是中心地的等级和中心职能是相互对应的。比如最低等级的中心地具有最低的中心职能，而比其高一级的中心地不仅具有自己固有的职能，同时也兼有最低中心地的中心职能。因此，最高级的中心地具备了所有等级的中心职能，同一等级的中心地以一定的间隔分布。

2. 货物的供给和服务的范围

货物的供给范围，这个概念是理解和研究克里斯塔勒中心地理论的关键。由中心地供给的货物能够到达多大的范围，这实际是一个距离的概念。当消费者光顾中心地购买货物时，它是指消费者从居住地到中心地的移动距离；如果由中心地送货的话，是指发送货物的移动距离。不管哪一种情况，对于双方都有一个经济许可的界限，超出

表 13-1 中心地及其服务范围

中心地等级	中心地数（个）	服务区数（个）	服务半径（km）	服务范围（km²）	提供商品的种数（种）	中心地的人口数（人）	服务区人口数（人）
M	486	729	4	44	40	1 000	3 500
A	162	243	6.9	134	90	2 000	11 000
K	54	81	12	400	180	4 000	35 000
B	18	27	20.7	1 200	330	10 000	100 000
G	6	9	36	3 600	600	30 000	350 000
P	2	3	62.1	10 800	1 000	100 000	1 000 000
L	1	1	108	32 400	2 000	500 000	3 500 000
合计	729	—	—	—	—	—	—

资料来源：克里斯塔勒（1998）。

这一界限必然会带来经济的不合理。比如消费者到中心地购买的情况，一般他会比较要购买的商品的价格与其光顾中心地的交通费，如果交通费用相对较大，就会放弃在该中心地购买。同样，由中心地的商店送货时，经营者也会尽量避免远距离的发送。货物供给范围的最大极限克里斯塔勒称为货物供给范围的上限或外侧界限（outer range of a good），由图 13-1 的实线表示，即围绕中心地所形成的一个圆。供给货物的商店能够获得正常利润所需要的最低限度的消费者的范围克里斯塔勒称为货物的供给下限或内侧界限（inner range of a good），由图 13-1 的虚线表示。在图 13-1b 中，当表示上限和下限的两个圆的大小正好相等时，企业在中心地布局可得到正常利润；当表示下限的圆在表示上限的圆的内侧时，企业在中心地布局能够得到超额利润（图 13-1c）；相反，当表示上限的圆在表示下限的圆的内侧时，企业如果在该中心地布局就得不到利润（图 13-1a）。

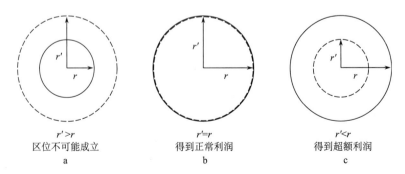

图 13-1 货物供给上限和下限与企业的收益

资料来源：根据林上（1991）、张文忠（2000）改绘。

如果货物供给范围的上限和下限都大，说明中心地具有供给高级货物和服务的企业，即中心职能高，一般形成的是高级中心地；相反，如果两个界限的范围都小，说明中心地的中心职能低，形成的是低级中心地。

决定各级中心地货物和服务供给范围大小的重要因子是经济距离，它不仅取决于所需要的时间和费用等客观因素，也与消费者的购买行为有关。

货物的供给范围的概念对研究中心地理论极为重要。一般情况下，供给范围小的货物或服务通常布局在低级中心地，而供给范围大的货物或服务则布局在高级中心地。

三、市场原则基础上的中心地的空间均衡

克里斯塔勒（1998）的中心地理论与其他区位论相同，在建立模型时，也提出了相应的假定前提条件。

（1）中心地分布的地域为自然条件和资源相同且均质分布的平原。人口有规律地分布，居民的收入和需求以及消费方式都相同。

（2）具有统一的交通系统，且同一规模的所有城市其交通便利程度一致，运输成本与距离成正比。

（3）消费者都利用离自己最近的中心地，即就近购买，以减少交通费。

（4）相同的货物和服务在任何一个中心地价格都相等，消费者购买货物和享受服务的实际价格等于销售价格加上交通费。

在上述假定条件下，中心地均匀地分布在平原上，同类中心地间的距离也相同，且每个中心地的市场地域都为半径相等的圆形地域。如图 13-2a 所示，任何一个中心地都与 6 个和自己相同等级的中心地为邻。假定这些中心地位于比自己更高的具有同样性质的中心地（B 级中心地）组成的平面中，那么，同样每个中心地与 6 个和自己相同的中心地为邻。但不管是哪一级的中心地（图 13-2b 的 B 级中心地），每 3 个相邻中心地的市场地域之间都存在一个空白区（图 13-2b 的阴影部分），空白区得不到该级中心地的服务，或者说没有包含在该级中心地的市场地域中。这时就会在空白区出现一个 B 级中心地的次一级中心地（图 13-2b 的 K 级中心地），以满足空白区居民的消费。同样每 3 个相邻的 K 级中心地之间，也会出现一个空白区，这样比 K 级中心地低一级的中心地 A 就会在此布局。以此类推，不同等级的中心地就逐渐形成。

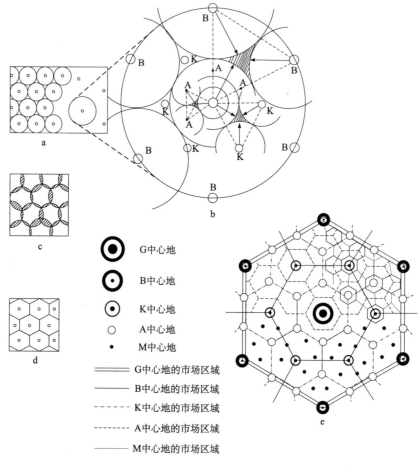

图 13-2　中心地结构

资料来源：根据克里斯塔勒（1998）、张文忠（2000）改绘。

事实上，由于各等级中心地间的相互竞争，结果每两个中心地的市场地域会出现重复（图 13-2c），而新产生的中心地就位于三个中心地的市场地域相交处。按照运费最低化的原则，阴影区内的消费者将选择接近自己的中心地，最终相邻的两中心地把阴影区平分，中心地的市场地域由圆变为蜂窝状的六边形结构（图 13-2d）。结果每个中心地就成为比自己高一级的中心地所组成的六边形的一个顶点，如图 13-2e 中的 B 级中心地为 G 级中心地的顶点。各级中心地组成一个有规律递减的嵌套六边形空间模型，此时所有中心地达到了空间均衡。

四、三原则与中心地系统的空间模型

克里斯塔勒认为中心地的空间分布形态受市场因素、交通因素和行政因素的制约，形成不同的中心地系统空间模型。

1. 市场原则与中心地系统

市场原则也称为供给原则。上述分析的中心地系统的均衡就是在市场原则基础上形成的。克里斯塔勒认为，中心地的市场地域规模是按照一定的比例变化的。比如，上述分析的在市场原则上形成的中心地系统（图 13-2e），各中心地的市场地域比其低一级的中心地市场地域大 3 倍。也就是说，等级 m（$m>1$）中心地的市场地域内包含着 3 个等级 $m-1$ 中心地的市场地域。

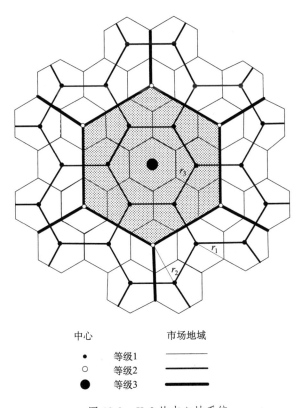

中心		市场地域
●	等级1	——
○	等级2	——
⬤	等级3	——

图 13-3　$K=3$ 的中心地系统

资料来源：根据克里斯塔勒（1998）、张文忠（2000）改绘。

如图 13-3 所示，假设阴影部分是等级 m 中心地的市场地域，由图可见，在这部分内包括着 1 个完整的 $m-1$ 中心地的市场地域（中心部），并且在其周围还有 6 个 $m-1$ 中心地的市场地域的 1/3 部分。这样，1 个 m 中心地的市场地域等于 $1+1/3 \times 6 = 3$ 个 $m-1$ 中心地的市场地域。各等级中心地的市场地域数具有如下关系：1—3—9—27—81—…。因此，在市场原则基础上形成的中心地系统也称为 $K=3$ 的中心地系统。

再看一下各等级中心地的数量关系，即一个 m 级中心地包括几个 $m-1$，$m-2$，$m-3$，…，i（$1<i<m$）中心地。由图 13-2e 可见，每个 $m-1$ 中心地（如 K 中心地）包含在 3 个等距离的 m 中心地中，这样，每个 m 中心地（如 B 中心地）共包含 6 个类似的 $m-1$ 中心地。也就是说，m 中心地在自己的市场地域内包含 $1/3 \times 6 = 2$ 个 $m-1$ 中心地。m 中心地包括几个 $m-2$ 中心地呢？从图 13-2e 可看到，一个 m 中心地内包含 6 个 $m-2$（如 A 中心地）中心地。m 中心地包含几个 $m-3$ 中心地（图中的 M 中心地）呢？从图可见，一个 m 中心地内完整地包含了 12 个 $m-3$（图中的 M 中心地），并且，与自己同一等级的中心地的边界线上共同拥有 2 个 $m-3$ 中心地。这样，完全包含的 12 个中心地加上边界线上的 $2 \times 1/2 \times 6 = 6$ 个中心地，一个 M 中心地拥有 18 个 $m-3$ 中心地。由此可得到各等级中心地的数量关系：1—2—6—18—54—…。

在市场原则基础上形成的中心地系统，各中心地间的距离以及中心地的市场地域如何求得？在图 13-4 中，假定 K 中心间的距离为 a，它到低一级 A 中心地的距离为 x，根据勾股定律可求得 $x = \dfrac{a}{\sqrt{3}}$。因为 K 中心地也发挥着 A 中心地的职能，因此，这也是 A 中心地间的距离。同样方法可求得其他等级中心地间的距离。一般如果以某一等级中心地间的距离为基准，那么，它的次一级中心地间的距离是它的 $\dfrac{1}{\sqrt{3}}$ 倍，而高一级的中心地间的距离为它的 $\sqrt{3}$ 倍。各中心地的市场地域面积也可根据图 13-4 求得。比如假定 A 级中心地间的距离为 b，那么，K 级中心地的市场地域面积 $S = \dfrac{1}{2} by \cdot 6$，因为 $y = \dfrac{\sqrt{3}}{2} b$，所以，K 中心地的面积 $S = b \cdot \dfrac{\sqrt{3}}{2} b \cdot \dfrac{1}{2} \cdot 6$。上级和下级中心地的市场地域的面积关系为 $\dfrac{S_1}{S_2} = \dfrac{b_1^2}{b_2^2}$，$b_1$ 和 b_2 是上级和下级中心地间的距离，从前文可知，它们具有如下关系：$b_1 = \sqrt{3} b_2$，因此，$\dfrac{S_1}{S_2} = \dfrac{(\sqrt{3} b_2)^2}{b_2^2} = 3$。由此可见，与前文所述的各中心地间的市场地域关系相一致。

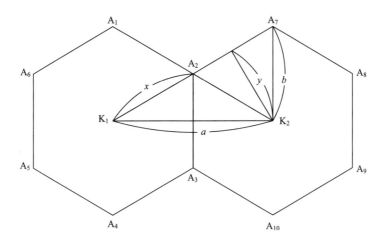

图 13-4　中心地间的距离与市场地域面积的关系

资料来源：森川洋（1982）。

综上所述，在市场原则基础上的克里斯塔勒中心地系统具有如下特点：一是中心地具有等级性，且其各级的中心地与中心职能相对应；二是中心地按照一定的规则分布，一般是三个中心地构成的三角形的重心是低一级中心地布局的区位点；三是各等级间的中心地数量、距离和市场地域面积呈几何数变化。

2. 交通原则基础上的中心地系统

交通原则基础上形成的中心地系统的特点是，各个中心地分布在连接两个比自己高一级的中心地的交通线的中点。比如 $m-1$（$m>1$）中心地分布在两个 m 中心地连接线的中点（图 13-5），因此，通过同一等级中心地的交通线上分布着比它等级低的所有中心地。

在交通原则基础上形成的各等级中心地的市场地域具有什么关系？如图 13-5 所示，1 个 m 等级中心地的市场地域内包含 1 个完整的 $m-1$ 中心地和 6 个 1/2 的 $m-1$ 中心地的市场地域，这样，1 个 m 中心地的市场地域内包含 $m-1$ 中心地的市场地域总数为：1+6×1/2=4 个。各等级中心地的市场地域关系为：1—4—16—64—256—…。因此，在交通原则基础上形成的中心地系统也称为 $K=4$ 的中心地系统。

在这一条件下，各等级中心地的数量关系又如何呢？由图 13-5 可见，每个 $m-1$ 中心地（图中黑点加一个圆圈）包含在 2 个等距离的 m 中心地（大黑点）中，而每个 m 中心地共包含 6 个类似的 $m-1$ 中心地。也就是说，m 中心地在自己的市场地域内包含 1/2×6=3 个 $m-1$ 中心地。同时，每个 m 中心地的市场地域拥有 12 个 $m-2$ 中心地

（小黑点）以及48个m–3中心地（小圆圈）。这样，在交通原则基础上形成的中心地系统的中心地的数量关系为：1—3—12—48—192—…。

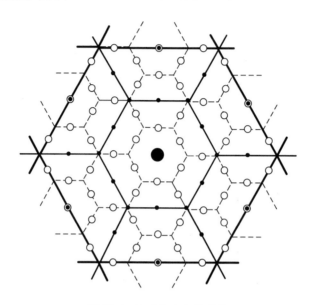

图 13-5　K=4 的中心地系统

资料来源：克里斯塔勒（1998）。

3. 行政原则基础上的中心地系统

行政原则基础上形成的中心地系统不同于市场原则和交通原则作用下的中心地系统，前者的特点是低级中心地从属于一个高级中心地。其来由是在行政区域划分时，尽量不把低级行政区域分割开，使它完整地属于一个高级行政区域。如图 13-6 所示，m 中心地的市场地域大致包含 7 个 m–1 中心地的市场地域，同时，m 中心地的市场地域内拥有 m–1 中心地数量为 6 个。因此，各等级中心地的市场地域数为：1—7—49—343—…，以 7 的倍数增加，由此，在行政原则基础上形成的中心地系统也称作 K=7 的中心地系统。中心地间的数量关系为：1—6—42—294—2 058—…。

4. 三原则适合的条件

在三原则中市场原则是基础，交通原则和行政原则可看作是对市场原则基础上形成的中心地系统的调整。克里斯塔勒进一步分析了三原则的中心地系统在怎样的条件下能够发挥出更大的作用。

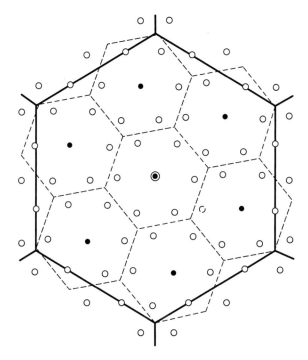

图 13-6　*K*=7 的中心地系统

资料来源：克里斯塔勒（1998）。

市场原则适用于由市场经济为基础的中心地货物和服务供给。交通原则适用于新的开发区域、交通过境地带或聚落呈线状分布地域。行政原则比较适用于自上而下的政府主导体制。另外，自给性强、与城市相对隔离的山间盆地地区，行政原则的作用相对较强。

克里斯塔勒认为，高级中心地对远距离的交通要求大，因此，高级中心地按交通原则布局，中级中心地布局行政原则作用较大，低级中心地的布局更适合市场原则。

五、中心地理论的验证

上述是克里斯塔勒中心地理论的核心，为了检验自己的理论正确与否，他进行了实证研究。首先按照各中心地中心性的大小进行中心地等级划分。所谓中心性，是中心地对周围地域作用的相对强度的总和，实际上是表示中心地职能大小的一个指标。他在德国南部的实证研究中，使用各中心地拥有的电话门数来测定中心性（13-1）式。

在电话普及的初期，电话拥有门数在某种程度上可反映中心地的经济活动状态。

$$C_t = T_t - E_t \frac{T_r}{E_r} \tag{13-1}$$

式中：C_t 表示 t 中心地的中心性；T_r 和 T_t 分别表示区域整体和 t 中心地拥有的电话门数；E_r 和 E_t 分别表示区域整体和 t 中心地的人口；T_r/E_r 人均电话门数乘以 t 中心地人口为理论电话门数。

　　克里斯塔勒根据上述公式对德国南部中心地的中心性进行了计算，然后，根据计算结果把当时德国南部的中心地划分为 7 个等级（L，P，G，B，K，A，M）。最高级的中心地（L）有慕尼黑、法兰克福、斯图加特等，这级中心地基本是以一定的间隔布局。

　　克里斯塔勒还测定了各级中心地间的距离，他发现最低一级的中心地（M）间的距离为 7 千米。根据前文所述，高级中心地间的距离是次一级中心地间距离的 3 倍。那么，理论上，从低级到高级中心地各相同等级中心地之间的距离应为：7—12—21—36—62—108—185 千米。这个结果与当时实际测得的数据很吻合（表 13-1）。克里斯塔勒进一步分析了各地域中心地分布类型，在莱茵河谷地域呈直线分布着许多 P 级和 G 级中心地，他认为用交通原则解释较好，而慕尼黑的南部地域人口密度比较低，是均质的农业地域，因此，中心地分布受市场原则的作用较强。

六、克里斯塔勒中心地理论的意义和不足

1. 克里斯塔勒中心地理论的意义

　　（1）克里斯塔勒中心地理论是地理学由传统的地区个性描述走向对空间规律和法则探讨的直接推动力，是现代地理学发展的基础。克里斯塔勒作为地理学家把演绎的思维方法引入地理学，研究空间法则和原理，无疑是对地理研究思维方法的一大革命。也正因为这样，他被后人尊称为"理论地理学之父"（邦奇，1991）。

　　（2）中心地理论是城市地理学和商业地理学的理论基础。具体表现在如下五个方面：一是关于城市等级划分的研究；二是关于城市与农村地域相互作用关系的研究；三是关于城市内和城市间社会与经济空间模型的研究；四是关于城市区位和规模以及职能为核心的城市时空分布的研究；五是关于零售业和服务业的区位布局、规模及空间模型的研究。

　　（3）中心地理论是区域经济学研究的理论基础之一。中心地与市场地域（也可看

作腹地）间的关系，对研究区域结构具有重要的意义。在区域规划中，按照中心地理论可合理布局区域公共服务设施及其他经济和社会职能。

2. 克里斯塔勒中心地理论存在的问题

克里斯塔勒的中心地理论对地理学、城市经济学和区域经济理论做出了巨大的贡献，但仍然存在一些不足之处。

（1）只重视货物供给范围的上限分析，即中心地的布局是按照上限大小来决定。尽管他也提出了货物的供给下限，但缺乏详细分析。对各种货物得到怎样程度的超额利润的论述也不明确。

（2）K 值在一个系统中是固定不变的。事实上，由于地域的作用条件不同，在形成的区位模型中，各等级的变化用一个固定的 K 值无法解释。

（3）把消费者看作"经济人"，认为消费者首先利用离自己最近的中心地，但在现实中，消费者的行为是多目标的。因此，消费者更倾向于在高级中心地进行经济或社会行为活动，这样会导致高级中心地的市场地域范围扩大，使中心地系统结构发生变形。

（4）忽视了集聚效益，事实上，同一等级或不同等级的设施集中布局会产生集聚效益，克里斯塔勒只重视各等级中心设施的出现，对出现的数量不感兴趣。

（5）对需求的增加、交通的发展和人口移动带来的中心地系统的变化没有进行论述。

第二节　勒施的中心地理论

在克里斯塔勒的中心地理论发表七年之后，德国经济学家勒施在 1940 年出版了《经济空间秩序》一书，提出了与克里斯塔勒中心地理论极其相似的中心地模型。《经济空间秩序》一书由理论研究和实证考察组成，理论部分涉及区位、经济地域和贸易三部分。地理学者感兴趣的只是地域部分，也就是我们通常所说的勒施的中心地理论，这只不过是其庞大研究中的一部分。他的理论从经济区位论的观点来看，特点是以最大利润原则代替了韦伯的最低费用原则。本节主要介绍他对中心地理论的发展。

一、单一职能的区位空间均衡

勒施首先探讨了只供给一种货物时的区位空间均衡过程。类似于克里斯塔勒，他在建立市场区位模型时，进行了如下条件的假定。

（1）在均质的平原上，沿任何方向运输条件都相同；进行生产必要的原料充足，且均等分布。

（2）在平原中均等地分布着农业人口，最初他们的生产是自给自足，且消费者的行为相同。

（3）在整个平原中居民都具有相同的技术知识，所有的农民都可能得到生产机会。

（4）除经济方面的作用外，其他因素都可不考虑。

在上述假定条件下，如果某个农户决定生产啤酒，那么，随着啤酒销售量的增加，供给的市场地域也会扩大。但是，在市场地域扩大的同时，运费也随之增加。这就是说，由于运费的增加，生产者的市场地域不可能无限扩大。

勒施用图 13-7 对这种关系进行了说明。图 13-7 的横轴表示销售量，纵轴表示生产价格（或出厂价）OP 加上运费的实际销售价格。在生产地点 P 处的居民购买的啤酒量为 PQ，随着远离 P 点，运费不断增加，啤酒的销售价格也随之增加，居民对啤酒的购买量会减少。运费达到 PF 时，居民的需求为 0，此时，PF 为啤酒的最大销售半径。

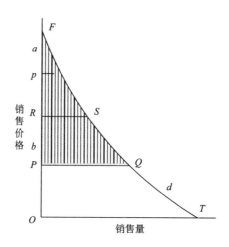

图 13-7   需求曲线

资料来源：勒施（1995）。

　　啤酒的需求曲线 d 是生产价格 p 和运费 t 的函数，可由下式表示：$d=f(p+t)$。总需求量 D 等于以 PQ 为轴、PF 为半径，旋转一周所形成的圆锥体的体积（图 13-8）。这一关系可由（13-2）式来表示：

$$D = b \cdot \pi \int_0^R f(p+t) \cdot t \cdot dt \qquad (13\text{-}2)$$

其中：$R=PF$；b 是人口密度的 2 倍；π 为圆周率。

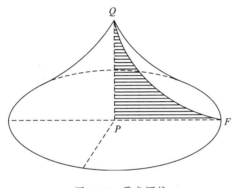

图 13-8　需求圆锥

资料来源：勒施（1995）。

　　实际上，工厂的生产价格 p 不是一个已知数，它是总需求量 D 的函数，即 $p = f(D)$。这一关系可由图 13-9 的 q 曲线（可看作需求曲线）来表示，横轴为需求量，纵轴为生产价格 p。如果考虑到供给曲线 π，即生产一定量的产品所需要的最小平均费用时，那么，两曲线的交点为生产均衡点。假如工厂的生产价格定为 M'，那么 $M'N'$ 表示在最小平均费用下的生产量，但由图 13-9 可看到，总需求量决定的销售量明显要比 $M'N'$ 大。也就是说，在这种条件下的生产量并未达到规模经济，合理的经营规模应该在需求曲线和供给曲线的交点 S 与 N 点。不过，企业通常的经营方式是降低生产价格扩大销售量，因此，N 点是最佳经营规模。在两曲线不相交的点进行生产时，要么是因运费太大，抑制需求；要么是因生产规模太小，不能达到规模经济。在 N 点进行生产，MN 为啤酒的销售量，OM 为工厂的生产价格。事实上，所有商品的生产价格都是由销售量和最小平均费用两者决定，最大销售量则取决于运费（或商品的最大销售距离）。

　　上述考虑的是单一的市场圈，当存在几个市场圈时，整个空间将如何分割呢？勒施认为，各生产者的市场圈会变为蜂窝状的六边形结构。

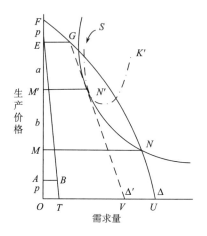

图 13-9　需求曲线与最佳规模

资料来源：勒施（1995）。

在平原中，随着啤酒生产者的增加，首先会出现销售圈的相互接触，但在这一阶段啤酒生产者仍然会增加。因为被各个销售圈所夹的空隙内的消费者从所有的生产者都能得到啤酒供给。如图 13-9 所示，由于生产者间的相互竞争，需求曲线变为 Δ′，均衡点移到了 Δ′ 和供给曲线 π 的接触点 N′。这样，总销售量由 MN 减少到 M′N′。如果总销售量为 MN 时，最大的销售半径是 R，总销售量变为 M′N′ 时，销售圈最小，其半径（正六边形的内接圆半径）用 ρ 表示。商品的品种不同，销售半径也不同。因为现在研究的是单一职能的区位空间均衡，因此，销售半径是相同的。

图 13-10 表示销售圈随着竞争者增加的变化过程。从几何学来看，最小的销售圈按照正六边形组合最佳。现在假设图 13-8 中的 QF 为直线，圆锥体的高 PQ=H，圆锥的底圆半径 PF=R，用与旋转轴 PQ 平行且相距 ρ 的平面切割需求圆锥体所剩余的体积为：

$$V = \frac{H}{3}\left(R^2 \arccos\frac{\rho}{R} - 2\rho\sqrt{R^2-\rho^2} + 2.302632\frac{\rho^2}{R}\log\frac{R+\sqrt{R^2-\rho^2}}{R}\right) \quad (13\text{-}3)$$

使切出的圆锥体底部形状分别为小圆（半径为 0.909r，r 为六边形的外接圆半径，r<R）、正六边形、正方形和正三角形，当它们的平面面积相等时，按照（13-3）式可计算出各种情况下的拟圆锥体的体积。在这些拟圆锥体中，总需求量最大的是大圆（未切割的圆锥体），每单位面积需求量最大的是小圆。不过，小圆之间存在空白区，因此，就地域整体而言，每单位面积需求量最大的是外接圆半径和内接圆半径的差最小，接

近于正六边形。由此可见，克里斯塔勒的正六边形模型是最佳的经济地域。正六边形的需求量比正方形需求量大 2.4%，比正三角形的需求量大 12%，比圆的需求量大约 10%。因此，尽管正六边形是最有利的经济地域，但与正方形相差极小。实际上，在地理条件复杂的现实地域中，这种差异完全可以不考虑。

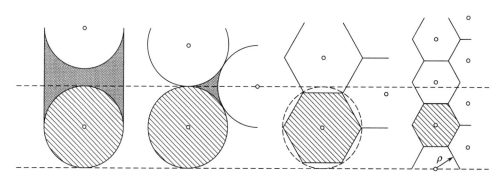

图 13-10　市场区向市场网的演变

资料来源：勒施（1995）。

二、勒施的中心地系统

上述分析了勒施理论关于单一职能的均衡问题，从上文的分析可知，勒施推导出的单一职能的中心地模型与克里斯塔勒的模型非常相似。下面进一步研究在多种职能供给情况下勒施的中心地系统。

与单一职能的均衡不同，多种职能供给情况下的勒施中心地系统与克里斯塔勒模型差异较大，主要是因为前提条件假设不同。勒施在建立供给多种职能的中心地系统时，进行了如下前提条件假设。

（1）最小聚落 A_1，A_2，A_3，…呈类似蜂窝状分散分布，其间隔为 a 千米。

（2）生产工业产品的最小中心地 B_1，B_2，B_3，…之间的间隔为 b 千米。

（3）B_1 供给的聚落包括自身共有 n 个。

（4）必要的运输距离为 nV。

（5）正方形市场地域的面积为 F。

在假定中的基础聚落不仅是消费者的居住地，同时也是企业布局的地点。基础聚落能够供给等级低的自给性货物，如果供给门槛值稍大的货物，仅以自己的聚落为市场是不能够成立的，为此，必然把相邻的聚落也作为自己的市场地域。也就是说，比自给性货物等级稍高的货物同时也供给相邻的 6 个基础聚落。如果自给性货物的市场地域规模为 1，比其等级稍高的货物的市场地域为 3，前者因为是自给性货物，因此主要满足 1 个基础聚落；后者则是以 3 个基础聚落为对象。如果供给门槛值更大的货物，其市场地域和拥有的基础聚落数同样会有规律地扩大。那么，这种规律性具有怎样的特征？图 13-11 表示市场地域规模从 3 到 21 的市场系统。图 13-11 中市场地域的规模由地域号 1，2，3，…的大小来表示，随着地域号码增大，市场地域规模以 3，4，7，

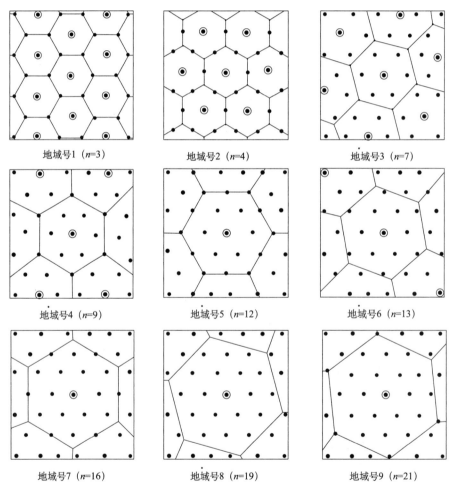

地域号1（$n=3$）　　　　地域号2（$n=4$）　　　　地域号3（$n=7$）

地域号4（$n=9$）　　　　地域号5（$n=12$）　　　　地域号6（$n=13$）

地域号7（$n=16$）　　　　地域号8（$n=19$）　　　　地域号9（$n=21$）

图 13-11　市场规模与市场地域的关系

注：n 表示市场地域的大小；地域号是规模序数。

资料来源：比冯（Beavon，1977）。

9，…的顺序扩大，这个数列也称为勒施数码。如果以 *n*=3 的市场地域的中心地配置为
基础，*n*=4 的市场地域的配置可看作是 *n*=3 的配置以最高级中心地为中心旋转 90 度，
扩大而形成的。同样，*n*=7 的市场地域配置可当作是 *n*=4 的配置旋转一定的角度并扩
大而形成的。如此不断地旋转和扩大就可形成图 13-11 所表示的所有市场地域。从
图 13-11 可知，随着货物的门槛值增大，市场地域规模也在扩大，同时拥有的基础聚
落也在增加，但增加的比例不同于克里斯塔勒的中心地模型。

　　图 13-11 表示各个市场地域的个别情况，如果把它们全部重叠起来，就会形成
图 13-12 那样的市场系统，即位于地域中心的中心地分别以 *n*=3，4，7，9，12，13，
16，19，21，25 形成的市场系统，也可看作是供给 10 种门槛值不同的货物时所形成
的市场系统。在这种市场系统中，各个 *n* 值决定基础聚落中的中心地，但有一些中心
地会被不同 *n* 值市场地域重复选择。换言之，有些中心地能够供给多种货物。在图 13-12
中，表示中心地位置的双重小圆旁边的数字就是该中心地供给货物的种类。由此可见，
位于地域中心的中心地拥有 1～10 的所有货物，如位于其右侧的 4 个中心地分别拥有
货物 2、货物 1 和 4、货物 2 和 7 以及货物 10，相互间具有一定的距离，拥有的货物
种类各不相同。

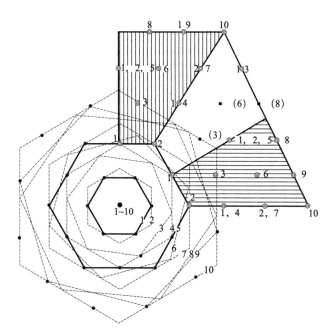

图 13-12　10 个最小市场网

资料来源：勒施（1995）。

勒施探讨了上述 10 种货物的市场系统的中心地间的距离 b 和拥有的基础聚落数 n（或市场规模，类型于克里斯塔勒的 K 值），以及各市场地域的面积和必要的运输距离之间的关系，但勒施对此的说明很不充分。因此，关于勒施模型的几何学特征，戴西、比冯等学者进行了详细的研究，不仅补充和说明了勒施模型，而且加深和发展了勒施的区位理论。如马歇尔在研究关于勒施模型的构建过程时，采用了菱形坐标轴来构建模型（图 13-13）。他首先确定原点，然后按照顺序选择初期职能区位点 $P(n)$（n 是勒施数码）。菱形坐标的水平轴为 x，斜交轴为 y 时，各个市场规模 n（或勒施数码）为：

$$n = x^2 + xy + y^2 \qquad (13\text{-}4)$$

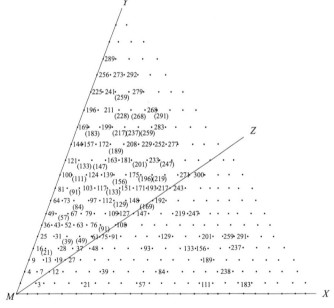

图 13-13　P（300）为止的初期职能区位点配置

注：（　）表示其他可能配置。

资料来源：森川洋（1982）。

x 和 y 是离原点最近的距离，是除原点最初布局的职能点。这一点戴西也称最初职能区位点，图 13-13 表示 300 种货物的最初职能区位点的配置。比如 A 中心地的座标为（4，1），那么它的市场规模 n 根据（13-4）式可求出，即：

$$n = x^2 + xy + y^2 = 16 + 4 \times 1 + 1 = 21$$

它的市场地域配置模型相当于图 13-11 的第 9 种类型。中心地间的距离与市场规模（或中心地拥有的基础聚落数）n 之间具有如下关系：

$$b = a\sqrt{n}$$

上式表示同一等级中心地间的距离等于基础聚落之间的距离乘以该中心地所拥有的基础聚落数。比如，图 13-11 的第 9 种类型，各中心地间的距离 $b = a\sqrt{n}$ $= a\sqrt{21} = \sqrt{21}a$。

按照比冯的推导，面积 F 与市场规模具有如下关系：

$$F = \frac{1}{2}a^2 \cdot n\sqrt{3} = \frac{\sqrt{3}}{2}a^2 n$$

上式表示中心地的市场地域面积等于基础聚落之间距离的平方乘以该中心地所拥有的基础聚落数的 $\frac{\sqrt{3}}{2}$ 倍。如图 13-11 的第 1 种类型，中心地的市场地域面积 $F = a^2 \times$

$3 \times \frac{\sqrt{3}}{2} = \frac{3\sqrt{3}}{2} a^2$。

最终的勒施中心地系统结构是假定在地域中心存在一个共同的中心地，勒施把它称作大城市，它能够供给 150 种货物，可以满足大范围的地域需求；同时，在大城市的周围存在相互交叉的 12 个扇形区，其中 6 个扇形区内供给货物的中心地分布多，勒施称其为城市多的扇形区（city-rich setor），另外 6 个扇形区内供给货物的中心地分布少，勒施称作城市少的扇形区。图 13-14 表示围绕大城市的两个扇形区内中心地的位置，实际上该图类似于图 13-12 供给 10 货物的中心地系统，只是现在供给的货物更多，另外，考虑到了地域差异而已。从图 13-14 可看出，都市少的扇形区不仅供给货物的中心地数量少，而且每个中心地供给的货物种类也比城市多的扇形区小；同时，货物的等级也比较低，换言之，中心地的中心职能低。

勒施为了与政治概念相区别，把中心地的市场地域称作经济景观。在这一系统中，2 个以上的职能可以拥有同一规模的市场地域，即各职能可孤立地存在。

当只存在一个大城市时，所形成的中心地市场系统如上所述，如果存在几个大城市时，中心地的市场系统将是怎样的呢？勒施把各经济景观（即由大城市所支配的大规模的市场地域）作为 1 个单位，研究了它们相互间的关系。最初的大城市 H_1 当其拥有的市场地域半径为 L 时，在超出 L 的地域大城市 H_1 的区位集聚利益以及两种扇形的差异和连接各扇形的交通线上的利益都会消失。当离 H_1 的距离达到 $2L$ 时，下一大城市 H_2 就会出现。按照同样的发展过程，类似于 H_1，H_2，H_3，…的大城市数量不断增

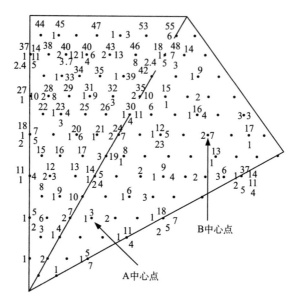

图 13-14　各中心地在市场网中的位置

资料来源：勒施（1995）。

加，最终会形成以这些大城市为中心的经济景观仍然为正六边形的系统。当考虑到扇形区内城市分布的多少时，可分为如图 13-15 中的两种情况来研究。图中的双线是表示连接大城市间的远距离交通线，虚线表示各经济景观的边界线，阴影部分表示城市

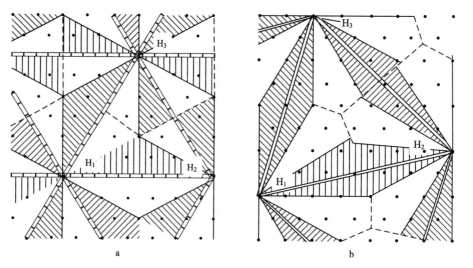

图 13-15　经济景观间的关系

资料来源：勒施（1995）。

多的扇形区。在图 13-15a 中，远距离交通线是直线，它具有连接许多城市的优点。图 13-15b 中远距离交通线上城市分布则很少，相反，在远离交通线的地方布局着很多的城市。

总之，所有的企业在以这些大城市 H_1，H_2，H_3，…为中心的各景观区内至少有一个在布局，但布局的数量和位置因必要的运输距离 ρ 的大小而不同。当 $L>\rho>L/2$ 时，企业只在各大城市布局，ρ 只有比 L 小才能得到超额利润。当 $L/2>\rho>L/3$ 时，企业除在大城市布局外，在各经济景观的边界线或附近（远离边界最多 $L/3$ 处）布局。这种情况下，企业的市场地域跨相邻的两个经济景观。

三、勒施理论与克里斯塔勒理论的差异

正如上文分析，勒施的理论与克里斯塔勒的理论具有许多相同之处，但两者并非完全一致，在很多地方存在根本的差异。

（1）两种模型建立的前提条件不同。勒施的六边形市场系统模型是在人口和需求均等的基础上形成的，而克里斯塔勒只强调人口有规律地分布。

（2）在布局过程中，克里斯塔勒的理论是根据货物销售范围的上限，自上而下地布局（即首先布局的是高级中心地，然后是低级中心地）；与此相反，勒施的理论是按照各种货物必要的运输距离，即货物销售的下限，自下而上构建中心地的市场系统。

（3）克里斯塔勒的模型是以明显的等级结构系统为特征，而勒施的模型属于非等级系统。在勒施的模型中，市场地域大小是比较连续地变化，即以 1，3，4，7，9，12，13，…的规律变化；而在克里斯塔勒的模型中，市场地域的大小呈等级变化，如 $K=3$ 的系统，是以 1，3，9，27，91，…的规律变化。

（4）关于中心地的等级与所供给货物的种类间的关系，两者也存在差异。在克里斯塔勒的模型中，两者具有明确的对应关系，即同一等级中心地的中心职能相同，所供给货物的种类也相同，一般高级中心地具有低级中心地的所有职能。但在勒施的模型中，即使是同一等级中心地所供给的货物种类也不相同，高级中心地不一定具有低级中心地的所有职能。由于两种模型对等级性的解释不同，因而导致对中心地间货物移动的说明也不相同。在克里斯塔勒的模型中，所有的货物都是由高级中心地流向低级中心地，绝对不会存在相反方向的供给，而且同一等级的中心地因为供给同样货物，所以相互之间不存在货物的流动。但在勒施的模型中，除中央大城市外，各中心地间特别是同一等级的中心地由于中心职能的专业化，相互间可以供给货物，而且低级中

心地也有可能向高级中心地供给货物。勒施的模型同时考虑了供给和生产这两个方面，明显要比只考虑中心性货物供给的克里斯塔勒的模型更接近现实。

（5）在克里斯塔勒的模型中，中心地的职能规模和人口规模完全相对应，具有高级职能的中心地，人口规模也大。在勒施的模型中，没有明确论述中心地的规模，但从他的分析可得到这样的结论：中心地职能与人口并非对应，具有同一职能的中心地，人口不一定相同，中心性职能少的中心地未必比中心性职能多的中心地人口少。也就是说，在勒施的模型中，中心地的职能等级结构和规模等级结构未必一致。

第三节　中心地理论的发展

克里斯塔勒和勒施的中心地模型是中心地理论与实践研究的基础，他们的理论对区位论、地理学和经济学的发展做出了巨大的贡献。但正如上文所述，两者都存在一定的缺陷，为此，许多学者如贝利、加里森、贝克曼、戴西、比冯、帕尔等在克里斯塔勒和勒施的基础上，对中心地理论进行了修改和完善，提出了更加符合实际的理论模型。

一、贝利和加里森的中心地模型

20 世纪 50 年代末，贝利和加里森对中心地的等级性、货物供给的范围和中心职能的成立过程等进行了详细的论述，他们首次采用计量手段来研究中心地并提出了门槛人口（threshold population），对中心地理论给予新的解释。

门槛人口是指某种职能在中心地布局能够得到正常利润需要的最低限度的人口。门槛人口的概念类似于克里斯塔勒理论中所讲的货物供给范围的下限，但前者是指被供给的人口，是人口数的概念；而后者是指被供给的范围，是距离的概念。贝利和加里森是通过（13-5）式来决定回归曲线中的参数 A 和 B，（13-5）式中 $N=1$ 时的 P 值就为门槛人口。

$$P = A(B^N) \qquad\qquad (13\text{-}5)$$

式中：N 为中心地职能的设施数；P 为中心地的人口。

贝利和加里森按照（13-5）式详细计算了美国当时一些职能的门槛人口，如加油站为 200 人，小学为 300 人，教堂为 250 人，理发店为 400 人，牙医为 410 人，律师为 510 人等。一般门槛人口大的中心职能，供给的市场地域范围也大，通常在等级高的中心地布局；相反则在等级低的中心地布局。由此可见，中心职能的等级性可反映中心地规模的等级性。贝利和加里森根据（13-5）式求出各中心职能的门槛人口进行中心地等级划分（贝利，2006）。

贝利和加里森进一步从动态角度分析了中心地规模扩大对中心职能布局的作用。他们认为随着中心地规模的扩大，中心职能数会增加，每个中心职能得到超额利润的可能性就会减少。同时，随着中心地的人口增加，市场地域规模扩大，各中心职能因规模经济而扩大，最终趋于适当的规模。

在门槛人口的研究基础上，贝利和加里森进一步探讨了中心地的布局过程。他们认为，克里斯塔勒和勒施两理论就人口与需求均等或有规律分布的假定是非现实的，根据货物供给的上限和门槛人口的概念，即使取消这些假定，中心地的等级空间结构也存在；而且，这种等级结构不仅适用于区域水平的中心地系统，同时也能适用于城市内部的中心地系统。

如表 13-2 所示，在供给第 1 到第 n 的 n 种货物的区域中，能够供给 n 货物的最大中心地为 A。许多 A 类型的中心地具有 n 货物的供给职能，所以它们在空间上会相互竞争，最终各职能对应于门槛人口按照最有效的供给进行布局。考虑到集聚利益，$n-1$ 货物由 A 中心地供给是最有效的，因此，它也由已有的 A 中心地供给。因 $n-1$ 货物比 n 货物的门槛人口小，因此，在 A 中心地布局 $n-1$ 货物的设施能够得到超额利润。同样，对于从第 $n-2$ 货物到第 1 个货物在 A 中心地布局的思路也同样。

但是，当第 $n-i$ 货物出现时，在供给货物的两个 A 中心地的市场地域之间的中间区域，其购买力已达到第 $n-i$ 货物的门槛人口。在这种条件下，只有满足 $n-i$ 货物的供给上限，由已有的 A 中心地供给是可能的，但是，低一等级的中心地 B 出现，供给这些货物更有效。如果市场地域正好达到门槛人口，那么，中心地 B 的 $n-i$ 货物的供给设施只能得到正常利润。如果不是门槛人口的整数倍，则中心地 B 能够得到一定的超额利润。同样，在 $n-j$ 货物出现时（$i>j$），新的中心地 C 将会出现（表 13-2）。

贝利和加里森把这种促使新中心地如 B 和 C 等低级中心地出现的货物 $n-i$ 和 $n-j$ 称作边界等级货物（marginal hierarchical good）。这些货物（职能）的布局只能得到正常利润，但布局其他的货物（职能）可以得到一定程度的超额利润。在表 13-2 中，如中心地 C 和在中心地 C 范围内的低级中心地，不能供给从 $n-i$ 到 $(n-j)-1$ 的货物，这些货物只能由 B 中心地或 A 中心地供给。对于从 n 到 $(n-i)-1$ 的货物供给只能依赖于 A 中心地。由此可见，贝利和加里森理论中的边界性等级货物是各中心地供给的最高等级的货物。这一点与克里斯塔勒的货物供给范围的界限的概念不同，克里斯塔勒是用供给范围的上限来说明，而贝利和加里森则是用下限来说明。

表 13-2　各等级中心地与其供给货物的关系

中心地	A	B	C		M
供给货物	$n*$				
	$n-1$				
	$n-2$				
	…				
	…				
	$n-i$	$(n-i)*$			
	$n-(i+1)$	$n-(i+1)$			
	…	…			
	…	…			
	$n-j$	$n-j$	$(n-j)*$		
	$n-(j+1)$	$n-(j+1)$	$n-(j+1)$		
	…	…	…		
	…	…	…		
	…	…	…	…	
	$n-k$	$n-k$	$n-k$	$n-k$	$(n-k)*$
	$n-(k+1)$	$n-(k+1)$	$n-(k+1)$	$n-(k+1)$	$n-(k+1)$
	…	…	…	…	…
	…	…	…	…	…
	1	1	1	1	1

* 等级规定货物。

资料来源：林上（1986）。

　　贝利和加里森模型建立的前提条件不需要人口与需求均等分布的假定，这无疑比克里斯塔勒和勒施的模型更接近于现实。另外，门槛人口通过人口和营业所的回归分析比较容易求得，因此，该模型也便于实际操作。但他们的模型也存在一定的问题，如门槛人口的概念不太明确，不能完全说它就代表了货物供给范围的下限。从边界等级货物的定义出发，马歇尔对贝利和加里森的模型进行了批判，他认为随着边界等级货物的降低，各等级的中心地各出现一个，不能说明中心地的等级配置。西伊（Saey）以细长的岛屿为例，论述了贝利和加里森的等级结构在这样的条件下不能成立的事实。拉什顿也指出，在人口密度不同的地域，促使新中心地出现的中间地域的购买力在每个地域都不同，因此，会形成各种规模的中心地，最终破坏原有的等级结构。鉴于此，有的学者主张为了使模型更加完美，应该追加一些更严密的前提条件（林上，1986）。

二、中心地的等级性和中心地的规模模型

1. 中心地的等级性

等级性是中心地研究的一个重要概念，严格地说，等级性可分为空间等级组织和中心地等级划分两层涵义。前者是以中心地及其势力范围构成的空间单位为要素，在蜂窝状原理基础上形成的等级结构；后者是忽视空间等级结构，探讨的是中心地的等级水平，只是中心地等级划分。两者关于中心地研究的区别产生于对概念和在此基础上的分析方法的差异。前者是按照周边调查法研究在基于货物供给范围上的空间等级系统；后者是将门槛人口作为基本概念按照中心调查法研究中心职能和中心地划分问题。因此，即使在同一中心地系统中，两者分类的结果也不相同。

关于中心地系统是否存在等级性这一问题，一些研究城市规模序列分布的学者提出了疑义，认为中心地不存在等级性。其依据是济夫（Zifu）的城市位序法则（rank size rule），即第 r 级的城市人口相当于首位城市人口的 $1/r^n$ 倍。

$$P_r = P_1/r^n \tag{13-6}$$

式中：P_r 为 r 级城市人口；P_1 为首位城市人口；r 为城市等级数；n 为参数。

如果上式法则成立，意味着在城市间城市人口连续变化，也就是说，在城市间不存在等级间隔。因此，有的学者，如维宁（Vining）认为等级性是中心地研究者的主观臆想。

确实当时关于中心地等级划分的研究并不充分，为此，贝利和加里森用计量的方法对华盛顿州的一个郡的中心地进行了研究，证实了中心地等级性的存在（森川洋，1990）。

贝利和加里森进一步指出，在比较小的空间范围内的中心地配置明显存在等级结构，但就一国家或一个大地域而言，因地域内差异明显，即使是同一等级的中心地在规模上也存在差异，因此，就非空间水平中心地是连续分布的。

2. 中心地规模模型

中心地规模模型（central place size model）是说明中心地规模分布的模型。继克里斯塔勒和勒施之后，有很多学者对中心地的规模进行了研究并建立了许多理论模型。

（1）中心地规模模型的定义

为了研究方便，将中心地规模模型使用的专业名词和变量进行如下统一定义。

m：表示中心地等级水平的变量，最小为1，最大为 N，即：m=1，2，3，等级 N。

n：表示中心地规模级别的变量，最小为1，最大为 N，即：n=1，2，3，规模 N。

N：是等级的总数或规模级别的总数。两者间存在如下关系：

$$m=N-n+1 \text{ 或 } n=N-m+1$$

r_m：m 等级中心地拥有的最大市场地域所包含的人口。市场地域由中心地和腹地构成，但在 m=1 即最低等级市场地域情况下，中心地不存在。因此，此时 r_1 是指腹地人口。

p_m：m 等级中心地人口。

p_N：N 等级即最高等级中心地人口。

P_m：m 等级中心地服务的总人口。它是 m 等级中心地的人口和该等级对应市场地域人口的和，即：$P_m = p_m + r_m$。

k'：中心地人口可分为市场地域服务的部分（基础部分）和为中心地服务的部分（非基础部分），k' 相当于前者与市场地域人口的比。如 m 等级中心地的基础部分为 $p_{m,b}$，市场地域人口为 r_m 时，$k' = p_{m,b} / r_m$。

k：中心地人口占该中心地服务的总人口的比例，即：$k = p_m / (p_m + r_m)$，$0 < k < 1$。

K_m：相邻等级市场地域面积的比。相当于在 $m+1$ 等级市场地域中包含的 m 等级的市场地域数。如果是固定 K 系统，该值在整个系统中一定。

s_m：受 $m+1$ 等级中心地的直接影响，即支配 m 等级中心地数。

（2）贝克曼的模型

①中心地人口规模模型

贝克曼（Beckmann，1968）以克里斯塔勒的中心地系统为对象研究了中心地人口规模分布。他认为，m 等级中心地的总服务人口 P_m 等于中心地人口 p_m 和 $m-1$ 等级中心地的服务人口 sP_{m-1} 的和，即：

$$P_m = p_m + sP_{m-1} \tag{13-7}$$

贝克曼认为，中心地的人口 p_m 和其服务的总人口 P_m 之间具有下列关系：

$$p_m = kP_m \text{ 或 } p_m = k(p_m + r_m) \tag{13-8}$$

m 等级的市场地域人口 r_m 等于 $m-1$ 中心地服务的总人口，即：

$$r_m = sP_{m-1} \tag{13-9}$$

$$p_m = k(p_m + sP_{m-1}) \tag{13-10}$$

由上式可推导出：

$$p_m = \frac{k}{1-k} sP_{m-1} \tag{13-11}$$

（13-11）式中的 $k/(1-k)$ 贝克曼称为城市乘数，它等于 p_m/r_m，因此，m 等级的市场地域人口乘以城市乘数就等于 m 等级的中心地人口。

当 $m=2$ 时，$p_2 = ksP_1/(1-k)$，因 $P_1 = r_1/(1-k)$（$P_1 = p_1 + r_1$，$p_1 = k_1r_1/(1-k)$），因此，$p_2 = ksr_1/(1-k)^2$。

当 $m=3$ 时，$p_3 = ks_2/(1-k)$，因 $P_2 = p_2/k$，因此，$p_3 = ks^2r_1/(1-k)^3$。

总之，每上升一个等级，只要乘以 $s/(1-k)$ 就可求出新的等级的中心地人口。因此，m 等级的中心地人口 p_m 为：

$$p_m = \frac{kr_1}{1-k} \cdot \frac{s^{m-1}}{(1-k)^{m-1}} \tag{13-12}$$

$$p_m = \frac{ks^{m-1}r_1}{(1-k)^m} \tag{13-13}$$

贝克曼的模型使中心地模型更接近于现实，但也存在一定的缺陷。在贝克曼发表上述模型不久，帕尔就指出他对中心地系统中各等级中心地数量的比理解是错误的。贝克曼把该比作为 s，但正确的答案是 $s+1$。比如，在 $K=3$ 的中心地系统中 $K=s+1$，因此，s 为 2。也就是说，贝克曼把 s 和 K 相混同了，认为 $s=3$。因此，如果把 $s=3$ 代入（13-13）式，求得的中心地人口要比实际大。

②中心地服务的总人口

帕尔认为，m 等级中心地服务的总人口等于该中心地人口（p_m）加上 $m-1$ 等级中心地服务的总人口，再加上 m 等级中心地进行服务的 $m-1$ 职能的市场地域人口，即：

$$P_m = p_m + sP_{m-1} + r_{m-1} \tag{13-14}$$

在这种情况下，$s = K-1$。因 $p_m = kP_m$，因此：

$$P_m(1-k) = sP_{m-1} + r_{m-1} \tag{13-15}$$

$m-1$ 等级中心地服务的总人口 P_{m-1} 等于 p_{m-1} 与 r_{m-1} 的和，由此可推导出：

$$P_{m-1} = \frac{r_{m-1}}{1-k} \qquad (13\text{-}16)$$

将（13-16）式代入（13-15）式，可得到下式：

$$P_m = \frac{r_{m-1}}{1-k}\left(\frac{s}{1-k}+1\right) \qquad (13\text{-}17)$$

$m-1$ 等级中心地人口 p_{m-1} 等于它服务的总人口 P_{m-1}（$P_{m-1}=r_{m-1}/（1-k）$）乘以 k，根据（13-14）式，下列等式也能成立：

$$\frac{r_{m-1}}{1-k} = \frac{kr_{m-1}}{1-k} + sP_{m-2} + r_{m-2} \qquad (13\text{-}18)$$

与（13-16）式相同，下式也能成立：

$$P_{m-2} = \frac{r_{m-2}}{1-r} \qquad (13\text{-}19)$$

把（13-19）式代入（13-18）式，整理可得到下式：

$$\frac{r_{m-1}}{1-k} = \frac{r_{m-2}}{1-k}\left(\frac{s}{1-k}+1\right) \qquad (13\text{-}20)$$

再把（13-20）式代入（13-17）式，可得到下式：

$$P_m = \frac{r_{m-2}}{1-k}\left(\frac{s}{1-k}+1\right)^2 \qquad (13\text{-}21)$$

依此类推，就可得到 m 等级中心地服务的总人口与最低等级农村人口的关系，即：

$$p_m = \frac{r_1}{1-k}\left(\frac{s}{1-k}+1\right)^{m-1} \qquad (13\text{-}22)$$

通过上式也可很容易求出 m 等级的中心地人口 p_m，即：

$$p_m = \frac{kr_1}{1-k}\left(\frac{s}{1-k}+1\right)^{m-1} \qquad (13\text{-}23)$$

由此可见，中心地的人口随着等级上升呈指数曲线增加。在贝克曼的模型中，k 与中心地的等级无关，为一固定值，这无疑存在一定的问题，为此，贝克曼提出了可变 k 值的规模模型。

（3）戴西的模型

戴西把经济基础的概念考虑在内，提出了另一种中心地规模模型。他假定中心地的等级与货物种类相对应，如 m 等级中心地供给 m，$m-1$，$\cdots$，3，2，1 种货物；最大的中心地，即 N 中心地供给所有的货物。戴西将对市场地域的供给和对中心地的供给相区别，对市场地域服务的部分称为基础活动，除此之外的部分称作非基础活动。从事基础活动的人口和市场地域人口的比用 k' 表示，则基础活动人口等于市场地域人口乘以 k'。

现在研究一下等级 1 的中心地人口。该人口首先包括相对于农村人口 r_1 供给最低等级货物的人口，即从事基础活动的人口，它应等于 $k'_1 r_1$。同时再加上相对于从事这一基础活动的人口供给同一货物的人口，即从事非基础活动的人口，它等于 $k'_1 r_1 \cdot k'_1$。从事非基础活动的工作者其自身是新的需求的产生源，因此，为了供给他们需要 $k'_1 r_1 \cdot k'_1 \cdot k'_1$ 活动人口。以此类推，中心地人口 p_1 可由下式表示，即：

$$p_1 = k'_1 r_1 + k'_1 r_1 \cdot k'_1 + k'_1 r_1 \cdot k'_1 \cdot k'_1 + \cdots \tag{13-24}$$

（13-24）式第一项是基础活动人口，从第二项以后为非基础人口。上述为一等比数列，其和为：

$$p_1 = k'_1 r_1 / (1 - k'_1) \tag{13-25}$$

对于所有货物，基础活动和非基础活动的区别都一致，因此，等级 2 的货物基础活动人口为 $k'_2 r_2$，等级 3 的货物为 $k'_3 r_3$。等级 m 中心地的基础活动人口总数 X_m 为：

$$X_m = k'_1 r_1 + k'_2 r_2 + k'_3 r_3 + \cdots + k'_m r_m \tag{13-26}$$

$$X_m = \sum_{i=1}^{m} k'_i r_i \tag{13-27}$$

对由 X_m 人口产生的地方需求进行服务的非基础人口总数为：

$$X_m k'_1 + X_m k'_2 + + X_m k'_3 + \cdots + X_m k'_m = X_m \sum_{i=1}^{m} k'_i \tag{13-28}$$

$X_m \sum_{i=1}^{m} k'_i$ 自身会产生新的需求，为此，它所需要的非基础人口为 $X_m \sum_{i=1}^{m} k'_i \cdot \sum_{i=1}^{m} k'_i$。结果，中心地人口 p_m 为：

$$p_m = X_m + X_m \sum_{i=1}^{m} k'_i + X_m \left(\sum_{i=1}^{m} k'_i \right)^2 + X_m \left(\sum_{i=1}^{m} k'_i \right)^3 + \cdots \tag{13-29}$$

（13-29）式为等比数列，因此：

$$p_m = X_m \bigg/ \left(1 - \sum_{i=1}^{m} k_i'\right) \qquad \left(0 < \sum_{i=1}^{m} k_i' < 1\right) \qquad （13-30）$$

$$或\ p_m = \sum_{i=1}^{m} k_i' r_i \bigg/ \left(1 - \sum_{i=1}^{m} k_i'\right) \qquad （13-31）$$

戴西的模型明显不同于贝克曼的模型，他考虑了在经济基础概念上的乘数效应并由此来决定中心地人口。优点在于除中心职能外，从事地方职能，如工业的人口也有可能加入模型中。在这种情况下，中心地人口等于在基础活动人口的总数 X_m 中，加入从事这些职能的人口，再加上向整体服务的人口即可。

中心地规模模型的意义在于进行现实城市规模分布的比较。除上述分析的两种模型外，还有一些其他模型，如马歇尔和帕尔等模型。

三、中心地模型的体系化

1. 混合等级模型

混合等级（mixed hierarchies，MH）模型是沃登伯格（Woldenberg）以克里斯塔勒模型为基础，在市场地域比即 K 值非固定的情况下，通过求得几个市场地域数的平均值，而建立的更接近现实的中心地系统。他认为，在现实中的中心地系统常常是克里斯塔勒的三组织原理（$K=3$，$K=4$，$K=7$）同时并存。$K=3$ 的系统按照规模市场地域数由大到小顺序为：1，3，9，27，81，243，…。$K=4$ 的系统为：1，4，16，64，256，1 024，…。$K=7$ 的系统为：1，7，49，343，2 401，…。这些数归纳为几个等级类型是可能的，通过算数平均和几何平均求出每个等级的收敛平均。按照这种归纳方法可得到下列市场地域数列，即：1，3.48，10.33，37.18，147.19，517.86 等等（表 13-3）。由表 13-3 的第二列可得到中心地的大概数列为：1，2，7，27，110，371，…。MH 模型的特点是：①K 值不是一个固定值，而是一个平均值；②中心地系统是一个融合系统，包括了市场、交通和行政三原则。MH 模型也存在一定的问题，如求市场地域数的平均值时的分类化（表 13-3 的第二列）没有理论根据，随机性太强；另外，MH 模型不同于克里斯塔勒模型，它在空间上很难表现，也就是说，该模型只重视中心地和市场地域各等级的个数而忽视了空间，属于一种非空间模型。

表 13-3 三种平均值基础上的市场地域数

中心地等级	类型 K_A=3, 4, 7	几何平均	算术平均	收敛平均	克里斯塔勒模型	芬兰的经验值
6	1, 1, 1	1	1	1	1	1
5	3, 4,	3.46	3.5	3.48	3.3	3
4	7, 9, 16	10.00	10.66	10.33	10	9
3	27, 49	36.37	38.00	37.18	33	36
2	64, 81, 243, 256	134.01	161.00	147.19	100	151
1	343, 729	500.04	536.00	517.86	333	513

资料来源：林上（1986）。

2. 一般等级模型

MH 模型在中心地各等级的市场地域数的分析上，比克里斯塔勒的模型更接近现实，但关于空间组织的说明不如克里斯塔勒模型那么明确。为此，帕尔提出了既保持克里斯塔勒模型的等级结构，但 K 值不固定的一般等级系统（general hierarchical system），即 GH 模型。克里斯塔勒模型只不过是 K 值相对于中心地的等级一定时的 GH 模型的一种特殊形式。

图 13-16 表示非克里斯塔勒形态的六边形市场地域的 GH 模型，同样也可设计出类似的四边形市场地域模型。在 GH 模型中，相邻等级中心地数和市场地域数的比不是固定的。如在图 13-16 的系统中，总共存在 4 个等级的中心地，从下数第二等级和最低等级中心地的市场地域面积比，即 K_1=3，同样 K_2 也等于 3，但 K_3 不等于 3，而为 4，不同于克里斯塔勒固定 K 值的模型。一般等级模型的优点在于能够合理地解释在不同情况下空间组织的作用。比如，消费者一般是根据空间尺度来选择交通手段，去近的地方通常是徒步，而去稍远的地方则利用公共汽车。一般 K=3 的市场原理适合于居住地和中心地间距离较短的徒步情况，而利用公共汽车呈线状移动的情况，比较符合 K=4 的交通系统。就系统整体的统一性而言，根据 K=4 的行政原理所设定的系统界线最理想。

在 GH 模型中，各等级水平具有不同的 K 值，如 m 等级可由 K_{m-1}（$m>1$）表示，其涵义是从 $m-1$ 等级上升一个等级到 m 时的市场地域规模的增加率，也称为嵌套因子（nesting factor）。在存在 N 个等级的 GH 模型中，嵌套因子总共有 $N-1$ 个。嵌套因子的集合可由 $\{K_i\}$ 来表示，其要素为：K_1, K_2, K_3, …, K_{N-1}。需要注意的是，在此所说的嵌套因子不同于克里斯塔勒和勒施模型中的 K 值。克里斯塔勒和勒施的模型中的 K

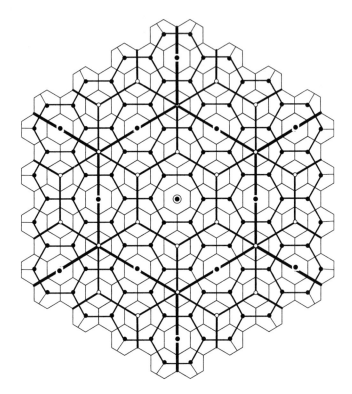

$$K_1=3,\ K_2=3,\ K_3=4$$

中心	等级	市场地域
◉	等级4	▬▬▬
○	等级3	▬▬▬
●	等级2	━━━
·	等级1	───

图 13-16 中心地系统的 GH 模型

资料来源：林上（1986）。

值一定是包含于勒施数码中的数，而 GH 模型中的嵌套因子也包括勒施数码之外的值。

最高等级的市场地域数通常为 1，m（$m<N$）市场地域数 F_m 为：

$$F_m = \prod_{i=m}^{N-1} K_i \qquad (13\text{-}32)$$

K_i 是等级 $i+1$ 的一个市场地域内包含等级 i 的市场地域数。比如，等级 3 的市场地域数 $F_3=K_3 \cdot K_4 \cdot K_5 \cdot \cdots \cdot K_{N-1} \cdot K_{N-m}$。整个系统包含的所有的市场地域总数 F_t 为：

$$F_t = 1 + \sum_{m=1}^{n-1} F_m \qquad (13\text{-}33)$$

市场地域规模在 GH 模型中，等级 i 的市场地域等于比它低一等级的 $i-1$ 市场地域的 K_{i-1} 倍。最低等级的市场地域面积如果为 E_1，等级 2 的市场地域面积为 $E_1 \cdot K_1$，同样，等级 3 为 $E_1 \cdot K_1 \cdot K_2$。以此类推，等级 E_m 的市场地域面积为：

$$E_m = E_1 \prod_{i=1}^{m-1} K_i \qquad (13\text{-}34)$$

中心地数在等级中心地系统中，市场地域和中心地是一对一的关系，因此，供给所给等级职能的中心地数等于该等级的市场地域数。但是在这些中心地中有的兼有高级中心地的职能，因此，减去它们才是应有的中心地数。在上文所述的等级 m 的市场地域数如果为 F_m，那么，供给该等级职能的中心地数为 F_m。其中只有 F_{m+1} 个中心地具有高级职能，因此，应有的中心地数（f_m）为：

$$f_m = F_m - F_{m+1} \qquad (13\text{-}35)$$

（13-35）式可由嵌套因子表示为：

$$f_m = \prod_{i=m}^{N-1} k_i - \prod_{i=m+1}^{N-1} k_i \qquad (m+1 < N) \qquad (13\text{-}36)$$

GH 模型的市场地域原则上呈正六边形状，如果等级 $m-1$ 的市场地域的一边为 S_{m-1}，那么，该等级间的最短距离 d_{m-1} 等于 S_{m-1} 乘以某一常数 q，即：

$$d_{m-1} = \text{q} \cdot S_{m-1} \qquad (13\text{-}37)$$

同样，比等级 $m-1$ 高一等级 m 的情况也类似，即：

$$d_m = \text{q} \cdot S_m \qquad (13\text{-}38)$$

上述两个市场地域的面积比等于各自市场地域一边的平方比。

$$E_m / E_{m-1} = S_m^2 / S_{m-1}^2 = (d_m/q)^2 / (d_{m-1}/q)^2 = d_m^2 / d_{m-1}^2 \qquad (13\text{-}39)$$

结果，$d_m^2 / d_{m-1}^2 = K_{m-1}$，则：

$$d_m / d_{m-1} = \sqrt{K_{m-1}} \qquad (13\text{-}40)$$

如果最低等级中心地间的最近距离为 d_1，则等级 m 中心地的最近距离 d_m 可由下式表示：

$$d_m = d_1 \prod_{i=1}^{m-1} \sqrt{k_i} \qquad (13\text{-}41)$$

给定等级的中心地人口是该等级市场地域的函数，如 m 等级的中心地人口 p_m 为

市场地域面积 E_m 的函数，即：

$$p_m = f(E_m) \qquad (13\text{-}42)$$

如果中心地的人口增加与市场地域面积的增加呈比例，则等级 m 的中心地人口可由下式来表示：

$$p_m = p_1 \prod_{i=1}^{m-1} k_i \qquad (13\text{-}43)$$

式中：p_1 为最低等级中心地人口。

四、中心地系统的变化

传统的中心地模型忽视了时间因素对中心地系统的作用，因此，模型与现实具有很大的差距。一般随着社会和经济环境的变化，中心地系统也必然会发生变化。

在长期的社会和经济发展过程中，低级中心地在区位条件好的地域不断形成，与此同时，原有的低级中心地会发展为高级中心地，这样随着时间的变化，各等级的中心地就逐渐形成。市场地域的社会和经济条件的变化带来的需求、供给及交通等条件的变化，是促使中心地系统形成的主要因素。如人口的增加能够带来地域的需求增加，从而造成原有的中心地不能满足新的需要，这时要么中心地的规模扩大，要么在适当的地点形成新的中心地。同样，新的交通线路的铺设也会促进中心地的形成和规模扩大。

社会和经济环境的变化也能够使中心地的各种职能供给发生变化。如具有第 m 等级职能的需求，随着人口密度降低或消费者嗜好的变化将会减少。需求减少会造成门槛范围的扩大，门槛范围只有比实际的供给范围小，该职能才能够成立。因此，此时该职能的供给将会由某些 $m-1$ 等级的中心来完成，结果该职能具有 m 等级或 m 和 $m-1$ 等级职能之间的一些特性。与此相反，如果 m 等级职能的需求扩大，则该等级职能的门槛范围会缩小，此时该职能将会由许多 $m+1$ 等级的中心供给，结果该职能具有 $m+1$ 等级职能的某些特性。

下面再分析一下中心地等级结构的变化。图 13-17a 表示等级结构变化前，$K=4$ 的克里斯塔勒模型。现在假定需求扩大将会使等级 2 的几个职能的门槛范围缩小，门槛范围缩小意味着供给这些职能的中心数要增多。这样，等级 1 的某些中心地将会上升为等级 2，最终形成新的等级 2^* 职能。如图 13-17b 所示，上升为新的等级的中心地供给职能 1，同时也供给职能 2*。变化前系统结构按照克里斯塔勒 $K=4$ 的系统配置，变化后是按照 $K_2=4$，$K_2^*=2$，$K_1=2$ 的系统配置。

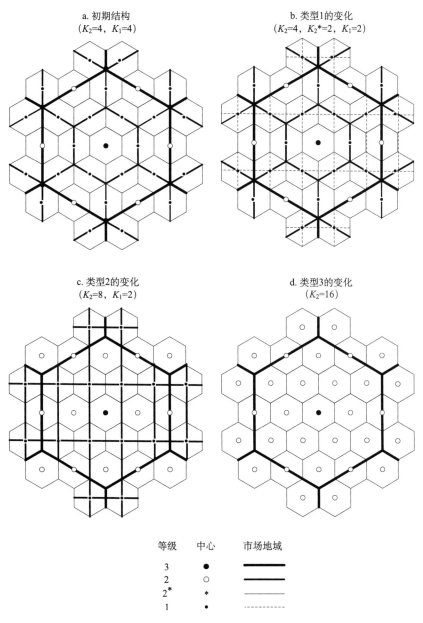

图 13-17　等级结构变化的各种类型

资料来源：林上（1986）。

与上述情况类似，等级2的几个职能的门槛缩小，使等级1的某些职能上升为等级2，但新形成的等级2的中心地具有各自的小市场地域（图13-17c）。等级组成与原始模型完全相同，但等级2的数量增加了。变化是克里斯塔勒的$K=4$的系统配置，现在是$K_2=8$，$K_1=2$的配置，明显不同于克里斯塔勒的系统。

图13-17d表示的变化与前两者也相似，只是等级2各职能的门槛范围缩小的幅度更大，致使所有等级1的职能都上升为供给等级2职能的中心地。各中心地具有相当于原等级1的市场地域。中心地系统的结构由克里斯塔勒$K=4$的系统配置变为$k_2=16$的配置。

第十四章　区位与空间行为

无论组织者学习和选择场所的行为的适应性有多强，这种适应性远达不到经济理论中提到的理想最大化状态，很显然，组织者们能很好地适应和满足，但总体上他们并不寻求最优。

——西蒙（戈列奇，2013）

经济区位论假定从事经济和社会活动的行为主体是"经济人"。所谓"经济人"，是指掌握了所有环境的一切信息，并且具有以稳定的选择水平正确地选择所有事物的能力的人。比如，为了实现利润最大化或费用最小化的目标而采取最佳化经济行为的人就是"经济人"。但是，现实世界中的人不可能是"超人"，人们的决策与其说是在确定的状态下进行，还不如说是在不确定的状态下进行更符合现实。因此，准确地说，从事经济和社会活动的行为主体——人是一种"概率人"。不确定性是由于人们不可能完全掌握自己周围环境的知识和信息所致，另外，也与人们自身知识的有限性有关。

除"经济人"（或确定性状态下）的决策和"概率人"（不确定性状态下）的决策外，还有一种是"满意人"的决策，即在多样的行为选择中，选择自己喜欢的行为活动的决策，这种决策也是在不完全的知识和信息条件下进行的。

第一节　决策与区位选择

一、"满意人"的行为与区位

行为地理学的先驱沃尔伯特认为，现实世界的决策者不是经济区位论假定的"经济人"，而接近于"满意人"。在区位论中，"经济人"的概念假设实际上存在着逻辑矛盾，比如，把回避竞争者的"经济人"的行为原理应用于不完全竞争条件下的区位行为，作为整体的区位模型就不会是最佳。换言之，行为者相互间的决策与同一行为者的连续决策具有关联时，最终得到最佳区位模型的可能性很小。因此，行为目标不是最佳化，而是最满意化，"满意人"的概念比"经济人"的概念更现实。

沃尔伯特研究了瑞典中部农场劳动产出的地区差异，发现现实的农业生产行为与按照线性规划求得的最佳化农业生产行为相差较大。其原因有以下三点：①为了获得最大的产出，农民不是采取最佳化行为；②农民不具备农业经营的完全知识和信息；③与农业经营有关的环境的不确定性和农民自身的不确定性。特别是在①和②条件下的决策是"满意人"的决策。沃尔伯特还认为，决策者具有的目标、知识和信息水平、回避风险和不确定性的程度因人而异，但绝不是随机分布，而是在空间上有秩序地分布（杉浦芳夫，1989）。地区间信息的差异、气候和气象条件的不确定性以及农民的不确定性，对决策的影响是多元的，也就是说，"满意人"的概念不是一个点世界的决策问题，而是一个空间性、多元化决策问题。

引用"满意人"的概念建立了更加接近现实的区位论学者是普雷德（Pred，1967）。普雷德运用行为矩阵来研究区位论，他重视不完全信息和非最佳化行为对区位选择的作用。各个决策者的行为取决于对信息质和量的拥有水平以及对信息的利用能力。图 14-1 为行为矩阵图，横轴为信息水平轴，纵轴为信息利用能力轴。信息水平轴表示在一定的时间条件下，行为决策者拥有信息的质与量；纵轴表示行为决策者具有的信息利用能力。

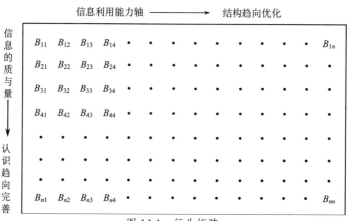

图 14-1　行为矩阵

资料来源：普雷德（Pred，1967）。

在行为矩阵中，越是接近于右下方的各决策者采取的行为越与最佳化决策相近。一般随着时间的推移，各决策者从左上向右下方移动，这种移动是由信息收集、经验获取、创新和模仿等行为组成的循环累积过程带来的。这种整体的学习过程有时受到经济环境的变化、运输和生产技术的改善以及政治环境变化等因素的影响，如果是正向作用，整体向右下方的移动将加快，接近最佳区位；如果是负向作用，整体会向左上方逆向移动，接近于无秩序的区位选择。

1. 工业区位与决策

在第六章中曾介绍了史密斯的收益空间边界理论，该理论认为，能够得到最大利润的区位是总收入超过总费用，即利润最大的地点。但是对于企业家来说，最大利润区位也许没有他喜欢的娱乐设施和活动场所，如高尔夫球场或夜总会等，在这种情况下，企业家有可能选择接近最佳区位且又能够满足自己行为的空间。因此，企业家在区位决策时，还受到一些非经济因素的作用，如：①工厂创始人的出生地；②是否具有可利用的空地；③对工业开发的支持；④企业家的模仿或群居性；⑤当地政府或国家的财政援助。除此之外，区位选择也与决策者的能力和所掌握的信息有关，这种情况可由普雷德的行为矩阵来分析。在图14-2中，区位决策者 Y 是位于行为矩阵左上角的决策者，完全或几乎不具有

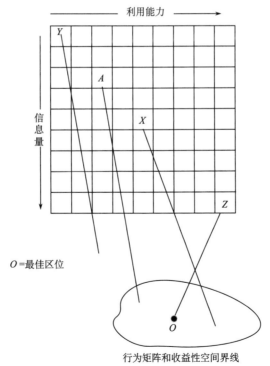

图 14-2　行为矩阵和收益空间界限

资料来源：普雷德（Pred，1967）。

有效的区位信息，并且缺乏信息的利用能力，那么，其选择的区位不可能是最佳区位，甚至有可能选择在收益空间界限之外；决策者 Z 不仅具有全部的有关区位信息，而且具有最高的信息利用能力，其决策行为最为合理，所选择的区位一定是最佳区位；决策者 X 是我们能够看到的一般人，他能够在收益空间边界内布局工厂，但由于他具有不完全的信息量和处理能力，选择最佳区位的可能性也很小；决策者 A，从他在行为矩阵中的位置可知他只具有有限的信息量和处理能力，尽管如此，他还能够在收益空间边界内选择区位，像这种情况就与偶然性和运气等有关。

行为矩阵与收益空间边界理论相联系来分析区位问题可使区位理论更加完善，但是在研究它们之间的关系时，不能不注意的是，随着经营手段的提高，不一定能够得出决策者的区位选择更接近理论上的最佳区位的结论。这主要是因为经营手段的提高，同时会带来收益空间边界扩大的可能性。经营手段提高在理论上能够带来生产费用降低的效果，结果使收益空间变得更宽广（图 6-38），区位选择的自由性增加，可能会出现区位选择与最佳区位点相差更远。

在行为矩阵中如果加入时间因素，就可了解到区位决策者随着时间的推移，对区位选择的动态变化过程。作为区位决策者，随着时间的变化不仅能够增加更多的知识经验，而且模仿他人的能力也会提高。新建工厂的企业家会模仿其他成功的区位决策，同时，随着对最佳区位的知识和信息收集的增多，他也会从初期错误的区位决策中进行反省和修正。随着时间的推移，行为矩阵的变化可由图 14-3 中 A，B，C，D 表示的内容来反映，从时间 t_x 到时间 t_{x+2}，决策者在行为矩阵上的位置逐渐向右下方移动，结果使行为矩阵在空间上的投影，即工业区位选择趋于合理。另外，在新的运输方式、新开发的技术或新获得的知识和技术的作用下，曾经是满意的区位或最佳的区位也发生了变化。在这种条件下，如果是负向冲击，也有可能使决策者在行为矩阵的位置发生逆转；如果是正向作用，如知识增加和利用能力的提高，将重新使决策者在行为矩阵中的位置向右下移动。实际上，在现实中某些工业布局在发展初期趋于分散，从经济利益和决策行为考虑，在当初这种区位决策也许是合理的，但随着技术、运输手段和决策者能力的提高，以及市场空间的发展，这种分散布局变为一种错误的决策，相反，集中布局的决策变得更加接近理论的和现实的最佳区位。

2. 农业区位与决策

运用普雷德的行为矩阵也可说明现实中农业空间并不是杜能区位论所讲的各地带间具有明确的分界线，而是在各地带间存在一个渐变的空间。如图 14-4，在城市 m 的周围生产两种作物 a 和 b，假定两种作物的地租随着远离城市而逐渐减少。在界线 y_1

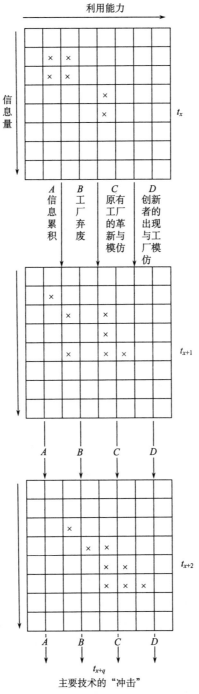

图 14-3　不同时段的行为矩阵

资料来源：普雷德（Pred，1967）。

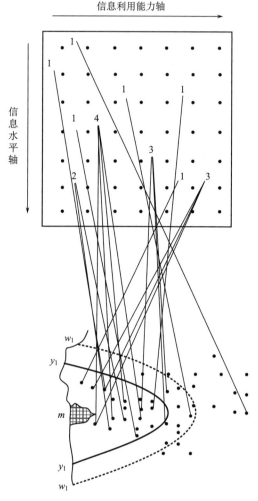

图 14-4　行为矩阵在杜能区位论中的应用

资料来源：普雷德（Pred, 1967）。

的内侧，作物 a 的地租大；在外侧，作物 b 的地租大（参照第五章），且在界线 w_1 的外侧种植作物 a 也得不到利润。在这种条件下，如果农民是"经济人"的行为决策，则作物 a 一定会被选择在边界 y_1 的内侧。但在现实中，作物 a 可能会被农民种植于界线 y_1 的内侧，也有可能被种植在界线 y_1 的外侧，甚至会被种植在界线 w_1 的外侧。总之，随着远离城市 M，作物 a 的种植面积会越来越少，而作物 b 或其他土地利用类型逐渐出现。从行为矩阵的观点来分析，位于城市 M 附近的农民中，信息获得水平和信息利用能力都比较高，其区位决策与理论的最佳区位相接近，与此相对应，在位于周边的农民中，信息获得水平和信息利用能力相对低，农民采取决策可能并非最佳化行为。在相同的自然和交通等条件下，因为农民所掌握的信息和对信息的处理能力的差异，造成现实中农业土地利用形态呈一种过渡式，而并非如第五章所讲的那样存在一个明确的界线。

普雷德的行为矩阵也可用来说明商业区位的布局和消费者行为空间的选择，以及用于分析和解释服务设施与居住区位的选择。总之，普雷德用"满意人"代替"经济人"，通过决策者在行为矩阵中的位置来说明和解释决策者的区位行为，并将时间因素考虑在内说明区位选择的变化过程，这些无疑是普雷德理论的魅力所在。不过由于人类的行为是非常复杂的，只用两个概念，即信息获取以及信息利用能力来表示也有点过于简化。另外，决策者所掌握的信息和其处理能力由什么指标来衡量，这也是需要解决的问题。

二、不确定状态下的决策与区位

农民或企业家对区位条件等事先不一定具有充分的知识和信息，有时也许能够做出合理的区位决策，有时也许是错误的决策，因此，在这种不确定条件下的区位决策是一种博弈过程。

1. 博弈与农作物种植区位选择

在此只分析在下列条件下的博弈理论和区位问题：①参加者为两人；②两个参加者获利的和为0；③各参加者采取的战略是有限的；④参加者只能进行一次博弈；⑤参加者选择自己的战略时，对所有的获利具有完全的知识，但不了解对方选择的战略。在这种条件下的博弈理论也称作零和博弈。

下面分析一下农民与自然环境组成的零和博弈。对博弈的结果两者的评价值，即获利 a_{ij} 的和为零，p，q 两者分别选择的战略有 m 个和 n 个，假定两者都采取尽量最大化的获利行为。在这种情况下，战略和获利行为间的关系可由图 14-5 的获利矩阵表示。现假定农民有五种作物选择战略，自然环境有两种可能发生的情况（湿润年和干旱年），这样由他们组成了 5×2 的博弈，获利矩阵如图 14-6 所示。该矩阵可以看作是同时采取 p 战略的获利和采取 q 战略付出的利益代价，p 是为了得到最大利益参加者的最大化行为，q 是为了付出最小利益代价参加者的最小化行为，两者的利害是完全对立的。这时，合理的行为是在估计到因对方的行为造成最坏的结果情况下，如何使自己的利益代价最大或最小的行为。

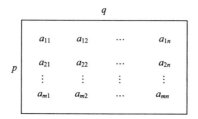

q

p				
	a_{11}	a_{12}	$\cdots$	a_{1n}
	a_{21}	a_{22}	$\cdots$	a_{2n}
	$\vdots$	$\vdots$	$\vdots$	$\vdots$
	a_{m1}	a_{m2}	$\cdots$	a_{mn}

图 14-5 获利矩阵

农民战略	环境战略：湿润年	环境战略：干旱年
山芋	82	11
玉米	61	49
木薯	12	38
黍	43	32
稻	30	71

图 14-6 农民战略与自然环境的获利行列

资料来源：杉浦芳夫（1989）。

对于利益最大化的参加者首先要考虑对方在选择付出的利益最小化的行为时，自己采取 i 战略的情况下，即使在最坏时也要从战略集合中选择一个能够使得到的利益最大的战略，即：

$$\max(\min a_{1j}, \min a_{2j}, \cdots, \min a_{mj}) = \max\min a_{ij} = v_1 \qquad (14\text{-}1)$$

对于利益最小化的参加者，在采取 j 战略的情况下，即使在最坏时也要从战略集合中选择一个能够使付出的利益代价最小的战略，即：

$$\min(\max a_{i1}, \max a_{i2}, \cdots, \max a_{in}) = \min\max a_{ij} = v_1 \qquad (14\text{-}2)$$

（14-1）式和（14-2）式就是第八章介绍过的移动距离最小化原理。按照这一原理两个参加者不可能同时获胜，但有一个期望的均衡，即：

$$\max\min a_{ij} = \min\max a_{ij} \qquad (14\text{-}3)$$

在均衡状态的利益称为博弈值，可由 $v(a)=a_{i^*j^*}$来表示。在多数情况下，依赖于一个战略是达不到均衡的，需要采取混合战略。

现在为了求得 5×2 博弈的解，首先将图 14-6 自然环境对农民付出的利益代价的组合做成左右刻度的图（图 14-7），将农民的五种战略相对应的利益由直线连接起来，这时，最小化的参加者的问题是寻找直线中最上部折线的最低点 q_0。q_0 是玉米和水稻直线的交点。如果不考虑其他作物，5×2 博弈转变为 2×2（玉米和水稻以及湿润年和干旱年）博弈的混合战略问题。

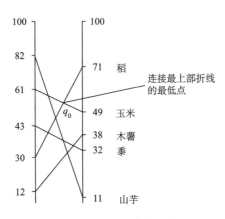

图 14-7　5×2 博弈图解

资料来源：杉浦芳夫（1989）。

2×2 博弈（图 14-8）的混合战略的解可这样求得：农民对自然环境采取概率为 p_1，p_2 的混合战略，其获得的期望值（博弈值）至少为 v，因此，下式成立：

$$a_{11}p_1 + a_{21}p_2 \geqslant v$$
$$a_{12}p_1 + a_{22}p_2 \geqslant v$$

（14-4）

	湿润年 (q_1)	干旱年 (q_2)
玉米 (p_1)	61　　a_{11}	49　　a_{12}
水稻 (p_2)	30　　a_{21}	71　　a_{22}

图 14-8　农民与自然环境的获利行列

资料来源：杉浦芳夫（1989）。

同样，自然环境对农民可能的概率为 q_1，q_2 组合，其最多能实现的期望值为 v，也就是说，下式能够成立：

$$a_{11}q_1 + a_{21}q_2 \leqslant v$$
$$a_{12}q_1 + a_{22}p_2 \leqslant v \tag{14-5}$$

如果我们只考虑等号成立的情况，那么，由（14-4）式和（14-5）式可得出下列两式：

$$a_{11}p_1 + a_{21}p_2 = a_{11}q_1 + a_{12}q_2 \tag{14-6}$$

$$a_{12}p_1 + a_{22}p_2 = a_{21}q_1 + a_{22}q_2 \tag{14-7}$$

因为是混合战略，因此：

$$p_1 + p_2 = 1 \tag{14-8}$$

$$q_1 + q_2 = 1 \tag{14-9}$$

把（14-8）式和（14-9）式代入（14-4）式和（14-5）式，可求得 p_1，p_2，q_1，q_2。农民的混合战略的解为：

$$p_1 = \frac{a_{22} - a_{21}}{a_{11} + a_{22} - a_{12} - a_{21}} \tag{14-10}$$

$$p_2 = \frac{a_{11} - a_{12}}{a_{11} + a_{22} - a_{12} - a_{21}} \tag{14-11}$$

按照上式可求出农民的混合战略解，玉米为 0.774，水稻为 0.226，也就是说，按照这个比例种植对农民来说是最佳的区位经营战略。

采取这一混合战略时的博弈值可由（14-4）式来求得，即把（14-10）式和（14-11）式代入（14-4）式，可得到博弈值：

$$v = \frac{a_{11}a_{22} - a_{12}a_{21}}{a_{11} + a_{22} - a_{12} - a_{21}} \tag{14-12}$$

运用（14-12）式可知在上述所说的玉米和水稻的种植比例下，农民可保证得到 54 个单位的收获量。

以上是通过图解法来求 5×2 博弈的解，对于 $m \times n$ 博弈可通过线性规划来求得。博弈理论可运用于一个地区的土地利用分析，研究方法同上。首先做出地区的获利矩阵，求出解后，再得到农业的整体利用模式。

2. 不确定的自然环境与农业区位选择

杜能的农业区位论是在假定土壤、地形、降水量和日照等自然条件均一的条件下，研究随着离市场距离的增加农业土地利用的空间变化形态。他的理论的非现实性受到了大多数地理学者的批评，但是，有些学者不仅仅局限于批评上，而是力争使杜能的理论更加完善，克罗姆利（Cromley）就是其中之一。

克罗姆利假定区域内的气象条件每年是变化的，从长期来看，湿润年、正常年和干旱年各占一定的比例。生产费用、生产量和市场价格是指正常年的气象条件的函数，但各作物运送到市场的费用与每年的气象条件无关。另外，他假设农民具有长期的气象预测能力，但对每年气象条件事先不了解，在这种条件下农民从四种作物中进行作物种植选择（杉浦芳夫，1989）。

根据杜能的地租理论，在特定的气象条件下各区位点不同，作物的地租可由下式表示（参照第五章）：

$$R_{ij}(k) = E_{ij}(P_{ij} - A_{ij} - kf_i) \tag{14-13}$$

式中：R_{ij} 表示气象条件为 j 时在距市场为 k 的区位点作物 i 带来的地租；E_{ij} 是在气象条件为 j 时作物 i 每单位面积的生产量；P_{ij} 表示在气象条件为 j 时作物 i 每单位的市场价格；A_{ij} 表示在气象条件为 j 时作物 i 每单位的生产费用；f_i 是作物 i 每单位距离的运费。当考虑到气象条件出现的概率为 S_j 时，各区位点作物的地租可由下式来表示：

$$R_j(k) = \sum_{j=1}^{n} S_j E_{ij}(P_{ij} - A_{ij} - kf_i) \tag{14-14}$$

在上述条件下出现的土地利用形态依赖于农民应对自然环境采取的行为。一般可分为三种情况来考虑。①长期最大化行为：在距市场 k 的农民熟知气象条件出现的概率，他选择使地租最大化的作物，获得最大的地租。②最小最大化行为：在距市场 k 的地点的农民按照最大最小原理采取最大化的参加者行为，或者按照最小最大化原理的最小化的参加者从自然环境中获得最大地租。此时，只要求得各区位点的获利行列要素 $R_{ij}(k)$ 组成的 4（作物选择）×3（气象条件）的博弈值就可以了。③短期最大化行为：在距市场 k 的农民按照最大最小原理采取行为时，如果自然环境作为中立的参加者进行行为活动，按照上述的零和两人博弈选择的作物，可获得超出博弈值的地租。在这种情况下的地租是零和两人博弈选择的作物的比率与该作物期望地租 $R_i(k)$ 相乘的合计。

克罗姆利对各作物的 E_{ij}，P_{ij}，A_{ij}，f_i 给定了假想的数据，求得在上述三种情况下离市场 1 368 千米四种作物的地租，在此基础上分析它们的土地利用形态。他得出的结论是，地租随着远离市场而减少，在任何区位点长期最大化行为带来的地租都最高，其次是短期最大化行为，最低的是最小最大化行为。长期最大化行为产生的土地利用形态和最小最大化行为或短期最大行为相比较在宏观上是相类似的，前者在所有的地点都选择单一作物，后者一半是选择复合种植。这表示在不确定的自然环境条件下，为了减少风险的一种土地利用。实际上，克罗姆利的研究是把环境的不确定性对土地利用的影响力看作是超过距离对土地利用的作用的一种情况，但长期最大化行为的进一步发展就又回到了杜能的区位理论上，即各地带单一作物利用的形态。

实际上，我们仔细分析一下就会发现，在博弈理论中的人仍然是"经济人"，因为该理论假定博弈的参加者采取的是合理的决策，而且对数据收集和分析的人也是"经济人"。现实中的人存在个人差别，对环境的认知不会相同，这种主观性也影响着区位的选择。

3. 不确定条件下的工业区位选择

艾萨德（1975）也进行过类似上述的研究，他运用报偿矩阵分析了在不确定情况下希腊企业家的区位决策。他假定在 20 世纪 60 年代，希腊国内和国际有四种不确定因素可能发生：①加入欧共体市场，维持现政府体制并确保政治的安定；②不加入欧共体市场，维持现政府体制也确保政治的安定；③不加入欧共体市场，发生了政治革命，新政府没有补偿使所有产业社会化；④不加入欧共体市场，现政府选举大败，新政府给予部分补偿使所有的重工业国营化。对于这四种可能发生的情况，希腊企业家的区位决策也有四种：A. 在希腊北部的落后地区建立纺织工业综合体，因为那里有大量廉价劳动力供给；B. 购买外国的货币和外国企业的证券，并将它们存入国外特别是苏黎世银行；C. 在雅典建立钢铁联合企业；D. 从国外输入钢铁和非金属材料在雅典建立金属工业制品综合体。对企业家来说，其区位决策取决于在各种情况下可能获得的利益，表 14-1 是艾萨德推测的在上述四种可能发生的情况下，企业家选择上述四种行为可能获得的利益。如在第一种情况发生的条件下，如果企业家选择 A 行为，当他投入 200 万美元可获得 22.5 万美元的利润时，在表的第 1 行第 1 列的数字为 225（单位是 1 000 美元）。

如果企业家对上述几种可能发生的条件下自己选择的区位决策可能带来的利益是清楚的，但不能预测哪种可能会发生，在这种情况下，企业家将采取怎样的行为呢？对于乐观的企业家来说，他会坚信希腊不加入欧共体市场，同时也会维持现政府体制并确保政治的安定，他的区位行为选择为 C，即前文所讲的长期最大化行为，则他得

表 14-1　假定的收益行列　　　　　　　　　　　单位：千美元

		国际和国内形势			
		I	II	III	IV
企业	A	225	196	0	100
家的	B	100	100	81	144
行为	C	0	361	0	25
选择	D	100	324	0	25

资料来源：艾萨德（1975）。

到的利益为 36.1 万美元。对于悲观的企业家来说，由于过分保守，他认为即使在第三种情况发生时也要获得利益，则他的区位行为选择是 B，即前文所讲的短期最大化行为，他获得的利益为 8.1 万美元。如果是乐观和悲观混合型的企业家，则他的行为选择是各种情况下企业家在不同的区位选择下获得的利益组成的 4×4 的博弈，只要按照上文那样，求得博弈值就可以了。

艾萨德为了使上述理论更加严密化，运用报偿矩阵进行了具体的分析。他把表 14-1 看作是由 a_{ij} 组成的报偿矩阵，期望利益可由下列方法计算。

当 j 种情况发生的概率为 p_j（j=1，2，3，4），且 $\sum\limits_{j=1} p_j = 1$（$0<p_j<1$）时，采取行为 i 会获得的利益为：

$$\sum_j p_j a_{ij} \qquad (j=1,2,3,4) \qquad (14\text{-}15)$$

期望利益也可由下列方法来计算。首先将各行利益进行由大到小的排列，即：

$$a_{i(1)} \geqslant a_{i(2)} \geqslant a_{i(3)} \geqslant a_{i(4)}$$

括号中的数值仅表示大小顺序，$q_{(1)}$ 表示决策者认可能够带来最大利益的行为发生的概率，次最大利益发生的概率为 $q_{(2)}$，$q_{(4)}$ 为最小利益发生的概率。当 $\sum\limits_{k=1}^{4} q_{(k)} = 1$（$0<q_{(k)}<1$）时，采取行为 i 会获得的利益为：

$$\sum_k q(k) a_{i(k)} \qquad (k=1,2,3,4) \qquad (14\text{-}16)$$

对于乐观的（或冒险的）企业家来说，他的区位选择行为是最大或长期最大化行为，即：$q_{(1)}=1$，$q_{(2)}$，$q_{(3)}$，$q_{(4)}=0$ 时的期望利益。对于悲观的（或保守的）企业家，他的区位选择行为是最大或短期最大化行为，即：$q_{(1)}$，$q_{(2)}$，$q_{(3)}=0$，$q_{(4)}=1$ 时的期望利益。对于乐观和悲观混合型的企业家，他的行为选择是在各种情况下企业家在不同的区位选择下获得的利益组成的 4×4 的博弈，只要按照上文那样，求得博弈值就可以了。比如，某企业家认为四种情况发生的概率相同，即：p_1，p_2，p_3，$p_4=0.25$，可由式（14-5）求得各种行为带来的利益，即：$0.25\sum_j a_{ij}$，然后从中选择最大的区位行为。

第二节　认知地图与区位偏好

认知地图是人们对现实世界认知的概念化和模式表达，是人们对现实世界的信息储存、回忆、重构和再现的过程，来源于现实世界，但又因人而异。区位空间偏好是一种空间决策行为，与人们认知的世界或再现的空间感知有关，区位偏好不是利润最大化或效用最大化，通常是决策者行为最满意化。

一、认知地图与行为决策

一般，在人们头脑中的世界和现实的世界是不同的，前者可称作行为环境，后者可称为客观环境。认知地图就是人们对现实环境的知觉形成印象，然后根据这种印象画出来的地图。人们对现实世界所形成的认知地图因人而异，与人们对环境获得的信息、个人受教育程度、生活环境、身份、地位以及宗教和民族等诸多因素有关，但认知地图的产生不能离开客观现实世界。

关于认知地图的形成一般常用戈利齐（Golledge）的锚点（anchor point）假说来说明。该理论认为对环境的学习是人与环境相互作用的结果，对物理环境的认知表象随着时间的推移而趋于正确。如图 14-9 所示，当一个人新移居到一个城市时，他最初的认知地图由住宅、工作地和商店等最重要的第一级节点组成（图 14-9a）。随着时间的推移，在日常生活中的第二级节点与第一级节点连接在了一起（图 14-9b）。当居住时间进一步延长时，他对整个地区的信息量增加，此时的认知地图不仅向全面发展，而且对节点的认识表现为空间的等级性（图 14-9c）。

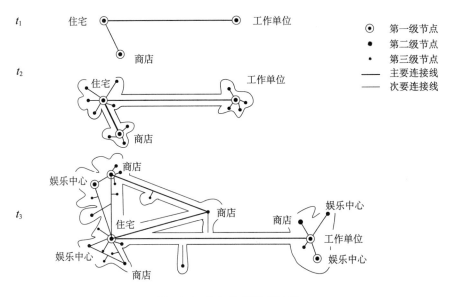

图 14-9　认知地图形成过程

资料来源：刘继生等（1994）。

在行为模型中，认知、行为和现实是密不可分的。人们根据从有限的现实中获得的信息以及由此而产生的印象进行行为活动，也就是说，人们头脑中形成的认知地图影响着自己的决策。比如，企业家对某区位有特别的偏好，关于该区位掌握着重要的信息，在区位选择时，他一定会优先考虑该区位。实际上，在任何企业家的头脑中都存在一张对现实世界认知的投资区位图，只不过有的是与现实最佳投资区位图相吻合，而有的可能是一种与现实偏差较大的认知投资区位图。

认知地图的形成与人们的特别偏好有关，人们往往会自觉或不自觉地对自己的喜好进行特别的强调和夸张。比如，根据基布尔（Keeble）的研究，具备良好的居住环境的地区是 20 世纪 70 年代以来工业增长的重要因子，它对劳动者和企业家双方的工厂区位决策具有较大的影响。另外，在古尔德和怀特（Gould and White，1974）《头脑中的地图》一书中也谈到，与信息收集、处理和传送有着密切关系的第四产业，因为不受原料和市场这些传统区位因子的制约，这类产业的区位可自由地选择于环境清洁的地区和大学附近。这种选择认知地图起到了决定的作用，因为它反映了决策者的偏好和价值观。他们还认为，企业家和政治家大都对自己的出生地有特殊的感情，在区位选择上有一种特别的偏好，决策者和资本家对英国国土的认知空间偏好是造成英国地区间经济不平衡的重要因素。

二、空间偏好

　　空间偏好是影响空间行为决策的重要因素,那么,空间偏好如何影响区位选择呢?古尔德和怀特(Gould and White,1974)是通过偏好地图来研究行为对区位决策的作用。他们以居住区位选择为例对这一问题进行了详细的研究。

　　偏好地图的具体做法是首先要对居民进行抽样调查,得到居民对各地区居住的偏好数据,然后求出各居民的偏好相关矩阵,再通过主成分分析求得各地区的得分,把各得分表现在地图上,就可了解居民对居住区位的空间偏好。他们按照这种方法绘制了宾夕法尼亚州和阿拉巴马州的居民对美国 48 个州的偏好地图,发现在宾夕法尼亚州居民的偏好地图中,最高得分的州是自己居住的州和周围地区,由该州向西逐渐降低,在科罗拉多高原稍有上升,然后再度下降,但在西海岸得分达到了另一个高峰。得分向南呈递减的趋势,但佛罗里达州的得分却很高。在宾夕法尼亚州居民的偏好地图中,阿拉巴马州的得分最低。在阿拉巴马州居民的偏好地图中,仍然是自己居住的州得分最高,而东北部沿海大城市的得分却接近于最低。佛罗里达州、西海岸和科罗拉多的得分也很高。通过比较可得到如下一些共同特点:一是人们对自己的居住地评价较高,并且随着离居住地的距离增加,得分呈现出远距离衰减的规律;二是一些自然环境比较好的地区得分较高,如西海岸和佛罗里达州的评价都很高。上述两个偏好倾向不仅能够反映出不同居民对空间的偏好,也能够向我们提供一种居民迁居的空间偏好趋势模式图。

　　这种方法只要数据能收集到就可运用于任何经济行为在不确定状态下的区位选择。比如,可根据不同企业家对各区位点的投资偏好,画出投资区位偏好图,当然,得分高的区位从"经济人"的角度看不一定是最佳区位,但可能是最满意的区位,或者也许是与现实更接近的区位。

第三节　消费行为空间的偏好与行为模式

　　消费行为空间的决策一般经历环境—认知—决策—空间选择—行为活动的过程。也就是说,消费者在购物前,首先要对环境进行认知,考虑自己的居住地与各商业中心地的距离和交通的便捷性,以及各商业中心地对自己购买行为的可能满足程度,在此基础上综合分析，然后决定消费行为空间（张文忠等，1992）。

关于消费者行为空间问题，克里斯塔勒和勒施在其中心地理论中曾进行过研究，但他们把消费者看作"经济人"，从经济的合理性研究消费者单一目的的外出行为。在现实世界中，消费者的外出行为是多目的的，同时消费者也不可能是"经济人"，准确地说，是一个"满意人"或"概率人"。消费者不一定如中心地理论所讲的那样就近购买，通常表现为在距离虽远但规模较大的中心地购买，以满足多目的的外出行为。下文分析消费行为空间的偏好和行为模式。

一、赫夫模型

赫夫模型是应用概率理论，从赖利的引力模型发展而来的，但赫夫关心的不仅是商店的规模及辐射范围，而且对消费者从可能选择的商店中选择特定商店的过程更为注意。为此，赫夫（1963、1966）在下列前提条件下构建了自己的模型。

可能选择的商店集合为 J，其中与某个消费者嗜好一致的可能选择的商店的部分集合为 J_0 时，从包含于部分集合 J_0 中的所有可能选择的商店中，商店 j 被消费者 i 选择的概率 p_{ij} 与消费者对商店的效用 u_{ij} 成比例，即：

$$p_{ij} = \frac{u_{ij}}{\sum\limits_{j=1}^{n} u_{ij}} \qquad \left(\sum\limits_{j=1}^{n} p_{ij} = 1, 0 < p_{ij} < 1 \right) \qquad （14\text{-}17）$$

消费者 i 对两个商店 j 和 k 中任一个选择的概率比，与其他商店无关，这个比例称为消费者对两个商店的效用比，即：

$$\frac{p_{ij}}{p_{ik}} = \frac{u_{ij}}{u_{ik}} \qquad （14\text{-}18）$$

消费者 i 选择商店 j 的效用与商店的规模 S_j 呈正比例，与消费者 i 到商店 j 的时间距离 T_{ij} 的幂指数呈反比，即：

$$u_{ij} = \frac{S_j}{T_{ij}^a} \qquad （14\text{-}19）$$

把（14-19）式代入（14-17）式就可得到下式的购物行为概率模型，即：

$$p_{ij} = \frac{u_{ij}}{\sum_{j=1}^{n} u_{ij}} = \frac{S_i / T_{ij}^a}{\sum_{j=1}^{n} S_i / T_{ij}^a} \tag{14-20}$$

在经济学中，假定消费者在自己收入约束的基础上，采取使自己消费的商品所得到的效用最大化的行为，特别是从有序的效用和偏好的无矛盾的假定出发，进行无差别分析是消费者选择理论的重要研究方法。相对于此，排除效用这一心理因素通过观测消费者在市场中对需求商品的组合来表示消费者的偏好，即萨缪尔森的显示偏好的经济学理论是拉什顿显示空间偏好的概念提出的理论根据。下文就消费行为空间偏好模型进行分析。

二、消费行为空间偏好模型

拉什顿把消费者选择理论中的"商品"用"空间机会"来表示，"购买"用"利用"来替代。对于消费者而言，他可以利用某一种空间机会组合，也可以利用另外一种空间机会组合，在这种情况下就可表现出一种选择的偏好。空间机会实际是指中心地的选择，经济学中无差别曲线的概念应用于中心地的选择时，商品间的组合转变为中心地规模与消费者到中心地间距离的组合，即消费者选择离居住地近的小中心地与选择相对远的大中心地其效用是相同的。

消费者利用中心地的选择标准不仅与距离有关，也与中心地的规模有关。在现实中，购买行为不一定表现为中心地利用假说所说的就近购买，也存在到远距离的大中心地购买的行为。拉什顿运用多尺度构成法（multi-dimensional scaling）研究了在距离和规模基础上的空间偏好，具体方法如下。

（1）对某商品的购买行为进行抽样调查以获得基础数据。

（2）假定存在一个由中心地规模（人口）和到中心地的距离两个属性组成的偏好函数，消费者从由这两个属性组成的区位类型（图 14-10）中选择区位。

（3）按照消费者实际利用中心地的数据编制行列矩阵，即与各家庭实际利用中心地相对应的区位类型给定为 1，没有被利用的区位类型给定为 0，不存在的区位类型为空白。

（4）在上述行列数据基础上，再组合成新的区位类型矩阵，各个数据表示每列的区位类型比每行的区位类型被选择的次数。

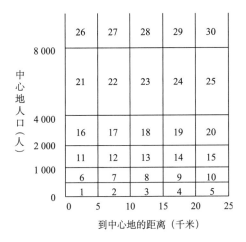

图 14-10　规模和距离对购买行为的影响

资料来源：杉浦芳夫（1989）。

（5）在上述基础上，求出区位类型 j 比区位类型 i 被选择的概率 P_{jpi}，得到偏好概率矩阵。如果上述行列矩阵 i 行 j 列的要素为 t_{ij}，j 行 i 列的要素为 t_{ji}，那么 P_{jpi} 为：

$$P_{jpi} = \frac{t_{ij}}{t_{ij} + t_{ji}} \qquad (i \neq j, \ P_{jpi} + P_{ipj} = 1) \qquad (14\text{-}21)$$

（6）在确认的偏好概率矩阵中，两种区位类型属性认知完全一致时，类似性为0.5，与该值偏差表示两种区位类型属性的非类似性，建立非类似性三角形矩阵，表示非类似性的距离可由下式求得：

$$\delta = \left| p_{jpi} - 0.5 \right| \qquad (14\text{-}22)$$

（7）为了从三角行列求得偏好尺度，可运用多尺度构成法求得一元解。

把得到的一元坐标轴（尺度值）表示在图 14-10 中各个区位类型的中央，如果画出等值线就可得到图 14-11 所示的无差别曲线。在一条等值线上，到中心地的距离和中心地规模的组合具有的效用相同，从右下方到左上方被选择的区位类型的效用增大，更易被选择（杉浦芳夫，1989）。也就是说，离居住地近的大中心地对消费者来说更有魅力。如果无差别曲线为垂线，说明规模不具有替代性，越接近原点的无差别曲线效用越大，这也与中心地利用假说，即就近购买相接近。

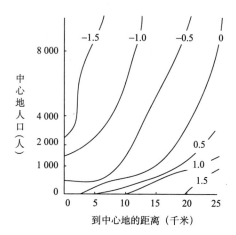

图 14-11　空间偏好无差别曲线

资料来源：杉浦芳夫（1989）。

　　事实上，消费者对购买空间的偏好不仅取决于到中心地的距离和中心地的规模，也与消费者个人属性的差异和交通的便利程度等有关，如收入高的家庭可移动性大，购买空间距离相对要长。因此，仅用两个影响购买行为的因素，能否准确反映出消费者对购买空间的偏好，这不能不说是一个疑问。

第十五章 区位政策

发展和地区不平等之间的关系呈一条钟形曲线，在经济增长初期差异扩大，直到一个临界值，然后随着国家的逐渐富裕再次降低。

——杰弗里·威廉姆斯（波利斯，2011）

经济区位理论是从企业或产业、个人或团体获取的利益或效用视角，研究各种区位主体最优或最满意的空间选择。但是，企业或个人追求经济利益或效用最优或最满意的区位选择行为的结果常常会带来如下一些区域问题。例如，企业追求经济利益最大化的区位选择，可能会带来城市地价上升和交通拥挤等规模不经济等负效果发生；伴随国民经济这一宏观经济的增长，区域间经济差异将不断加大，出现相对落后和衰退地域；对自然环境没有充分考虑的企业区位行为和个人行为将造成环境或资源的破坏，使地区失去可持续发展的能力。对于诸如此类问题，靠市场机制是无法自动解决的，必须通过一定的区位政策来进行调控。通过一定区位政策的限制和刺激个人或企业的区位空间行为，如政府以各种微观和宏观区位政策为工具，限制或鼓励企业或个人在特定区位的投资，实现区域和国土空间的有效、均衡和可持续发展（张文忠，1998）。

第一节 区位政策的作用

国家和地方的发展战略与产业政策对区位政策制定具有直接指导作用，区位政策又会促进地区和产业有序发展。实施区位政策的目标主要是有效解决地区间经济的差异和不平衡，抑制地区经济的过度集中或促进落后地区经济的发展；调整和优化地区产业结构，促进区域间的分工和协作；引导产业在特定区域的发展，实现区域间的均衡发展。

一、有效化解特定区位产业的过度集中

由于企业或个人过分地追求经济效率，会刺激资本、技术、信息和劳动力等生产要素及资源在特定区位的集中，进一步推动产业在集聚效应的作用下形成过度集中区，进而带来企业经营成本和社会成本的提高，如用水、用地、用电和交通运输成本上升等，也会带来交通拥堵、环境污染和房价上涨等社会问题。经济活动在特定区位的集中甚至会影响地区就业和收入的差异。有必要通过区位政策对产业发展和布局进行合理引导，通过产业区位控制等手段，抑制特定区位的产业过度集中，引导产业在不同地区形成合理的空间配置。

二、扭转地区经济差异

各区域区位条件的差异、资本的长期沉淀以及历史偶然性等原因，造成了地区间经济发展的不平衡。从理性区位投资角度而言，把有限的资金集中投入在资本产出效率和劳动生产效率高的地区会带来巨大的经济收益，但在循环累积效应的作用下，会造成"强者更强、弱者更弱"的局势，地区间经济差距越来越大。地区间的均衡发展和非均衡发展一直是地理学界与经济学界关心的热点问题。扭转地区间经济差异，并不意味着抑制相对发达地区的经济发展，走绝对均衡的道路。采用强制的政策手段或与经济行为相违背的方式来扭转地区间的经济差异也难以取得应有的效果。

地区间的经济差异和不平衡是经济发展过程中的必然现象。正如杰弗里·威廉姆斯所言，发展和地区不平等之间的关系呈一条钟形曲线，在经济增长初期差异扩大，直到一个临界值，然后随着国家的逐渐富裕再次降低（波利斯，2011）。在市场经济条件下，企业和个人追求经济利益最大化必然会造成地区间发展的不平衡，这是任何一个国家都不能避免的问题。对于这个问题，关键是要看经济效益与国民均等享受福利之间的关系，经济差异与地区间公共服务的均等化程度以及人均经济差距的关系，甚至国民对地区差距的认可程度等。就社会整体而言，追求经济利益的同时不能忽视每个人享受平等的社会福利、平等的社会地位的权利。但过分地追求后者会丧失经济效益。另外，国民对地区间的经济差异存在一种认可度，如果超过每个人对此的心理承受能力，必然会带来各种各样的社会问题。因此，这种平衡的掌握是处理地区间经济差异和不平衡发展问题的关键。合理的区位政策对解决这一问题具有重要的作用，即

根据各区域的自然、经济和社会特征，在立法的基础上，通过一定的宏观和微观经济手段，诱导或限制个人和企业的经济行为，以此来实现地区的均衡发展。

三、优化产业空间投资

地区经济差异很大程度上取决于产业结构的差异。因此，调整地区产业结构可以缩小地区间的经济差异。产业结构是在地区自然条件和历史发展基础上，经过长期经济发展和演变的结果。产业结构合理与否要从动态的角度来分析，产业结构的形成和发展是与各种地区当时的经济社会发展相适宜的，随着时间、技术和市场等的变化，产业结构出现不适应或调整和变化也是经济发展的必然规律。

产业结构是在消费者和市场需求下，企业在各行业长期投资积累形成的。如果政府基于效率考虑，会鼓励企业把有限的资金投入在经济效率产出高的行业，这样带来的收益最大。从区位理论角度来分析，经济效益产出高的产业其空间收益界限范围相对较大，也就是说，投资区位获益空间大，但每个区位不一定是最佳区位。

在市场经济条件下，通过区位间的竞争最终可以形成产业的最优布局和组合。在封闭的经济环境下，由于地方保护主义和各种人为的障碍，使区位间的竞争失去了效率性和公平性，在一般投资区位也可得到巨大利益，导致产业区位投资的扭曲，结果出现产业重复投资和地区产业结构雷同。代价是整体经济利益受损，从长期来看，这种短期区位投资刺激会造成整体经济利益低下。

就企业而言，当企业规模太小，缺乏充足的资金发展新产业，资金的流动性有限，只能维持现有企业的经营状态；相反，大型企业因具有雄厚的资金，其资金自然会流向经济效益高的区位或产业。企业投入不同于政府政策刺激投资，任何一个企业家都会把自己的资金投入经济效益高的产业或能够带来最大收益的区位。区位政策根据地区产业结构，引导企业或个人的产业投资方向和投资区位，既要最大限度地发挥各区位的优势，促进优区位的快速、高质量发展，也要推动相对较差区位的有序发展，以确保企业和个人投资效益的最大化（张文忠等，2009）。

四、促进新产业发展

在经济发展相对落后的地区，除一些受资源约束性大的产业如采掘业外，很难成为企业家区位选择的候选地；在一些经济衰退的地区，由于传统经济沉淀深厚，也较难摆脱过去经济的阴影。这不仅反映在产业结构上，而且也表现在就业结构上。如一些传统产业占优势的地区，其劳动者（特别是中老年人）很难适应新产业的工作要求，在这些地区的劳动者从心理上就排斥新产业布局，因此，新产业的发展不仅缺技术和人才的支撑，在发展观念和意识上也存在问题。如纺织业、一般加工制造业等在发达国家已成为夕阳产业，从区位理论角度而言，他们在区位间的竞争中已丧失了优势，但在这些国家纺织业或一般加工制造业集中的地区却极力想保护这一传统产业。原因在于当地政府要维持就业减少失业，以获得更多的选票，而企业家要保住巨额的资本沉淀不至于为零，工人要保护自己的"饭碗"不被砸。在这种条件下，贸易保护壁垒也就越来越严重。其实在一个国家内部也具有类似的情况，从短期效益来看，是有利于地区经济的发展，但从长期来看，将会使地区间经济差异进一步扩大。在保持传统产业发展的同时，应该积极地吸引一些新产业、新业态的发展。政府通过区位政策诱导一些与本地区经济关联度相对大的新产业，逐步改变原有的产业结构。

第二节　区位政策的手段

区位政策就是为了实现一定的区域经济目标，按照经济区位理论，运用各种区位诱导、区位控制、区位刺激等手段，实现促进地区经济的均衡和可持续发展。根据各地区的自然、经济和社会特征，在立法的基础上，通过一定的宏观和微观经济或法规手段，诱导或限制个人和企业经济活动的空间行为。

一、区位的投资环境

政府可通过改善区位投资条件和营商环境吸引及诱导个人或企业的投资，促进地区产业和经济增长，实现区域经济的均衡发展。区位投资环境的改善从区位理论的角度来看，可降低生产费用，包括固定费用和区位费用，同时也可使收益空间界限范围扩大。区位环境改善包括用水、用地、用电、交通和通信设施、港口和宜居环境等社会资本的投入及基础设施的改善。

良好的社会基础设施是企业区位投资的基本条件，因此，政府的主要职能就是把有限的资金投入于社会资本，改善基础设施和生活环境，给企业创造一个良好的投资和发展环境。如确保工业用水、用电和用地的需求，有计划地建设特色产业园区、创新空间，吸引和促进各种资本投入与产业发展。建设工业园区和创新空间仍然是一个区位选择问题，不合理的产业园区建设不仅不能吸引企业投入，而且会造成社会资本闲置和浪费。区位投资环境不仅包括各种硬件，如用地、用水、用电、交通和通信设施等环境的建设，也包括各种教育、营商环境、政策和法规等软环境的建设。营商环境尤为重要，比如我国劳动力丰富且劳动力成本相对较低，作为区位因子各地区相差不明显，但劳动力的质量，如教育程度、技能水平等在地区上存在明显差异，因此，劳动力的质量才是吸引投资的一个重要区位因子。

投资环境，尤其是营商环境不完善，是制约落后地区经济发展的重要因素之一。投资环境不健全不仅不能吸引地区外的资本流入，也会造成地区内的资本外流。一般落后地区普遍存在着交通和通信设施落后的问题，从区位理论来分析：一是在生产费用中运输成本占比增加；二是无法获得规模经济效益。特别是当通信设施落后时，很难得到市场和竞争企业间的信息交流和反馈，这将直接影响企业的经营决策，同时也加大了经济区位选择的风险性。

二、区位的补助金

通过区位政策的各种手段，可以改变资本和劳动力等的正常区位流向，使相对不被决策者看好的区位，因政策利好而得到投资。如落后地区与发达地区相比较，不具有适合于产业发展和布局的基础设施、技术优势及市场潜力等，按照一般的经济区位理论分析，落后地区很难成为产业发展和投资的后选择地，但通过一些行政措施是可以诱导资本和劳动力的重新配置的。

政府对在特殊区位投资的个人或企业给予资金和信贷上的援助，如在土地租金和税收上可采取一定比例的减免或缓征，以此来促进新产业和落后地区的发展。各种类型的开发区也具有类似的性质，一般在开发区投资或设立新的企业能够享受到各种优惠，如土地租金和税收的减免，但减免和给予支持的产业通常是鼓励发展的新产业，如高技术产业等，而并非是对所有的产业均给予优惠。对在相对落后地区投资和发展的企业支付一定的区位补助金，以缓解就业不足、市场竞争力较弱的问题。如我国对在西部地区投资的企业，给予一定比例税收减免政策，主要是诱导企业在西部地区的投资，解决西部地区经济发展的资金和技术不足问题。国家与地方政府应将有限的财政预算用于鼓励和诱导具有发展潜力的产业布局的补贴上，创造一个企业生存和发展的优良环境，如对一些产业在税收上给予一定的减免，在原材料购买和运输上提供一定的资金补贴，以此来扶持和吸引新产业的布局。新产业布局可影响和刺激其他产业的发展，产生和增加新的就业，就业增加是区域经济发展的最明显表现之一。

三、区位的倾斜政策

政府可对一些鼓励投资的区位在政策上进行倾斜，如在投资审批、信贷和产品进出口等方面给予优惠政策，吸引企业的资本投入。相反，政府对一些限制投资的区位，通过土地费用和税收等来限制其投资。如改革开放初期我国对经济特区、沿海开放城市和沿海开放地区提供的各种优惠政策，这些地区在外资利用的许可权、所得税、进出口支持等方面比其他地区具有许多的优惠，因此，当时外国资本在我国投资的80%以上集中于东部沿海地区。另外，像日本，其在经济高速增长期（1960～1973）主要是想促进重化工业的发展并推动工业由大城市向周围发展，为此日本提出了工业区位据点开发战略并制定了工业再配置法和工厂区位法，目标是促进东京湾、伊势湾、大阪湾和濑户内海地区，即"三湾一海"重化工业综合体的建设（米花稔，1981）。日本在经济稳定增长期（1974～1985）主要是促进东京、大阪和名古屋三大都市圈的发展，推进工业再配置和振兴地区产业，为此采取投资区位和产业发展鼓励政策，通过完善高速交通体系及三大都市的投资环境，推进工业集聚和产学住一体化的科技城市来实现经济的持续稳定发展（矢田俊文，1982）。

区位控制也是区位政策的重要手段，通常会通过建设许可证发放、高额税收征缴和法规的严格落实等手段，控制一些企业在特定区位的投资和发展，如限制重化工业和污染严重的企业在人口密集的大城市与生态环境保护地区的投资。

四、区位创新的支持

古典经济学认为经济发展源于分工和贸易，分工可以提高效率，是财富增长的重要来源；新古典经济学关于地区发展强调增加资本存量和劳动力，包括当地居民收入和地区净流入资本以及人口增长与净流入劳动力对地区经济发展的影响，也重视技术进步，尤其是技术与知识流入、教育和技能培训的作用对地区经济增长的重要性。内生增长理论则更强调技术和知识的溢出对地区经济的作用，因此，加大对区位的创新支持力度，如增加地区的研发投入水平以及对企业的创新活动给予支持，会促进地区高技术产业发展；重视地方的基础教育、专业人才和熟练劳动力等人力资本投资，也会吸引新产业和促进新业态的发展；提高对知识和技术的有效传播水平，建立区域创新体系和本地技术创新网络等会促进创新性产业集群的发展。

第三节　区位政策的效果

区位政策导致现实区位选择与理论最优或最满意区位的偏离，影响个人或企业的区位选择。区位政策可以扩大或缩小收益空间，增加就业，促进新的企业发展，但不合理的区位政策会加深和激化区域问题与矛盾，并造成投入的固定资产损失或经济效益的下降。

一、扩大或缩小利益空间

区位补助金和其他各种优惠政策，如税收的减免，可以带来生产成本的降低和收入的增加，用史密斯的理论来讲，可以使利益空间界限扩大。在第六章的图 6-39 中，在 EF 空间布局，按照区位理论企业本来应该出现亏损，但由于政府对在该空间布局的企业给予一定的补助金，结果不但不会出现亏损，反而还会盈利。从短期经济效率来看，政府拿出一定的资金用于区位补贴，可能会增加地方财政压力，但从长期经济效益来看，可带动地区其他产业的发展，增加就业，实现地区经济发展的目标。特别是用于地区基础设施建设和改善上的投入，其长期经济效益就更大。

区位投入的各种限制政策，如高额税收和环境保护费用，可造成生产费用的增加和收入的减少，用史密斯的理论来讲，可以使利益空间界限缩小。在第六章的图 6-39 中，在 GH 空间布局，按照区位理论本来可得到利益，但由于政府的区位限制政策，造成生产成本的提高，在此布局不仅不能获得利益，而且还会亏损，最终因人为因素使利益空间界限缩小。从短期经济效益来看，由于限制企业的投入，将会造成潜在的就业减少，也可能给地区经济带来一定的损失，但从长期经济效益来看，限制产业的高度集中，可避免规模不经济的出现，也有利于产业结构的调整并能够带来整体经济效率最佳。

二、促进产业均衡布局

国民经济发展过程中，不仅表现出数量的增加，也会带来结构的变化，现在的产业形态是过去产业形态的继承和发展。产业结构政策就是通过加速产业结构调整速度，从内部结构优化来促进经济发展的政策。产业结构的转变有其内在演变规律性，通过一定的产业政策可加速其转变过程，实现存量优化，增量调整的效果。加速产业结构转变的最基本政策就是培育和扶植新产业。扶植和发展新产业必然伴随着新产业在空间上的布局，进而实现优化产业空间布局的作用。

区位政策的产生与区位条件对区位主体的适应和限制有关，也就是说，区位政策可不受产业政策的影响，从具体的区位条件出发来制定合理的区位引导政策。由于规模经济和报酬递增效益使产业集中于各大城市，但当产业集中到一定的程度会带来各种负作用，如交通拥堵、土地价格上涨和劳动力成本上升等问题。尽管有诸多问题，大城市仍然是最有魅力的投资区位，如果不采取一定的措施限制，这种集中的程度不会自动减弱。如我国产业高度集中于东部沿海地域，特别是沿海的各大中城市，具有诸多有利条件，企业把有限的资金投入于产出高的地区也是完全正常的经济行为，但必将会进一步加大地区经济差异。因此，从长远来看，在遵循产业发展一般规律的基础上，必须有计划地疏减产业，促进地区产业的相对均衡发展。

摩尔（Moore）和罗兹（Rhodes）建立了产业转移模型，来分析一定时间内产业转移对受援助地区的作用。他们认为，产业转移到援助地区受到四个因素的影响，即总体经济需求的压力、投资激励、劳动力补贴以及对产业在非援助区位的投资控制。

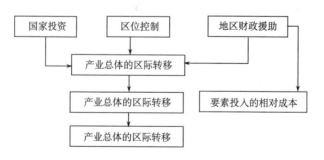

图 15-1　产业转移的产业—分布模型

资料来源：阿姆斯特朗、泰勒（2007）。

艾希克罗（Ashcroft）和泰勒（Taylor）建立了产业转移的产生—分布模型，他们认为产业转移由两个阶段组成：第一阶段，全国所有地区的产业转移总量是由国家层次的投资决定，但产业转移总量也会受到区域政策的影响，因为区位控制、资金和劳动力补贴等因素的存在会对产业转移产生影响；第二阶段，产业转移的空间分布是由能够反映区域经济吸引力的因素所决定的，这些因素包括区域政策工具。

$$M_t = f(INV_t, \ LC_t, \ GRANTS_t)$$

$$\frac{M_{at}}{M_t} = g\left(\frac{W_{at}}{W_t}, \ \frac{U_{at}}{U_t}, \ LC_t, \ GRANTS_t\right)$$

式中：M 是所有地区间移动的企业数；INV 是国家层面的投资；LC 是对非援助地区进行的地区控制力度；$GRANTS$ 是给受援助地区企业的投资值；M_a 是迁移进入受援助地区的企业数量；W_a 是受援助地区的工资率；U_a 是受援助地区的失业率；U 是全国的失业率。

在十一章介绍过弗农的产品生命周期理论，他认为，在新产品阶段，主要在美国国内布局；在产品的成熟阶段，由于竞争变强，进口国会采取贸易保护政策等，企业的生产区位向其他先进国家转移；在产品的标准化阶段，为了追求低廉的劳动费用，企业的生产区位会向发展中国家转移。但是，一个国家或地区为了加速改变产业结构或追随世界先进技术，可在一定地区超前发展一些新产业。在这种状况下，如果没有一定的区位政策的倾斜，新产业很难发展。如在科学技术相对发达的地区，政府对新产业发展给予一定的财政援助和税收减免，并在技术和人才等方面进行支持，有可能打破产品生命周期的布局方式，可跨越发展阶段，形成新产业区位的生长点。

三、促进地区经济发展

人口之所以由落后地区转向发达地区，很大程度上与地区间就业机会的差异有关，就业增加是地区经济发展的最明显表现之一，因此，增加落后地区的就业是缩小地区间差异的重要手段之一。增加就业必须扩大和促进新产业的布局，合理的区位政策是诱导产业向相对落后地区布局的关键。

在一个地区新的产业布局，首先会使地区的就业增加，同时也可带来熟练劳动力在地区积累，这为地区进一步吸引新的产业布局创造条件；而新产业的布局又会带来新的就业，就业的增加可使税收和储蓄增加，从而带来地方财政收入、个人收入和再投入资金的增加，最终形成一个良性循环，这也是缪尔达尔（Myrdal，1957）循环累积因果关系理论的基本思想。

摩尔和罗兹利用经济模型研究了政策对受援助地区就业的影响，在下式模型中，因变量是每年地区就业的变化（阿姆斯特朗、泰勒，2007）。假定地区的所有产业都和国内同行业保持相同的增长速度，然后按照每个行业的增长率（e^*）来加总其对就业水平的影响，最后将其他对地区就业可能产生影响的要素纳入模型中，具体公式如下：

$$\Delta e_t = f(\Delta e_t^*, \ RP_t, \ X_t)$$

式中：Δe_t 表示受援助地区内援助产业中就业的每年变化量；Δe_t^* 表示 Δe_t 的预期值；RP 表述地区政策工具；X 表示会影响就业增长的可能变量（如相对于其他地区的工资率、劳动力的供给情况和获得援助资金的难易程度等）；t 表示时间。结论是政策工具对受援助地区的就业影响较大，但其影响在不同地区和产业产生的效应不同。

地区经济的差异是经济发展过程中不可避免的现象，消除地区间的经济差异是区位政策的主要目标之一。通过区位补助金和区位限制等手段，可以诱导新产业在落后地区的发展，同时也可限制产业在大城市的高度集中，最终实现缩小地区经济差异的目标。

参 考 文 献

[1] 〔美〕阿朗索著，梁进社等译：《区位和土地利用》，商务印书馆，2016 年。

[2] 〔英〕阿姆斯特朗、泰勒著，刘乃全等译：《区域经济学与区域政策》，世纪出版集团，2007 年。

[3] 〔美〕埃布斯泰因著，苏娜译：《芝加哥经济学派》，中信出版社，2017 年。

[4] 〔美〕艾萨德著，陈宗兴等译：《区域科学导论》，高等教育出版社，1991 年。

[5] 〔美〕艾萨德著，杨开忠等译：《区位与空间经济》，北京大学出版社，2011 年。

[6] 安虎森、陈晓佳："市场整合的城镇化效应分析"，《甘肃社会科学》，2018 年第 1 期。

[7] 安虎森、季赛卫："演化经济地理学理论研究进展"，《学习与实践》，2014 年第 7 期。

[8] 安虎森、邹璇："区域经济学的发展及其趋势"，《生产力研究》，2004 年第 1 期。

[9] 〔日〕安藤万寿男：《现代地理学概论》，大明堂，1983 年。

[10] 〔日〕坂本英夫：《农业经济地理学》，古今书院，1990 年。

[11] 〔日〕坂本英夫等：《最近の地理学》，大明堂，1985 年。

[12] 〔美〕邦奇著，石高玉、石高俊译：《理论地理学》，商务印书馆，1991 年。

[13] 〔美〕贝利等著，王德等译：《商业中心与零售业布局》，同济大学出版社，2006 年。

[14] 〔加〕波利斯著，方箐译：《富城市，穷城市》，新华出版社，2011 年。

[15] 〔美〕波特著，邱如美译：《国家竞争优势》，华夏出版社，2002 年。

[16] 〔荷兰〕博西玛、〔英〕马丁主编，李小建等译：《演化经济地理学手册》，商务印书馆，2016 年。

[17] 陈忠暖、闫小培："区位模型在公共设施布局中的应用"，《经济地理》，2006 年第 1 期。

[18] 〔日〕赤羽孝之、山本茂：《现代社会の地理学》，古今书院，1989 年。

[19] 〔日〕川岛哲朗：《经济地理学》，朝仓书店，1986 年。

[20] 〔日〕春日茂男：《立地の理论》，大明堂，1982 年。

[21] 〔日〕春日茂男：《经济地理学の生成》，地人书房，1986 年。

[22] 〔英〕迪肯著，刘卫东等译：《全球性转变——重塑 21 世纪的全球经济地图》，商务印书馆，2007 年。

[23] 丁小燕等："基于市场潜力模型的京津冀区域空间格局优化及产业转移研究"，《地理与地理信息科学》，2015 年第 4 期。

[24] 杜德斌：《跨国公司 R&D 全球化的区位模式研究》，复旦大学出版社，2001 年。

[25] 〔德〕杜能著，吴衡康译：《孤立国同农业和国民经济的关系》，商务印书馆，1997 年。

[26] 〔瑞典〕俄林著，逯宇铎等译：《区际贸易与国际贸易》，华夏出版社，2004 年。

[27] 〔美〕佛罗里达著，方海萍、魏清江译：《创意经济》，中国人民大学出版社，2006 年。

[28] 〔日〕富田和晓：《经济立地の理论と实际》，大明堂，1991 年。

[29]〔德〕高兹著，山上彻译：《海港区位论》，时潮社，1978年。

[30]〔美〕戈列奇、〔澳〕斯廷森著，柴彦威等译：《空间行为的地理学》，商务印书馆，2013年。

[31]〔美〕格蒂斯等著，黄润华等译：《地理学与生活》，世界图书出版社，2013年。

[32]〔美〕哈维著，叶齐茂译：《叛逆的城市——从城市权利到城市革命》，商务印书馆，2014年。

[33]〔日〕河野敏明等：《农业立地の展开构造》，国民经济协会，1970年。

[34] 贺灿飞、黎明："演化经济地理学"，《河南大学学报（自然科学版）》，2016年第7期。

[35] 贺灿飞、刘洋："产业地理集聚与外商直接投资产业分布——以北京市制造业为例"，《地理学报》，2006年第12期。

[36] 贺锡萍、王秀清："北京市城郊农业技术经济体系研究"，《农业技术经济》，1991年第1期。

[37]〔日〕黑田彰三：《地域·都市と经济立地论》，大明堂，1996年。

[38]〔美〕胡佛著，王翼龙译：《区域经济学导论》，商务印书馆，1990年。

[39] 华熙成："上海郊区农业区位模式及农业生产问题的探讨"，《经济地理》，1982年第3期。

[40]〔日〕江泽让尔：《经济立地论の体系》，时潮社，1967年。

[41]〔日〕江泽让尔等：《经济立地论の新展开》，劲草书房，1973年。

[42]〔日〕金安岩男、村上研二：《时空间の构图》，朝仓书店，1995年。

[43]〔美〕卡斯特著，夏铸九等译：《网络社会的崛起》，社会科学文献出版社，2003年。

[44]〔英〕凯恩斯著，李欣全译：《就业、利息和货币通论》，北京联合出版公司，2015年。

[45]〔英〕科伊尔著，李成、赵琼译：《高尚的经济学》，中信出版社，2016年。

[46]〔德〕克里斯塔勒著，常正文等译：《德国南部中心地原理》，商务印书馆，1998年。

[47]〔美〕克鲁格曼著，刘国晖译：《地理和贸易》，中国人民大学出版社，2017年。

[48]〔美〕克鲁格曼著，吴启霞、安虎森译："收益递增与经济地理"，《延边大学学报（社会科学版）》，2006年第1期。

[49]〔英〕寇、〔加〕凯利、〔新加坡〕杨伟聪著，刘卫东等译：《当代经济地理学导论》，商务印书馆，2012年。

[50]〔德〕库尔茨著，李酣译：《经济思想简史》，中国社会科学出版社，2016年。

[51] 库姆斯、迈耶、蒂斯著，安虎森等译：《经济地理学》，中国人民大学出版社，2013年。

[52]〔美〕兰德雷斯、柯南德尔著，周文译：《经济思想史（第四版）》，人民邮电出版社，2016年。

[53]〔德〕勒施著，王守礼译：《经济空间秩序》，商务印书馆，1995年。

[54]〔美〕李嘉图著，丰俊功译：《政治经济学及赋税原理》，光明日报出版社，2009年。

[55] 李小建："香港对大陆投资的区位变化与公司空间行为"，《地理学报》，1996年第3期。

[56] 李小建、李国平等：《经济地理学》，高等教育出版社，2018年。

[57] 林珲、施迅：《地理信息科学前沿》，高等教育出版社，2017年。

[58]〔日〕林上：《中心地理论研究》，大明堂，1986年。

[59]〔日〕林上：《现代都市地理学》，大明堂，1991年。

[60]〔日〕铃木洋太朗：《多国籍企业の立地と世界经济》，大明堂，1994年。

[61] 刘继生、张文奎、张文忠：《区位论》，江苏教育出版社，1994年。

[62] 刘旺、张文忠："国内外城市居住空间研究的回顾与展望"，《人文地理》，2004年第3期。

[63] 刘卫东等：《经济地理学思维》，科学出版社，2013年。

[64] 陆大道：《区位论及区域研究方法》，科学出版社，1991年。

[65]〔英〕罗宾逊著，王翼龙译：《不完全竞争经济学》，华夏出版社，2012 年。

[66]〔英〕马歇尔著，袁星岳译：《经济学原理》，中国华侨出版社，2016 年。

[67]〔英〕麦卡恩著，李寿德、蒋录全译：《城市与区域经济学》，格致出版社，2010 年。

[68] 美国国家研究院地学、环境与资源委员会地球科学与资源局：《重新发展地理学》，学苑出版社，2002 年。

[69]〔日〕米花稔：《日本の产业立地政策》，大明堂，1981 年。

[70] 苗长虹："欧美经济地理学的三个发展方向"，《地理科学》，2007 年第 5 期。

[71] 苗长虹、樊杰、张文忠："西方经济地理学区域研究的新视角"，《地理研究》，2002 年第 6 期。

[72]〔英〕穆勒著，金镝、金熠译：《政治经济学原理》，华夏出版社，2009 年。

[73]〔美〕诺克斯、平奇著，柴彦威等译：《城市社会地理学导论》，商务印书馆，2005 年。

[74]〔美〕派克、罗德里格斯、托梅尼著，王雪峰等译：《地方与区域发展》，格致出版社，2011 年。

[75]〔日〕青鹿四朗：《农业地理学》，农山渔村文化协会，1980 年。

[76]〔美〕萨缪尔森著，萧琛译：《经济学》，人民邮电出版社，2008 年。

[77]〔日〕森川洋：《中心地（1.2）》，大明堂，1982 年。

[78]〔日〕森川洋：《都市化と都市システム》，大明堂，1990 年。

[79]〔日〕杉浦芳夫：《立地と空间の行动》，古今书院，1989 年。

[80]〔日〕石原润：《定期市研究》，名古屋大学出版社，1987 年。

[81] 史密斯："市场力量、文化因素和区位过程"，《国际社会科学杂志》，1998 年第 15 期。

[82]〔日〕矢田俊文：《产业配置と地域构造》，大明堂，1982 年。

[83] 世界银行，胡光宇等译：《2009 年世界发展报告：重塑世界经济地理》，清华大学出版社，2009 年。

[84]〔英〕斯密著，李慧泉译：《国富论》，立信会计出版社，2016 年。

[85]〔日〕松原宏：《立地论入门》，古今书院，2002 年。

[86]〔日〕藤田昌久、〔比〕蒂斯著，石敏俊等译：《集聚经济学：城市、产业区位与全球化》，格致出版社，2016 年。

[87]〔日〕藤田昌久、〔美〕克鲁格曼、〔美〕维纳布尔斯著，梁琪等译：《空间经济学：城市、区域与国际经济》，中国人民大学出版社，2013 年。

[88]〔美〕威廉姆森、温特著，姚海鑫、邢源源译：《企业的性质：起源、演变和发展》，商务印书馆，2007 年。

[89]〔德〕韦伯著，李刚剑等译：《工业区位论》，商务印书馆，2010 年。

[90]〔日〕西冈久雄：《经济地理分析》，大明堂，1986 年。

[91]〔日〕西冈久雄：《立地论（增补版）》，大明堂，1993 年。

[92]〔日〕协田武光：《立地论读本》，大明堂，1983 年。

[93]〔美〕熊彼特著，李慧泉、刘霈译：《熊彼特经济学（全集）》，台海出版社，2018 年。

[94]〔美〕熊彼特著，王永胜译：《经济发展理论》，立信会计出版社，2017 年。

[95]〔加〕雅各布斯著，金衡山译：《美国大城市的死与生》，译林出版社，2005 年。

[96]〔加〕雅各布斯著，金洁译：《城市与国家财富》，中信出版社，2008 年。

[97] 杨万钟：《经济地理学导论》，华东师范大学出版社，1999 年。

[98] 杨吾扬：《区位论原理》，甘肃人民出版社，1989 年。

[99] 杨吾扬："经济地理学、空间经济学与区域科学"，《地理学报》，1992 年第 2 期。

[100] 杨吾扬、梁进社：《高等经济地理学》，北京大学出版社，1997 年。

[101] 〔英〕约翰斯顿著，唐晓峰等译：《地理学与地理学家》，商务印书馆，2011 年。

[102] 约万诺维奇著，安虎森等译：《演化经济地理学》，经济科学出版社，2012 年。

[103] 曾道智："空间经济学简介"，《经济资料译丛》，2013 年第 3 期。

[104] 湛东升等："城市公共服务设施配置研究进展及趋向"，《地理科学进展》，2019 年第 4 期。

[105] 〔美〕张伯伦著，周文译：《垄断竞争理论》，华夏出版社，2017 年。

[106] 张可云："区域科学的兴衰、新经济地理学争论与区域经济学的未来方向"，《经济学动态》，2013 年第 3 期。

[107] 张文忠："区位政策与区域经济发展"，《地理科学进展》，1998 年第 1 期。

[108] 张文忠："大城市服务业区位理论及其实证研究"，《地理研究》，1999a 年第 3 期。

[109] 张文忠："日资和韩资企业在华投资的区位行为和模式研究"，《经济地理》，1999b 年第 5 期。

[110] 张文忠：《经济区位论》，科学出版社，2000 年。

[111] 张文忠："城市居民住宅区位选择的因子分析"，《地理科学进展》，2001 年第 3 期。

[112] 张文忠："新经济地理学的研究视角探析"，《地理科学进展》，2003 年第 1 期。

[113] 张文忠等：《产业发展和规划的理论与实践》，科学出版社，2009 年。

[114] 张文忠、刘继生："关于区位论发展的研究"，《人文地理》，1992 年第 3 期。

[115] 张文忠、刘旺："西方居住区位决策与再选择模型评述"，《地理科学进展》，2004 年第 1 期。

[116] 张文忠、张军涛："经济学和地理学对区位论发展轨迹的影响"，《地理科学进展》，1999 年第 1 期。

[117] 张昱谦：《经济学了没？》，中信出版社，2014 年。

[118] 张云亭："科斯理论与交易成本思维"，《经济导刊》，2013 年第 12 期。

[119] 〔日〕中村良平：《都市と地域の経済学》，有斐阁，1996 年。

[120] Alexander, J. C. 1979. *Office Location and Public Policy.* Longman Publishing Group.

[121] Alonso, W. 1964. *Location and Land Use. Toward a General Theory of Land Rent.* Harvard University Press.

[122] Arthur, W. B. 1994. *Increasing Returns and Path Dependence in the Economy.* Michigan: University of Michigan pass.

[123] Bale, J. 1983. *The Location of Manufacturing Industry: An Introductory Approach.* 2nd Edition. Oliver and Boyd.

[124] Beavon, K. S. O. 1977. *Central Place Theory: A Reinterpretation.* Longman, London.

[125] Beckmann, M. J. 1968. *Location Theory.* Now York: Random House.

[126] Berry, B. J. L., Garrison, W. L. 1958. Recent developments of central place theory. *Papers and Proceedings of Regional Science Association*, Vol. 4, No. 1.

[127] Berry, B. J. L., Parr, J. B. 1988. *Market Centers and Retail Location: Theory and Applications.* Prentice Hall.

[128] Brown, L. A., Moore, E. A. 1970. The intra-urban migration process: a perspective. *Geografiska Annaler*, Vol. 52, No. 1.

[129] Christaller, W. 1933. *Die zentralen Orte in Süddeutschland.* Jena: Gustav Fischer.

[130] Church, R., ReVelle, C. 1974. The maximization covering problem. *Papers of Regional Science*

Assosiation, Vol. 32. No. 12.

[131] Cox, K. R. 1979. *Location and Public*. Oxford Basil Blackwell.

[132] Daniel, P., Hopkinson, M. 1981. *The Geography of Settlement*. Oliver and Boyd Edinburgh.

[133] Davies, R. L. 1972. Structural models of retail distribution: analogies with settlement and land-use theories. *Transaction of the Institute of British Geographers*, Vol. 11, No. 57.

[134] Devletoglou, N. E. 1971. *Consumer Behaviour: An Experiment in Analytical Economics*. Harper and Row.

[135] Dicken, P., Lloyd, P. E. 1972. *Location in Space Theoretical Perspectives in Economic Geography*. Harper Collins Publisher.

[136] Dobkins, L. H. 1996. Location innovation and trade: the role of localization and nation based externalities. *Regional Science and Urban Economics*, Vol. 26, No. 6.

[137] Dunn, E. S. 1954. *The Location of Agricultural Production*. University of Florida Press.

[138] Dunning, J. H. 1999. Towards a General Paradigm of Foreign Direct and Foreign Portfolio Investment. *Transnational Corporations*, Vol. 8, No. 1.

[139] Form, W. 1954. The place of social structure in the determination of land use: some implications for a theory of urban ecology. *Social Forces*, Vol. 32, No. 4.

[140] Frank, W. P. 1982. *Models of Intra-urban Residential Relocation*. Kluwer Nijhoff Publishing.

[141] Gould, P., White, R. 1974. *Mental Maps*. Penguin Books.

[142] Greenhut, M. L. 1956. *Plant Location in Theory and in Practice*. University of North Carolina Press.

[143] Haggett, P., Cliff, A. D., Frey, A. 1977. *Locational Analysis in Human Geography*. London: Arnold.

[144] Harris, C. D., Ullman, E. L. 1945. The nature of cities. *The Annals of the American Academy of Political and Social Science*, Vol. 242, No. 1.

[145] Harvey, D. 1973. *Social Justice and the City*. Oxford: Blackwell.

[146] Herbert, J. D., Stevens, B. H. 1960. A model for the distribution of residential activity in urban areas. *Journal of Regional Science*, Vol. 2, No. 2.

[147] Hoover, E. M. 1937. Industrial location and the housing market. *The Annals of the American Academy of Political and Social Science*, Vol. 90, No. 3.

[148] Hoover, E. M. 1948. *The Location of Economic Activity*. McGraw Hill.

[149] Hotelling, H. 1929. Stability in competition. *Economic Journal*, Vol. 39, No. 153.

[150] Hoyt, H. 1939. *The Structure and Growth of Residential Neighborhoods in American Cities*. Washington, Federal Housing Administration.

[151] Isard, W. 1956. *Location and Space Economy*. MIT Press.

[152] Kindleberger, C. P. 1974. *The Formation of Financial Centers: A Study in Comparative Economic History*. Princeton University.

[153] Krugman, P. 1991. *Geography and Trade*. MIT Press.

[154] Krugman, P. 1995. Globalization and the inequality of nation. *Quarerly Journal of Economics*, Vol. 110, No. 4.

[155] Krugman, P. 1996. *Development Geography and Economic Theory*. MIT Press.

[156] Lösch, A. 1954. *The Economics of Location*. Translated by W. H. Woglom. Yale University Press, New Haven.

[157] Lucas, R. E. 1988. On the Mechanics of Economic Development. *Journal of Monetary Economics*, Vol. 22, No. 1.

[158] Martin, R. 1996. Paul Krugman's geographical economics and its implications for regional development theory: a critical assessment. *Journal Economic Geography*, Vol. 72, No. 3.

[159] Myrdal, G. 1957. *Economic Theory and Underdeveloped Regions*. Gerald Duckworth.

[160] Nourse, O. H. 1968. *Regional Economics*. New York McGraw Hill.

[161] Palander, T. 1935. *Beitrage zur Standortstheorie*. Almqvist & Wicksell Uppsala.

[162] Pinch, S. 1985. *Cities and Services*. Chapman and Hall.

[163] Pred, A. 1967. Behavior and location: foundations for a geographic and dynamic location theory. Lund: Royal University of Lund, Department of Geography: C.W.K. Gleerup.

[164] Romer, P. M. 1986. Increasing returns and long-run growth. *Journal of Political Economy*, Vol. 87, No. 2.

[165] Scott, A. J. 1983. Industrial organization and the logic of infra-metropolitan location: Ⅰ theoretical considerations. *Economic Geography*, Vol. 59, No.3.

[166] Scott, A. J. 1986. Industrial organization and location: division of labor the firm and spatial process. *Economic Geograph*y, Vol. 362, No. 3.

[167] Scott, P. 1970. *Geography and Retailing*. Hutchinson, London.

[168] Shaeffer, F. K. 1953. Exceptionalism in geography: a methodological introduction. *Annals of AAG*, Vol. 43, No. 3.

[169] Simmons, J. W. 1968. Changing residence in the city: a review of intraurbanmobility. *Geographical Review*, Vol. 58, No. 4.

[170] Skinner, G. W. 1965. Marketing and social structure in rural China. *Asian Studies*, Vol. 24, No. 3.

[171] Smith, D. M. 1971. *Industrial Location: An Economic Geographical Analysis*. John Wiley & Sons.

[172] Taaffe, E. J., Gauthier, H. L. 1973. *Geography of Transportation*. Prentice Hall.

[173] Vence, J. E. 1970. *The Merchants World: the Geography of Wholesaling*. Prentice Hall.

[174] Vernon, R. 1966. International investment and international trade in the product cycle. *Quarterly Journal of Economics*, Vol. 80, No. 2.

[175] Von Thünen, J. H. 1826. *Der isolirte Staat in Beziehung auf Landwirtschaft und Nationalökonomie*. Wirtschaft & Finan.

[176] Wang, F., Tang, Q. 2013. Planning toward equal accessibility to services: a quadratic programming approach. *Environment and Planning B: Planning and Design*, Vol. 40, No. 2.

[177] Weber, A. 1909. *Über den Standort der Industrien. 1. Teil: Reine Theorie des Standorts*. Mohr Siebeck Verlag, Tübingen, Germany.

[178] Wolpet, J. 1965. Behavioral aspect of the decision to migrate. *Papers of the Regional Science Association*, Vol. 15, No. 1.